# Windows 11
## für Senioren

von Jörg Rieger Espíndola und Markus Menschhorn



Vierfarben

Wir hoffen, dass Sie Freude an diesem Buch haben und sich Ihre Erwartungen erfüllen. Falls Sie Anregungen, Wünsche und Kommentare haben, lassen Sie es uns wissen: **service@rheinwerk-verlag.de**.

Informationen zu unserem Verlag und Kontaktmöglichkeiten finden Sie auf unserer Verlagswebsite **www.rheinwerk-verlag.de**. Dort können Sie sich auch umfassend über unser aktuelles Programm informieren und unsere Bücher und E-Books bestellen.

**Autoren** Jörg Rieger Espíndola, Markus Menschhorn
**Lektorat** Erik Lipperts
**Copyediting** Petra Bromand, Düsseldorf
**Typografie und Layout** Christine Netzker
**Satz** weiss.design / zienke.design, Thomas Weiß & Stefan Zienke
**Herstellung** Maxi Beithe
**Covergestaltung** Silke Braun
**Coverbild** iStock: 1176087322 © gilaxia
**Grafiken** Sarah Tribula, Pforzheim
**Druck** mediaprint solutions, Paderborn

PEFC
PEFC/04-31-0810

Dieses Buch wurde mit mineralölfreien Farben auf PEFC®-zertifiziertem Papier aus nachhaltiger Waldwirtschaft gedruckt. Der Umwelt zuliebe verzichten wir zusätzlich auf die Einschweißfolie. Hergestellt in Deutschland.



Bibliografische Information der Deutschen Nationalbibliothek:
Die Deutsche Nationalbibliothek verzeichnet diese Publikation in der Deutschen Nationalbibliografie; detaillierte bibliografische Daten sind im Internet über *http://dnb.dnb.de* abrufbar.

**ISBN 978-3-8421-0985-8**

5. Auflage 2024, 4., korrigierter und aktualisierter Nachdruck 2026
Vierfarben ist eine Marke des Rheinwerk Verlags.


Rheinwerk Verlag GmbH • Rheinwerkallee 4 • 53227 Bonn
service@rheinwerk-verlag.de

# Liebe Leserin, lieber Leser,

sind Sie mit der Nutzung eines Computers noch nicht sonderlich vertraut? Oder möchten Sie nur die Besonderheiten des neuen Windows 11 sorgfältig und sicher kennenlernen? Was auch immer Ihr Beweggrund ist, die Autoren Jörg Rieger Espíndola und Markus Menschhorn ermöglichen Ihnen mit diesem Buch den gekonnten Umgang mit Windows 11. Denn die beiden haben alles für Sie mit einer gehörigen Portion Einfühlungsvermögen zusammengetragen und geprüft. Privat und beruflich mit den Sorgen und Nöten am Computer bestens vertraut, helfen die beiden auch Ihnen über die typischen Stolpersteine am Anfang hinweg.

Das Autorenduo schaut Ihnen mit vielen praktischen Übungen sozusagen immer über die Schulter – wenn Sie Windows 11 zum allerersten Mal starten, wenn Sie Ihren ersten Brief damit schreiben, eine Verbindung zum Internet herstellen und eine E-Mail-Adresse anlegen. Sie zeigen Ihnen ganz genau, wie Sie Fotos auf den Computer übertragen, Musik hören, mit Teams videotelefonieren, Nachrichten und das Wetter abrufen, Ihr Adressbuch akkurat halten und Dateien ordentlich ablegen und ausdrucken.

Dieses Buch wurde mit größter Sorgfalt geschrieben und hergestellt. Sollten Sie dennoch einmal einen Fehler finden oder inhaltliche Anregungen haben, freue ich mich, wenn Sie mit mir in Kontakt treten. Für Kritik bin ich dabei ebenso offen wie für lobende Worte. Doch nun wünsche ich Ihnen viel Freude und Erfolg bei Ihren nützlichen wie unterhaltsamen Aktivitäten in Windows 11!

**Ihr Erik Lipperts**
Lektorat Vierfarben

erik.lipperts@rheinwerk-verlag.de

# Inhalt

KAPITEL 6

## Mit OpenOffice einen Brief schreiben und Dokumente gestalten ........ 125



KAPITEL 7

## Das Internet entdecken ........ 165

KAPITEL 1

# Bevor wir den Computer starten

Als Einsteiger in die Computerwelt neigt man dazu, sich jedes Detail zu notieren, um später ja alles nachvollziehen zu können. Wenn Sie schon ein wenig Computerluft geschnuppert und versucht haben, Ihrem Enkel bei seinen Erklärungen zu folgen, wissen Sie, wovon wir sprechen. Allerdings – stures Auswendiglernen ist beim »Computern« der falsche Zugang. Natürlich geben wir im Buch Schritt-für-Schritt-Anleitungen, damit Sie schnell zum Ziel kommen. Allerdings möchten wir Sie mit diesen Anleitungen auch motivieren, Gelerntes auf andere Bereiche am Computer zu übertragen. Wenn Sie alle Schritte nur auswendig lernen, wird das mit der Zeit unüberschaubar. Daher ist es wichtig, den Computer und die Vorgänge in ihm zu verstehen. Dann werden Sie an vielen Stellen gar nicht groß nachdenken, sondern ganz intuitiv das Richtige tun.

Bevor wir den Computer starten und mit Windows 11 so richtig loslegen, muss daher ein wenig »Theorie« gepaukt werden. Dabei werden wir Ihnen nahebringen, wie ein Computer eigentlich funktioniert und »denkt«.

PC ist die Abkürzung für engl. *Personal Computer* und meint den ganz »normalen« Computer zu Hause auf dem Schreibtisch.

## Der Computer – Ihre ganz persönliche »Firma«

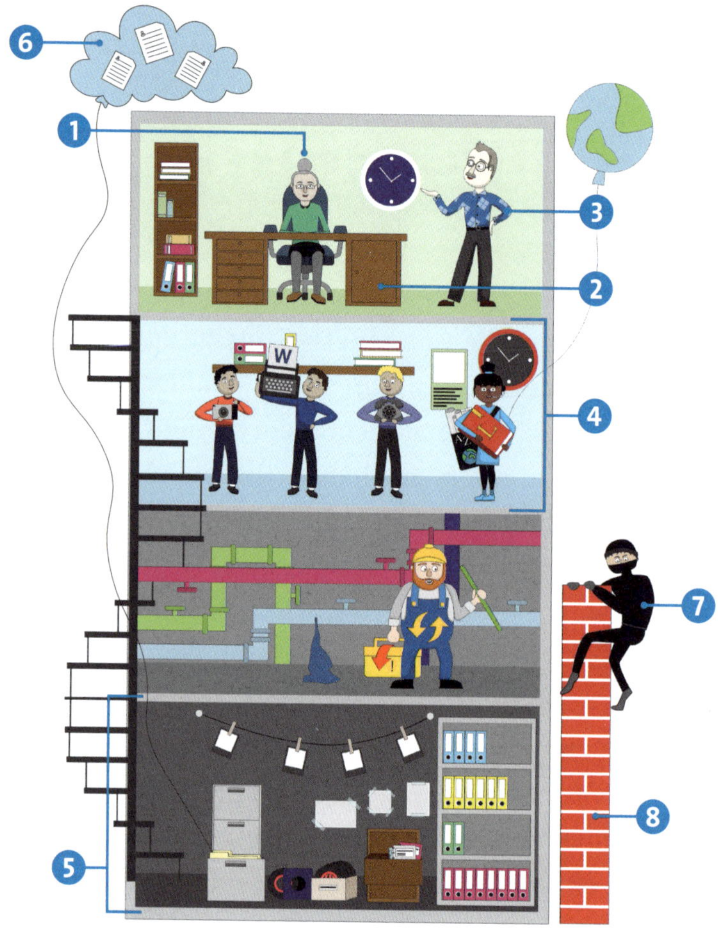


Sie sind der Chef am Computer – Sie haben das Sagen und erteilen mit Ihren Aktionen Befehle.

1. Das sind Sie
2. Ihr Schreibtisch = Windows Desktop
3. Ihr Betriebsleiter = Windows 11
4. Ihre Mitarbeiter = Apps und Programme
5. Das Datenarchiv = Festplatte
6. Das Luftschloss = Cloud-Datenspeicher OneDrive
7. Einbrecher = Internetkriminalität
8. Die Mauer = Firewall, die Ihre Firma vor Kriminalität schützt

Was kann eigentlich ein Computer, und wie funktioniert er überhaupt? Das lässt sich auch gut an Alltagsbeispielen und Bildern erklären. Und schon wird das Mysterium »PC« entzaubert.

Die wichtigste Regel in Bezug auf Ihren neuen Computer lautet: Sie sind der Boss und nicht umgekehrt. Vielleicht nimmt man das nicht unbedingt an, wenn man hört, was leidgeplagte Computerbesitzer oftmals berichten. Doch der Computer macht letztlich nur das, was Sie ihm durch »Befehle« mitteilen.

Der englische Begriff für Schreibtisch ist *Desktop*. So nennt man auch die Arbeitsoberfläche beim Windows-Computer.

Vom Desktop aus lenken Sie alle Aktionen – per Knopfdruck.

Wie es sich für einen richtigen Chef gehört, besitzen Sie natürlich einen Schreibtisch. Dieser heißt auf Ihrem Computer *Desktop* oder *Windows-Desktop*. Das ist die Schaltzentrale Ihrer Macht. Von hier aus starten Sie alle Aktionen am Computer, egal, ob Sie später ins Internet gehen, einen Brief schreiben, Fotos sortieren oder Musik hören möchten. Der Startknopf  in der Mitte Ihres Bildschirms ruft, wenn man so will, Ihre Mitarbeiter herbei bzw. öffnet die Schublade Ihres Schreibtischs, in der sich eine Reihe von Arbeitsmitteln befinden. Die Oberfläche für diesen Schreibtisch können Sie in weiten Teilen nach Ihrem Geschmack einrichten und dort natürlich auch einzelne Dinge aus Ihrer Schublade ablegen, die Sie sehr häufig benötigen.

## Windows 11, Ihr Betriebsleiter

Wie in einer Firma steht man als Chef vielen Angestellten und Mitarbeitern mit eigenen Tätigkeitsfeldern vor. Ihr Computer ist hier ganz klassisch organisiert. Der erste Ansprechpartner ist daher Ihr Betriebsleiter, dem alle Angestellten unterstehen, und dieser heißt Windows 11. Er sorgt dafür, dass Ihr Geschäft reibungslos funktioniert, und organisiert alles, was am Computer zu tun ist. Die Aufgabe des Betriebsleiters, in der Welt des Computers *Betriebssystem* genannt, besteht darin, die Angestellten auf Trab zu halten. Diese werden am Computer *Apps* (abgeleitet von *Applikation*, d. h. Anwendung) oder *Programme* genannt. Möchten Sie also einen Brief schreiben, schubsen Sie den Betriebsleiter an, er möge den Angestellten für Schreibarbeiten herbeiholen. Und schon können Sie Ihren Brief schreiben oder sogar mit Ihrem Betriebsleiter sprechen.

## Die Apps und Programme, Ihre Mitarbeiter

Apps sind also Ihre Angestellten, die sich um verschiedene Aufgaben kümmern. Jede App ist für ihren eigenen Tätigkeitsbereich zuständig und arbeitet zumeist unabhängig von anderen Apps.

Wie in jeder Firma sind Sie sogar in der Lage, fristlose Kündigungen auszusprechen, wenn die Dienste eines Angestellten nicht mehr benötigt werden. Sollten Sie eine App auf Ihrem Computer aufgespielt haben, die nicht mehr benötigt wird, ist diese schnell entfernt – und im Falle eines Falles auch wieder schnell aufgespielt. Sie sehen: Ihr virtueller Betrieb ist im Vergleich zu einer »echten« Firma doch deutlich pflegeleichter – keine Abmahnung, keine Kündigungsfrist, keine Abfindung.

Ihre Firma besitzt neben vielen Angestellten auch ein großes Aktenarchiv, die *Festplatte*. Auf dieses haben alle Mitarbeiter Zugriff, aber Sie als Chef geben in aller Regel vor, was wo abgelegt wird. Ihre Schriftstücke liegen z. B. im Ordner *Dokumente*. Wie bei einem »echten« Aktenordner wird es unübersichtlich, wenn Sie alles hintereinander ablegen. Mit Unterteilungen, den Unterordnern, wird es daher viel überschaubarer, also beispielsweise »Private Briefe«, »Mietsachen«, »Versicherung« …

Die Festplatte beherbergt das Betriebssystem mit allen Programmen, aber auch Ihre persönlichen Dateien.

Einen unschlagbaren Vorteil gibt es in Ihrem digitalen Archiv: Die Suchfunktion stöbert auch im letzten Winkel, hat sogar die meisten Inhalte der Schriftstücke im Hinterkopf und findet blitzschnell die gewünschten Daten.

Ihr Datenarchiv verfügt über eine Suchfunktion.

Ihr Datenarchiv ist bei jedem modernen Computer richtig groß und bietet Platz für Tausende Bilder, Dokumente, Tabellen und Videos. Sie werden es wahrscheinlich nicht schaffen, die Festplatte komplett zu füllen. Und falls doch, gibt es immer noch die Möglichkeit, eine *externe Festplatte* anzuschließen und den Speicherplatz zu erweitern. Die neuste Möglichkeit besteht außerdem darin, Daten in der

Mit einer externen Festplatte kann der Speicherplatz erweitert werden.

Vorbeugung ist die beste Maßnahme!

sogenannten *Cloud* zu speichern. Damit bezeichnet man im Allgemeinen Dienste, die Ihre Daten auf externen Servern, außerhalb Ihres Computers, speichern. Mehr dazu in Kapitel 12, »OneDrive und Datensicherung«.

## Krankenstand – Viren auf dem Computer

Allerdings können auch Ihre Mitarbeiter mit einer Krankmeldung ankommen. Das betrifft sogar den so loyalen Betriebsleiter. Es kann passieren, dass er einen »Virus« aufschnappt, der auch in der Computerfachsprache so bezeichnet wird. Diese digitalen Krankheitserreger können sowohl die Programme als auch Windows 11 befallen. Die Ursachen sind vielfältig und werden später genauer besprochen. Ebenso vielfältig können die Auswirkungen der Viren am Computer sein – von kleinen Störungen im Betrieb bis hin zum »Totalausfall« ist alles möglich. Die gute Nachricht ist allerdings: Mit wenigen Handgriffen und dem richtigen »Präventionsprogramm« halten Sie Mitarbeiter und Betriebsleiter fit und gesund. Und im Falle einer firmenübergreifenden Epidemie ist auch nicht alles verloren. Die richtige Medizin sorgt für eine baldige Genesung.

*Phishing* ist ein Kunstwort aus Password + Fishing = Passwort-Angeln.

## Betriebsspionage – von außen ausgespäht

Das gilt auch für die Betriebsspionage. Tatsächlich ist dieses Übel mittlerweile weitaus häufiger verbreitet als Viren auf dem Computer. Hauptsächlich über das Internet versuchen Kriminelle, Ihnen »Firmengeheimnisse« zu entlocken. Oft möchten sie Ihre Bankverbindung, Ihre Passwörter oder andere persönliche Daten klauen und damit auf Einkaufstour gehen. Dass sich jemand für Ihre Briefe und Fotos interessiert, ist hingegen eher unwahrscheinlich.

Für die Betriebsspionage am Computer gibt es einen Begriff, den Sie vielleicht schon einmal in den Nachrichten gehört haben: *Phishing*. Praktischerweise kann man sich dagegen gut mit einer firmeninternen Abwehrabteilung schützen, die sich auch um die Mitarbeitergesundheit kümmert. Zusätzlich sorgt eine Firewall, eine virtuelle Mauer, dafür, dass vieles einfach abprallt und Sie wirklich sicher sein dürfen.

## Welcher Computer darf es sein? Vom Kleinunternehmen bis zur Aktiengesellschaft

Windows-Computer ist nicht gleich Windows-Computer, und es gibt einfach unzählige Modelle in vielen Varianten. Wir können an dieser Stelle keine Kaufempfehlung geben, das ist bei dem hektischen technischen Wandel und den zahllosen verschiedenen Ausstattungen schlicht unmöglich. Trotzdem werden wir Ihnen einen kleinen Einblick bieten, welche Arten von Windows-Computern es gibt und welcher für Sie der richtige ist.

Ein Computer aus den 1980er Jahren – tatsächlich schon richtig museumsreif

Es gibt folgende Varianten:

- Desktop-Computer mit Gehäuse, Display, Tastatur
- Notebooks, also tragbare Computer
- Tablet-Computer, die nur aus einem Display bestehen
- Convertibles, die Tablet und Notebook miteinander vereinen

Auf jedem Gerätetyp läuft Windows 11. Aber jeden Gerätetyp gibt es mit unterschiedlicher Ausstattung und Leistung. Sollten Sie einen Neukauf erwägen, dann lassen Sie sich im Fachgeschäft beraten, denn es gibt einfach zu viele Varianten, da kommen selbst Profis ins Straucheln. Für den Hausgebrauch reichen meist die günstigen Einsteigergeräte.

Jetzt werfen wir aber einen Blick auf die verschiedenen Gerätetypen. Am Ende erhalten Sie jeweils eine Checkliste, was beim Kauf beachtet werden sollte.

Der klassische *Desktop-PC* ist seit Jahrzehnten bekannt und wird in dieser Form nach wie vor gerne gekauft. Natürlich haben sich Optik und Ausstattung im Laufe der Jahre gewaltig verändert. Zu Beginn waren Heimcomputer tatsächlich bessere Schreibmaschinen mit winzigen Bildschirmen, die keineswegs hübsch anzuschauen waren (im Foto auf Seite 17 sehen Sie einen der ersten IBM-PCs von 1981). Heutzutage sind die Windows-Computer meist eine echte Zierde für jeden Schreibtisch und können weitaus mehr, als nur Briefe zu schreiben.

Ein Desktop-Computer besteht immer aus folgenden Teilen:

- dem eigentlichen Computer, meist in einem aufrechten Gehäuse (*Tower*) untergebracht
- dem Bildschirm (in verschiedenen Größen)
- der Tastatur und der Computermaus (zur Eingabe und Steuerung)

**Der Desktop-PC:**

Tower + Bildschirm + Tastatur und Computermaus
*(Bild: Lenovo)*

Der Desktop-Computer ist der preiswerteste Einstieg in die Computerwelt. Das liegt vor allem daran, dass die einzelnen Bauteile vom Fachmarkt frei kombiniert und damit sehr attraktive Angebote geschnürt werden können. Zudem passen in das große Gehäuse der Computer ganz normale Standardbauteile, die in der Herstellung deutlich günstiger sind als Bauteile für kompaktere Computer.

Der klassische Desktop-PC ist der preiswerteste Einstieg in die Computerwelt und ideal, wenn man Platz auf dem Schreibtisch hat.

Für wen geeignet: Desktop-Computer sind sowohl für Einsteiger als auch Profis eine gute Wahl, sofern der PC auf dem Schreibtisch genug Platz hat. Vorteile sind die Erweiterbarkeit und die Möglichkeit, beispielsweise jederzeit ein neues Display, eine neue Tastatur oder Maus zu kaufen.

Wichtig beim Kauf:

- mindestens Intel i5- oder AMD Ryzen 5-Prozessor
- 16 Gigabyte Arbeitsspeicher
- gutes Display, am besten entspiegelt und mit guter Farbwiedergabe; 24 Zoll Größe sollten es schon sein
- mindestens 1 Terabyte Festplattenspeicher

**Das Notebook:**

Der Mauszeiger wird beim Notebook über das Touchpad, eine berührungssensitive Fläche vor der Tastatur, gesteuert ①.

Das *Notebook*, auch *Laptop* genannt, ist ein portabler Computer, der aufgrund seiner kompakten Maße nur wenig Platz auf dem Schreibtisch einnimmt. Zudem lässt er sich flach zusammenklappen. Tastatur und Bildschirm hängen hier zusammen, eine Computermaus kann man anschließen, was aber nicht notwendig ist. Die Notebooks haben stattdessen vor der Tastatur eine berührungssensitive Fläche, ein sogenanntes *Touchpad* ①, auf dem man per Finger den Mauszeiger hin und her bewegen kann.

Bei einem Notebook empfiehlt sich ein spiegelungsfreier Bildschirm sowie eine Bildschirmgröße von mindestens 14 Zoll.

*(Bild: Microsoft)*

Dank eingebauten Akkus kann man das Notebook auch mehrere Stunden ganz ohne Stromanschluss benutzen. Wie lange man damit im Liegestuhl im Garten verbringen kann, ist von Modell zu Modell unterschiedlich, 4 bis 5 Stunden schafft aber eigentlich jedes Notebook. Auch hier gibt es unzählige Modelle, eine Beratung im Fachhandel ist also sinnvoll. Bestehen Sie jedoch in jedem Fall auf einer Bildschirmgröße von mindestens 14 Zoll Bildschirmdiagonale, sonst brauchen Sie eine Lupe. Außerdem sollte die Darstellung kontrastreich und das Display im Idealfall entspiegelt sein.

Für wen geeignet: Wenn Sie gerne unterwegs sind, ist ein Notebook eine gute Wahl. Auch hier gibt es vom Einsteigermodell bis zum Hochleistungscomputer alles im Angebot. Allerdings sind Notebooks im Vergleich zu Desktop-Computern mit identischer Leistung meist deutlich teurer.

*(Bild: Microsoft)*

Wichtig beim Kauf:

- mindestens Intel i5- oder AMD Ryzen 5-Prozessor
- mindestens 16 Gigabyte Arbeitsspeicher
- mindestens 500 Gigabyte Festplattenspeicher
- 14 Zoll großes Display mit guter Farbwiedergabe und Helligkeit

Ein Convertible oder 2-in-1-Notebook kann je nach Modell einfach zum Tablet umgeklappt werden. Immer mit dabei: ein Touchscreen. *(Bild: Lenovo)*

Der Computermarkt ist in Bewegung, und die Hersteller haben erkannt, dass viele Anwender gerne die Vorteile leistungsfähiger Notebooks mit denen eines Tablets kombiniert haben möchten. Daher gibt es Notebooks mit einem berührungssensitiven Display (wie bei einem Tablet) und Geräte, bei denen Sie die Tastatur mit wenigen Handgriffen an- und abmontieren oder einfach umklappen können – sogenannte *Convertibles* oder auch 2-in-1-Notebooks. Tatsächlich vereinen diese Geräte das Beste aus beiden Welten, Tablet und Notebook.

Zum Arbeiten mit einem Office-Programm steht Ihnen eine komplette Tastatur zur Verfügung, für das Videotelefonat mit Freunden stellen Sie das Notebook einfach auf, und zum E-Book-Lesen auf dem Sofa klappen Sie die Tastatur nach hinten und haben ein Tablet mit Touchbedienung.

Für den Einstieg gibt es Convertibles bereits für 300 €. Diese sind allerdings ziemlich langsam und mit zu wenig Arbeitsspeicher ausgestattet. Wollen Sie eine Leistung wie bei einem Notebook, müssen Sie deutlich mehr investieren. Allerdings sind die Vorteile dieser Geräteklasse auch unschlagbar. Sollten Sie sich für ein solches Gerät interessieren – sie laufen ebenfalls unter der Bezeichnung *Notebook mit Touchscreen*. Fragen Sie im Zweifelsfall im Fachgeschäft nach, und erwähnen Sie, dass die Tastatur umklappbar oder abnehmbar und der Bildschirm ein Touchscreen sein soll.

Für wen geeignet: Die Convertibles sind für Anwender geeignet, die gerne mobil arbeiten, den PC aber auch für E-Books oder zum Surfen mal ins Bett nehmen wollen.

Wichtig beim Kauf:

- mindestens Intel i5- oder AMD Ryzen-Prozessor
- mindestens 16 Gigabyte Arbeitsspeicher
- mindestens 500 Gigabyte Festplattenspeicher
- 14 Zoll großes Display mit guter Farbwiedergabe und Helligkeit
- Bedienung des Klappmechanismus (kein Knarzen etc.)
- komfortable Tastatur (angenehmer Tastenanschlag)

**Das Tablet**

- besteht hauptsächlich aus einem berührungsempfindlichen Display (Touchscreen),
- wird über Fingergesten, spezielle Tablet-Stifte oder eine virtuelle Bildschirmtastatur gesteuert und
- ist leicht und transportabel.

Windows 11 läuft auch auf sogenannten Tablet-Computern, kurz *Tablets* genannt. Bei dieser Geräteklasse wurden Tastatur und Maus komplett weggelassen. Ein Tablet besteht daher eigentlich nur aus einem Bildschirm, auch *Monitor* oder engl. *Display* genannt. Dieser ist berührungsempfindlich (daher die englische Bezeichnung *Touchscreen*); Eingaben erfolgen direkt am Display mit dem Finger oder speziellen Tablet-Stiften. Auch die Tastatur wird auf einem Teil dieses Displays – als sogenannte *virtuelle Tastatur* oder *Bildschirmtastatur* – eingeblendet, sollte dies erforderlich sein. Wenn Sie ein Smartphone besitzen, können Sie sich das Tablet tatsächlich als stark vergrößertes und leistungsfähigeres Mobiltelefon vorstellen.

Windows läuft auch auf Tablet-Computern und man kann sogar eine kabellose Tastatur zur Eingabe verwenden. *(Bild: Microsoft)*

Mit einem Tablet, auf dem Windows 11 läuft, können Sie alles machen, was Sie auch mit einem Desktop-Computer oder Notebook tun können. Allerdings sind gerade die günstigen Tablet-Computer darauf ausgelegt, möglichst leicht zu sein und nicht eben leistungsfähig. Daher ist der Platz für Ihre Bilder und Dokumente und auch die Geschwindigkeit Ihrer »Mitarbeiter«, der Apps, eingeschränkt. Dafür passt ein Tablet in jede Tasche und hat meist eine extrem hohe Akkulaufzeit. Und im Bett kann man das Tablet sogar dazu nutzen, noch schnell die neuesten Nachrichten zu lesen, Videos zu schauen oder im

*(Bild: Microsoft)*

Lieblingsbuch zu schmökern. Schreibarbeiten sind auf der Bildschirmtastatur nicht ganz so komfortabel zu erledigen. Allerdings besteht die Möglichkeit, nachträglich eine zusätzliche Tastatur für das Tablet zu erwerben, auf der man »ganz normal« tippen kann.

Für wen geeignet: Wenn Sie primär den PC für Internet, Kommunikation, E-Books oder zum Schauen von Videos verwenden wollen, ist ein Tablet die richtige Wahl. Fürs Schreiben der Memoiren, Fotobearbeitung oder Videoschnitt scheiden Tablets aus.

Wichtig beim Kauf:

- mindestens 8 Gigabyte Arbeitsspeicher
- mindestens 128 Gigabyte Festplattenspeicher
- 13 Zoll großes Display mit guter Farbwiedergabe und Helligkeit

## Sicher und ohne Sorge am Computer

In den Medien hört man immer wieder, dass Kriminelle gerade über das Internet versuchen, an persönliche Daten zu kommen. Was früher der vermeintliche Teppichhändler an der Haustür war, kommt heute ganz frech über das E-Mail-Postfach oder versteckt sich in dunklen Ecken im Internet. Es wäre aber falsch, deshalb auf die zahlreichen Vorteile des Internets zu verzichten. Sie müssen nur ein paar Regeln beachten, dann sind Sie wirklich sicher unterwegs.

**MERKE**

Um sicher im Internet unterwegs zu sein, gilt es, ein paar Regeln zu beachten. Erfahren Sie dazu alles Notwendige in Kapitel 7, »Das Internet entdecken«, ab Seite 165.

Mal ehrlich – auch im Straßenverkehr schauen Sie nach links und rechts, bevor Sie über die Straße gehen. Das ist ganz selbstverständlich. Mit der gleichen Selbstverständlichkeit sollten Sie auch die kleinen Sicherheitsregeln am Computer befolgen. Dann kann Ihren persönlichen Daten nichts passieren, und Sie können problemlos Onlinebanking betreiben, mit Freunden und Verwandten kommunizieren, E-Mails schreiben und die nächste Flusskreuzfahrt online buchen.

**MERKE**

Grundlegende Informationen zum Thema »Sicherheit am Computer und wie Sie sich schützen« haben wir für Sie in Kapitel 16, »Daten schützen und Sicherheit am Computer«, ab Seite 389 zusammengestellt.

## Es gibt immer einen Weg zurück

Die größte Sorge, wenn man die ersten Schritte am Computer wagt, ist sicher die, etwas falsch zu machen und damit unwiederbringlich das Gerät funktionsunfähig zu machen, die gut sortierte Fotosammlung oder Briefe zu verlieren oder, oder ...

Hier sagen wir ganz klar: **Es gibt immer ein Zurück am Computer.** Dass Sie es schaffen, Ihre wichtigen Dokumente tatsächlich unwiederbringlich zu löschen, ist so gut wie unmöglich. Auch Apps und Programme, Sie erinnern sich, Ihre »Angestellten«, sind notfalls mit ein paar Handgriffen durch arbeitswilligere Gesellen ersetzt.

**MERKE**

Nichts am Computer ist unwiderruflich. In der Randspalte in diesem Buch finden Sie immer wieder Hinweise, was im Fall der Fälle zu tun ist.

Daher freuen Sie sich jetzt auf die folgenden Seiten mit praktischen Anleitungen, die Ihnen die faszinierenden Möglichkeiten des Computers mit Windows 11 Schritt für Schritt nahebringen. Zuvor aber gibt es ein paar grundlegende Infos zur Computerbedienung. Falls Sie schon über ausreichend Erfahrung verfügen, können Sie mit Kapitel 2, »Den Computer mit Windows 11 starten«, ab Seite 37 weitermachen.

## Den Computer mit Maus, Tastatur, Touchpad und Touchscreen bedienen

Ihrem Computer müssen Sie natürlich mitteilen, was Sie von ihm wollen. Hierzu gibt es, wie oben ausgeführt, mehrere Möglichkeiten: die Tastatur, die Computermaus, das Touchpad (am Notebook) und den Touchscreen (beim Tablet oder Convertible).

Auch ein Tablet, das auf den ersten Blick gar keine Tastatur hat, besitzt diese bekannte Möglichkeit zum Schreiben. Hier wird bei Bedarf eine digitale Tastatur auf dem Bildschirm eingeblendet, wo dann auch getippt wird.

Die Bildschirmtastatur ist eine virtuelle Tastatur, die auf dem Bildschirm selbst eingeblendet wird.

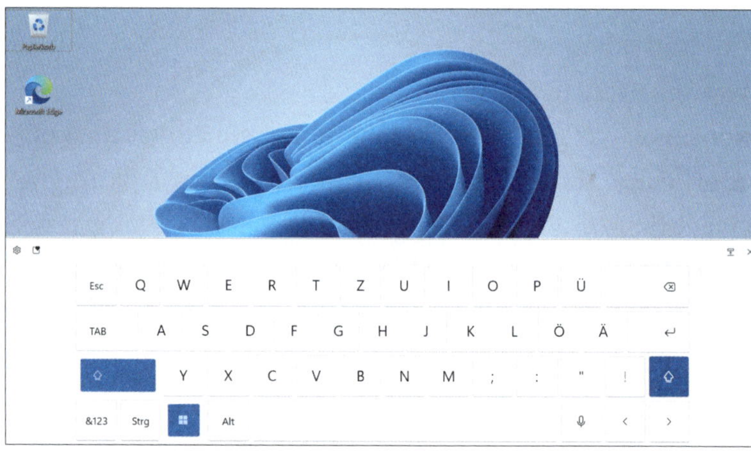


**MERKE**

Die Tastatur wird häufig auch Keyboard genannt, das ist die englische Bezeichnung.

Das Bedienprinzip ist bei jeder Tastatur identisch: Der Druck auf einen Buchstaben, eine Ziffer oder ein Symbol löst im Computer eine Aktion aus. Im Schreibprogramm können Sie damit also einfach den nächsten Brief verfassen. Auch bei der Eingabe von Passwörtern oder Ähnlichem kommt das sogenannte *Keyboard* zum Einsatz.

**ACHTUNG!**

Anders als bei der Schreibmaschine löst ein Tastendruck ohne gestartetes Programm in aller Regel gar keine Aktion aus.

Einfach loszutippen, ohne eine App gestartet zu haben, wird den Computer zu überhaupt nichts veranlassen, außer unwirsche Signaltöne von sich zu geben. Trotzdem zeigen wir vorab die wichtigsten Funktionen im Überblick, damit Sie im Fall der Fälle hier immer wieder nachschauen können.

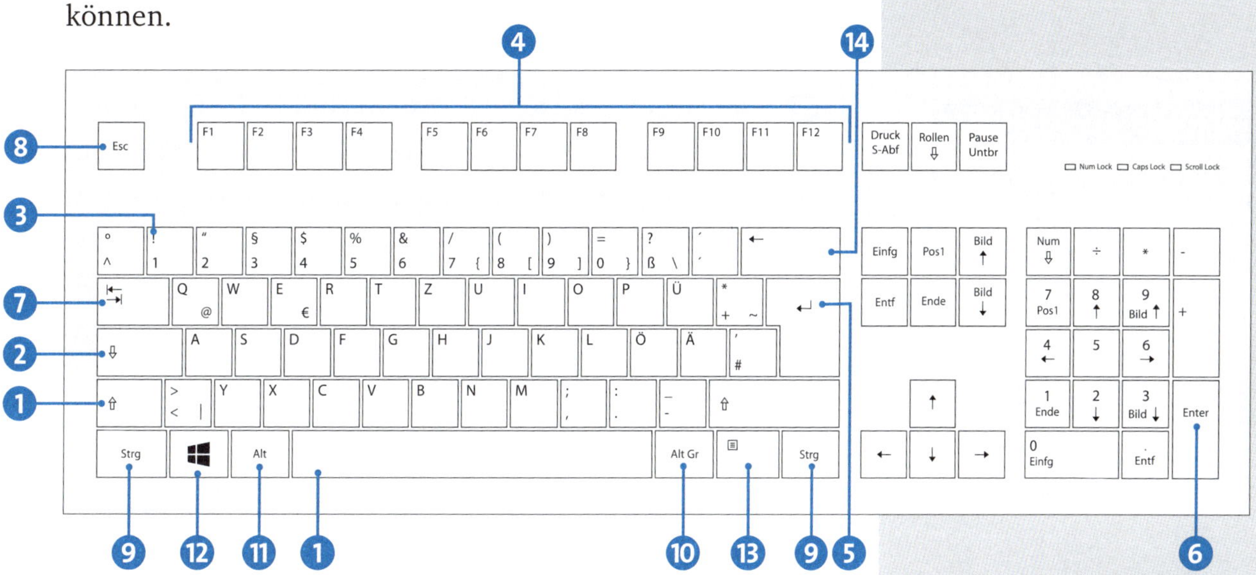


Den größten Platz auf der Tastatur nehmen die Buchstaben und Zahlen ein. Erstaunlicherweise hat sich hier in den letzten 100 Jahren die Anordnung nicht verändert. Standardmäßig werden alle Buchstaben kleingeschrieben, wenn Sie losschreiben. Halten Sie jedoch die sogenannte *Shift-Taste* [⇧] ❶ gedrückt und drücken Sie dann einen Buchstaben, wird dieser großgeschrieben. Dauerhaft GROSSGESCHRIEBEN wird, wenn Sie die Taste darüber, die Feststell-Taste (engl. auch *Caps Lock* genannt) [⇩] ❷, drücken. Ein erneuter Druck wechselt zur Kleinschreibung zurück.

**MERKE**

Einen einzelnen Buchstaben schreiben Sie groß durch gleichzeitiges Drücken von [⇧], dauerhaft aktivieren Sie die Großschreibung mit der Taste [⇩].

Bei den Tasten mit Ziffern hat die [⇧]-Taste auch eine Wirkung – statt Ziffern werden jene Symbole erzeugt, die klein über den jeweiligen Zahlen stehen ❸, wie z. B. ! oder %.

Es gibt aber einige Tasten, die ganz ohne gestartetes Programm funktionieren und absolut sinnvoll sind. Wir stellen sie nun kurz vor. Wie Sie diese Tasten nutzen, erfahren Sie im Buch immer dann, wenn sie benötigt werden.

**MERKE**

Die Tasten Esc und F1 bis F12 funktionieren unabhängig von den Programmen.

**4** Die *Funktionstasten* (F-Tasten) finden Sie in der oberen Reihe – sie sind von F1 bis F12 nummeriert. Das stammt noch aus der Computersteinzeit. Das »F« steht für »Funktion«, und diese Tasten konnten frei belegt werden. Heute sind diese F-Tasten meist zusätzlich mit Symbolen versehen, und man kann Computerfunktionen direkt ausführen. Typisch sind hier Lautstärke, Helligkeit des Bildschirms oder Start und Stopp der Musikwiedergabe. Um statt dieser Funktionen die F-Tasten zu aktivieren, finden Sie auf der Tastatur eine FN-Taste, die Sie zusätzlich gedrückt halten müssen.

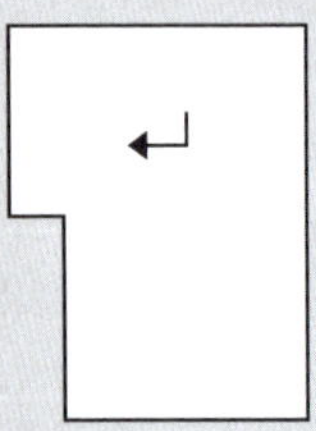

Return- oder auch Eingabe-Taste: Mit ihr bestätigen Sie Eingaben oder erzeugen einen Zeilenumbruch.

**5** Die größte Taste auf Ihrer Tastatur ist die *Return-Taste* ↵ (gerne auch als *Enter-Taste*, zu Deutsch also »Eingabe-Taste«, bezeichnet). Sie ist jedoch nicht identisch mit der Taste Enter (siehe dazu **6** in der Abbildung auf Seite 27), die Sie rechts im sogenannten *Nummernblock* der Tastatur finden. Dass es für ↵ verschiedene Bezeichnungen gibt, hat historische Gründe. In jedem Fall ist diese Taste dafür gedacht, Eingaben am Computer zu bestätigen oder beim Schreiben von Texten einen neuen Zeilenumbruch bzw. einen neuen Absatz zu erzeugen. Return bedeutet also »Rückkehr« zum Zeilenanfang.

7 Links außen befindet sich die *Tab-Taste*. Diese findet in Schreibprogrammen Verwendung und wird dazu benutzt, einen Tabulator zu setzen, Texte also beispielsweise für eine Auflistung einzurücken.

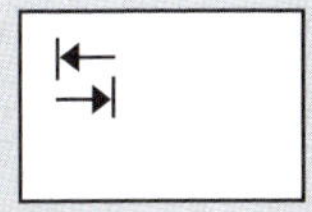

8 Die *Escape-Taste* [Esc] finden Sie immer ganz links oben auf Ihrer Tastatur. Der englische Begriff *Escape* bedeutet »Flucht« – und tatsächlich brechen Sie mit dieser Taste aktive Vorgänge auf dem Computer ab, beispielsweise einen Kopiervorgang.

9 Die *Strg-Taste* (für »Steuerung«), auf manchen Tastaturen auch *Ctrl-Taste* (für engl. »control«) genannt, ist für Profis gedacht. Sie wird immer mit anderen Tasten gemeinsam verwendet und ist für sogenannte *Tastenkürzel* zuständig. Unter Windows 11 kann man damit ordentlich Mausklicks sparen, muss dann aber auch die Tastenkombinationen auswendig können. Die Taste [Strg] finden Sie aus Komfortgründen gleich zweimal auf der Tastatur, und sie hat rechts wie links die identische Funktion.

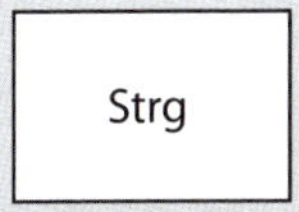


10 Die *AltGr-Taste* rechts unten ist ebenfalls immer in Kombination mit anderen Tasten in Gebrauch. Mithilfe dieser Taste können Sie weitere Sonderzeichen schreiben. Ähnlich wie bei [⇧] kann man mit [AltGr] jene Zeichen darstellen, die ganz klein *neben* einigen Ziffern der Zahlenreihe abgebildet sind (z. B. die geschweifte Klammer { bei der Zahl 7). Auch auf einigen Tasten mit Zeichen wie + oder < finden Sie eine solche Zusatzbelegung der Taste, aber auch bei den Buchstaben Q und E. So wird das @-Zeichen, das man für E-Mails benötigt, mit gedrückter Taste [AltGr] und dem Buchstaben [Q] erzeugt.

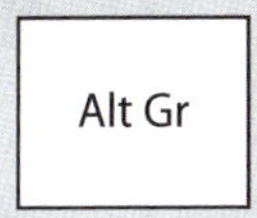


**ACHTUNG!**

Auch wenn die beiden Alt-Tasten fast gleich aussehen: Nur mit [AltGr] auf der rechten Seite können Sie Sonderzeichen, wie z. B. das @-Zeichen, schreiben.

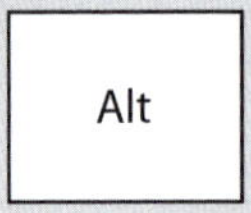

Mit der Maus bewegen Sie den Mauszeiger auf dem Bildschirm und vieles andere mehr.

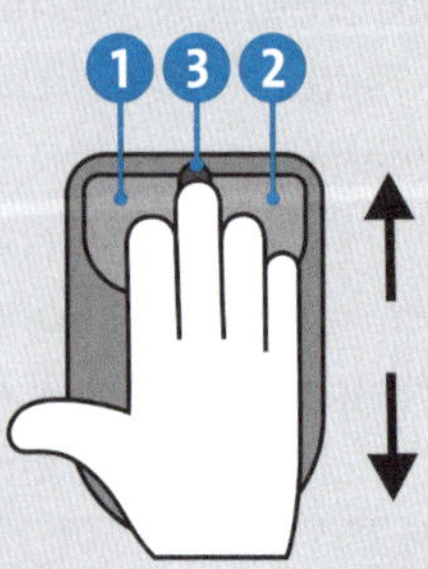


Mit dem Scrollrad können Sie durch längere Seiten blättern.

11 Die [Alt]-Taste auf der linken Seite kann keine Sonderzeichen darstellen. Sie dient nur, ähnlich wie [Strg], der Verwendung in Tastenkombinationen.

12 Die *Windows-Taste* [⊞] hat eine einzige Funktion: Sie ruft das Startmenü auf, ganz gleich, was Sie gerade am Computer machen.

13 Die *Kontextmenütaste* ist bei manchen Notebooks und einigen Tastaturen auf Höhe der [⊞]-Taste rechts zusätzlich zu finden. Sie hat lediglich eine Funktion: Sie ersetzt in vielen Fällen die rechte Maustaste, mit der man ein sogenanntes *Kontextmenü* aufrufen kann. Bei ganz neuen Computern sitzt hier alternativ die Copilot-Taste, um die Künstliche Intelligenz von Windows zu starten.

14 Die *Backspace-Taste* (Rücktaste) [←] löscht Ihre Texteingaben rückwärts, pro Betätigung jeweils um einen Buchstaben nach links.

Die Computermaus, meist kurz *Maus* genannt, ist Ihr verlängerter Arm in den Computer. Hiermit steuern Sie beispielsweise den Zeigepfeil, den sogenannten *Mauszeiger*, markieren Text oder verschieben Objekte auf dem Bildschirm. Es gibt sehr viele verschiedene Computermäuse, sowohl optisch als auch funktional.

Eine »ganz normale« Maus hat zumindest zwei Tasten, eine linke 1 und eine rechte 2, sowie ein *Scrollrad* 3 in der Mitte. Das Scrollrad dient dem komfortablen Blättern in langen Dokumenten oder auf Internetseiten. Die Maus bedienen Sie am besten mit jener Hand, mit der Sie auch schreiben. Wie bei der Tastatur erfolgt der Anschluss via USB-Kabel oder ganz ohne Wirrwarr per Funk.

Der linke Mausklick mit dem Zeigefinger ist für alles zuständig, was man auswählt, anklickt, startet. Egal, ob Textmarkierung, Klick auf das Startmenü oder eine Schaltfläche: Mit dem linken Mausklick tätigen Sie eine Aktion und geben den Befehl: »Mach was!« Je nach Einsatzgebiet wird dieser Befehl mit einem einfachen Mausklick 4 oder einem doppelten Mausklick 5 ausgeführt. Der doppelte Mausklick wird durch zweimaliges kurz aufeinanderfolgendes Drücken der linken Maustaste erzeugt. Wann welcher Klick zum Einsatz kommt, ist nicht immer wirklich logisch. Wir weisen im Buch daher immer darauf hin.

**MERKE**

Mit dem linken Mausklick (auch Linksklick genannt) werden ganz allgemein Aktionen und Befehle am Computer bestätigt.

Wenn Sie doppelt statt einfach klicken müssen, weisen wir Sie darauf hin.

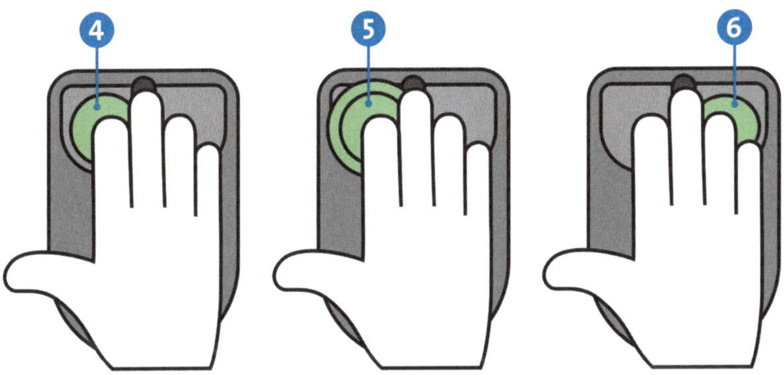


Der rechte Mausklick 6 kommt seltener zum Einsatz. Meistens öffnet der rechte Mausklick zusätzliche Funktionen, die auf den ersten Blick nicht eingeblendet werden, z. B. ein zusätzliches Menüfenster, auch *Kontextmenü* genannt. Einen »doppelten« rechten Mausklick gibt es nicht.

**MERKE**

Der rechte Mausklick (auch Rechtsklick genannt) eröffnet zusätzliche Funktionen in Programmen.

Jedes Notebook hat unter der Tastatur noch eine kleine Fläche, die auf Berührung reagiert. Das sogenannte *Touchpad* ersetzt die Computermaus und bietet deren Komfort auf kleiner Fläche. Den Mauszeiger bewegen Sie hier, indem Sie auf dieser Fläche den Zeigefinger auflegen (nicht drücken!) und hin und her fahren.

Durch Bewegen des Zeigefingers auf dem Touchpad steuern Sie den Mauszeiger auf dem Bildschirm.

**Tipp: Volle Fläche nutzen**

Sollte das Touchpad »zu Ende« sein, während Sie mit dem Mauszeiger noch nicht am Ziel sind, dann nehmen Sie den Finger hoch und setzen einfach an anderer Stelle am Touchpad neu an.

Es geht auch ohne Maus: Linksklick, Rechtsklick und doppelter Linksklick sind auch auf dem Touchpad möglich.

Zu Recht fragen Sie sich nun, wo hier die Maustasten versteckt sind. Nun, diese sind tatsächlich »versteckt« und befinden sich im unteren Viertel des Touchpads. Dieses ist in der Mitte unterteilt, und mit dem Daumen führen Sie auf der linken Seite 1 den Linksklick (entspricht dem linken Mausklick) und auf der rechten Seite 2 entsprechend den Rechtsklick durch. Auch hier gibt es die Möglichkeit, auf der linken Seite einen Doppelklick auszuführen 3.

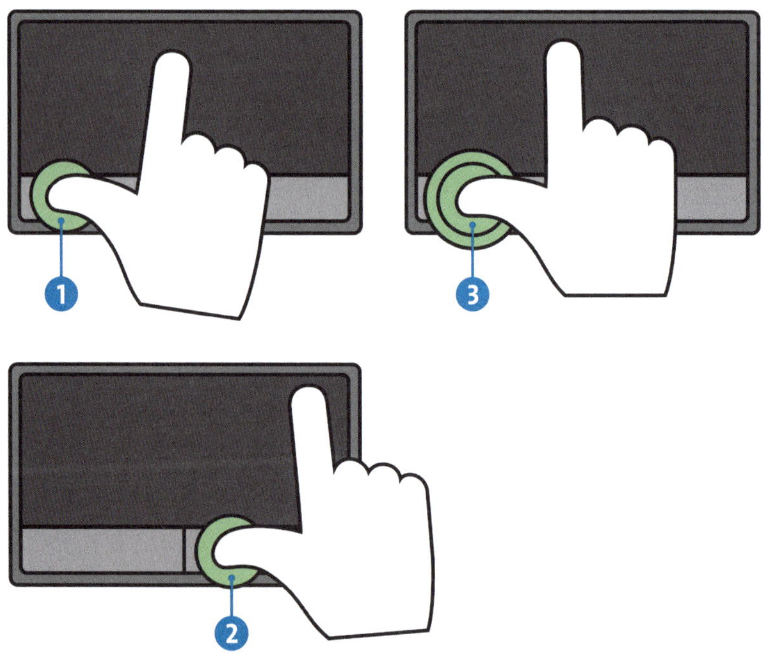


Ein Tablet hat erst mal keine Tastatur oder Maus, hier passiert alles auf dem Bildschirm selbst. Falls Sie ein Smartphone haben, dann dürfte Ihnen die Bedienung bereits

**MERKE**

Linke und rechte Mausklicks werden auf dem Touchscreen mit einem einfachen bzw. einem länger anhaltenden Fingertipp ausgelöst.

geläufig sein. Ansonsten ist die grundlegende Steuerung am Tablet oder auch Convertible-Computer mit Touchdisplay eigentlich deutlich logischer als mit der Maus. Sie tippen Elemente direkt mit dem Finger an (1), um sie auszuwählen. Doppelt angetippt, wird eine Aktion ausgeführt (doppelter Mausklick) (2). Länger angetippt, erhält man für ein Objekt erweiterte Möglichkeiten (so wie beim rechten Mausklick) (3).

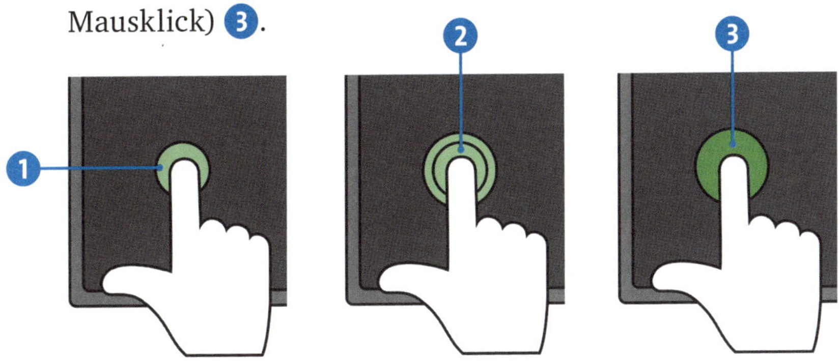


Beim Tablet wird auf dem Touchscreen selbst getippt.

Bitte haben Sie Verständnis dafür, dass wir im Buch zumeist die gängige Version des »Mausklicks« erwähnen werden. Aber so wissen Sie, was am Tablet alternativ zu tun ist. Wir empfehlen übrigens, dass Sie sich als Tablet-Besitzer für zu Hause noch eine externe Tastatur und Maus zulegen. Sie werden im Laufe des Buches feststellen, dass viele Dinge mit diesen beiden Werkzeugen deutlich komfortabler zu bewerkstelligen sind. Die Bedienung per Finger ist beispielsweise bei der Fotoretusche oder beim Schreiben eines Textes zu umständlich.

## Von Windows 7, Windows 8 oder Windows 10 umsteigen

Sie besitzen einen Computer mit Windows 7, 8 oder 10? Diese Betriebssysteme sind wirklich nicht mehr aktuell, und Microsoft liefert für diese keinerlei Aktualisierungen

**ACHTUNG!**

Windows 7 oder 8 sollten Sie nicht mehr verwenden, da es seit Jahren keine Sicherheitsaktualisierungen mehr von Microsoft gibt.

Der Support für Windows 10 wird im Oktober 2025 eingestellt.

mehr. Das bedeutet in der Praxis, dass »digitale Einbrecher« es relativ leicht haben, in Ihren Computer einzudringen. Vielleicht haben Sie beim Start von Windows sogar einen entsprechenden Hinweis erhalten.

Nicht zuletzt sind Windows 7 und 8 langsam und nicht komfortabel in der Bedienung. Alles zusammen gute Gründe, um auf Windows 11 umzusteigen.

Nutzen Sie Windows 10, bekommen Sie regelmäßig einen Hinweis eingeblendet, dass Windows ab Oktober 2025 veraltet ist. Grundsätzlich gilt: Kommt Ihr PC mit Windows 10 zurecht, wird er das vermutlich auch mit Windows 11. Vor einem Update checkt Ihr System alles durch und sagt Ihnen, ob alle Komponenten auch mit dem brandneuen Windows funktionieren. Ganz wichtig – bei diesem Umstieg bleiben alle Ihre Programme und Ihre Daten erhalten. Doch auch hier gilt unsere Empfehlung: Lassen Sie sich von einem Experten helfen.

Haben Sie noch ein ganz altes Windows wie Version 7 oder 8, bedeutet ein Umstieg auf Windows 11 auch gleichzeitig einen neuen Computerkauf. Denn mit PCs, die älter als fünf oder sechs Jahre sind, funktioniert das neue Betriebssystem in der Regel nicht mehr. Leider ist der Umstieg von diesen alten Systemen, selbst wenn es Ihr Computer noch zulassen würde, sehr kompliziert. Denn es werden bei diesem Vorgang alle Ihre persönlichen Daten gelöscht. Sie müssen also vorher alles selbst sichern.

**Nicht alleine auf Windows 11 umsteigen**

Daher unsere dringliche Empfehlung: Wenn Sie Windows 7 oder 8 benutzen und umsteigen wollen, dann lassen Sie sich hier von einem Computerexperten vor Ort helfen.

KAPITEL 2

# Den Computer mit Windows 11 starten

Jetzt geht es daran, Ihren Computer startklar zu machen. Um bei dem im vorangegangenen Kapitel erstellten Vergleich zu einem Unternehmen zu bleiben: Jetzt wird der Teppichboden verlegt, die Möbel werden eingeräumt, und das Türschild wird angebracht. Was im wahren Leben verschiedene Unternehmen erledigen, ist am Computer Ihnen allein überlassen.

Ein wenig Infrastruktur ist für Ihr »Unternehmen« allerdings notwendig. Bei Windows 11 ist das die Datenautobahn. Ohne Anbindung ans Internet kann das System nicht betrieben werden, Ihr Unternehmen funktioniert schlichtweg nicht. Auch ein kostenloses Microsoft-Konto ist erforderlich, damit Sie das System nutzen können. Das ist quasi der »Schlüssel«, um überhaupt in Ihr Windows-Unternehmen hineinzukommen. Aber keine Sorge, wir richten das alles Schritt für Schritt ein.

> **ACHTUNG!**
>
> **Kein Internet? Kein Windows!**
>
> Ohne Internetverbindung und kostenloses Microsoft-Konto funktioniert Windows 11 Home nicht.

Was Sie in diesem Kapitel tun:

- das Internet, die Datenautobahn, prüfen und aktivieren
- einige Grundlagen zum Thema Microsoft-Konto erfahren (ein wenig Theorie muss sein)
- Windows einrichten und installieren

## Startklar für das Internet – das sind die Voraussetzungen

Damit Sie ins Internet, also »online gehen« können, benötigt Ihr Computer eine Verbindung dorthin. Hierzu gibt es drei gängige Möglichkeiten:

- den DSL-Internetzugang über das Festnetz
- den Kabelzugang mit Glasfaser
- mobil per Smartphone-Tarif

In diesem Abschnitt erläutern wir Ihnen den Internetzugang mittels DSL und Kabel.

Bei den meisten Telefonanbietern ist der Internetanschluss schon im Vertrag enthalten. Ob das bei Ihrem Vertrag der Fall ist, müssen Sie mit Ihrem Anbieter abklären. Sie erhalten dann in jedem Fall einen sogenannten *Router*, der in der Regel mit wenigen Handgriffen an der Telefonleitung installiert ist.

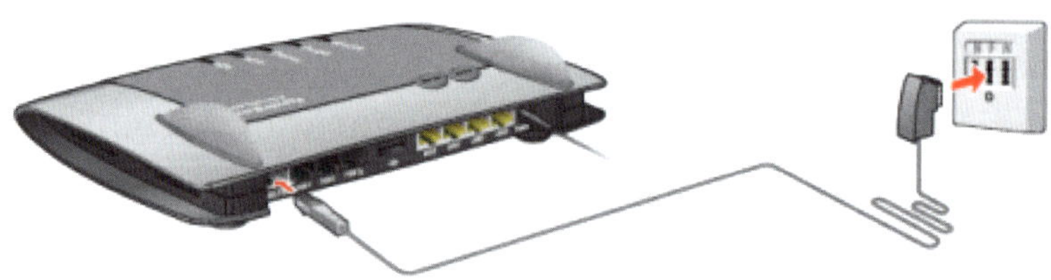

Für die Verbindung ins Internet benötigt man einen sogenannten *Router. (Bild: AVM)*

Haben Sie Telefon über einen Kabeldienstleister erhalten, erfolgt der Anschluss an der Kabelbuchse. Lassen Sie sich im Zweifelsfall von einer Person vom Fach helfen, das kann in diesem Fall auch jemand aus der Verwandtschaft sein.

Mit dem Router können Sie per WLAN, d.h. mittels Funk, eine kabellose Verbindung zum Internet herstellen.

Der Router holt die Daten aus dem Internet. Nun fehlt noch die Verbindung zu Ihrem Computer. Diese wird heute in der Regel über eine drahtlose Netzwerkverbindung hergestellt, das *WLAN* (engl. für kabelloses Internet, *Wireless Local Area Network*). Teilweise spricht man auch von einer WiFi-Verbindung, das ist grob gesagt einfach ein anderer Begriff und eine etwas andere, modernere Technologie. Sprich, Windows 11 und der Router unterhalten sich per Funk.

**Verbindung ins Internet per LAN-Kabel**

Sollten Sie ohne Funk (WLAN oder WiFi) online gehen, klappt das ebenfalls über einen Router – hierbei führt ein Kabel von diesem Gerät zu Ihrem Computer. Diese Verbindungsart wird *LAN-Verbindung* genannt. Wichtig zu wissen: Tablets und kompakte Notebooks haben keinen LAN-Anschluss, hier müssen Sie zwingend per WLAN verbinden.

**ACHTUNG!**

Tablets und kompakte Notebooks können mangels Anschlussmöglichkeit nur per WLAN, also kabelloser Verbindung, ins Internet.

Die einfachste Möglichkeit, online zu gehen, führt über eine Kabelverbindung zwischen Computer und Internetrouter. Diese wird mit einem speziellen LAN-Kabel hergestellt, das jedem Router beiliegt.

Ein LAN-Kabel hat zwei identische Stecker mit »Nasen«, die in den Anschlüssen am Router und Computer einrasten.

Meistens ist dieses Kabel zu kurz – eine längere Variante hat aber jeder Elektrofachmarkt parat. Computer und

Die Netzwerkbuchse (der Anschluss für das Internet) am Computer

Router haben identische Anschlüsse für das Netzwerk. Sie können beim Verbinden nichts falsch machen: Die Stecker passen nur in die dafür vorgesehenen Buchsen und »klicken« hörbar und spürbar ein. Vorsicht ist lediglich beim Herausziehen geboten: Die Stecker sind durch eine kleine »Nase« 1 gesichert. Diese müssen Sie herunterdrücken, wenn Sie den Stecker aus dem Computer oder Router ziehen wollen.

Damit haben Sie es bereits geschafft. In der Regel sind Sie mit dem Stecken dieser Verbindung schon startklar.

Um eine Verbindung des Routers per WLAN, also ohne Kabelsalat, herzustellen, müssen Sie ein wenig mehr Arbeit investieren. Folgen Sie bitte dieser Anleitung:

1. Schauen Sie sich zunächst Ihren an den Strom und die entsprechende Buchse angeschlossenen Router an, und prüfen Sie, ob dort neben **WLAN** 2 (wie auf dem folgenden Bild eines typischen Routers auf Seite 41) ein Lämpchen zu sehen ist. Leuchtet es dauerhaft, ist die WLAN-Verbindung bereits aktiv.

2. Am Router, auf der Vorderseite oder seitlich, befindet sich meist ein Knopf, um die Internetverbindung per Funk zu aktivieren. Drücken Sie diesen Knopf 3, und halten Sie ihn gegebenenfalls 1 bis 2 Sekunden lang gedrückt. Wenn nach dem Drücken direkt das WLAN-Kontrolllicht leuchtet, haben Sie alles richtig gemacht. Wenn es nicht klappt, müssen wir Sie leider auf das Handbuch oder den Telefonanbieter verweisen. Die Bauarten der Internetrouter sind einfach zu unterschiedlich, als dass wir hier alle vorstellen könnten.

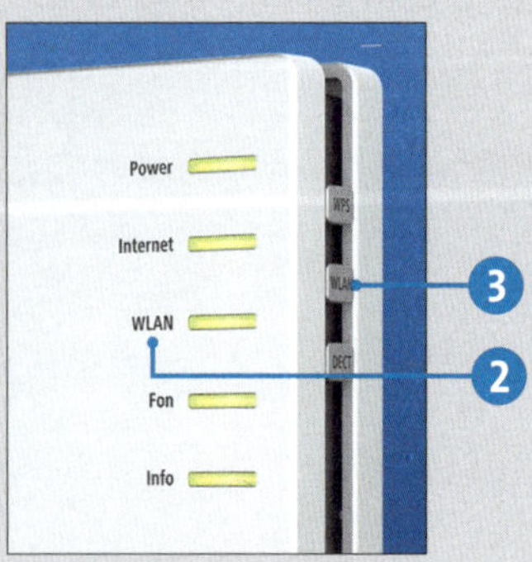


Die WLAN-Taste am Router aktivieren

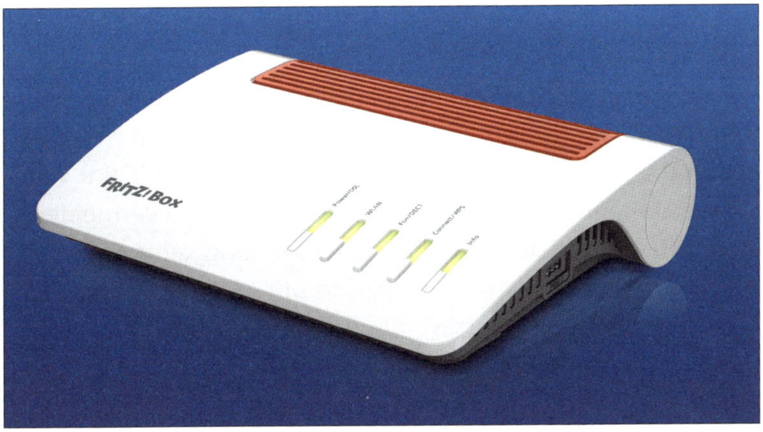


Die FRITZ!Box ist ein weitverbreiteter Router. *(Bild: AVM)*

**3.** Bei jedem Markenrouter finden Sie auf der Rückseite einen Aufkleber mit einer sehr langen Zahlenkombination **4**. Die Bezeichnung kann variieren, häufig lautet sie *WLAN Network Key* oder *WPA2*. Notieren Sie sich diese Ziffernfolge ganz genau. Sie wird später an Ihrem Computer benötigt. Damit Sie Ihren Internetzugang später unter Windows einrichten können, notieren Sie sich bitte außerdem den Namen Ihres Routers **5**, meist mit *SSID* bezeichnet.

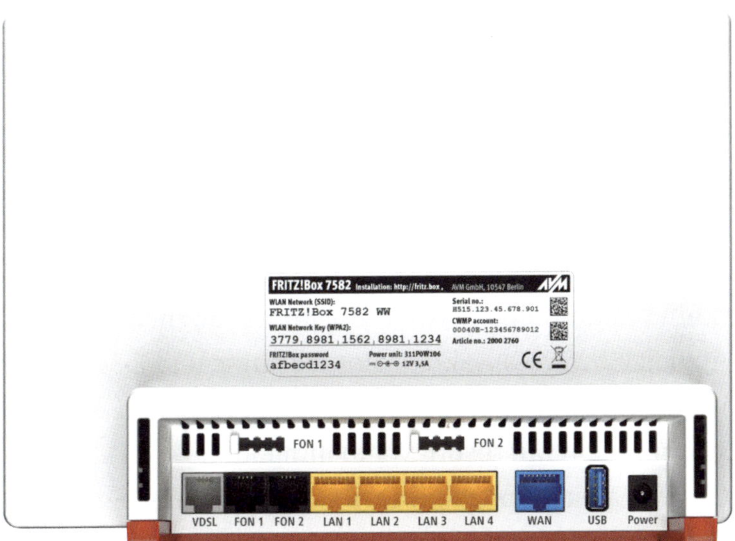


## MERKE

Das Passwort des Internetrouters stellt sicher, dass nur Sie mit diesem Gerät online gehen können und nicht die ganze Nachbarschaft.

**Router nicht gefunden?**

Der Name Ihres Routers kann auch anders lauten. Vielleicht hat Ihr Helfer die Internetverbindung für Sie schon entsprechend umbenannt. Das ist auch prinzipiell sinnvoll, um Verwechslungen mit den Routern Ihrer Nachbarn zu vermeiden. Der Kreativität sind bei der Namensgebung keine Grenzen gesetzt, von *Netz fuer Willi* bis *Ich bin im Internet* ist alles möglich. Die Änderung wird in den Einstellungen zum Router vorgenommen, meist auf einer dafür vorgesehenen Internetseite. Dabei lassen Sie sich wie gesagt am besten helfen. Auch die unter dem Router bereits angegebene Zahlenfolge kann hier in ein individuelles Passwort (eine Buchstaben-Zahlen-Kombination) geändert werden, sodass auch Besucher bei Ihnen zu Hause nicht einfach Zugriff auf Ihr WLAN erhalten.

## Das Microsoft-Konto – die Eintrittskarte für Windows 11

**MERKE**

Das Microsoft-Konto ist die Basis für die Verwendung von Windows und kostenlos. Zudem müssen Sie nur sehr wenige persönliche Daten preisgeben.

Bevor wir mit der Windows-Einrichtung weitermachen, erklären wir Ihnen kurz, was Sie mit einem Microsoft-Konto alles machen können und warum Sie sich hier bedenkenlos anmelden können und sogar müssen. Denn ohne ein Microsoft-Konto können Sie Windows 11 nicht benutzen. Diese digitale Anmeldung ist gratis, und Sie müssen nur sehr wenige persönliche Daten preisgeben.

Das alles ist mit einem Microsoft-Konto möglich:

- Abgleich Ihrer Kontakte, Fotos, Termine und E-Mails auf jedem Computer, Smartphone oder Tablet, auf dem Sie sich mit dem Microsoft-Konto anmelden
- Online-Speicherplatz für Ihre Dokumente und Fotos und Zugriff darauf von überall auf der Welt

- Zugriff auf all Ihre Daten über jeden Computer mit Internet
- einfacher Einkauf kostenpflichtiger Apps im Microsoft Store
- Wiederfinden Ihres Notebooks oder Smartphones, da sich Ihr Konto auf Wunsch den Standort merkt
- Einrichtung von Familiengruppen, um beispielsweise den Enkeln mit einem separaten Zugang am Computer eine gewisse Nutzungszeit vorzugeben oder unangemessene Webseiten von vornherein zu blockieren

Sprich, ein Microsoft-Konto bietet viele Vorteile. Allerdings sammelt das Unternehmen Microsoft auf diese Weise auch munter Daten und nutzt diese beispielsweise dazu, Ihnen passende Werbung anzubieten. Das können Sie mit den richtigen Klicks aber weitestgehend unterbinden. Wie Sie das tun, zeigen wir Ihnen auf den folgenden Seiten.

## Der allererste Start von Windows 11

Jetzt geht es endlich los, und wir schalten den Computer ein. Je nach Computermodell versteckt sich der Einschaltknopf an verschiedenen Orten. Beim Desktop-Computer findet er sich meist zentral vorne am Gehäuse **1**. Beim tragbaren Computer, dem Notebook, finden Sie ihn normalerweise rechts oben **2**. Ist das bei Ihrem Gerät nicht der Fall, gehen Sie entweder selbst auf die Suche oder schlagen in der Kurzanleitung nach, die jedem Gerät beiliegen sollte. Bei Tablets und den sogenannten *Convertibles* ist der Einschaltknopf meist an der Seite oder oben zu finden und wird durch längeres Drücken aktiviert. In allen Fällen wird etwas auf dem Bildschirm passieren, wenn das Einschalten erfolgreich war.

Beim Desktop-Computer befindet sich der Einschaltknopf meist vorne angeordnet. *(Bild: Dell)*

*(Bild: Dell)*

Haben Sie Ihren Computer brandneu erworben, wird beim ersten Einschalten Windows zunächst vorbereitet. Das kann, je nach System, etwas Zeit in Anspruch nehmen. Falls Sie den Computer von Bekannten übernommen haben, kann es sein, dass dieser Vorgang nicht notwendig ist und Windows direkt startet – überspringen Sie in diesem Fall einfach die folgenden Seiten.

Für alle anderen gilt: Windows muss beim ersten Start noch einiges sortieren und einrichten. Vor allem werden Sie eine Menge Dinge anklicken, ausfüllen und abhaken müssen. – aber keine Sorge, wir führen Sie Schritt für Schritt durch jede Abfrage.

Lassen Sie uns daher mit dem ersten Start von Windows 11 loslegen. Wundern Sie sich nicht, dass eine freundliche Stimme Sie begrüßt. Damit soll sichergestellt werden, dass auch Menschen mit Sehbehinderung die Einrichtung vornehmen können. Sie fahren mit der Maus hier einfach auf die Schaltfläche **Ja** und weiter geht's.

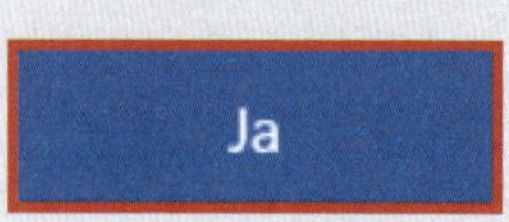


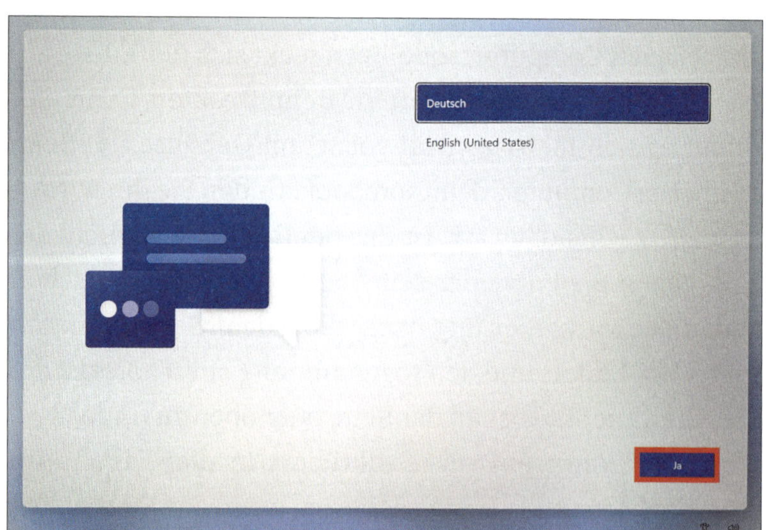

In der ersten wirklichen Abfrage geht es um die Sprache und die Region. Windows 11 erkennt diese normalerweise, daher ist bei uns **Deutschland** 3 bereits hellblau markiert. Ist das korrekte Land ausgewählt, bewegen Sie den Mauszeiger auf die Schaltfläche **Ja** 4, und klicken Sie darauf. Auf dem Touchpad am Notebook fahren Sie mit dem Finger in Richtung dieser Schaltfläche und betätigen dann ebenfalls einmal die linke Taste. Am Touchscreen tippen Sie mit dem Finger einmal kurz auf **Ja**.

Die Sprache des Computers auswählen

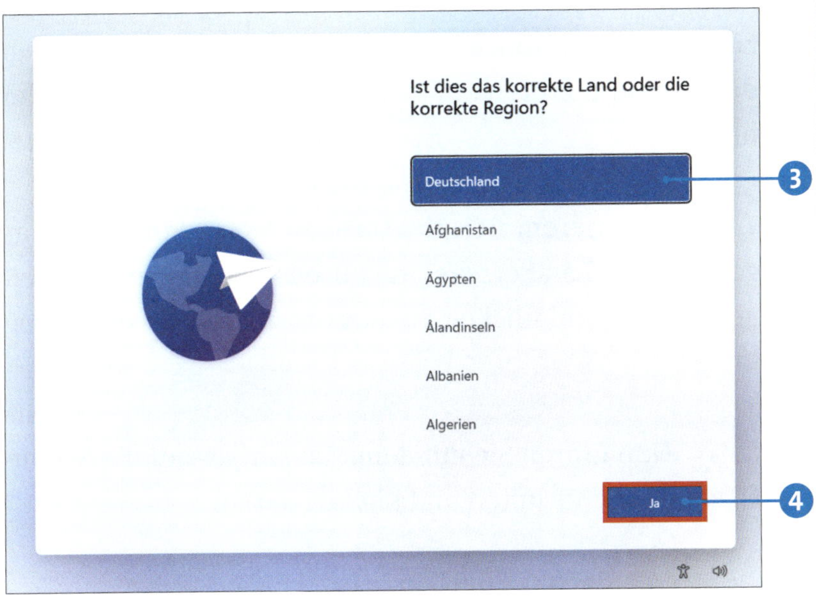


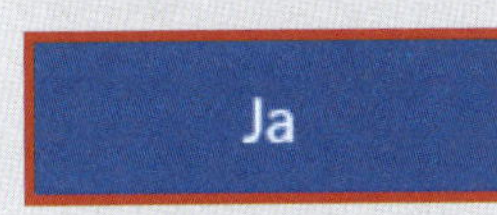


Um eine andere Region auszuwählen, folgen Sie dieser Anleitung:

1. Wenn das gewünschte Land nicht angezeigt wird, fahren Sie in der alphabetisch sortierten Liste herauf oder herunter. Diesen Vorgang nennt man *Scrollen* (auf Deutsch *Blättern*). Wenn Sie am Computer mit Maus, Touchpad oder Tablet eine Liste durchblättern möchten, ist auf Folgendes zu achten: Positionieren Sie den Mauszeiger auf

**MERKE**

Beim »Scrollen« drehen Sie das Rad an der Maus nach vorne oder zurück. Das bewirkt, dass der Inhalt eines Fensters nach oben oder nach unten verschoben wird.

jenem Feld, in dem Sie scrollen wollen. Wenn Sie nun das Scrollrad Ihrer Maus in Ihre Richtung drehen, blättern Sie in Ihrer Liste am Bildschirm nach unten. Drehen Sie das Scrollrad zurück, also weg von Ihnen, blättern Sie in der Liste wieder nach oben.

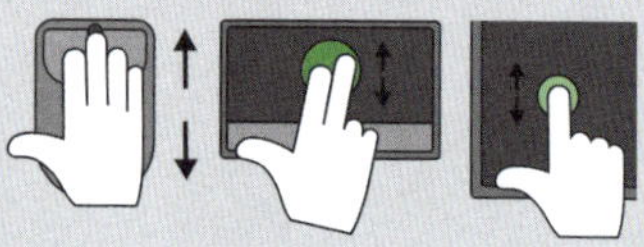

**2.** Am Touchpad des Notebooks geht das Scrollen in beide Richtungen elegant mit Zeige- und Mittelfinger gleichzeitig. Streichen Sie mit diesen Fingern zu sich, um nach unten zu blättern, und von sich weg, um nach oben zu blättern. Am Touchscreen setzen Sie den Zeigefinger in die Liste und fahren auf dem Bildschirm nach oben oder unten.

**3.** In unserem Beispiel scrollen Sie so lange, bis das gewünschte Land erscheint. Fahren Sie mit dem Mauszeiger darauf, und klicken Sie einmal mit der linken Maustaste.

**4.** Nun fahren Sie mit dem Mauszeiger auf die Schaltfläche **Ja** rechts unten und klicken darauf.

**MERKE**

Scrollen per Scrollrad, auf dem Touchpad und dem Touchscreen
Mit der Bildlaufleiste (dem *Scrollbalken*) bewegen Sie sich durch Inhalte, die auf dem Bildschirm »keinen Platz« mehr finden und erst durch Ihre Bewegung nach oben oder unten zum Vorschein kommen.

### Scrollen mit der Bildlaufleiste

Viele solcher Auswahlfelder (auch *Dialog* genannt) und Programmfenster verfügen über einen sogenannten *Scrollbalken* – zu Deutsch: eine Bildlaufleiste, die eingeblendet wird, wenn Sie mit der Maus auf den Bildschirm- bzw. Fensterrand zeigen (seitlich oder auch unten). Entweder klicken Sie mit der Maus auf die hervorgehobene Fläche und fahren bei gedrückter Maustaste mit der Maus nach oben bzw. unten, oder Sie nutzen die Pfeile oben bzw. unten. Hier ist alles ganz logisch – ein linker Mausklick auf den nach oben zeigenden Pfeil führt auch nach oben, ein Klick auf den unteren Pfeil entsprechend nach unten.

**5.** Jetzt teilen Sie Windows mit, welche Tastatur Sie benutzen. In der Regel ist schon die korrekte Variante ausgewählt ①. Möchten Sie eine andere Tastatur benutzen, wählen Sie auf dieselbe Weise, wie es in den Schritten 3 und 4 zum Wechsel der Region beschrieben ist, ein anderes *Tastaturlayout* aus. Lassen Sie sich nicht irritieren, dass hier drei verschiedene deutsche Tastaturen zur Auswahl stehen. Die IBM-Variante ② ist schon seit Jahren antiquiert. Sollten Sie in der Schweiz leben, wählen Sie per Mausklick **Deutsch (Schweiz)** ③. Bestätigen Sie Ihre Auswahl wieder mit einem Klick auf die Schaltfläche **Ja**.

**ACHTUNG!**

Die Tastatur am Computer ist von Land zu Land unterschiedlich, beispielsweise gibt es auf der englischen Tastatur kein Ä, Ö oder Ü. Außerdem sind dort die Tasten für die Buchstaben Y und Z vertauscht.

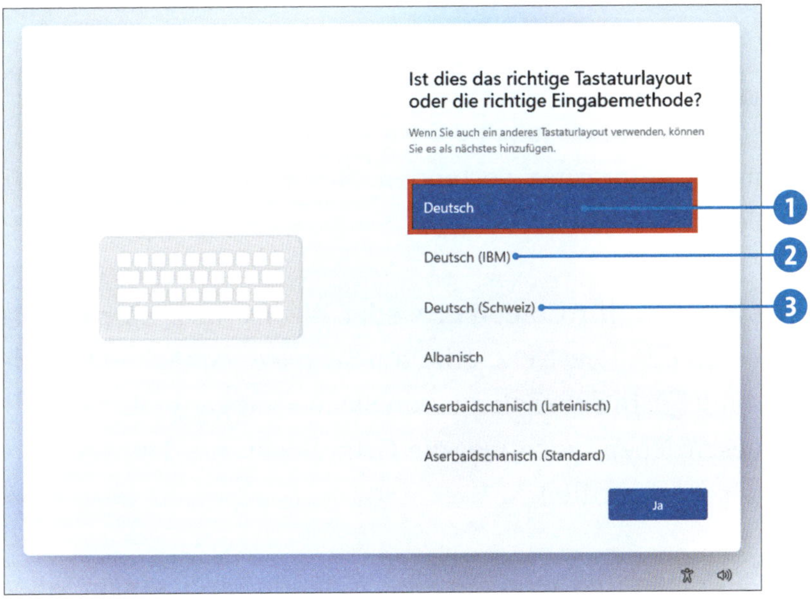

**6.** Die nun erscheinende Frage nach einem zweiten Tastaturlayout ist nur dann relevant, wenn Sie noch eine zweite Tastatur aus einem anderen Land verwenden und beispielsweise länderspezifische Sonderzeichen benötigen. Klicken Sie hier aber aktuell direkt auf **Überspringen** ④.

**ACHTUNG!**

Ist Ihr Computer über ein Kabel bereits mit dem Internet verbunden, bekommen Sie den Bildschirm auf Seite 49 nicht zu sehen.

**ACHTUNG!**

Am Notebook kann die Ursache gegebenenfalls auch ein kleiner Schalter sein – teilweise haben diese Geräte einen kleinen Schalter, um das WLAN zu deaktivieren.

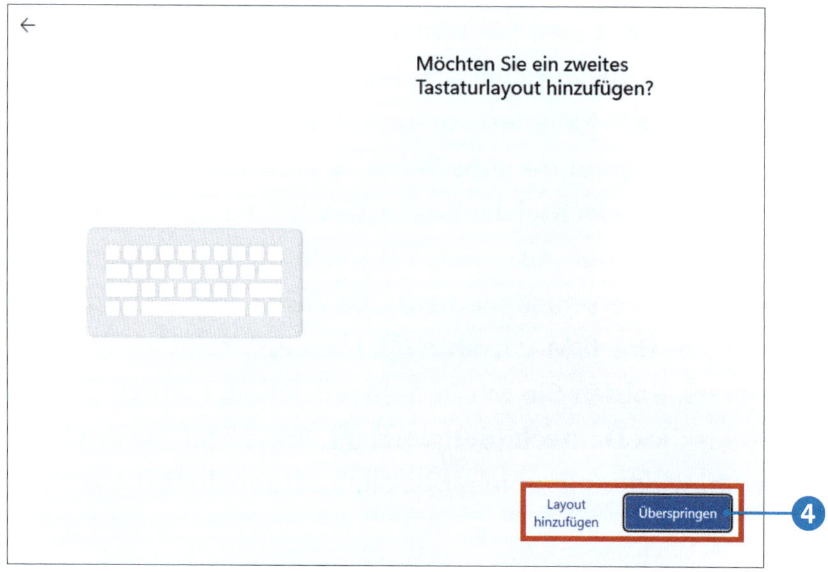


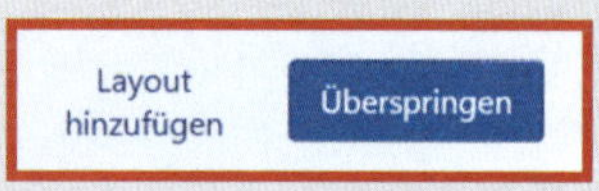


**7.** Windows möchte Sie nun mit einem *Netzwerk*, d. h. mit dem Internet, verbinden. Nun können folgende drei Fenster erscheinen.

**8.** Hat Ihr Computer weder WLAN noch eine Kabelverbindung ins Netz, erhalten Sie die entsprechende Meldung **5**. In dem Fall müssen Sie, wie eingangs ab Seite 38 beschrieben, noch mal die Grundlagen für den Internetanschluss prüfen.

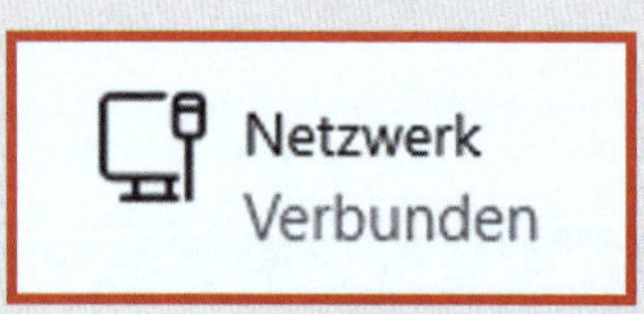


**9.** Hat Ihr Computer eine Verbindung mit einem Netzwerkkabel zum Router und damit ins Internet, erhalten Sie die entsprechende Meldung angezeigt mit dem Hinweis **Verbunden** **6**. Hier klicken Sie dann einfach weiter unten mit der linken Maustaste auf **Weiter** und fahren mit Schritt 14 fort.

**10.** Haben Sie drahtloses WLAN oder WiFi, dann werden Ihnen einige kabellose Netzwerke in der Umgebung zur Auswahl anzeigt 7. Folgen Sie den nächsten Schritten, um die Verbindung herzustellen.

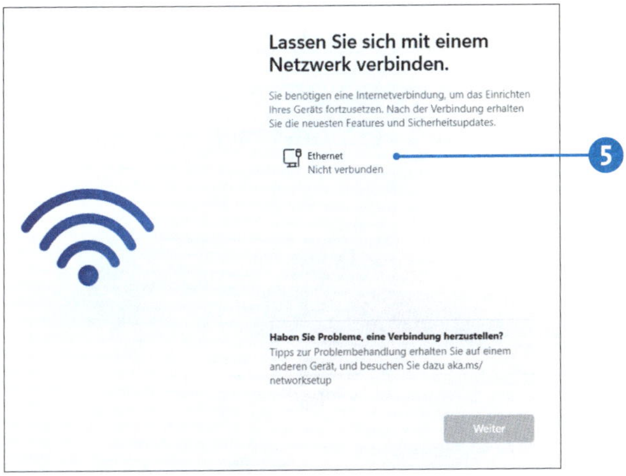


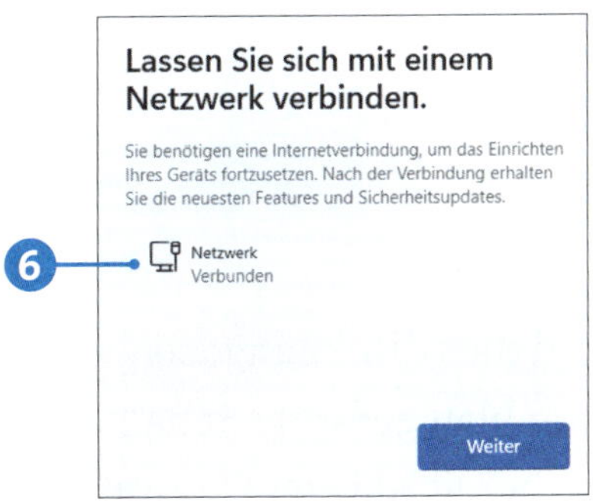


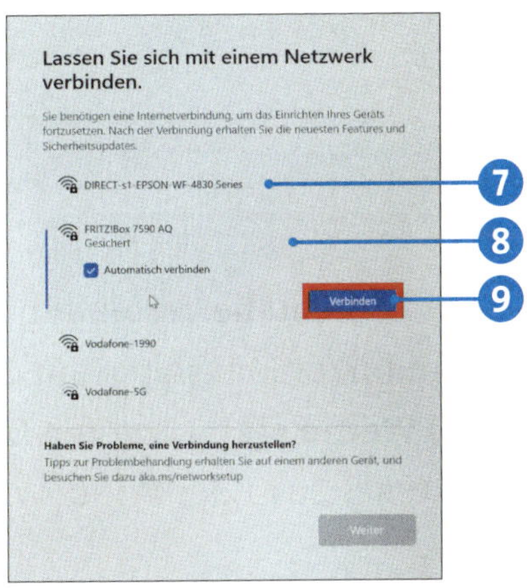


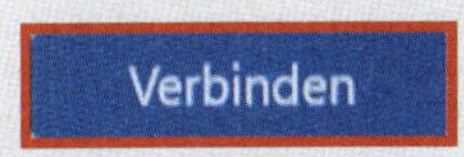


**11.** Hier sollte Ihr WLAN-Netzwerk gelistet sein. Kennen Sie den Namen nicht, blättern Sie bitte noch mal auf Seite 41. Klicken Sie das Netzwerk mit der linken Maustaste an 8, und klicken Sie dann auf **Verbinden** 9.

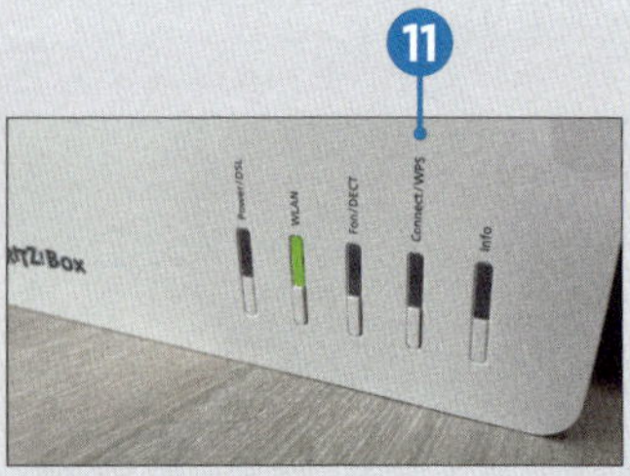


**12.** Nun müssen Sie mit der Tastatur das WLAN-Passwort eingeben, hier etwas kompliziert **Netzwerksicherheitsschlüssel** benannt. Das haben Sie sich idealerweise schon notiert (siehe Seite 41) und klicken dann nach der Eingabe mit der linken Maustaste auf die Schaltfläche **Weiter** ⑩. Alternativ können Sie an Ihrem Router auch die *WPS-Taste* ⑪ drücken und kurz warten. Dann entfällt die Passworteingabe, Windows verbindet sich dann automatisch mit dem Internet.

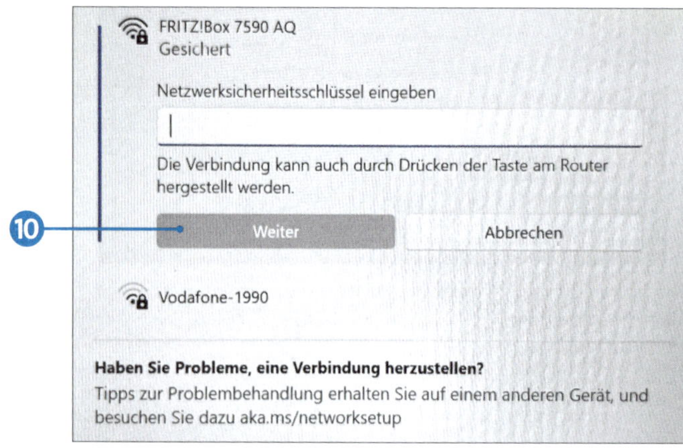


## MERKE

Tippfehler? Die Passwörter für die Internetverbindung sind meist sehr, sehr lang. Da vertippt man sich schnell. Zur Kontrolle können Sie statt der schwarzen Punkte auch das komplett eingegebene Kennwort ansehen. Klicken Sie hierzu auf das graue Augensymbol – solange Sie die Maustaste gedrückt halten oder mit dem Finger drücken, erscheint das komplette Passwort.

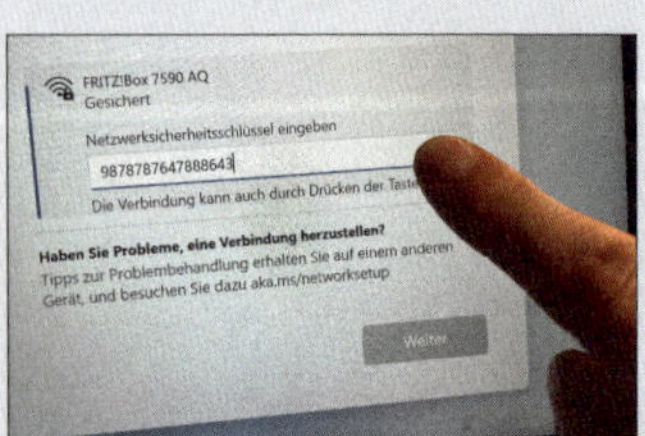

**13.** Steht die Verbindung, wird dies direkt angezeigt ⑫. Ein linker Mausklick auf die nun blau gefärbte Schaltfläche **Weiter** ⑬ im unteren Displaybereich bringt Sie zum nächsten Schritt der Windows-Einrichtung.

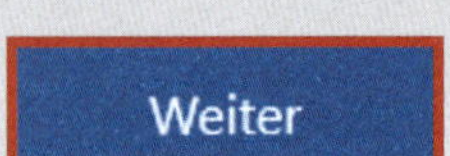


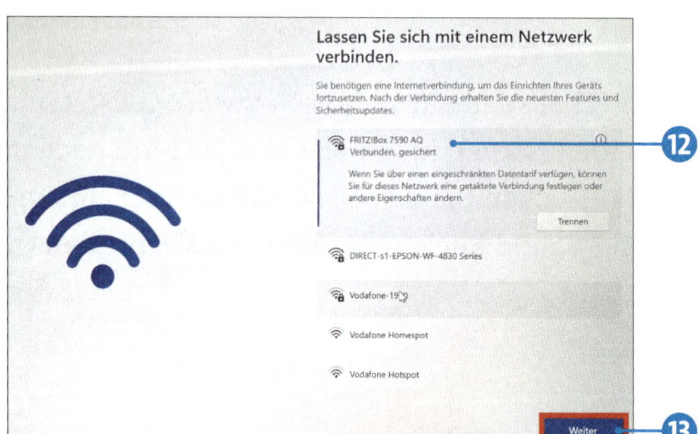

**14.** Im folgenden Bildschirm werden rechtliche Informationen angezeigt. Dabei handelt es sich um übliche Vertragsbedingungen, mit denen Microsoft sein Betriebssystem Windows 11 gegen alle möglichen und unmöglichen Dinge absichert. Vom Prinzip her kann man dieses Schriftstück im Umfang eines Taschenbuches mit den Geschäftsbedingungen vergleichen, die sogar der Supermarkt um die Ecke hat und die Sie sicher auch noch nie durchgelesen haben. Um weiterzukommen, klicken Sie also auf **Annehmen** ⓮.

**15.** Nun wird ein Name für Ihren Computer vergeben. Das ist nicht zwingend erforderlich, aber praktisch zur Unterscheidung, wenn mehrere PCs in einem Haushalt vorhanden sind. Hier tippen Sie in das Feld **Gerätename** ⓯ einen Namen nach Wunsch ein, allerdings ohne Leerschritte oder Sonderzeichen ⓰. Entspricht der Name den Kriterien, gelangen Sie mit einem linken Mausklick auf **Weiter** zum nächsten Fenster.

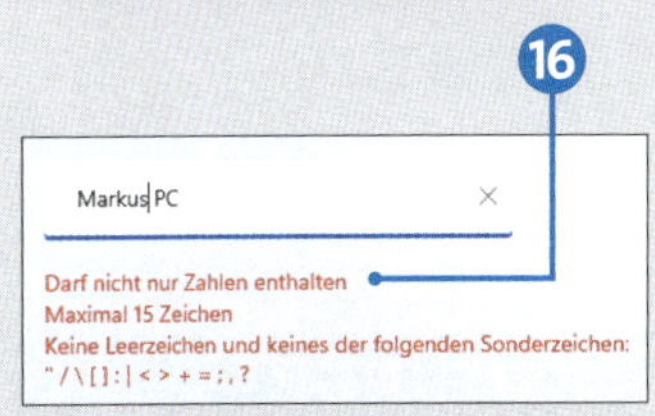


Leerschritte und Sonderzeichen sind bei der Namensgebung Ihres Computers nicht erlaubt.

**16.** Hochtrabend wird nun von der Microsoft-Erfahrung gesprochen. Nun gut, ob eine Anmeldung mit Microsoft-Konto wirklich so spektakulär ist, sei mal dahingestellt. Sie müssen hier in jedem Fall **Anmelden** anklicken, sonst geht nichts weiter.

**ACHTUNG!**

Sie haben schon ein Microsoft-Konto? Dann dürfen Sie im Fenster von Schritt 18 einfach Ihre E-Mail-Adresse eingeben und auf **Weiter** klicken.

**17.** Haben Sie bereits ein Microsoft-Konto, können Sie sich im folgenden Bildschirm direkt mit Ihrer Mailadresse anmelden und mit Schritt 1 auf Seite 57 weitermachen.

Wir gehen aber davon aus, dass Sie aktuell noch keines besitzen und vielleicht auch noch gar keine E-Mail-Adresse. In diesem Fenster klicken Sie daher auf **Dann erstellen Sie jetzt eins!** 17.

**MERKE**

Sie können jede beliebige Mailadresse verwenden, um ein Microsoft-Konto anzulegen. Also egal ob von GMX, Web.de etc.

**18.** Haben Sie schon eine E-Mail-Adresse? Dann nutzen Sie diese auch für Ihr Microsoft-Konto. Klicken Sie in das Eingabefeld 18, und tippen Sie mit der Tastatur Ihre E-Mail-Adresse ein. Haben Sie noch keine E-Mail-Adresse, klicken Sie mit der linken Maustaste auf **Neue E-Mail-Adresse anfordern** 19.

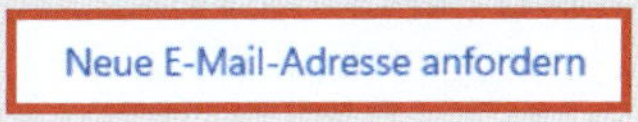


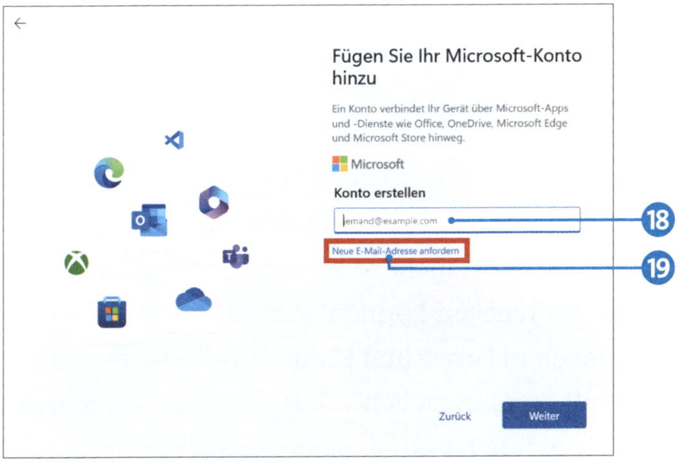


**MERKE**

Das @-Zeichen trennt in E-Mail-Adressen den persönlichen Namen vom Servernamen.

**19.** Im folgenden Fenster erscheint ein Feld, das mit *@outlook.de* endet 20. Das @ haben Sie sicher schon häufiger gesehen – es trennt in E-Mail-Adressen den persönlichen Namen vom sogenannten *Servernamen*, dem E-Mail-Anbieter. Das Verhältnis dieser Angaben zueinander ist also so ähnlich wie Klingelschild und Straßenname.

**MERKE**

AltGr + Q ergibt @.

Das @-Zeichen (gesprochen »Ätt«) erzeugen Sie übrigens mit den Tasten AltGr + Q.

**20.** Nun geben Sie in das Feld davor Ihren gewünschten E-Mail-Namen, z. B. *Vorname.Nachname*, ein 21. Die Endung *@outlook.de* ist vorgegeben und kann nicht geändert werden. Klicken oder tippen Sie auf **Weiter** 22.

**ACHTUNG!**

Für ein sicheres Passwort kombinieren Sie am besten Buchstaben in Groß- und Kleinschreibung, Zahlen und gegebenenfalls auch Satz- und Sonderzeichen wie ? oder #.

**21.** Im Anschluss geben Sie ein **Kennwort** 23 ein, das häufig auch *Passwort* genannt wird. Bitte achten Sie darauf, dass Ihr Passwort nicht so leicht zu erraten ist und dass Sie es sich gut merken können! Am besten, Sie kombinieren Buchstaben in Groß- und Kleinschreibung mit Zahlen und eventuell Sonderzeichen – z. B. *19ResI35#*. Sie werden es nicht für möglich halten, aber das am häufigsten verwendete Passwort lautet *Passwort*, dicht gefolgt von *1234*. Sie ahnen es schon, mit einem Klick auf **Weiter** geht es weiter.

**ACHTUNG!**

Achtung! Merken Sie sich das Kennwort unbedingt gut, denn hier erfolgt keine zweite Abfrage zur Sicherheit.

**22.** Nun möchte Microsoft gerne Ihren Vor- und Nachnamen erfahren. Tippen Sie diese in die dafür vorgesehenen Felder ein 24, und bestätigen Sie Ihre Angaben mit einem Klick auf **Weiter** 25.

Name eingeben

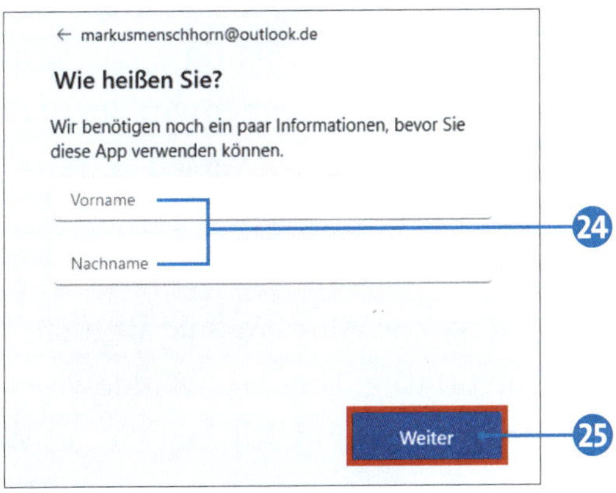

**23.** Nun wählen Sie jeweils nach einem Klick auf den Pfeil rechts noch Ihr Herkunftsland aus 26 (im Fall eines der Autoren ist es **Österreich**) und geben Ihr Geburtsdatum über die drei kleinen Menüfelder 27 preis. Und schon können Sie auch hier auf **Weiter** 28 klicken.

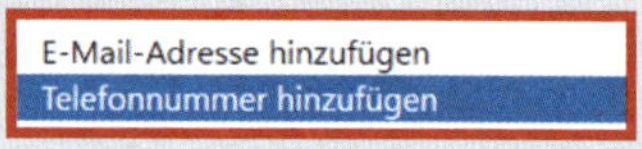

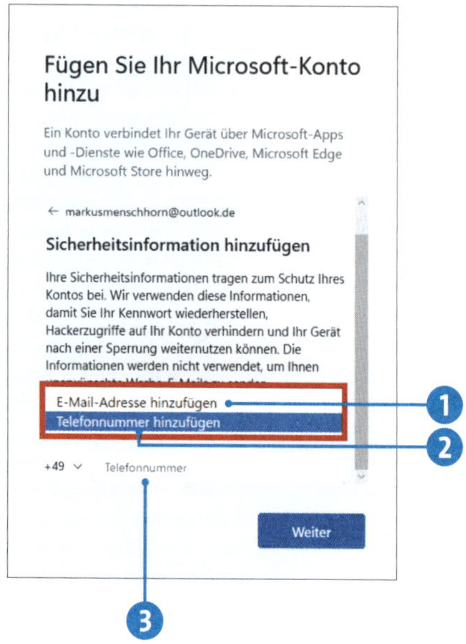


**24.** Damit leider nicht genug. Windows will nun noch zur Sicherheit eine weitere Mailadresse von Ihnen wissen oder eine Telefonnummer. Wir klicken in das Auswahlfeld, in dem aktuell **E-Mail-Adresse hinzufügen** 1 steht, und wählen dort per Klick oder Fingertipp stattdessen die Telefonnummer 2 aus. Im Feld darunter 3 tragen Sie dann Ihre Handynummer ein. Wichtig – die Länderkennung muss stimmen und Ihre Nummer wird dann ohne die übliche 0 zu Beginn eingetragen. Danach fahren Sie mit einem Klick auf **Weiter** fort.

**25.** Die folgende Abfrage kommt nicht immer, sondern erscheint zufällig. Hier will Windows ernsthaft wissen, ob Sie ein Mensch sind. Klicken Sie auf **Weiter** 4. Es folgt eine »Aufgabe«, die grafisch extrem schlecht gemacht ist. Mit den beiden Pfeilen 5 müssen Sie die Katze so drehen, dass sie in die gleiche Richtung wie die Hand 6 zeigt. Ist das geschafft, klicken Sie auf **Absenden** 7. Die Bestätigung 8 erfolgt automatisch und die eigentliche Windows-Einrichtung kann beginnen.

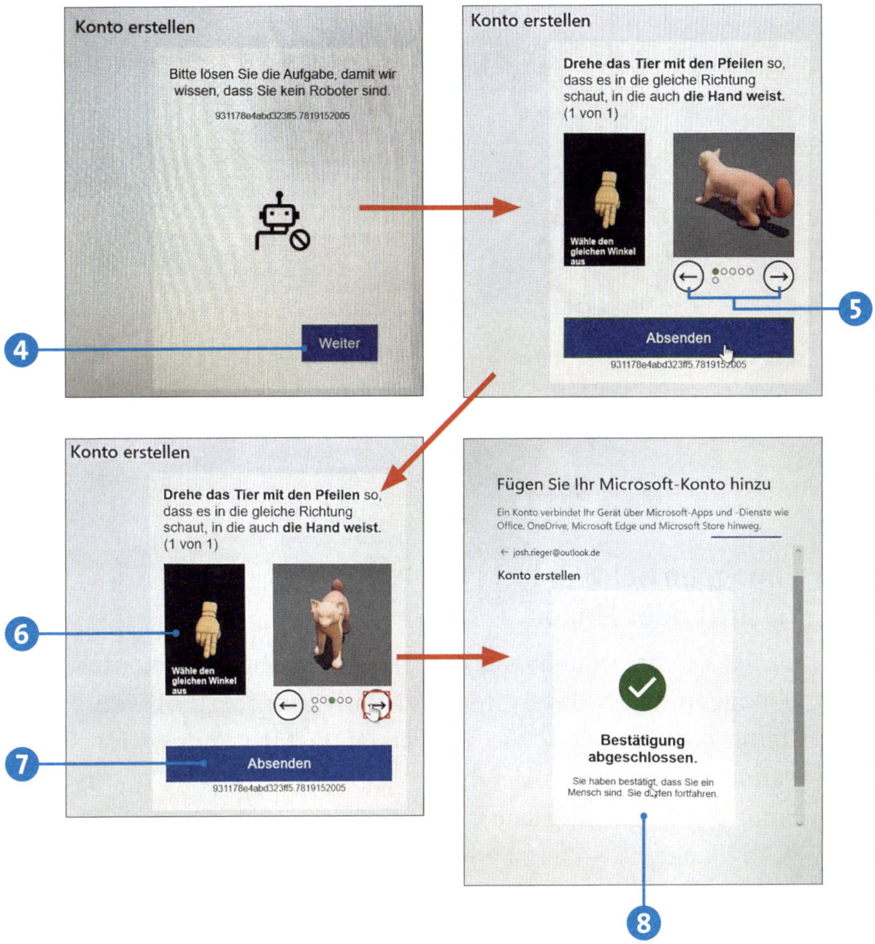


## Benutzerkonto einrichten

Jetzt geht es darum, Windows 11 für Sie am Computer einzurichten. Konkret werden Zugangsmöglichkeiten festgelegt, damit nicht jeder auf Ihren Computer Zugriff hat, oder es wird geschaut, ob Sie von einem alten PC umziehen.

**1.** In dieser ersten Abfrage entscheiden wir uns für **Als neuen PC einrichten** (1), da wir davon ausgehen, dass dieses Ihr erstes Gerät ist.

**WAS TUN?**

Fingerabdrucksensor einrichten → PIN festlegen

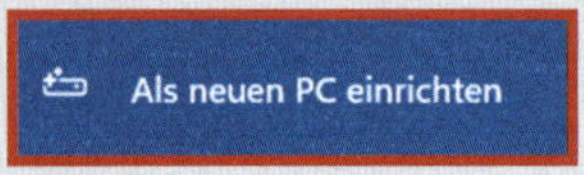


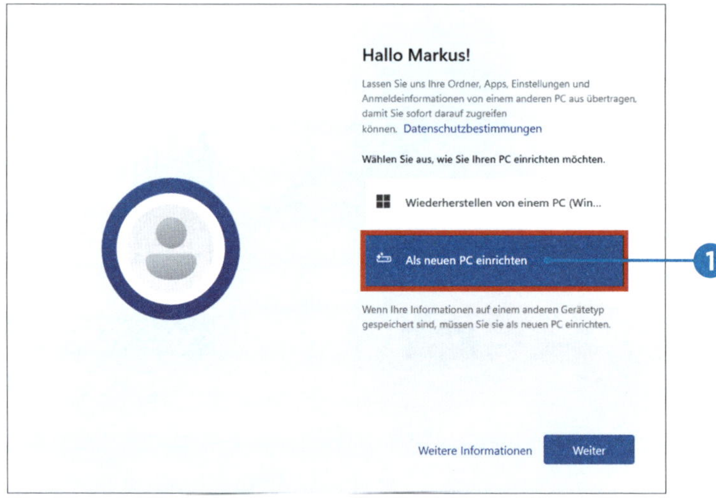


**MERKE**

Wenn Ihr Computer keinen Fingerabdrucksensor besitzt, dann starten Sie direkt bei Schritt 5.

## Einloggen bei Windows mit PIN, Gesicht oder Finger

Da Sie sich bei Windows immer mit Ihrem Microsoft-Konto einloggen, muss das System natürlich geschützt werden. Damit das so einfach wie möglich ist, bietet Windows folgende Möglichkeiten, die Ihnen vielleicht schon von Ihrem Smartphone geläufig sind:

- Login per PIN – das ist wie bei der Bankkarte ein vierstelliger, frei wählbarer Zahlencode.
- Login per Fingerabdruck – viele Notebooks haben einen Fingerabdrucksensor, damit sparen Sie sich lästiges Eintippen.
- Login per Gesichtserkennung – viele Notebooks erkennen mittlerweile Ihr Gesicht und geben damit wie von Zauberhand den Computer frei.

**2.** Besitzen Sie einen »ganz normalen« Computer, wird Windows 11 eine PIN erstellen wollen. Mit einer vierstelligen Ziffernfolge wird Ihr Computer dann einfach entsperrt. Dazu überspringen Sie die Schritte 1 bis 4 und starten direkt mit Schritt 5. Besitzt Ihr Computer einen Fingerabdruckscanner oder eine Gesichtserkennung, wird zuerst dies erkannt und dann im Anschluss zusätzlich die PIN festgelegt. Los geht's!

**3.** Sie erhalten zunächst die Abfrage, ob Sie die Gesichtserkennung überhaupt einrichten wollen. Wir klicken hier natürlich auf **Ja, einrichten** 2.

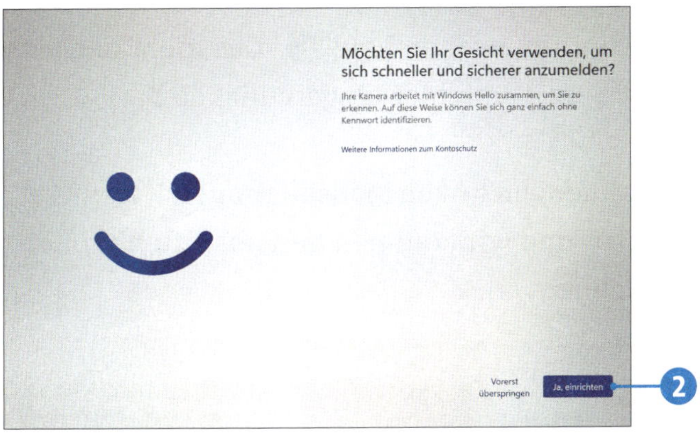


**4.** Sie müssen nun einfach in die Kamera Ihres Notebooks schauen – die Erkennung geht so rasant schnell, dass Sie meist nur den Erfolgsbildschirm sehen werden. Klicken Sie dann auf **Weiter** 3.

**ACHTUNG!**

Wir zeigen hier die Einrichtung der Gesichtserkennung. Mit dem Fingerabdruck funktioniert es aber nahezu identisch.

Jörg, einer der Buchautoren, hat es auch nach mehreren Anläufen nicht geschafft, die Gesichtserkennung selbst abzufotografieren. Denn tatsächlich geht das in Sekundenbruchteilen

**5.** Haben Sie die Gesichtserkennung eingerichtet, erscheint das Feld zur PIN-Eingabe. Das Fenster zur PIN-Erstellung erläutert kurz, worum es geht – wir gehen direkt zur Sache und klicken auf **PIN erstellen** ❹.

**6.** Im folgenden Display tippen Sie nun die gewünschte Ziffernfolge in das erste Feld ❺. Wiederholen Sie die Eingabe dann im zweiten Feld ❻. Das dient der Sicherheit, falls sich ein Tippfehler eingeschlichen hat.

**7.** Mit einem linken Mausklick auf **OK** ist dieser Schritt geschafft, und wir kommen nun noch zum großen Thema Datenschutz.

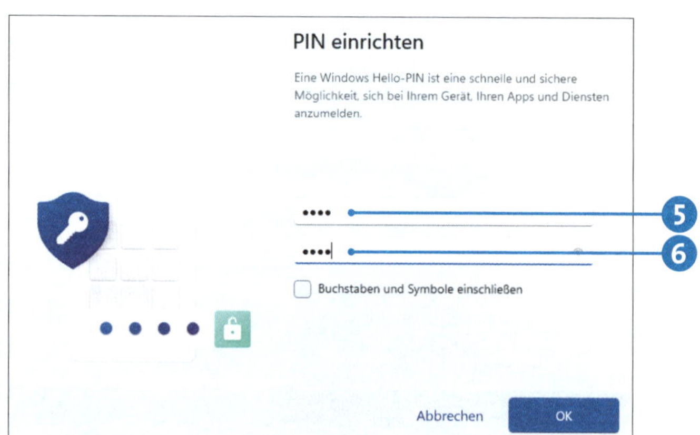

# Datenschutzeinstellungen und Freigaben

Die folgenden Bildschirme beinhalten eine wahre Flut von Abfragen zum Datenschutz. Wie Sie sehen werden, akzeptieren wir die meisten geforderten Freigaben. Es steht Ihnen natürlich frei, hier im Einzelfall selbst anders zu entscheiden, wenn Ihnen Microsoft zu viel Einblick in Ihre Privatsphäre zu fordern scheint.

1. Gestartet wird mit der Freigabe des Computerstandortes. Hier ist es sinnvoll, die Schaltfläche **Ja** ① anzuklicken. Denn so erhalten Sie, eine Internetverbindung vorausgesetzt, den zu Ihrem Aufenthaltsort passenden Wetterbericht geliefert sowie exakte Routenbeschreibungen. Mit einem Klick auf **Annehmen** ② geht es zum nächsten Bildschirm.

Die Standortfreigabe liefert den richtigen Wetterbericht und exakte Wegbeschreibungen.

2. Eher für Besitzer von Tablets und Notebooks gedacht ist der Service **Mein Gerät suchen**. Damit können Sie später über jeden beliebigen Computer mit Internetverbindung nach Ihrem Gerät suchen lassen. Das ist nicht nur im Falle eines Diebstahls praktisch, sondern auch dann,

Die Funktion **Mein Gerät suchen** ist vor allem für Besitzer von mobilen Geräten wie Tablets und Notebooks von Interesse.

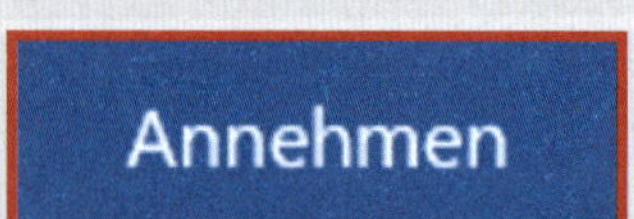


Bei den Diagnosedaten genügt es, nur erforderliche Daten an Microsoft zu senden.

wenn die Tasche mit Ihrem Gerät im Zug liegen geblieben ist. Daher: Ein **Ja** 3 aktiviert den Service, und mit **Annehmen** 4 geht es weiter.

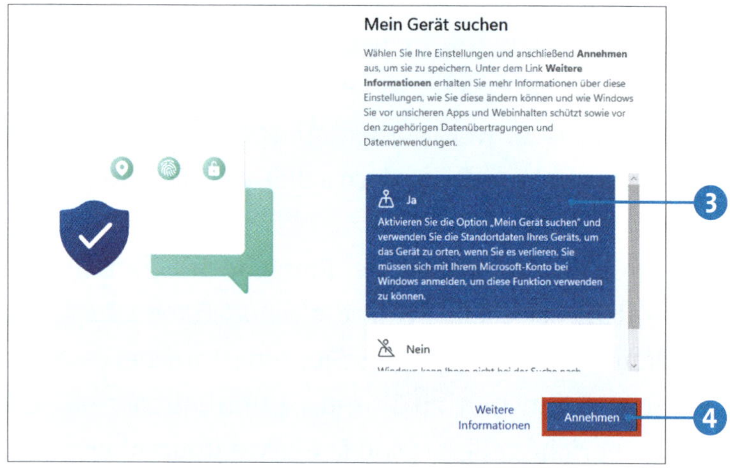


**3.** Leider sind wir noch nicht am Ende. Falls es zu einem Problem mit Windows selbst oder mit einzelnen Apps kommt, werden die Diagnosedaten an Microsoft übermittelt (Internet vorausgesetzt), um eine Lösung finden zu können. Wir wählen hier **Nur Erforderlich** 5 aus, eventuell müssen Sie in diesem Feld scrollen, um diese Auswahl zu sehen. Ein Klick auf **Annehmen** 6 bringt Sie weiter.

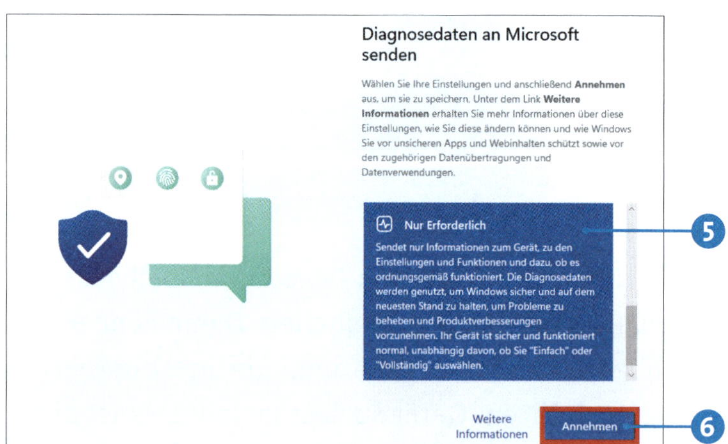

**4.** Damit sind wir beinahe am Ziel. Auf dem Bildschirm **Freihand und Eingabe verbessern** können Sie **Ja** ⑦ wählen. Hier wird gestattet, Spracherkennung und Eingaben mit einem Stifttablet zu optimieren. Bestätigen Sie mit **Annehmen** ⑧.

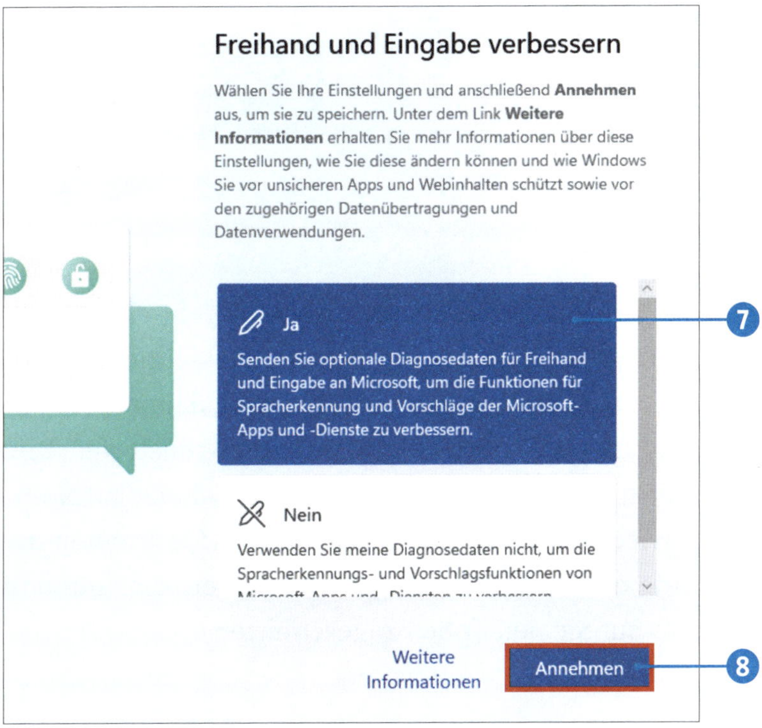


**5.** Der folgende Bildschirm ist ein wenig irreführend. Zwar verwendet Microsoft die *Diagnosedaten* auch dazu, um Probleme in Windows 11 zu beheben und Produktverbesserungen vorzunehmen, letztlich geht es aber auch darum, dass Microsoft Ihnen anhand Ihrer Nutzerdaten maßgeschneiderte Angebote, Tipps und Empfehlungen anzeigen möchte. Wir finden: So weit muss es dann doch nicht gehen. Daher entscheiden wir uns für **Nein** ⑨. Sie wissen schon, nun ist wieder **Annehmen** angesagt.

Microsoft will viel wissen, aber es ist durchaus sinnvoll, zu gestatten, dass das System bei der Spracheingabe oder dem Freihandschreiben auf dem Tablet mitlernen darf.

*Diagnosedaten* helfen zwar, Fehler in Windows 11 zu beheben, dienen Microsoft aber auch dazu, Ihnen maßgeschneiderte Werbung zu senden.

Annehmen

**6.** Auch in der folgenden Abfrage geht es erneut um Werbung. Allerdings nun darum, dass Microsoft Ihre Daten an andere Apps weitergeben darf, damit diese Ihnen wiederum zielgerichtete Werbung zuspielen dürfen. Klingt verrückt, oder? Daher klicken wir hier beherzt auf **Nein** (10) und wiederum auf **Annehmen**. Ach ja – Sie erhalten trotzdem je nach App Werbung eingeblendet, aber immerhin nicht »auf Sie persönlich zugeschnitten«.

Annehmen

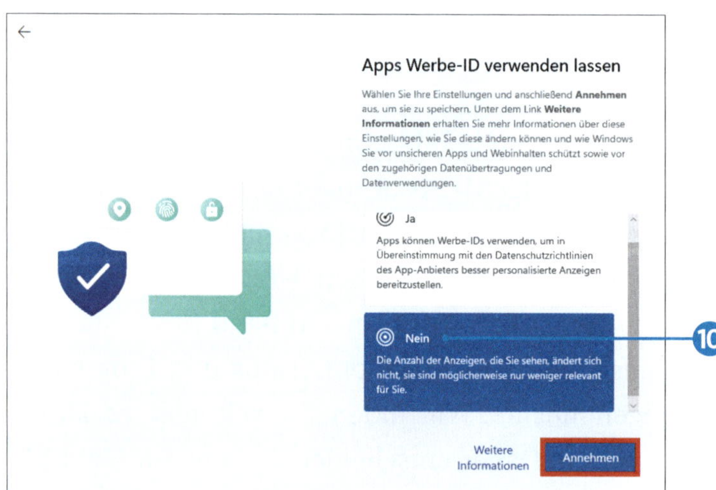

Damit hätten wir das Thema Datenschutz abgehakt. Kommen wir nun noch abschließend zur sogenannten **Benutzererfahrung**.

## Benutzererfahrung

Die Benutzererfahrung regelt noch ein paar Kleinigkeiten, wie Ihr Windows 11 genutzt wird, wo Daten gespeichert werden, und außerdem startet Microsoft schon hier mit einer kleinen Werbeverkaufsveranstaltung. Clever, wie wir sind, umschiffen wir das natürlich elegant und einfach per Mausklick.

1. Ehrlich gesagt, auch diese Abfrage zur Benutzererfahrung ist eher eine Rückmeldung an Microsoft, welche Art von »Empfehlungen« Sie erhalten sollen. Daher klicken Sie einfach auf **Überspringen** ①, es geht Windows 11 wirklich nichts an, was Sie auf Ihrem Computer so anstellen werden.

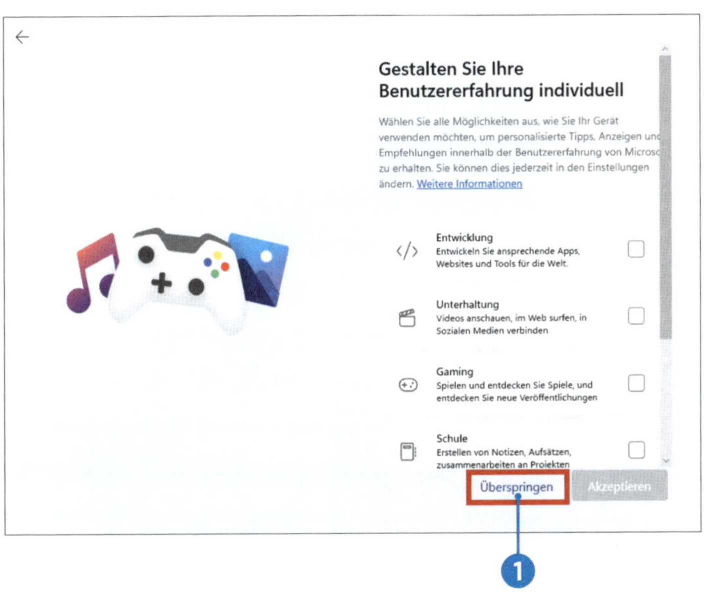


Schön, wenn zugehört wird. In der Abfrage der Benutzererfahrung will Windows aber eigentlich nur wissen, welche Art von Werbung Sie aufgrund Ihrer Computernutzung interessiert.

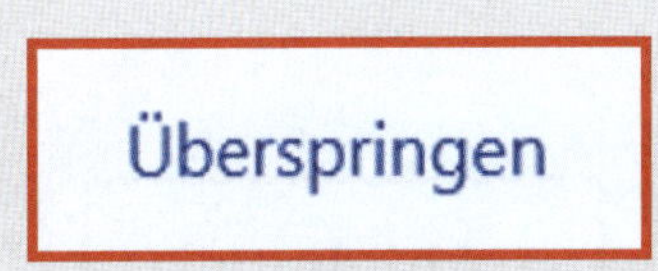

**2.** Sie haben ein Android-Smartphone? Dann können Sie es hier direkt mit Ihrem neuen Windows-PC verbinden. Allerdings wollen wir in diesem Schritt darauf verzichten, damit die Einrichtung Ihres Computers nicht noch komplizierter wird. Klicken Sie daher auf **Überspringen** ❷.

Überspringen

**MERKE**

Sie wollen genau wissen, was es mit OneDrive auf sich hat? Ab Seite 333 dreht sich alles um die sogenannte Cloud-Speicherung Ihrer Daten.

**3.** Wie großzügig – Microsoft bietet Ihnen an, das Office-Paket zu testen, um danach abzukassieren. Wir lassen das schön bleiben, zudem zeigen wir Ihnen mit OpenOffice ab Seite 125 eine wunderbare, kostenlose Alternative zum Briefeschreiben. Klicken Sie daher auf **Ablehnen** ❸.

Ablehnen

**4.** Und weiter geht es mit der virtuellen Kaffeefahrt: Jetzt sollen Sie bitte beim Datenspeicher in der Cloud »zugreifen«. Auch hier: Hände weg und **Ablehnen** ④ anklicken. Sie können jederzeit auch später Datenspeicher dazukaufen, wenn es notwendig ist (siehe auch Kapitel 12, »OneDrive und Datensicherung«).

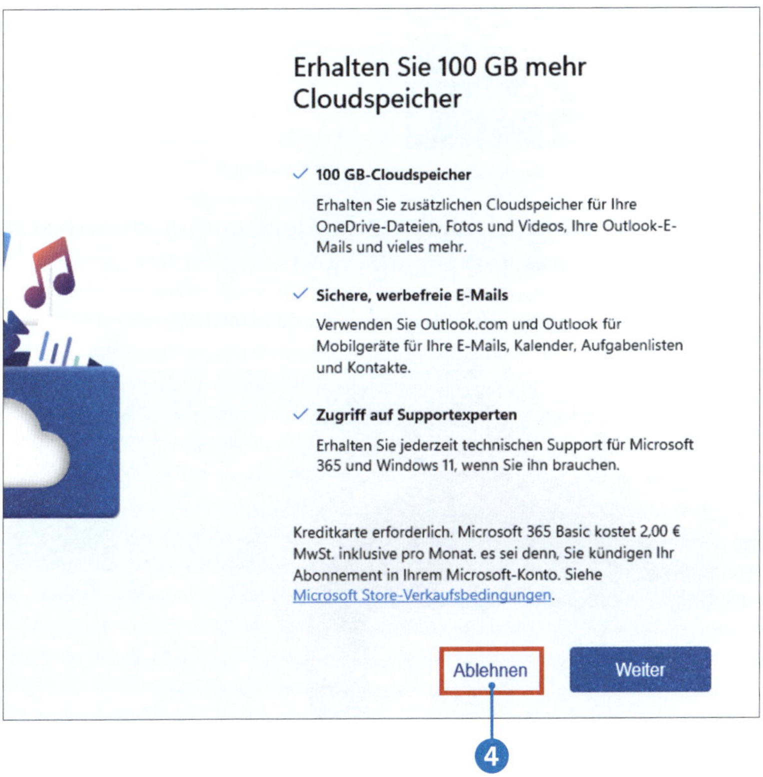


**5.** Sie meinen, das war alles? Nun, eine Werbeanzeige hätten wir noch. Jetzt geht es um den Game-Pass, auch wieder ein Abo, dieses Mal für Spiele. Je nach Computer haben Sie einen Gratis-Monat zur Verfügung, oder Sie müssen direkt bezahlen. Doch bei beiden Optionen müssen Sie sich für ein Abo mit einer Kreditkarte anmelden. Wir sagen daher: **Vorerst überspringen** ⑤. Und keine Sorge, Microsoft zeigt Ihnen in Windows selbst immer wieder das Angebot an.

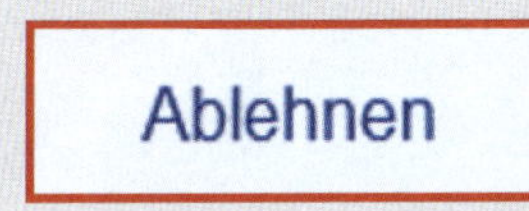


**ACHTUNG!**

Je nach Computerhersteller können während der Installation und sogar im laufenden Windows-Betrieb immer wieder kostenpflichtige Anzeigen hereinschwirren. Das müssen Sie aber nicht annehmen, sagen Sie hier im Zweifelsfall immer »Nein«. Den Betrieb Ihres Windows 11 beeinträchtigt das keinesfalls. Mehr Informationen zu diesen Meldungen finden Sie im Kasten auf Seite 78.

Vorerst überspringen

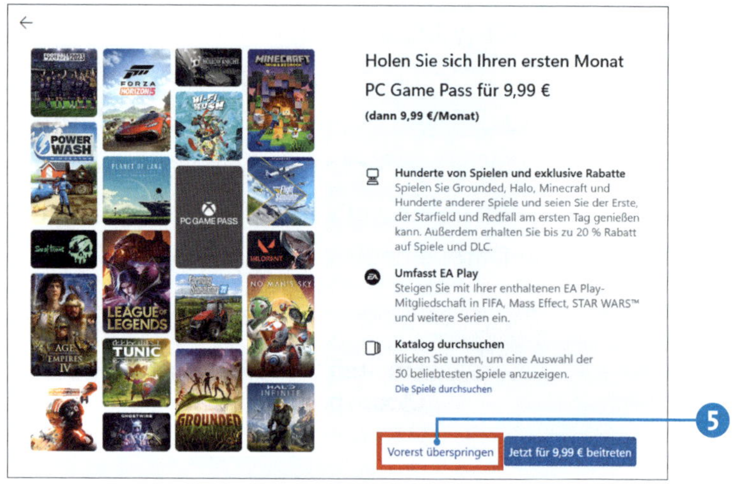


Nun sind wir aber wirklich fertig. Der Computer wird jetzt startklar gemacht. Nach wenigen Minuten erscheint dann Windows 11 das erste Mal auf Ihrem Display.

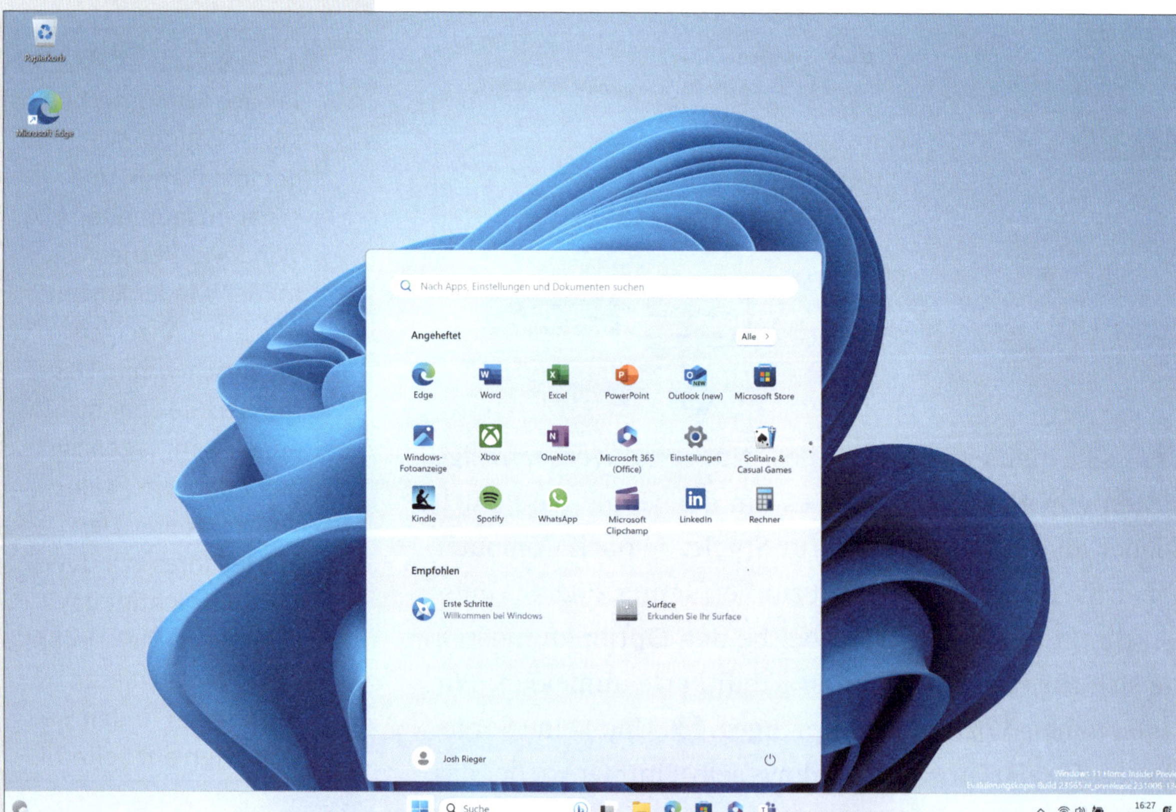

KAPITEL 3

# Windows 11 entdecken – die ersten Schritte

Windows wurde eingerichtet und steht nun für Sie bereit. In diesem Kapitel schauen wir uns die grundlegenden Elemente des Betriebssystems an. Sie lernen den Desktop und das Startmenü kennen und gehen auf eine erste Erkundungstour in Sachen Programmfenster.

## Der Sperrbildschirm – der Pförtner für Ihr Windows

Nach der allerersten Einrichtung werden Sie direkt auf die Startoberfläche von Windows 11 geleitet, die Sie im nächsten Abschnitt kennenlernen. Das ist allerdings nicht üblich, denn eigentlich präsentiert sich Windows nach dem Einschalten Ihres Computers mit dem *Sperrbildschirm* (siehe die Abbildung auf Seite 70) bzw. dem *Anmeldebildschirm*, auf dem Sie nach einem Klick Ihr Kennwort eingeben (siehe die Abbildung auf Seite 71 unten).

Immer wenn Sie eine Pause bei Ihrer Arbeit einlegen und der Computer oder das Tablet dann in den sogenannten *Stand-by-Betrieb* bzw. *Energiesparmodus* wechselt, begegnet Ihnen der Sperrbildschirm, auf dem Sie nur ein Hin-

Windows 11 präsentiert Ihnen im Wechsel wunderschöne Bilder im Sperrbildschirm.

tergrundbild und Datum und Uhrzeit **1** sowie eine Kurzbeschreibung des gerade eingeblendeten Motivs **2** sehen. Mit einem Mausklick darauf oder durch Betätigen einer Taste auf der Tastatur heben Sie die Sperrung auf: Dann erscheint wieder der Anmeldebildschirm – und hier müssen Sie entweder PIN-Code oder Passwort eingeben. Alternativ je nach Gerät werden Sie auch per Gesichtserkennung oder Fingerabdruck verifiziert. Anschließend landen Sie wieder auf der Startoberfläche von Windows.

Das Hin und Her mag lästig erscheinen, doch der Sperrbildschirm soll verhindern, dass sich jemand unbefugt an Ihrem Computer zu schaffen machen kann.

»Sperrbildschirm« klingt unschön, dabei ist er bei Windows wirklich hübsch anzusehen. Mit nahezu jedem Einschalten wird ein neues Motiv als Hintergrund präsentiert. Links sehen Sie ein paar der unzähligen Bilder, die wirklich eher Lust auf Urlaub machen als auf Arbeit am Computer.

**MERKE**

Per Mausklick auf den Bildschirm, Tastendruck auf die Tastatur oder Fingerwisch nach oben auf dem Tablet überwinden Sie den Sperrbildschirm und rufen so das Kennwortfeld im Anmeldebildschirm auf.

Am Tablet bringt ein Fingerwisch nach oben den Anmeldedialog zum Vorschein, am Notebook oder Desktop-Computer genügt dafür ein Druck auf das Touchpad, ein Klick mit der linken Maustaste oder auch einfach das Drücken einer beliebigen Taste auf Ihrer Tastatur.

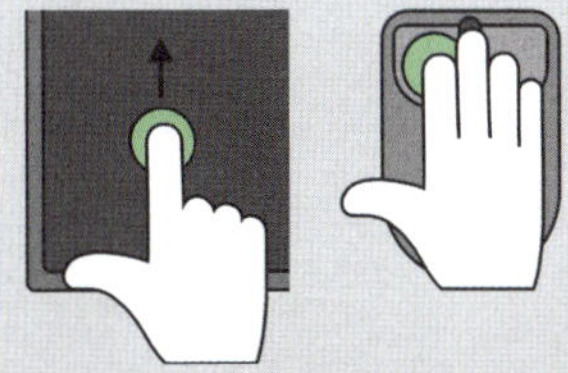

Bei einem Computer mit Fingerabdrucksensor sparen Sie sich die Tipparbeit. Sie können ganz elegant durch »Handauflegen« Ihren Computer startklar machen.

Bei einem Notebook oder Tablet mit Gesichtserkennung erscheint in der Regel gar keine Meldung, der Vorgang erfolgt nach dem gerade beschriebenen Entsperren automatisch.

Bei einem Computer mit Gesichtserkennung wird im Sperrbildschirm darauf hingewiesen, dass dieser Vorgang nach dem Entsperren erfolgt.

Bei einem Computer ohne Fingerabdrucksensor oder Gesichtserkennung erscheint die PIN-Abfrage. Diese erscheint übrigens auch, sollten die zwei anderen Abfragen mal nicht funktionieren.

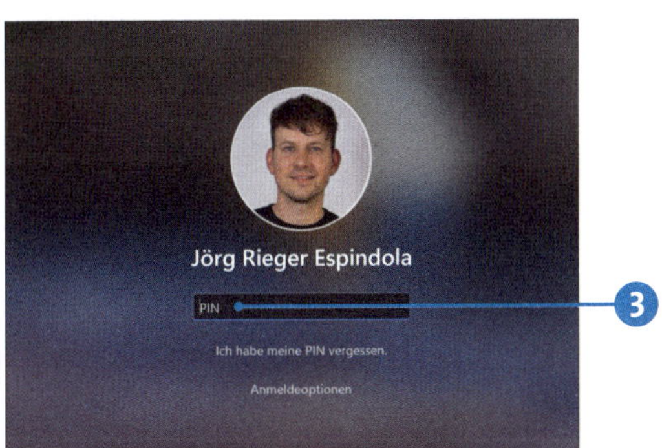


In das Feld **PIN** 3 tippen Sie mit der Tastatur Ihre PIN ein, die Sie ebenfalls bei der Computereinrichtung vergeben haben.

**WAS TUN?**

Bei Ihnen erscheint die Fehlermeldung »Feststelltaste ist aktiviert«? Betätigen Sie einfach die Taste [⇧], die damit wieder deaktiviert ist.

Nach Eingabe der korrekten PIN wird Windows den Blick auf seine Oberfläche freigeben, und der Computer ist damit startklar und eingeschaltet.

## Desktop und Startmenü

Ist Windows 11 erst einmal gestartet, präsentiert es sich hübsch aufgeräumt. Der Windows-Desktop (was übersetzt »Schreibtisch« bedeutet) zeigt sich mit einem leuchtend blauen Motiv und ist bis auf den Papierkorb und das Symbol für das Internetprogramm Edge ① komplett leer. Der Desktop bleibt immer im Hintergrund stehen und hat erst einmal keine wirkliche Funktionalität. Betrachten Sie ihn tatsächlich als leeren Schreibtisch.

**MERKE**
Der Windows-Desktop, kurz auch nur *Desktop* genannt, ist immer im Hintergrund sichtbar.

**ACHTUNG!**
Die kleinen Abbildungen neben dem Windows-Symbol können von Computer zu Computer etwas variieren.

Die untere Bildschirmleiste, die sogenannte *Taskleiste* ②, ist Ihr wichtigstes Steuerelement. Von dort aus steuern Sie so gut wie sämtliche Aktionen an Ihrem Computer. Zentral in der Mitte sitzt das Windows-Symbol ③, das Ihnen den Weg in das Startmenü öffnet.

Das klappt mit der Maus genauso wie auf einem Touchscreen:

- Sie fahren mit dem Mauszeiger auf das Windows-Symbol und drücken einmal auf die linke Maustaste.
- Wenn Sie einen Computer mit Touchscreen besitzen, drücken Sie mit dem Finger einmal kurz auf das Windows-Symbol.
- Alternativ finden Sie auf Ihrer Tastatur unten links eine eigene Taste. Drücken Sie darauf.

In allen drei Fällen präsentiert sich der Bildschirm wie in der folgenden Abbildung: Das Startmenü von Windows 11 wurde erfolgreich geöffnet.

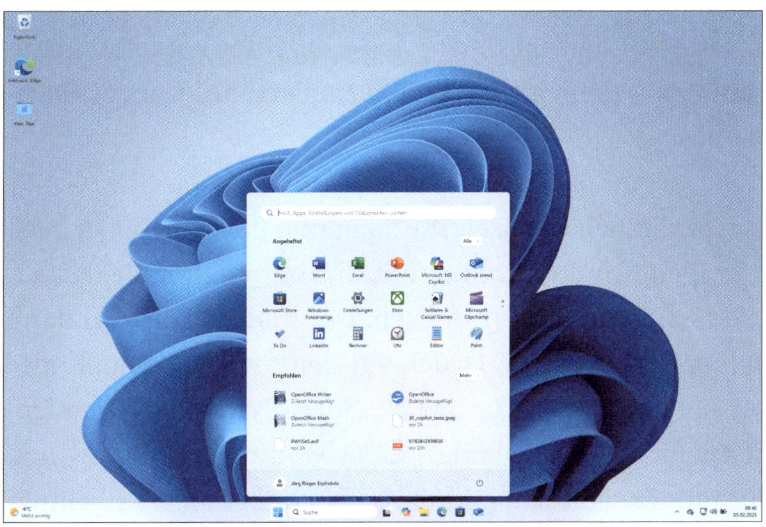

Wenn Sie das Symbol oder die Taste erneut betätigen, verschwindet das Startmenü wieder.

Auch die Windows-Taste auf Ihrer Tastatur öffnet das Startmenü.

**MERKE**

Ob nun per Bildschirmsymbol oder Windows-Taste – damit blenden Sie das Startmenü nicht nur ein, sondern auch genauso wieder aus.

**ACHTUNG!**

Je nach dem vom Hersteller eingestellten Farbschema erscheint Windows dunkel oder hell. Im Buch haben wir uns meist für das helle Schema entschieden. Wie Sie dies umstellen, erfahren Sie in Kapitel 15, »Windows 11 anpassen«, ab Seite 367.

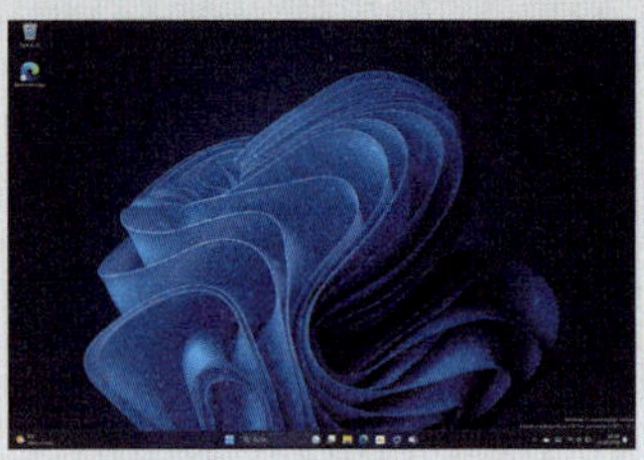

Die dunkle Version von Windows 11 ist elegant, aber nicht immer die beste Wahl in Sachen Übersicht und Erkennbarkeit.

**Das Startmenü ist das Herzstück von Windows 11**

Vom Startmenü aus geschieht eigentlich alles. Von hier aus werden alle Aktivitäten am Computer gesteuert und alle Programme gestartet, um für Sie tätig zu werden. Auch Einstellungen rund um Windows 11 und sogar das Abschalten des Computers werden über das Startmenü erledigt. Das Startmenü sieht je nach Computermodell immer etwas anders aus, da es von jedem Hersteller und auch von Ihnen komplett frei gestaltet werden kann.

## Praktische Übung im Startmenü – den Computer abschalten

Auch wenn es merkwürdig klingt: Unsere erste Übung im Startmenü besteht darin, den Computer komplett abzuschalten – denn auch das funktioniert mithilfe des Startmenüs.

Grundsätzlich wechselt Ihr Computer oder Ihr Tablet nach wenigen Minuten Inaktivität direkt in den Energiesparmodus, den Stand-by-Betrieb. Der Bildschirm wird dann schwarz. Mit einem Druck auf den Einschaltknopf oder eine beliebige Taste ist das Windows-System in Sekundenschnelle wieder startklar, da es ja nur »geschlafen« hat. Sie müssen den Computer tagsüber daher nicht unbedingt komplett ausschalten; der Stromverbrauch im Stand-by-Betrieb ist zu vernachlässigen. Trotzdem ist das komplette Abschalten des Geräts ab und zu sinnvoll, denn damit löscht man das Kurzzeitgedächtnis von Windows, und das System läuft dauerhaft stabil.

Das Abschalten nennt man auch *Herunterfahren*, und das funktioniert folgendermaßen:

**MERKE**

Um Energie zu sparen, schaltet Windows 11 nach einigen Minuten ohne Aktivität Ihren Computer automatisch auf Stand-by. Sobald Sie den Einschaltknopf Ihres Notebooks (nach einer längeren Pause) oder auch eine beliebige Taste Ihrer Tastatur drücken, ist Ihr Gerät aber nach der Eingabe Ihres Kennwortes im Sperrbildschirm sofort wieder startklar.

**1.** Öffnen Sie das Startmenü mit einem linken Mausklick auf das Windows-Symbol **1**, so wie im vorigen Abschnitt gezeigt.

**2.** Klicken Sie im geöffneten Startmenü unten auf den Ein-/Ausschalter ⏻ **2**.

**3.** In einem kleinen Dialogfenster werden nun vier Möglichkeiten eingeblendet. Wählen Sie mit einem Klick **Herunterfahren** **3** aus. Der Computer wird ohne weitere Rückfrage abgeschaltet, also heruntergefahren.

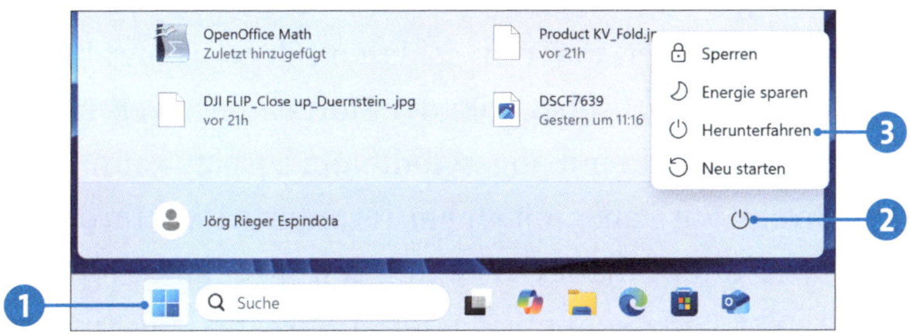

Eventuell noch geöffnete Programme werden automatisch beendet.

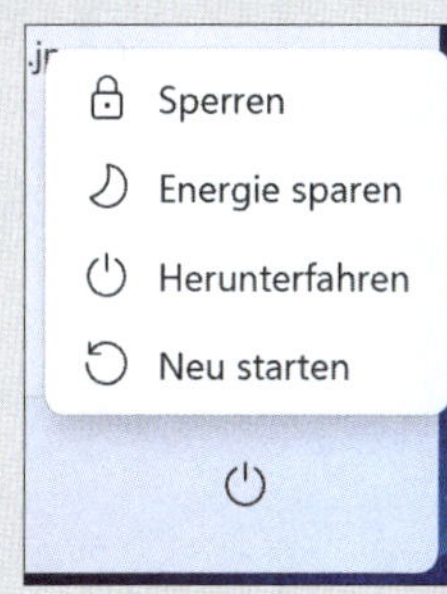


Nach einem linken Mausklick auf die Schaltfläche für Ein/Aus sehen Sie meist vier Optionen, unter anderem die Möglichkeit zum **Herunterfahren**.

Keine Sorge: Sollten Sie einmal bei Ihrer späteren Arbeit am Computer ein Textdokument noch nicht gespeichert haben, wird Windows dies natürlich bemerken und Sie vor dem Abschalten darum bitten, es zu sichern. Damit ist der Computer ausgeschaltet. Sie können ihn dann jederzeit wieder über den Einschaltknopf starten.

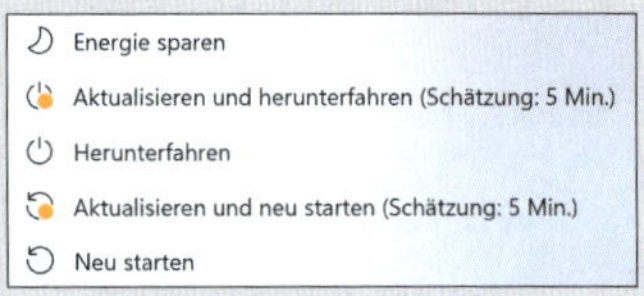


Außer dem Herunterfahren stehen Ihnen unter Windows 11 standardmäßig noch weitere Funktionen zur Verfügung. Diese erreichen Sie ebenfalls über den Ein-/Ausschalter im Startmenü:

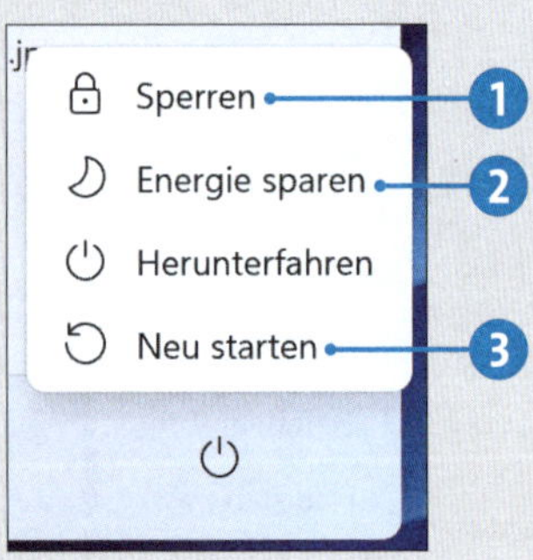


1. **Sperren:** Hier wechseln Sie per Klick auf den Sperrbildschirm von Windows. Alle Programme bleiben im Hintergrund aber unverändert geöffnet. Um weiterarbeiten zu können, ist dann wieder eine Passwort-Eingabe oder Identifikation mit Code, Fingerabdruck oder Gesichtserkennung erforderlich.
2. **Energie sparen**: Der Computer wird nicht komplett ausgeschaltet, sondern »schlafen gelegt«. Ganz ähnlich wie beim Fernseher oder der Stereoanlage verbraucht der Computer mit abgeschaltetem Display kaum noch Strom, wird aber mit einem Tastendruck auf Ihrer Tastatur oder einem Druck auf den Einschaltknopf am Tablet ganz schnell wieder startklar – die Eingabe Ihres Kennwortes ist dann aber trotzdem erforderlich.
3. **Neu starten**: Diese Funktion wird selten benötigt. Wenn ein Programm aber nicht mehr richtig funktioniert, ist ein Neustart im laufenden Betrieb tatsächlich eine gute Lösung. Windows 11 wird hierbei komplett beendet, aber anschließend direkt neu gestartet.

## Das Startmenü im Überblick

Bevor wir weiterschauen, was das Startmenü alles kann, erläutern wir kurz die Elemente und Begriffe im Überblick.

1. Ganz oben im Startmenü finden Sie direkt ein Suchfeld – hier können Sie per Eingabe mit der Tastatur nach Dokumenten, Apps und Begriffen im Internet suchen.

Dieses Suchfeld macht übrigens den gleichen Job wie das Suchfeld neben der Windows-Schaltfläche 2.

3 Im Bereich **Angeheftet** ist, je nach Computerhersteller, eine ganz unterschiedliche Auswahl an Apps für den schnellen Zugriff abgelegt. Diese starten Sie per linken Mausklick. Per Klick oder Fingertipp auf die kleinen Punkte rechts 4 blättern Sie in dieser Auflistung vor und zurück. Wie Sie hier ausmisten und sich Ihren persönlichen Startbereich bauen, zeigen wir Ihnen in Kapitel 15, »Windows 11 anpassen«, ab Seite 367.

5 Ziemlich winzig ist die eigentlich sehr wichtige Schaltfläche **Alle** dargestellt. Dahinter verbergen sich alle auf Ihrem Computer installierten Programme, gut sortiert in alphabetischer Reihenfolge.

## MERKE

App ist die Kurzform von engl. *Application*. Das bedeutet übersetzt »Anwendung« bzw. »Programm«. Wir verwenden im Buch die Begriffe durchaus im Wechsel, sie bedeuten aber immer das Gleiche.

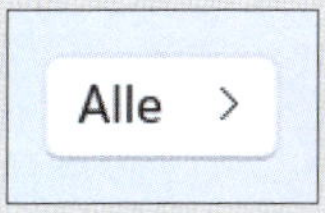

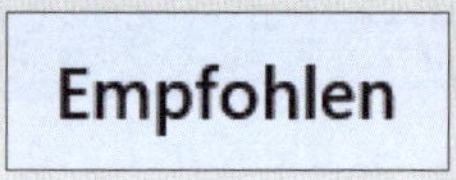


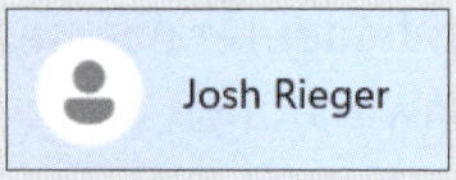

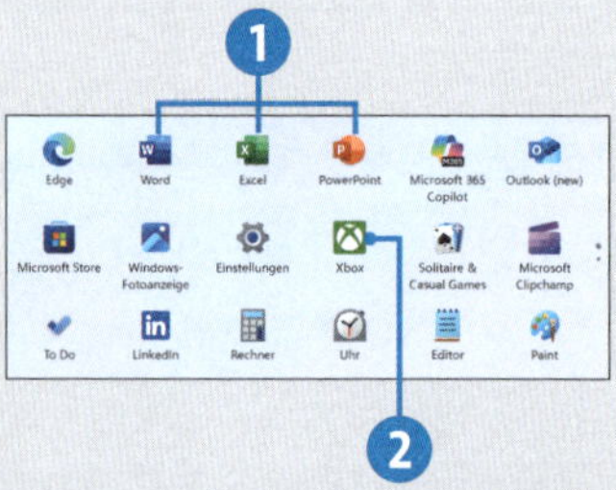

Werbefenster aller Art erscheinen in Windows 11 regelmäßig.

6 Im Bereich **Empfohlen** ist bei einem ganz neu installierten Computer noch nichts zu sehen. Im Laufe der Benutzung werden hier automatisch häufig und zuletzt benutzte Dinge wie Dokumente, Fotos oder Apps abgelegt.

7 Über die Schaltfläche mit Ihrem Namen haben Sie Zugriff auf Ihr Benutzerkonto am Computer.

8 Mit dem Ein-/Ausschalter können Sie den Computer, wie bereits gezeigt, neu starten oder ganz ausschalten.

### Dauerwerbeveranstaltung im Startmenü

Windows 11 versucht leider ziemlich penetrant, kostenpflichtige Programme oder Dienste zu verkaufen. So ist das Startmenü auf den ersten Blick mit Apps gefüllt, die kostenpflichtig sind. Diese Liste kann je nach Computer sehr unterschiedlich aussehen, denn jeder Hersteller darf hier selbst entscheiden, was bei Auslieferung »drin« ist. Dazu zählen beispielsweise die Office-Programme 1, aber auch Xbox 2. Grundsätzlich passiert nichts, wenn Sie diese Apps anklicken, hier wird nie ohne ausdrückliche Zustimmung Geld abgebucht oder eine Rechnung geschickt. Solange Sie keine Zahlungsdaten angeben oder einem Test zustimmen, wird die jeweilige App einfach nicht funktionieren. Wie Sie hier aufräumen und das Startmenü mit Programmen nach Ihrem Wunsch befüllen, zeigen wir Ihnen in Kapitel 15, »Windows 11 anpassen«. Allerdings erscheinen auch auf dem Desktop immer wieder Werbeeinblendungen 3.

## Ein Programm über das Startmenü starten

Das Startmenü dient natürlich in erster Linie dazu, Programme zu starten. Das probieren wir daher beispielhaft mit der App *Editor* aus. Das ist ein sehr simples Textprogramm, aber für dieses Training genau richtig. In Kapitel 6 zeigen wir Ihnen, wie Sie mit dem Programm OpenOffice richtig professionell Briefe schreiben.

**1.** Rufen Sie das Startmenü auf, wie vorhin beschrieben. Dazu betätigen Sie einfach die Taste auf Ihrer Tastatur oder klicken einmal auf das Startmenüsymbol mittig in der Taskleiste ❶.

**2.** Klicken Sie im oberen Bereich des Startmenüs einmal mit der linken Maustaste auf die Schaltfläche **Alle** ❷. Mit dem Touchpad fahren Sie mit dem Finger auf diese Schaltfläche und klicken links, auf einem Touchscreen tippen Sie sie einfach mit dem Finger kurz an.

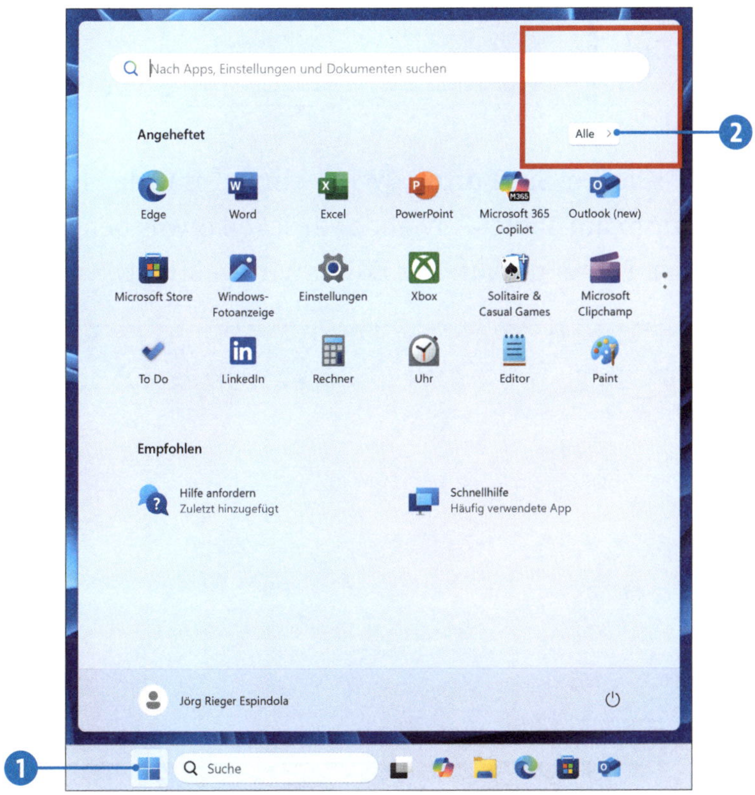

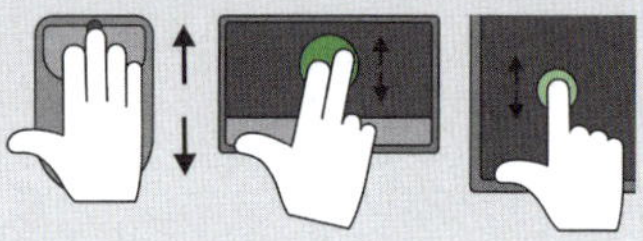

**3.** Jetzt positionieren Sie den Mauszeiger über jenem Bereich des Startmenüs, in dem die Apps alphabetisch sortiert sind. Scrollen Sie bis zum Buchstaben **E** **3**, indem Sie das Scrollrad an Ihrer Maus betätigen oder indem Sie den nun eingeblendeten Scrollbalken (die Bildlaufleiste) **4** nutzen. Am Touchpad klappt das Scrollen mit zwei Fingern und einer Wischbewegung, am Touchscreen legen Sie nur einen Finger auf das Display und wischen ebenfalls nach unten oder oben.

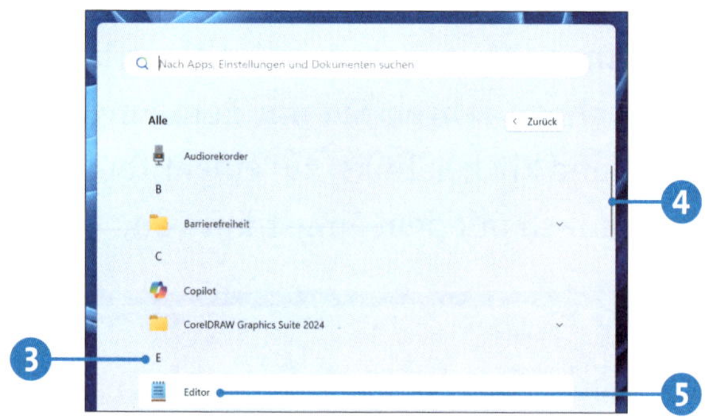


**4.** Klicken Sie **Editor** **5** einmal mit der linken Maustaste an; Tablet-Anwender drücken etwas beherzter mit dem Finger darauf. Der Editor wird geöffnet.

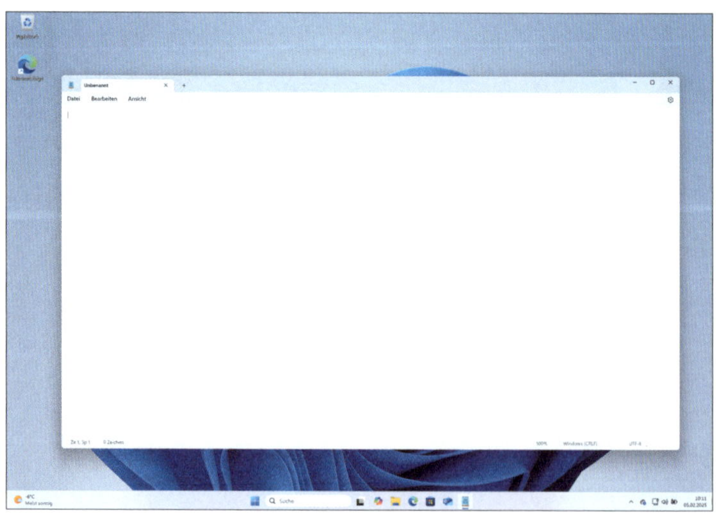

## Ein Programm beenden oder schließen

Der Texteditor ist nun startklar. Wir wollen das Programm an dieser Stelle aber lediglich wieder schließen oder beenden; beide Begriffe sind korrekt und werden bei Windows verwendet. Ganz exakt sagt man: Ein Programm wird *beendet* und ein Programmfenster *geschlossen*.

So gehen Sie vor – und diese Vorgehensweise gilt für sämtliche Programme in Windows 11. In diesem Fall gibt es, wie so oft an Ihrem Computer, zwei Wege, die zum Ziel führen. Beide sind korrekt, und es lohnt sich, beide zu beherrschen. Probieren Sie daher beides aus:

1. Rechts oben im Editor sehen Sie drei Symbole. Mit einem Klick auf das × (1) rechts außen wird der Editor sofort geschlossen, und der blaue Windows-Desktop erscheint. Was die anderen Symbole bedeuten? Neugierige schauen sich das ab Seite 82 an.

2. Starten Sie jetzt bitte nochmals den Editor aus dem Startmenü, damit wir Methode 2 anwenden können. Dieses Mal klicken Sie links einmal auf das **Datei**-Menü (2) und wählen mit einem weiteren Klick **Beenden** (3). Auch damit beendet man den Editor – und nach dem gleichen Prinzip alle anderen Programme am Computer.

## Das Programmfenster im Griff

Sie haben gerade das erste Programm, die erste Software bzw. die erste App geöffnet und geschlossen. Alle drei Begriffe werden unter Windows 11 gleichbedeutend verwendet.

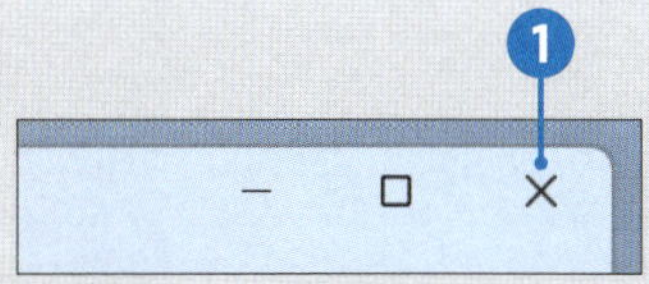

**MERKE**

Über das **Datei**-Menü und den Befehl **Beenden** oder mithilfe des ×-Symbols rechts oben beenden Sie in Windows jedes Programm oder schließen jedes Programmfenster.

**App oder Programm – worin besteht der Unterschied?**

*App*, *Programm* und *Software* bezeichnen im Grunde dasselbe. Früher war der Begriff App für Anwendungen auf dem Smartphone und Tablet reserviert, also für Anwendungen, die man per Finger bedient. Programme und Software hingegen waren immer Anwendungen für den Desktop-Computer. Da die Grenzen zwischen den Geräten seit Jahren verschwimmen, sind auch die Begriffe mittlerweile flexibel zu verwenden.

Jedes Programmfenster besitzt die gleichen Bedienelemente, um es zu vergrößern, zu verkleinern, zu schließen oder in der Größe anzupassen. Dieses Wissen ist in der täglichen Arbeit mit Windows 11 einfach notwendig. Widmen wir uns ein wenig diesem »Trockenschwimmkurs« …

Die erste Lektion: Wir minimieren, verkleinern bzw. maximieren und schließen ein Programmfenster:

1. Starten Sie den Editor über das Startmenü – wie das funktioniert, wissen Sie ja bereits.

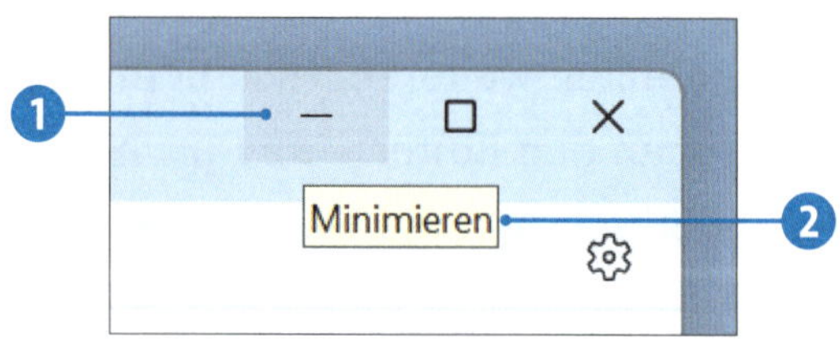


2. Rechts oben im Programmfenster sehen Sie drei Symbole. Klicken Sie mit der linken Maustaste auf das Symbol mit dem Strich (1) – und schon verschwindet der Editor vom Bildschirm (genauer gesagt, vom Desktop).

**MERKE**

Verweilen Sie mit der Maus länger auf einem Symbol, wird ein gelbes Hinweisfenster (2) eingeblendet, der sogenannte Tooltip – fast überall in Windows erhält man zu Schaltflächen und Optionen einen kleinen Hinweis, was sich dahinter verbirgt.

Dieses Symbol steht für die Funktion **Minimieren** [–]. Der Editor ist allerdings nicht beendet worden, sondern wurde nur vorübergehend in der Taskleiste »geparkt« ❸. Der kleine Punkt unter dem Symbol zeigt zudem an, dass das Programm im Hintergrund geöffnet ist.

**3.** Klicken Sie jetzt auf das Editor-Symbol in der Taskleiste ❹, wird das Programm wieder vergrößert auf dem Bildschirm dargestellt.

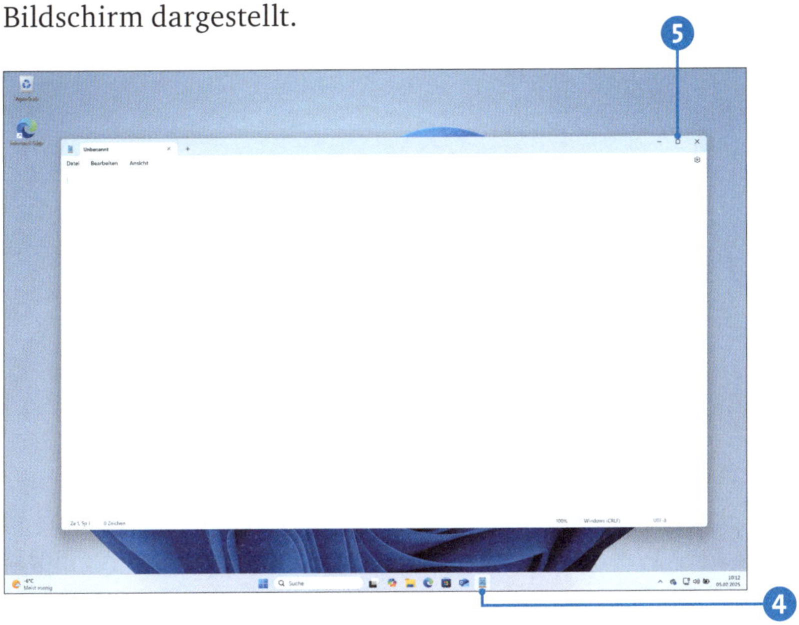


**ACHTUNG!**

Sollte das Symbol bei Ihnen anders aussehen, lesen Sie bitte bei Schritt 6 auf Seite 84 weiter!

**4.** Das nächste Symbol in der kleinen Leiste rechts oben hat gleich mehrere Funktionen. Nimmt Ihr Programmfenster nicht den kompletten Bildschirm ein, sehen Sie das Symbol für die sogenannte **Vergrößern**-Funktion [□] ❺.

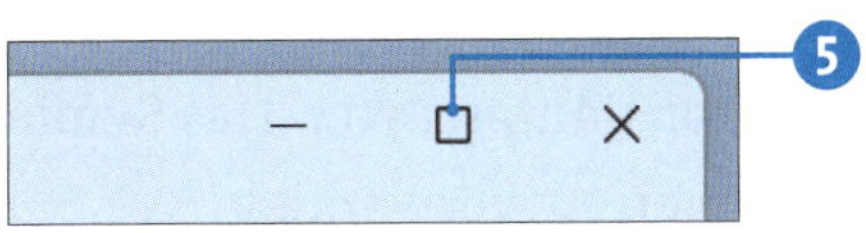

Fenster maximieren

5. Fahren Sie mit dem Mauszeiger auf dieses Symbol, und klicken Sie mit der linken Maustaste darauf. Lassen Sie sich nicht irritieren – verweilen Sie etwas länger auf dem Symbol, wird noch eine Aufteilung eingeblendet 6. Diese ignorieren Sie, wir schauen uns diese Funktion ab Seite 93 im Detail an. Der Editor füllt nun den gesamten Desktop aus. Diesen Vorgang nennt man *Maximieren des Programmfensters*.

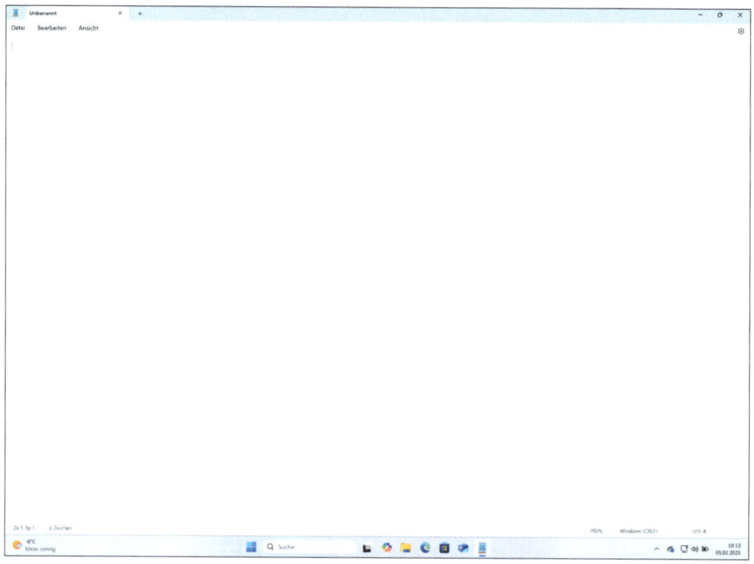

6. Werfen Sie einen erneuten Blick auf das Symbol – es hat seine Form geändert, erscheint nun als gestaffeltes Quadrat 7. Auch seine Funktionalität ist anders: Nun dient es zum **Verkleinern** – auch hier wird bei längerem Verweilen mit dem Mauszeiger die Aufteilung angezeigt. Auch jetzt ignorieren wir das noch. Klicken Sie das **Verkleinern**-Symbol nun an – das Editor-Fenster wird deutlich kleiner dargestellt und gibt den Blick auf den Windows-Desktop dahinter frei. Das Symbol hat sich wieder in **Maximieren** verwandelt.

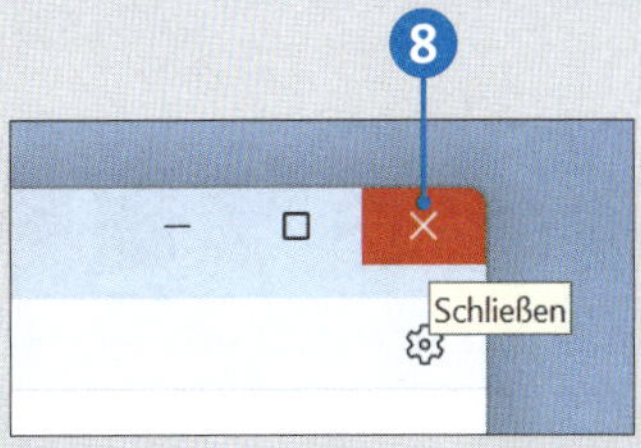


**7.** Die Schaltfläche ganz rechts außen am oberen Fensterrand haben Sie schon kennengelernt. Das × schließt per linken Mausklick das Programmfenster sofort. Probieren Sie es gerne nochmals aus. Fahren Sie mit der Maus auf das × **8**. Es wird rot eingefärbt, und mit einem Klick wird das Programm komplett beendet und ist auch in der Taskleiste nicht mehr zu sehen.

Zusätzlich ist es möglich, ein Programm auch ganz nach Wunsch in der Größe anzupassen. Das trainieren wir nun ebenfalls:

**1.** Starten Sie erneut das Programm Editor aus dem Startmenü.

**2.** Sorgen Sie dafür, dass das Programm nicht den gesamten Bildschirm einnimmt, indem Sie gegebenenfalls auf das **Verkleinern**-Symbol rechts oben klicken. Steht hier dieses Symbol, sind Sie bereits startklar.

**3.** Bewegen Sie den Mauszeiger auf die Fläche **1** am unteren rechten Rand des Programmfensters des Editors. Sie sehen, dass sich zusätzlich der Mauszeiger verändert. Er nimmt nun die Gestalt eines Doppelpfeils an.

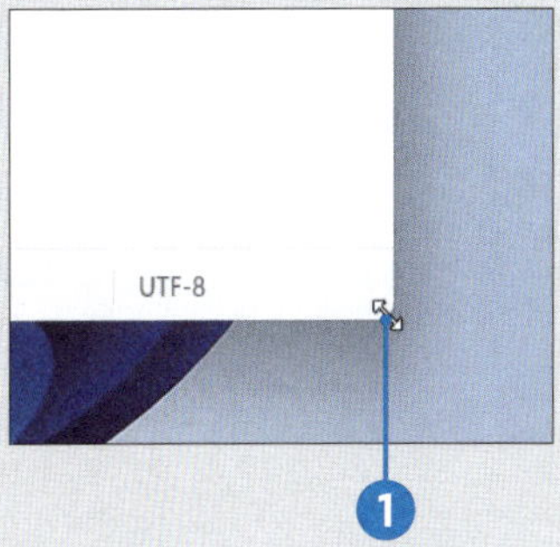


An dieser Stelle müssen wir für Computermaus, Touchpad und Touchscreen unterschiedlich fortfahren.

**Mit der Maus:** Halten Sie die linke Maustaste gedrückt, und fahren Sie nach oben – das Fenster wird verkleinert. Lassen Sie dann die Maus los. Wiederholen Sie Schritt 3, ziehen Sie nun aber mit gedrückter linker Maustaste nach unten – das Fenster wird wieder vergrößert.

**Mit dem Touchpad:** Platzieren Sie mit dem Zeigefinger den Mauszeiger auf die rechte untere Ecke. Nun halten Sie mit dem Daumen die linke Touchpad-Taste gedrückt und bewegen dann mit dem Zeigefinger den Doppelpfeil.

**Am Touchscreen:** Drücken Sie auf die rechte untere Ecke am Editor-Fenster, und bewegen Sie Ihren Finger hin und her, ohne ihn vom Touchscreen zu heben. So können Sie hier die Fenstergröße ändern.

## Die Taskleiste – Schnellstart und mehr

Die Taskleiste am unteren Ende Ihres Bildschirms ist quasi das Sprungbrett in Windows 11. Schauen wir uns noch mal alle Elemente an, die standardmäßig hier abgebildet sind:

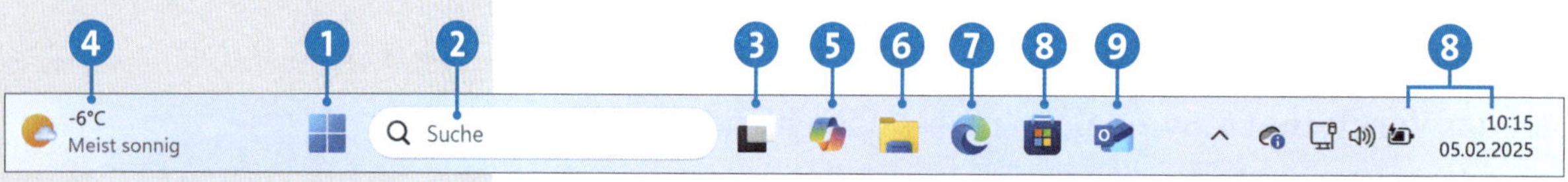

1. Die Startmenü-Schaltfläche: Die kennen Sie bereits. Mit ihr wird das Startmenü mit allen Programmen auf dem Computer geöffnet.

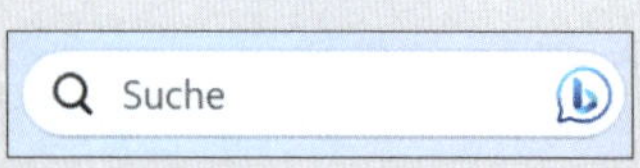


2. Das Suchfeld ermöglicht die schnelle Recherche nach Programmen, Dateien oder Informationen im Internet. Außerdem ist ein Zugriff auf alle zuletzt verwendeten Programme per Fingertipp oder Klick möglich.

3. In der sogenannten **Ansicht für aktive Anwendungen** können Sie sich verschiedene Desktops einrichten und sehen alle geöffneten Programme, Webseiten und Dokumente auf einen Blick. Das schauen wir uns direkt im Anschluss an.

**4** Widgets sind kleine Informationsprogramme, die per Klick auf diese Schaltfläche eingeblendet werden. Da können Sie Nachrichten, den Wetterbericht und vieles mehr anzeigen. Das ist spannend – wir schauen es uns in Kapitel 4, »Nützliche Apps für viele Gelegenheiten«, genauer an. Die Widgets werden mit dem aktuellen Wetter dargestellt. Nur wenn Sie die Standortfreigabe deaktiviert haben, erscheint stattdessen ein Symbol.

Gleich rechts davon sind einige wichtige Programme abgelegt, die Sie direkt mit einem Linksklick starten können. Standardmäßig sind dies der KI-Assistent *Copilot* **5**, der Dateimanager *Explorer* **6**, das Internetprogramm *Edge* **7**, das digitale Windows-Kaufhaus, der *Microsoft Store* **8** und das Mailprogramm *Outlook* **9**. Haben Sie ein anderes Programm gestartet, erscheint es ebenfalls in dieser Reihe.

Jedes geöffnete Fenster oder Programm wird der Übersicht halber dort nebeneinander angezeigt. Zur besseren Unterscheidung ist ein geöffnetes Programm aber mit einem Streifen unterlegt **9**, wenn es eingeblendet ist, oder mit einem Punkt, wenn das Programmfenster minimiert ist (siehe Seite 82 in diesem Kapitel).

Was sich ganz rechts in der Taskleiste noch alles tut, erfahren Sie im Abschnitt »Der Infobereich – Wissenswertes in Kurzform« ab Seite 96.

## Mehrere Programme öffnen

Für die nächste Funktion in der Taskleiste brauchen wir mehrere geöffnete Programme. Das geht in der täglichen Arbeit mit Windows schneller, als man denkt. Damit Sie hier den Überblick behalten, hat Windows 11 ein paar echte »Aufräumer« mit dabei:

**MERKE**

Die Aufgabenansicht schafft Übersicht und erleichtert den Wechsel zwischen geöffneten Programmen.

1. Öffnen Sie den Editor, wie vorhin schon einige Male ausprobiert, über das Startmenü.

2. Scrollen Sie nun in der Liste hinter **Alle** Alle > im Startmenü bis **R**, und wählen Sie per linken Mausklick den **Rechner** aus. Dadurch öffnet sich ein kleiner praktischer Taschenrechner 1 (in Kapitel 4, »Nützliche Apps für viele Gelegenheiten«, ab Seite 103 zeigen wir Ihnen, wie er genau funktioniert). Jetzt haben Sie schon zwei Programme geöffnet.

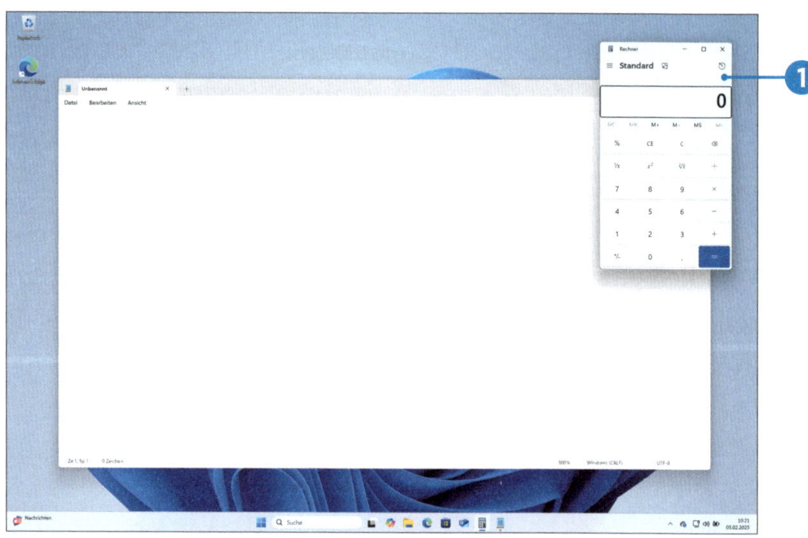

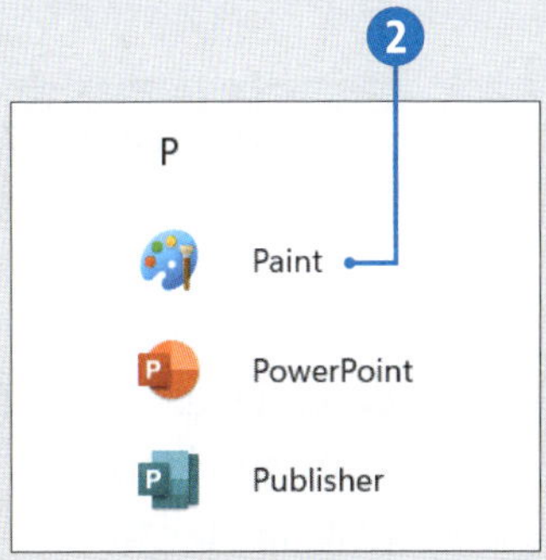


**3.** Öffnen Sie das Startmenü erneut, scrollen Sie in der alphabetischen Liste unter **Alle Apps** bis **P**, und starten Sie das Programm **Paint** mit einem linken Mausklick 2. Sie sehen – so langsam wird es unübersichtlich …

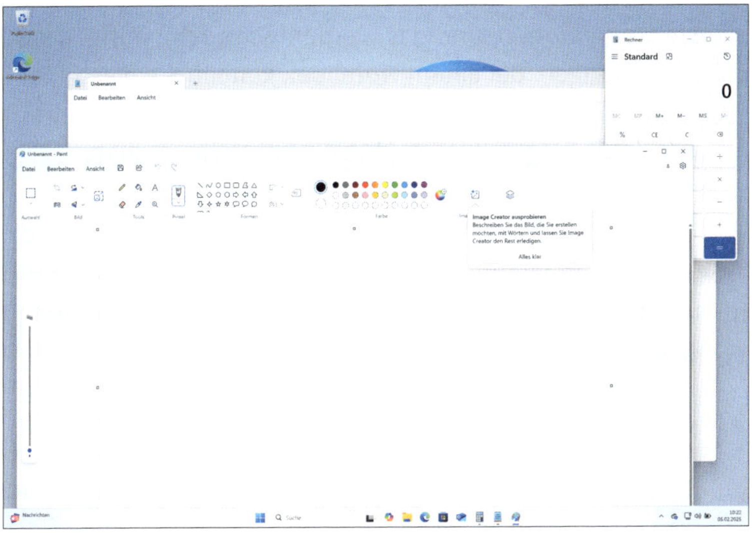

**4.** Jetzt kommt die sogenannte Aufgabenansicht ins Spiel. Diese sorgt für den nötigen Durchblick und ist bequem über die Taskleiste erreichbar. Drücken Sie einfach die Schaltfläche 3, und freuen Sie sich über diese Ansicht.

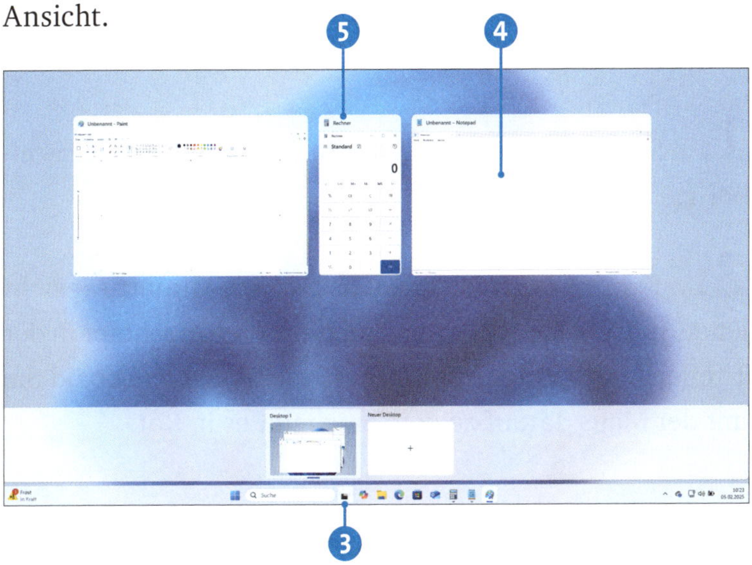

**MERKE**

Eine Tastenkombination kann das gleichzeitige Drücken von zwei, drei oder gar vier Tasten umschreiben. Da das »gleichzeitig« oftmals schwierig ist, gibt es einen Trick. Die erste Taste, das ist meist [Windows], [Alt] oder [Strg], können Sie zuerst drücken, gedrückt halten und dann die zweite Taste im Anschluss zusätzlich drücken.

**MERKE**

Mit dem ×-Symbol beenden Sie auch in der Taskansicht jedes geöffnete Fenster oder Programm.

### Tastenkombinationen – die Abkürzung

Ein Tipp für Profis – Sie können diese Ansicht auch ganz ohne Klicken auf das Symbol aufrufen. Am Desktop-Computer drücken Sie die [Windows]-Taste, halten diese gedrückt und drücken dann noch die [Tab]-Taste dazu. Das nennt sich übrigens *Tastenkombination*, und das werden wir noch häufiger im Buch benötigen. Bei einem Notebook können Sie diese Tastenkombination auch verwenden oder ganz elegant mit drei aufgelegten Fingern am Touchpad nach oben wischen.

5. Klicken Sie nun auf eines der angezeigten Vorschaufenster, z. B. den **Editor** (4), wird dieses wieder groß in den Vordergrund geholt.

6. Klicken Sie erneut die Aufgabenansicht [Symbol] an, und wiederholen Sie den Vorgang nochmals mit dem **Rechner** (5). Jetzt ist dieses Programm im Vordergrund. So fix wählen Sie ein Programm aus, wenn mehrere gleichzeitig geöffnet sind.

Und wie schließen Sie jetzt alle Programme wieder? Bisher haben Sie zwei Verfahren kennengelernt. Die Aufgabenansicht bietet nun eine dritte Möglichkeit:

1. Starten Sie nochmals die Taskansicht über das Symbol [Symbol] in der Taskleiste.

2. Fahren Sie mit der Maus auf die Miniaturansicht jener App, die Sie schließen möchten. Nun erscheint in der Titelleiste des Programmfensters rechts ein ×. Sobald Sie mit der Maus darauf zeigen, erscheint es in Rot.

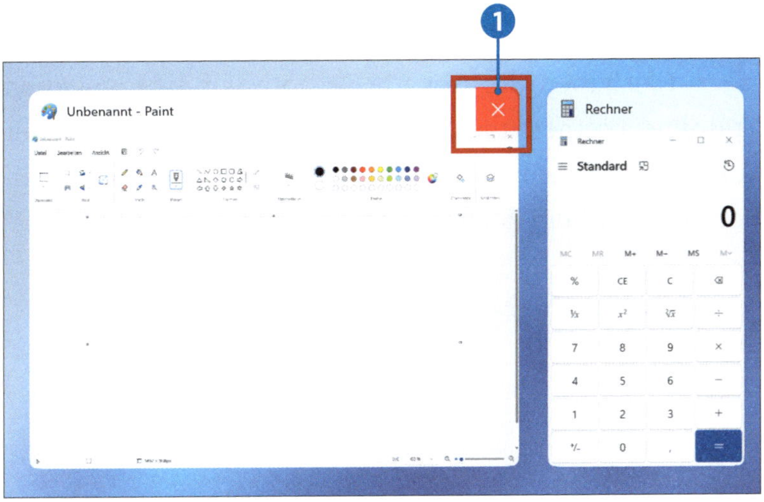

**3.** Ein Klick auf das rot markierte × **1** beendet das Programm direkt aus der Aufgabenansicht heraus.

### Wie beendet man die Ansicht für aktive Anwendungen?

Um die Aufgabenansicht zu beenden, müssen Sie nicht die Programme schließen. Um zur normalen »Unordnung« mit vielen geöffneten Programmfenstern zurückzukehren, betätigen Sie einfach erneut die Schaltfläche **Ansicht für aktive Anwendungen** .

Die Taskansicht hält noch weitere Funktionen bereit, die aber eher für fortgeschrittene Anwender interessant sind. Das benötigen Sie aktuell nicht für den Einstieg.

Möchten Sie den Weg auf den Windows-Desktop freiräumen und alle geöffneten Fenster kurz ausblenden? Das klappt über einen versteckten Schalter, der sich praktischerweise **Desktop anzeigen** nennt. Und so funktioniert er:

**1.** Sie haben die Apps noch vom vorangegangenen Training geöffnet, und der Desktop sieht ordentlich gefüllt aus? Prima! Ansonsten gehen Sie noch mal so vor, wie in Schritt 1 auf Seite 88 beschrieben.

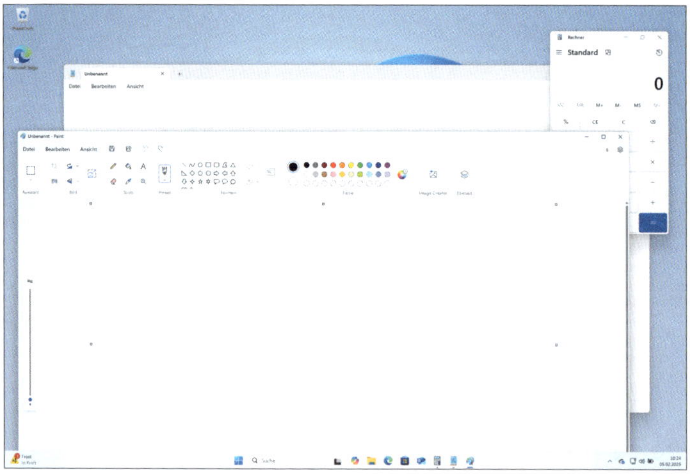

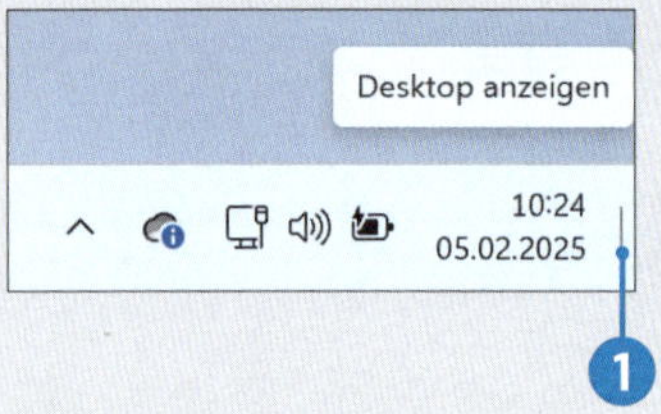


**2.** Nun fahren Sie mit der Maus ganz nach rechts unten in der Taskleiste – es wird ein winziger, vertikaler Strich angezeigt **1**. Klicken Sie einmal mit der linken Maustaste darauf, und sämtliche Fenster werden auf einen Schlag ausgeblendet.

3. Mit einem erneuten Klick auf diese »Schaltfläche« bekommen Sie alle Fenster wieder angezeigt.

4. Sie können nun alle Programme mit einem Klick auf das ×-Symbol rechts oben beenden, wir sind mit dieser Lektion am Ende.

## Fenster nach Wunsch anordnen

Sie haben es vorhin schon bemerkt – beim Vergrößern oder Verkleinern eines Fensters über die entsprechenden Schaltflächen wurde eine zusätzliche Grafik mit einer interessanten Aufteilung eingeblendet. Damit verändern Sie Position, Größe und Anordnung eines Programms oder Fensters mit nur einem Klick. Das nennt sich unter Windows *Snap Layouts*. Besonders praktisch wird das, wenn man mehrere Programme geöffnet hat und ein wenig Ordnung schaffen will. Dann kann Windows 11 mit den Snap Layouts den Bildschirm zwischen beiden Programmen ganz ohne »Fensterherumschieberei« aufteilen. Legen wir los:

1. Sie starten wieder den *Editor* aus dem Startmenü.

2. Fahren Sie mit dem Mauszeiger auf das Symbol für **Maximieren** oder **Verkleinern**, es spielt aktuell keine Rolle, was gerade angezeigt wird. Achtung, klicken Sie bitte nicht auf das Symbol, sondern fahren Sie wirklich nur mit der Maus darüber.

Nun wird ein Fenster mit Aufteilungen eingeblendet ①. Fahren Sie auf eines der Felder, wird es blau markiert. Das ist die neue Position, auf die der Editor gebracht wird. Fahren Sie auf die erste Anordnung, auf die rechte Position ②.

**MERKE**

Die Funktion **Desktop anzeigen** macht nichts anderes, als alle Programme und Fenster auf einmal zu minimieren. Den identischen Effekt könnten Sie erzielen, wenn Sie bei jedem Fenster einzeln auf die Schaltfläche **Minimieren** klicken (siehe Seite 82). Das wäre dann aber doch sehr umständlich.

Hier zeigen wir Ihnen, wie Sie Ihren Bildschirm zwischen geöffneten Programmen aufteilen. So können Sie beispielsweise bequem im Web recherchieren und Notizen direkt ins Schreibprogramm übernehmen.

**WAS TUN?**

Programme öffnen

↓

Programme automatisch anordnen

Ein linker Mausklick bestätigt Ihre Wahl, und der Editor springt in Position ❸.

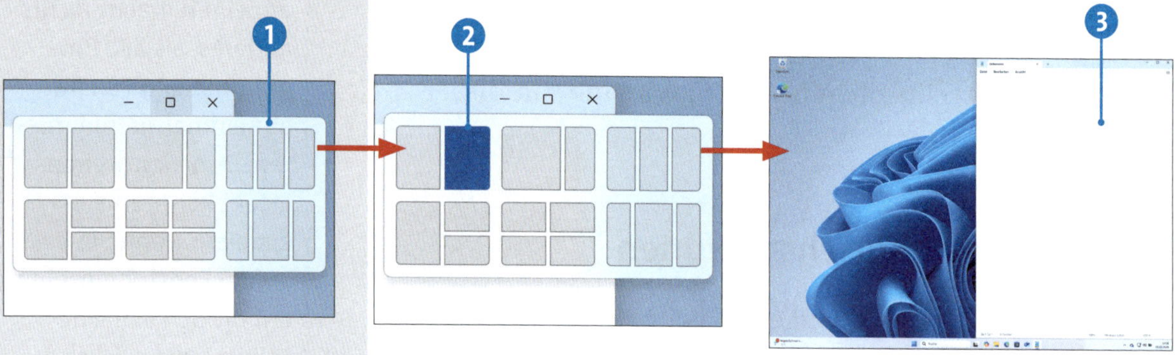


**3.** Probieren Sie nach diesem Prinzip gerne noch andere Darstellungsvarianten aus. Beenden Sie dieses Training, indem Sie den Editor mit einem Klick auf das × rechts oben schließen.

Da wir ja schon Profis sind, was das Öffnen mehrerer Programme betrifft, machen wir das direkt:

**1.** Öffnen Sie wieder, wie vorhin gezeigt, *Editor*, *Rechner* und *Paint*, damit der Desktop ungefähr so voll aussieht wie dargestellt.

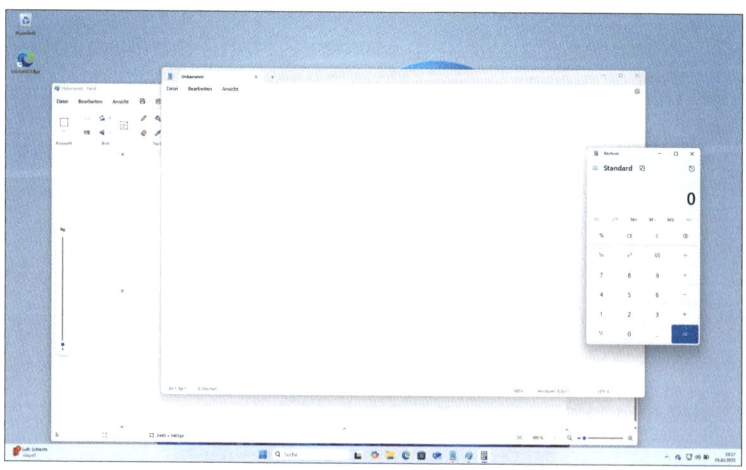

**2.** Suchen Sie sich eines der Programme aus, und fahren Sie in der ausgewählten App auf die Schaltfläche für **Maximieren** ▢ oder **Verkleinern** ⧉, um das Snap Layout einzublenden. Wir nehmen hier als Erstes den Rechner.

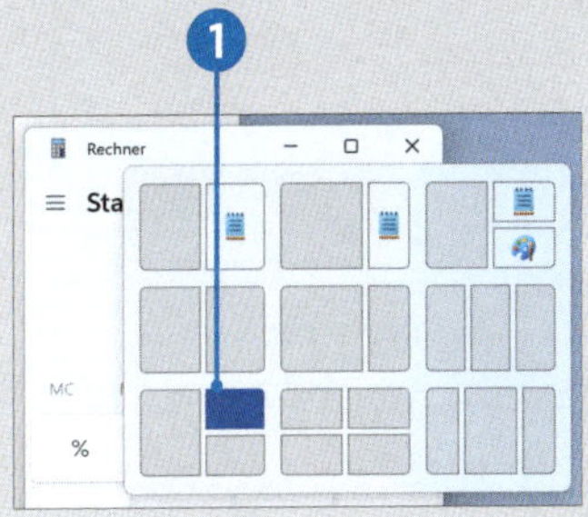


**3.** Fahren Sie mit der Maus auf das Layout mit den drei Aufteilungen, und fahren Sie die rechte obere Ecke an. Sie wird blau markiert 1. Mit einem linken Mausklick bestätigen Sie. Es öffnet sich eine neue Ansicht, die Rechner-App sitzt schon am richtigen Platz 2.

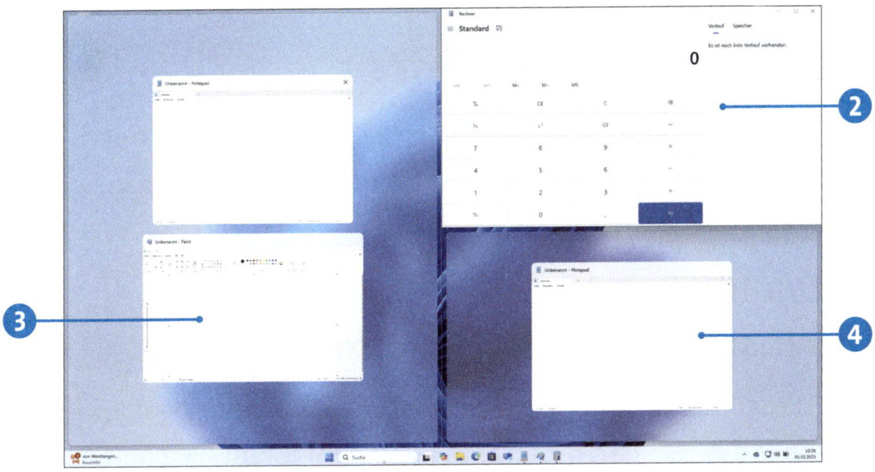


**4.** In dieser Ansicht weisen Sie nun der nächsten App den jeweiligen Platz zu. Windows 11 hat bereits den nächsten Bereich vorbereitet. Hier wählen Sie mit einem linken Mausklick jene App aus, die dort platziert werden soll. Wir entscheiden uns für *Paint* 3.

**5.** Im Anschluss springt Windows 11 zum letzten freien Platz – hier klicken Sie den *Editor* 4 an – und schon können Sie übersichtlich und strukturiert arbeiten.

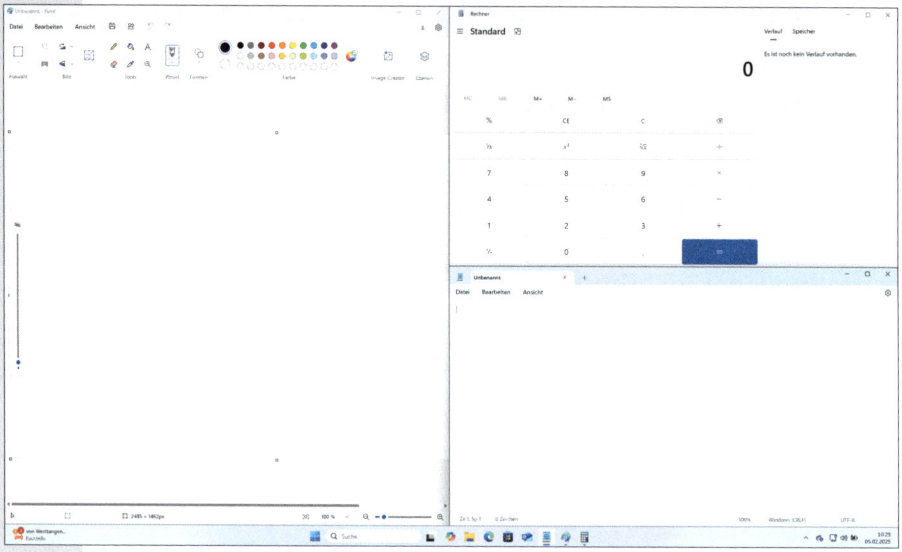

6. An dieser Stelle können Sie alle Apps über das × rechts oben schließen, die Lektion ist hiermit beendet.

## Der Infobereich – Wissenswertes in Kurzform

Am rechten Ende der Taskleiste finden Sie den sogenannten *Infobereich*. In ihm ist auf kleinstem Raum jede Menge Wissenswertes untergebracht. Je nach verwendetem Computer (Desktop-PC, Notebook, Tablet-Computer) weichen die angezeigten Symbole ein wenig voneinander ab. Im Folgenden sehen Sie den Infobereich eines Notebooks.

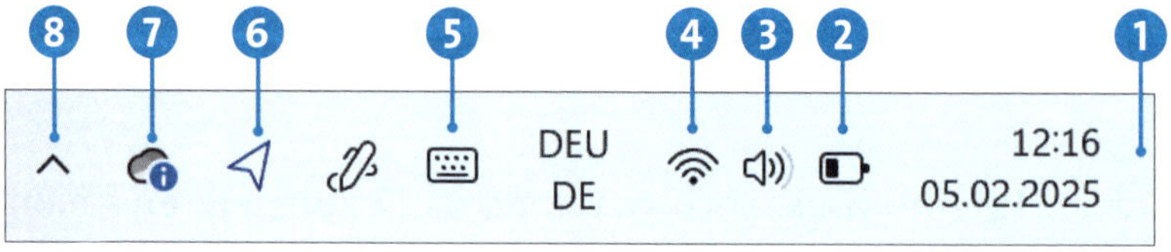


Wir beginnen ausnahmsweise einmal von rechts nach links:

1. Wir starten mit einem zunächst unsichtbaren Symbol. Bei allen »normalen« Computern wie Notebook oder Desktop-PC erscheint ganz rechts außen ein schmaler Streifen, wenn man mit der Maus darüberfährt. Ein Klick darauf räumt den Weg auf den Desktop-Hintergrund frei. Diese Funktion haben Sie auf Seite 92 bereits kennengelernt.

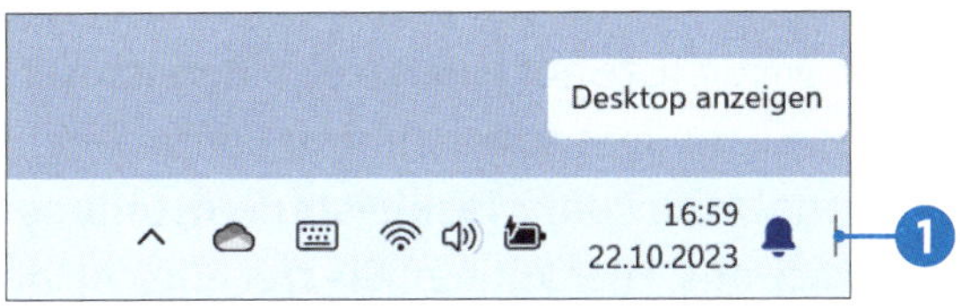


2. Bei mobilen Computern (Notebook, Tablet), die über einen Akku verfügen und nicht wie ein Desktop-PC über die Steckdose Strom beziehen, wird der Ladezustand mit dem Batteriesymbol angezeigt. Wenn Sie auf diesem Symbol mit dem Mauszeiger verweilen, erfahren Sie den Akkustand in Prozent.

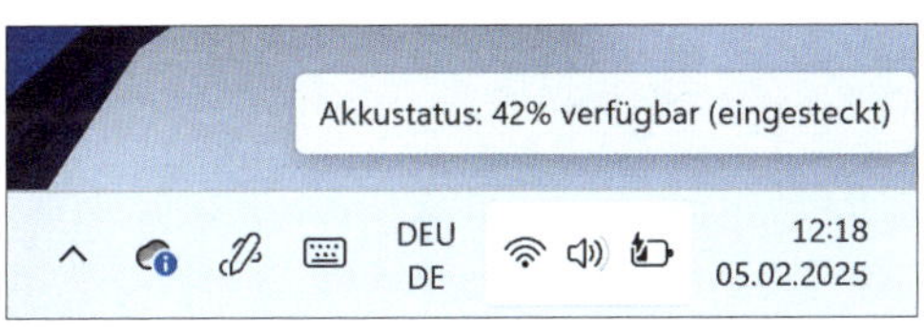


3. Das Lautsprechersymbol zeigt beim Verweilen mit dem Mauszeiger darauf die aktuelle Lautstärke an. Wie Sie diese nach Wunsch einstellen, zeigen wir direkt im folgenden Abschnitt.

4. Ist drahtloses Internet, das *WLAN* aktiviert, dann wird dies mit diesem Symbol angezeigt. Ist das WLAN nicht funktionstüchtig, wird das durch das Symbol einer Weltkugel mit einem Gesperrt-Zeichen  signalisiert.

**MERKE**

Sie sehen an Ihrem Computer weder das WLAN-Symbol noch die Weltkugel? Dann müssen Sie nichts unternehmen, wenn Sie folgendes Symbol sehen: .

Ist der Computer dagegen mit einem Kabel ans Internet angeschlossen (sogenannte *LAN*-Verbindung), treffen Sie an dieser Stelle auf folgendes Symbol: .

### Die Bildschirmtastatur am Desktop-PC bzw. Notebook einblenden

Sie möchten die Bildschirmtastatur auch auf Ihrem Notebook bzw. Desktop-PC einmal ausprobieren? Klicken Sie dazu mit der rechten Maustaste auf einen freien Bereich der Taskleiste, und wählen Sie in dem sogenannten *Kontextmenü*, das sich darüber öffnet, den Punkt **Taskleisteneinstellungen** per linken Mausklick aus. Hier können Sie frei entscheiden, welche Symbole im Infobereich angezeigt werden. Scrollen Sie bis zur Bildschirmtastatur, und wählen Sie **Immer**. Sie können die Einstellungen mit einem Klick auf das × rechts oben schließen, das Symbol für die Bildschirmtastatur wird nun in der Taskleiste eingeblendet und ist startklar.

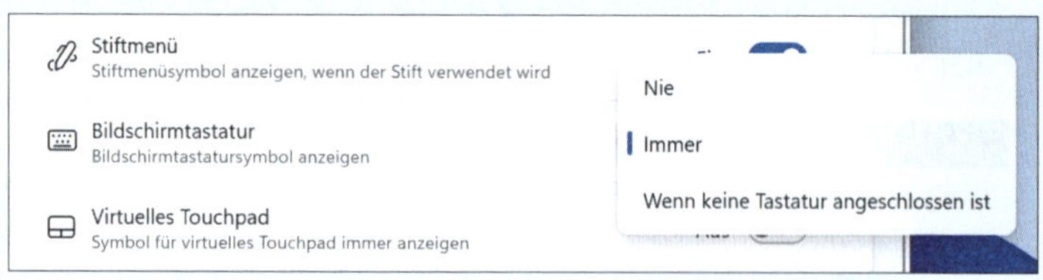

5 Mithilfe dieser Schaltfläche lässt sich die *Bildschirmtastatur* einblenden. Hier können Sie Buchstaben und Zeichen per Mausklick oder Fingertipp auswählen. Die Bildschirmtastatur benötigen Sie zwingend auf einem Tablet, das über keine echte Tastatur verfügt, wenn Sie dort Text eingeben müssen oder wollen. Meist öffnet sich die Bildschirmtastatur schon automatisch nach Antippen eines Eingabefeldes. Wenn nicht, dann öffnen Sie sie durch Antippen dieses Symbols in der Taskleiste. Auf einem Desktop-PC oder Notebook wird das Symbol im Infobereich standardmäßig gar nicht

angezeigt. Sie können es aber auch hier über einen kleinen Trick einblenden und so die Bildschirmtastatur ebenfalls nutzen, etwa um die lustigen Smileys in Ihre Texte einzufügen, die auf der virtuellen Tastatur zur Verfügung stehen.

6 Das Kompasssymbol zeigt an, dass einige Apps und Programme Ihren Standort verwenden. Ein Klick darauf öffnet die exakte Liste. Das schauen wir uns in Kapitel 16, »Daten schützen und Sicherheit am Computer«, ab Seite 389 an.

7 Das kleine Wolkensymbol führt mit einem Klick in den Online-Datenspeicher *OneDrive* von Microsoft, wohin Sie Ihre Dateien speichern können. Was es damit auf sich hat, zeigen wir Ihnen in Kapitel 11, »Dateien, Ordner und der Explorer«, ab Seite 295.

8 Weitere Programmfunktionen verstecken sich unter dem Symbol *Ausgeblendete Symbole einblenden*. Ein Klick darauf offenbart weitere Symbole, die nicht mehr in diesen Bereich gepasst haben. Diese können wie immer von Computer zu Computer variieren.

Mit dem Pfeil blenden Sie weitere Symbole im Infobereich ein.

## Das Info-Center in der Taskleiste

Windows 11 hat eine kleine Kommandozentrale in der Taskleiste untergebracht. Das **Info-Center** öffnen Sie, indem Sie das Symbol für die Internetverbindung, den Lautsprecher oder die Batterie mit der linken Maustaste

**MERKE**

Das Info-Center hat viele gängige Einstellungen rund um Ihren Computer sehr übersichtlich zusammengefasst.

anklicken. Dieser Bereich hält viele praktische Schnelleinstellungen bereit, die man immer wieder benötigt und sonst nur über Umwege erreicht.

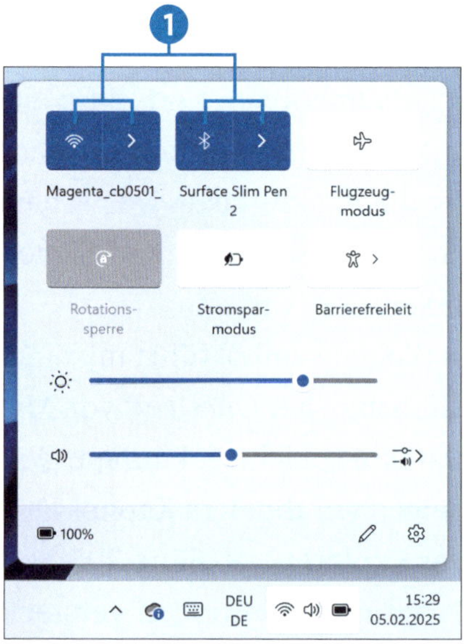


Je nach Gerät sind die hier exemplarisch gezeigten Symbole auch einmal in einer anderen Reihenfolge angeordnet, und nicht immer stehen auf jedem Computer alle zur Verfügung. Lassen Sie sich dadurch nicht irritieren.

Blau hervorgehobene Symbole 1 zeigen an, dass die Funktion gerade eingeschaltet ist.

**MERKE**

Über viele der gezeigten Schaltflächen können Sie auf weitere Einstellungsmöglichkeiten zugreifen. Diese erreichen Sie über einen rechten Mausklick auf das jeweilige Symbol und die Auswahl von **Zu Einstellungen wechseln**.

- **Netzwerk**: Das identische Symbol finden Sie auch schon in der Taskleiste. Hier geht es darum, sich mit dem drahtlosen Internet zu verbinden oder die Verbindung zu trennen. Mehr dazu folgt in Kapitel 7, »Das Internet entdecken«, ab Seite 165.

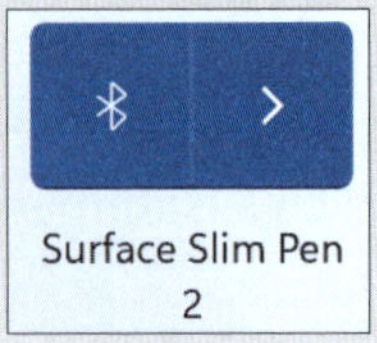


- **Bluetooth**: Ist ein Bluetooth-Gerät angeschlossen (das kann z. B. eine Funkmaus, Funktastatur oder auch ein Mobiltelefon sein), wird das hier angezeigt.

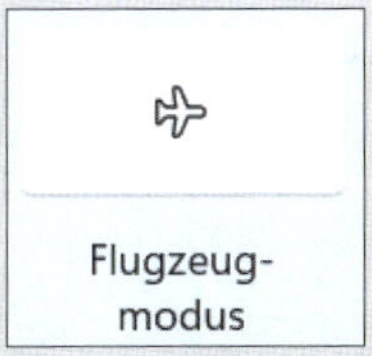


- **Flugzeugmodus**: Sehr praktisch auf Reisen im Flugzeug – ein Klick auf diese Schaltfläche deaktiviert sämtliche Funkverbindungen Ihres Computers. Ein weiterer Klick stellt alles wieder her.

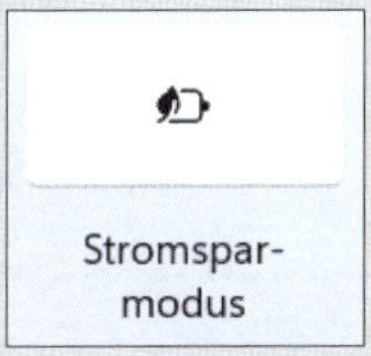


- Der **Stromsparmodus** ist für Tablets und Notebooks mit schwachem Akku nützlich. Ist der Akku fast leer, schaltet Windows diesen Modus automatisch ein, um das Gerät noch möglichst lange munter zu halten. Beispielsweise wird die Prozessorgeschwindigkeit reduziert.

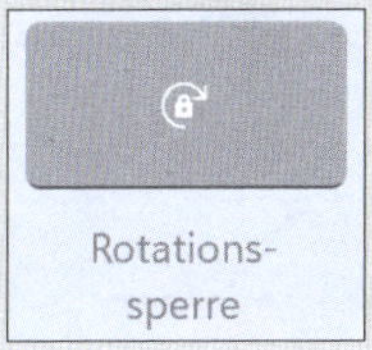


- Die **Rotationssperre** wird nur bei Tablet-Computern angezeigt. Damit kann man verhindern, dass sich die Anzeige mit dem Tablet dreht. Bei Desktop-Computern werden hier flexibel andere Optionen eingeblendet.

- **Barrierefreiheit**: Ein Klick auf diese Schaltfläche öffnet ein Fenster mit gängigen Möglichkeiten, Windows 11 einfacher zu bedienen. Sie können hier beispielsweise die Bildschirmlupe oder Sprachausgabe schnell ein- und ausschalten. Wie Sie Windows mit Beeinträchtigungen wunderbar bedienen, das zeigen wir Ihnen ganz ausführlich in Kapitel 15, »Windows 11 anpassen«.

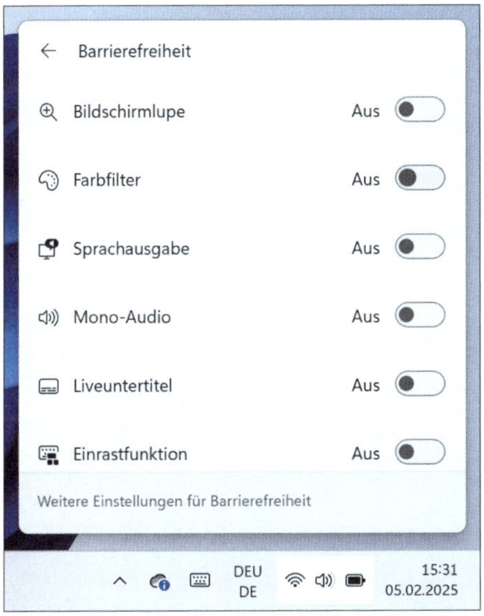

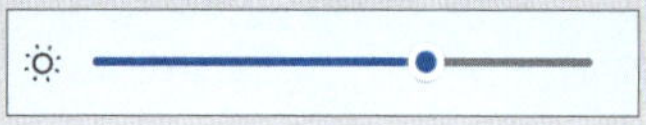

- **Helligkeit**: Indem Sie auf den Regler klicken und ihn mit der Maus nach rechts oder links schieben, können Sie den Bildschirm heller bzw. dunkler anzeigen lassen. Diese Funktion gibt es nur bei Notebooks oder Tablet-Computern, nicht jedoch an einem Desktop-PC. Hier müssen Sie diese Einstellung direkt an Ihrem Monitor vornehmen.

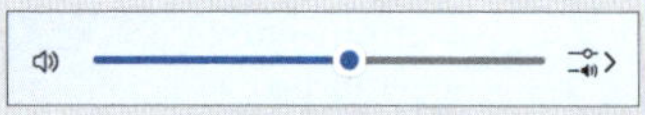

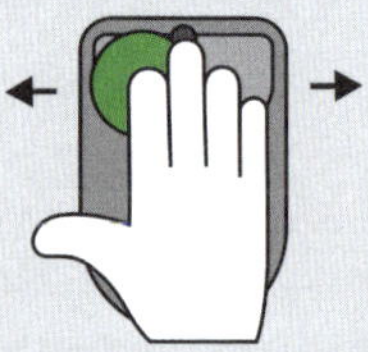

- **Lautstärke**: Per Schieberegler passen Sie die Lautstärke der Lautsprecher an. Links wird es leiser, rechts lauter. Ganz schnell den Ton abzustellen, klappt übrigens mit einem beherzten Klick auf den Lautsprecher selbst – dann wird die komplette Tonausgabe auf null gestellt und das auch visuell angezeigt: . Erst, wenn Sie die Schaltfläche erneut anklicken, ist der Ton wieder da.

- **Akkustand**: Diese Anzeige dient der Information, wie lange Ihr Gerät noch ohne Ladekabel durchhält. Klicken Sie auf das Symbol, erhalten Sie detailliert Auskunft über Ihren Akku.

- Sie können dieses Fenster auch nach Wunsch **Bearbeiten** und weitere Symbole hinzufügen – das lassen wir aber an dieser Stelle.

- **Alle Einstellungen**: Diese Schaltfläche führt zu den **Windows-Einstellungen**, in denen Sie wirklich alles einstellen können, was möglich ist. Im Buch gehen wir immer wieder zu gegebener Zeit darauf ein. Merken Sie sich diese Schaltfläche gut.

Damit haben Sie alle notwendigen Grundlagen von Windows 11 kennengelernt. Legen wir nun wirklich praxisnah los!

KAPITEL 4

# Nützliche Apps für viele Gelegenheiten

Am Computer unterstützt Windows 11 Sie mit zahlreichen kleinen Helferlein, die Ihnen mit Rat und Tat zur Seite stehen und Ihnen gute Dienste erweisen können. Eine ganze Sammlung davon sind die Widgets, die direkt in Windows 11 eine Wettervorhersage, Nachrichten und vieles mehr bereitstellen.

Außerdem stellen wir Ihnen zwei praktische Programme aus dem reichhaltigen Angebot von Windows 11 vor. Mit der *Rechner*-App haben Sie außerdem Zugriff auf einen digitalen Taschenrechner, mit dem Sie schnell etwas nachkalkulieren und auch komplexe Umrechnungen durchführen können. Mit der *Uhr-App* zeigen wir, dass Ihr Computer für Erinnerungen aller Art geradezu perfekt ist und Wecker, Eieruhr und Stoppuhr ersetzt. Alle Apps sind bereits auf Ihrem Computer vorhanden und können über das Startmenü aufgerufen werden. Sie finden sie in der Liste aller Apps oder über die Suchleiste.

Wie ein Puzzle – in Windows 11 stehen Ihnen viele kleine Programme zur Verfügung, die alle zusammengenommen richtig viel können.

## Die praktischen Widgets – das Schweizer Taschenmesser für alle Fälle

Die *Widgets* sind eine Sammlung kleiner Miniprogramme, die Ihnen verschiedenste Informationen auf kompaktem Raum bieten. Was kann man sich darunter vorstellen? Schauen wir sie uns im Einzelnen an:

**1.** Die Widgets starten Sie über einen Klick links in der Taskleiste auf das Wetter-Symbol 13°C Teilw. sonnig, das immer das aktuelle Wetter anzeigt und folglich auch immer ein wenig anders aussieht. Klicken Sie es einmal an ❶. Alternativ klappt das auch immer mit der Tastenkombination ⊞ + W. In der linken Bildschirmhälfte werden die Widgets direkt geöffnet.

❷ Hier finden Sie die ausführliche Wettervorhersage für Ihren aktuellen Standort – zurzeit gar nicht so schlecht.

❸ Immer unterwegs? Aktuelle Verkehrsmeldungen aus der Region finden Sie in diesem Bereich.

**ACHTUNG!**

Haben Sie bei der Windows-Einrichtung die Standortfreigabe verweigert, sehen Sie statt des aktuellen Wetters Ihrer Region nur das Widget-Icon.

**ACHTUNG!**

Die Anordnung der Widgets und die Inhalte können je nach Gerät variieren. Vor allem, wenn Sie die Standortfreigabe deaktiviert haben, werden Sie beispielsweise weder regionales Wetter noch Verkehrsmeldungen erhalten.

4 Warum auch immer Aktien so interessant sind, auch in den Widgets werden die Kurse topaktuell eingeblendet.

5 Nachrichten aus verschiedensten Medien ist ein großer Bereich gewidmet. Die Liste hört auch gar nicht auf – Sie können hier noch weiter nach unten scrollen. Das klappt mit dem Mausrad oder mit zwei gedrückten Fingern am Trackpad Ihres Notebooks; am Tablet legen Sie einen Finger aufs Display und fahren nach unten oder oben.

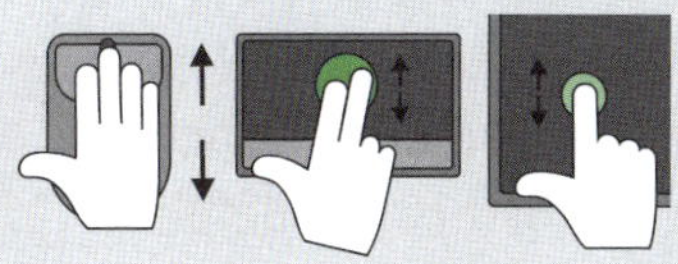

**2.** Möchten Sie mehr als nur eine Schlagzeile lesen, klicken Sie auf das entsprechende Widget. Sie werden meistens auf eine Internetseite geleitet und erfahren dort mehr. Lediglich bei den Fotos öffnet sich die Fotos-App.

**3.** Die Widgets-Ansicht selbst schließen Sie wieder per Mausklick auf den Desktop, per Druck auf die Esc-Taste oder per Klick auf das Symbol links in der Taskleiste.

**ACHTUNG!**

Bitte beachten Sie, dass die folgenden Einstellungen zu den Widgets mit der ganz aktuellen Windows 11-Version so nicht mehr funktioniert. Microsoft hat hier die Möglichkeiten stark eingeschränkt.

Die Ansicht der kleinen Infofenster kann nach Wunsch eingestellt werden. Da wir keinen Wert auf aktuelle Börsenkurse legen, wollen wir dieses Widget entfernen und durch ein anderes ersetzen. Das funktioniert so:

Widgets-Ansicht öffnen
↓
Widget entfernen
↓
Neues Widget hinzufügen

**1.** Öffnen Sie, wie gerade beschrieben, die Widgets-Ansicht.

**2.** Mit der linken Maustaste klicken Sie nun auf die drei kleinen Punkte 1 ... beim Börsen-Widget. Es öffnet sich ein Kontextmenü.

## ACHTUNG!

Verwirrend – je nach Widget ist der Befehl zum Entfernen ganz anders formuliert. Bei den Nachrichten »blockiert« man, bei anderen Widgets »löst« man. Auch das Symbol sieht leider immer anders aus. Im Zweifelsfall: Probieren Sie es einfach aus. Im schlimmsten Fall blenden Sie das Widget wieder über die Hinzufügen-Funktion ein.

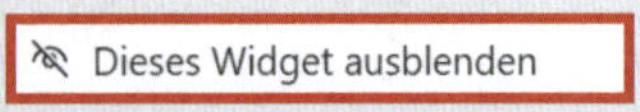

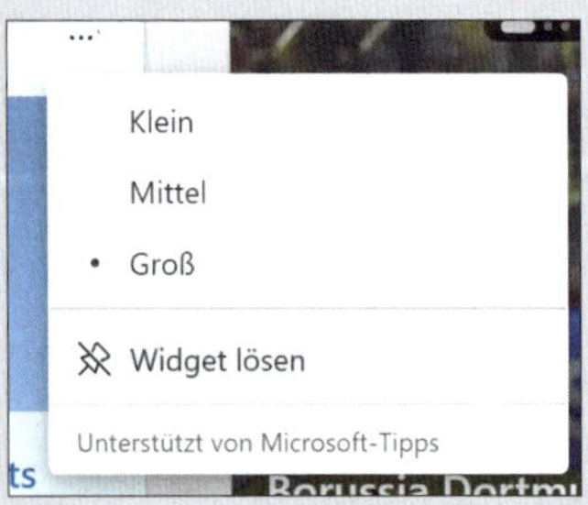


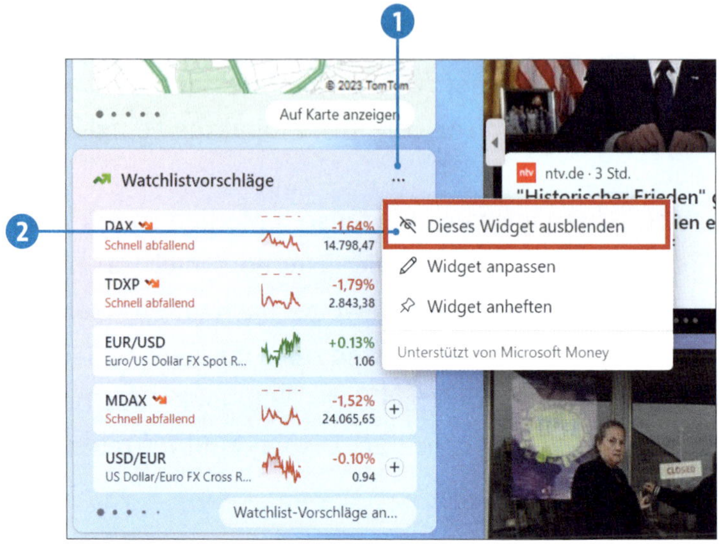


**3.** Hier klicken oder tippen Sie einmal auf **Dieses Widget ausblenden** ② – sofort verschwindet das gesamte Feld aus der Ansicht.

**4.** Nun klicken Sie auf die Schaltfläche **Widgets +** ③ im oberen Bereich des Widgets-Fensters. Daraufhin öffnet sich ein neues Fenster.

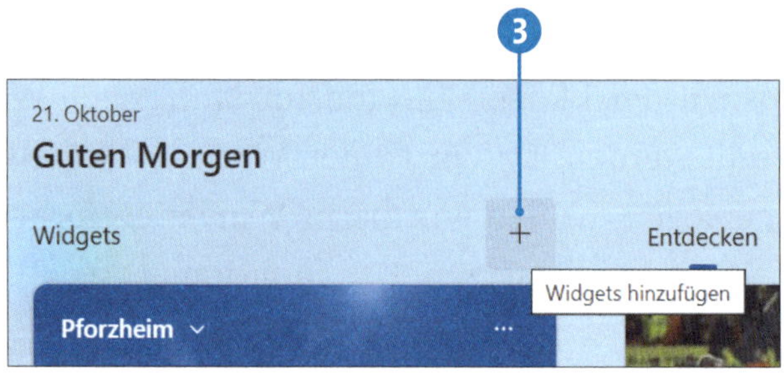


**5.** In unserem Beispiel wählen wir nun **Countdown** ④ mit einem Klick aus. Es öffnet sich eine ausführliche Beschreibung, und dort wählen wir **Widget hinzufügen** ⑤. Das Fenster wird automatisch geschlossen.

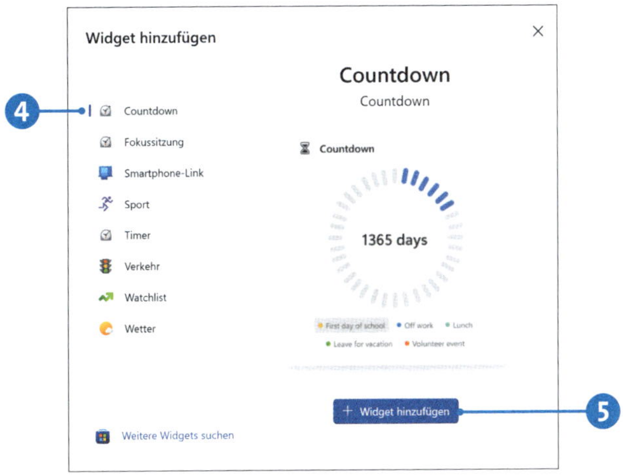


6. Die Darstellung des Widgets ist Ihnen zu groß oder zu klein? Klicken Sie auf die drei kleinen Punkte im Widget **6**, und wählen Sie zwischen drei Darstellungsoptionen **7**:

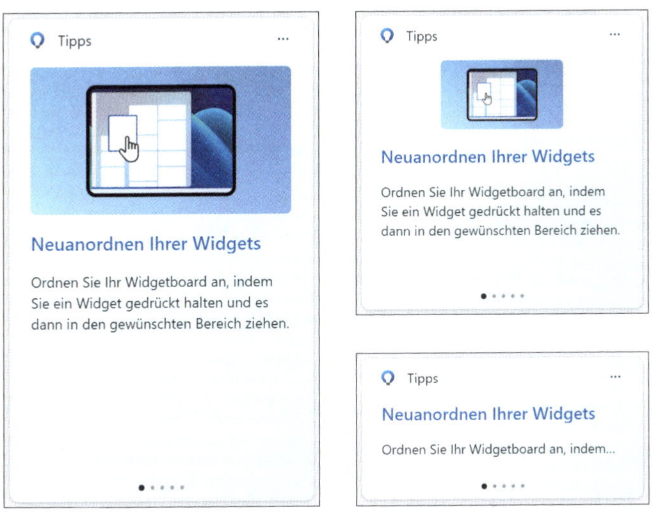


7. Ein neues Widget wird immer an oberste Stelle gesetzt. Passt die Position nicht, packen Sie es mit gedrückter, linker Maustaste und ziehen es an die Wunschposition. In unserem Fall ziehen wir es unter die Verkehrsmeldungen – also dorthin, wo ursprünglich die Infos für die Börse zu finden waren.

Wetter-Widget einrichten

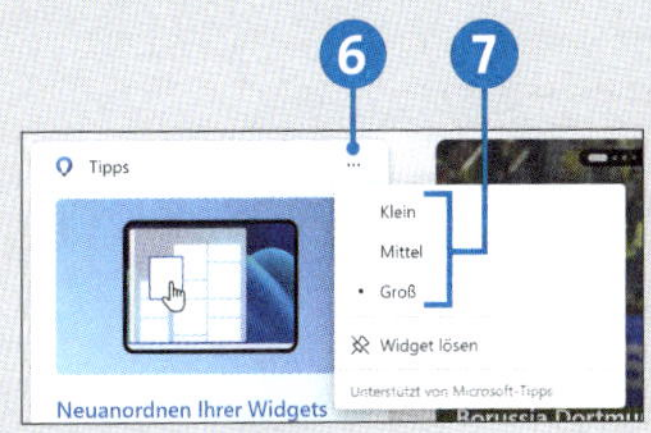

Doch damit nicht genug – jedes Widget kann noch angepasst werden, und das machen wir mit dem Wetter-Bereich. Standardmäßig zeigt dieses praktische Fenster immer das Wetter des Ortes an, an dem Sie sich gerade aufhalten. Das kann praktisch sein. Wir wollen aber, dass hier immer das Wetter von Wien angezeigt wird. Sie können natürlich auch jede andere Stadt in diesem Beispiel wählen.

Wetter-Widget einrichten

1. Öffnen Sie, wie gerade beschrieben, die Widgets-Ansicht.

2. Dieses Mal klicken Sie die drei Punkte beim Wetter-Widget an (1), das Kontextmenü wird aufgeklappt.

**3.** Mit einem einfachen linken Klick wählen Sie **Widget anpassen** 2 aus.

**4.** Sie sehen nun die Einstellungen des Widgets. Wir wollen gerne neben dem aktuellen Standort auch das Wetter von Wien im Blick haben. Daher tippen wir *Wien* in das Suchfeld 3 ein.

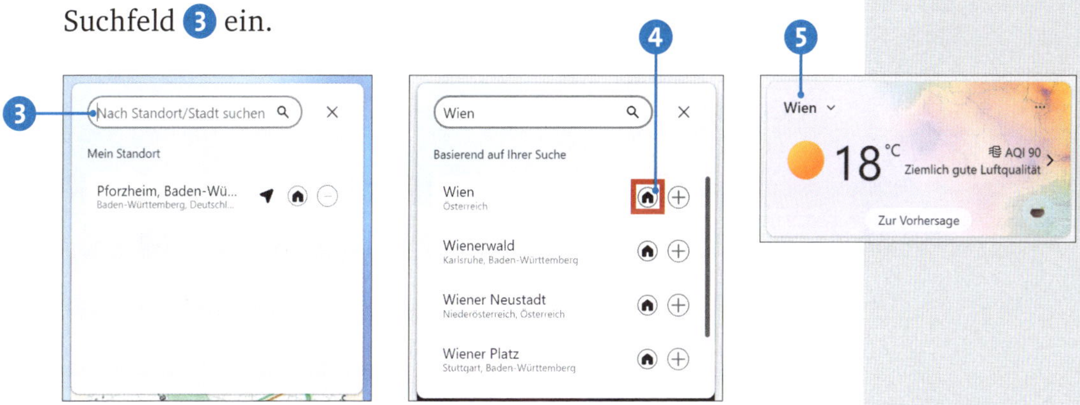


**5.** Fügen Sie die Stadt aus dem Auswahlmenü mit einem Klick auf das Haus-Symbol 4 hinzu. Das Widget wird direkt aktualisiert und das Wien-Wetter angezeigt 5.

**6.** Gewechselt wird einfach per Klick auf den Stadtnamen 6 – hier ist dann auch der erkannte und ursprüngliche Standort jederzeit per Klick auswählbar.

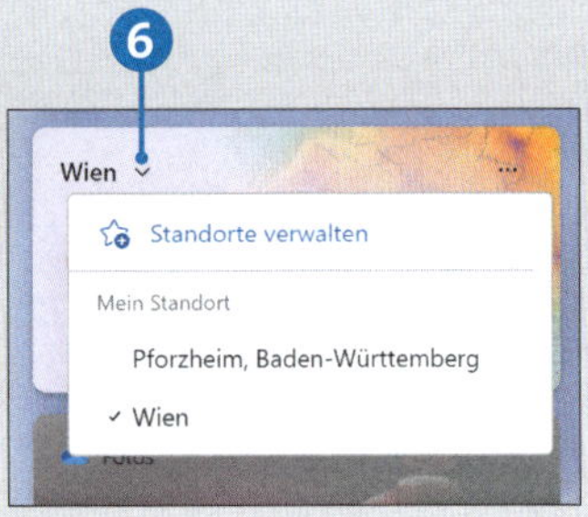


Nach diesem Prinzip kann fast jedes Widget in dieser Ansicht angepasst werden. Und mit den gezeigten Schritten gestalten Sie sich Ihren ganz persönlichen Infobereich in Windows 11.

## Die Rechner-App – der handliche Taschenrechner

Das nächste kleine Helferlein, das wir Ihnen kurz präsentieren wollen, ist die Rechner-App. Wie bei allen anderen hier vorgestellten Apps gelangen Sie mit einem linken Mausklick auf ins Startmenü und wählen die Schaltfläche **Alle**.

Zum Öffnen der App scrollen Sie bis zum Buchstaben **R** wie Rechner und klicken die App 1 wie immer mit der linken Maustaste an. Alternativ tippen Sie ins Suchfeld des Startmenüs einfach **Rechner** ein.

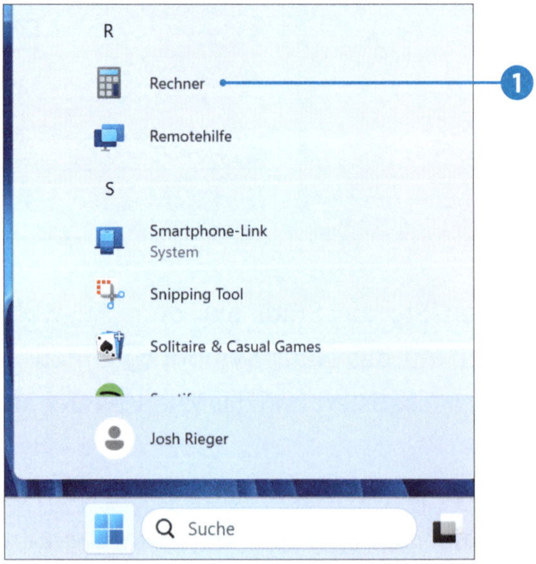

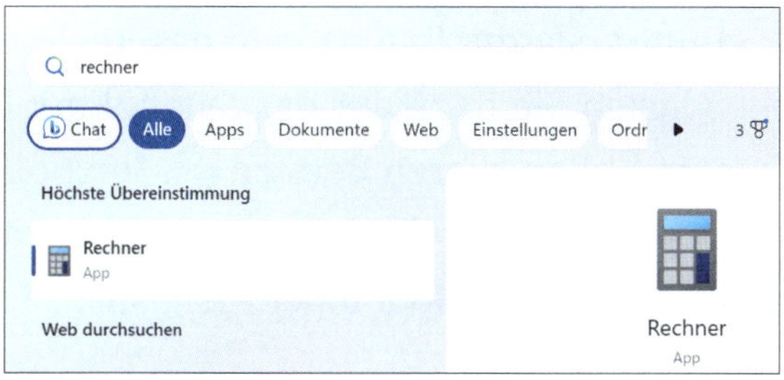


Sofort erscheint ein elegant aussehender Taschenrechner auf Ihrem Bildschirm.

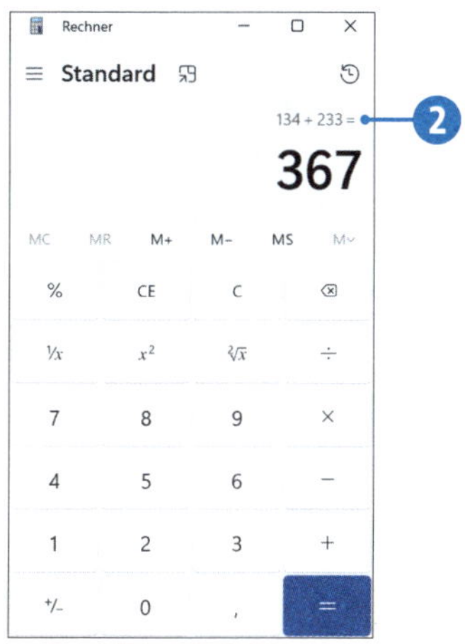

Die Eingabe erfolgt entweder mit einem Klick auf die gewünschte Zahl bzw. auf das gewünschte Zeichen auf dem Bildschirm, oder Sie tippen auf die entsprechenden Zeichen und Zahlen Ihrer Tastatur. Falls Sie einen Touchscreen verwenden, tippen Sie ganz lässig mit dem Finger auf das Tastenfeld des Programms.

**MERKE**

Die Rechner-App können Sie mit der Maus, aber auch über die Tasten Ihrer Tastatur steuern.

Die Funktionsweise ist exakt so wie beim Taschenrechner auf Ihrem Schreibtisch: Sie geben einfach die Zahlen ein und führen die Rechenoperation durch, die Ihnen oberhalb des Ergebnisses auch noch einmal angezeigt wird 2.

Hinter dem Menüsymbol verbergen sich viele weitere Zusatzfunktionen.

Übrigens können Sie die Funktionen des Rechners noch erweitern: Klicken Sie dazu auf das Symbol mit den drei Querbalken im linken oberen Bereich (3). Jetzt öffnet sich ein Menü mit mehreren Rechnervarianten (4) – wählen Sie einfach das gewünschte Modell per Klick aus.

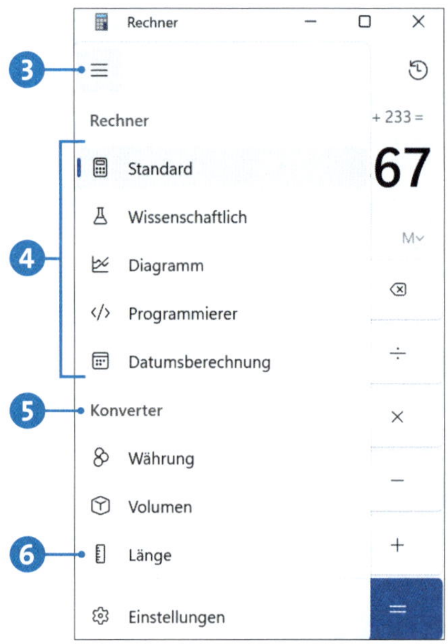


Darüber hinaus bietet der Rechner auch verschiedene **Konverter** (5), mit deren Hilfe sich viele Mengenangaben, Gewichte und andere Maße umrechnen lassen.

Das probieren wir gleich einmal an einem Beispiel aus:

1. Um z. B. Zentimeter in Zoll umzurechnen, klicken Sie im Menü links [≡] auf das Feld **Länge** (6).

2. Klicken Sie dann in das Feld oberhalb von **Zentimeter** (7), und tippen Sie hier, wie vorhin beschrieben, die gewünschte Zahl ein.

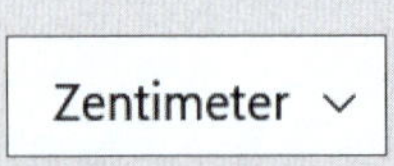


Ein Klick auf den Pfeil, und Sie können ein anderes Maß auswählen.

3. Sobald Sie die Zahl eintippen, erscheint die Umrechnung im Feld oberhalb von **Zoll** 8. Klicken Sie auf den Pfeil neben **Zentimeter** 9, so öffnet sich ein Fenster, in dem Sie weitere Maße auswählen können. Mit einem Klick darauf aktivieren Sie das gewünschte Maß. Natürlich können Sie auch bei **Zoll** mit einem Klick auf den Pfeil 10 ein anderes Maß auswählen. Bei allen anderen Konvertern, **Volumen** oder **Temperatur**, funktioniert das Ganze auf die gleiche Weise.

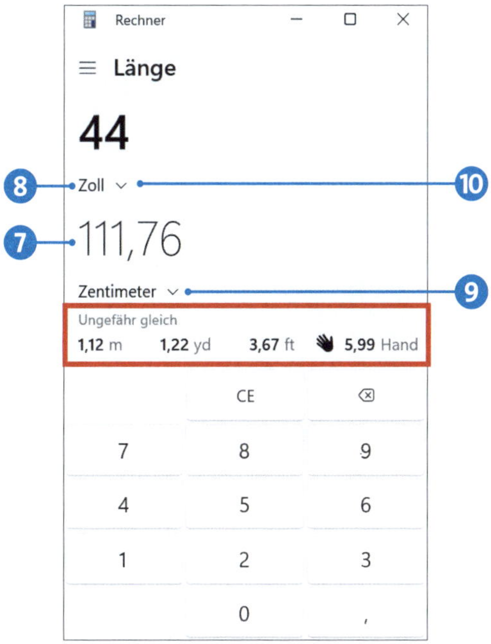


Um zum ursprünglichen Rechner zurückzukehren, klicken Sie wieder auf das Balkensymbol im linken oberen Bereich der App und wählen dort per Mausklick **Standard**. Wenn Sie das Rechnerprogramm schließen wollen, klicken Sie einfach auf das ×-Symbol im rechten oberen Bereich der App.

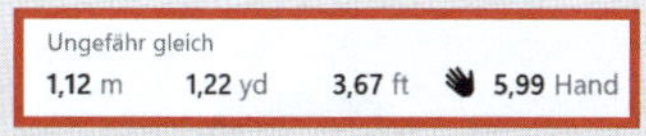


Zusätzlich zeigt der Rechner Ihnen unter **Ungefähr gleich** das Ergebnis in weiteren Maßeinheiten an.

Mit einem erneuten Klick auf die drei Balken geht es zurück zum »normalen« Rechner.

## Die Uhr-App – Wecker, Alarm und volle Konzentration

Die Uhr-App in Windows 11 kann so viel mehr als nur die Zeit anzeigen. Denn das macht Windows ja schon automatisch in der Taskleiste rechts unten. Das hier sind die Möglichkeiten:

- Fokussitzungen: Dabei werden sämtliche Mitteilungen auf stumm geschaltet, und Sie können in Ruhe arbeiten.
- Zeitgeber: Im Grunde genommen ist das die moderne Art der Sanduhr oder Eieruhr.
- Wecker: Alarm ist hier angesagt, natürlich zur Wunschzeit.
- Stoppuhr: Macht genau das, was man erwartet, nämlich die Zeit erfassen.
- Weltuhr: Damit Sie die Verwandtschaft aus Kanada nicht aus dem Schlaf reißen, können Sie sich hier die verschiedensten Zeitzonen anzeigen lassen.

Fokussitzungen für volle Konzentration

Erkunden wir also eine kleine App, die ganz schön viel kann. Zunächst schauen wir uns die Fokussitzungen an. Eine Fokussitzung lässt Sie ohne Störungen arbeiten. Konkret werden Sie währenddessen keine Informationen über Neuigkeiten, eintreffende E-Mails, Termine, Anrufe über Teams oder Sonstiges erhalten.

**MERKE**

Tracking – heute wird ja alles aufgezeichnet: Wie viele Schritte geht man, wie lange schaut man aufs Smartphone, wie lange macht man Sport? Auch die Fokussitzungen werden von der Uhr-App automatisch aufgezeichnet. So haben Sie immer im Blick, wie viele Stunden Sie wirklich konzentriert arbeiten.

1. Starten Sie die Uhr-App über das Startmenü oder das Suchfeld mit der Eingabe *Uhr*.

2. Die Uhr startet tatsächlich nicht mit einer Zeitanzeige, sondern den **Fokussitzungen** ❶. Klicken Sie hier auf **Erste Schritte** ❷.

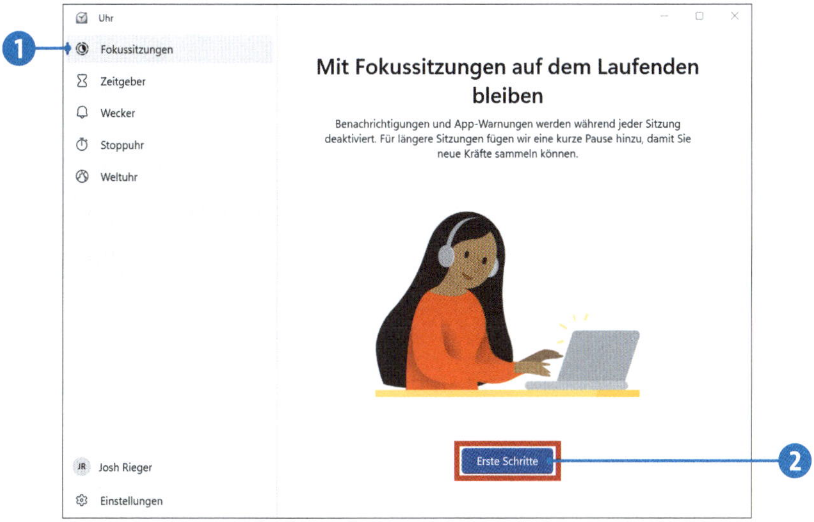

**3.** Im neuen Bereich definieren Sie über das Eingabefeld **3**, wie lange Sie ungestört arbeiten wollen. Die Einstellung erfolgt über die Pfeile **4** oder einfach per Eingabe in das Feld per Tastatur.

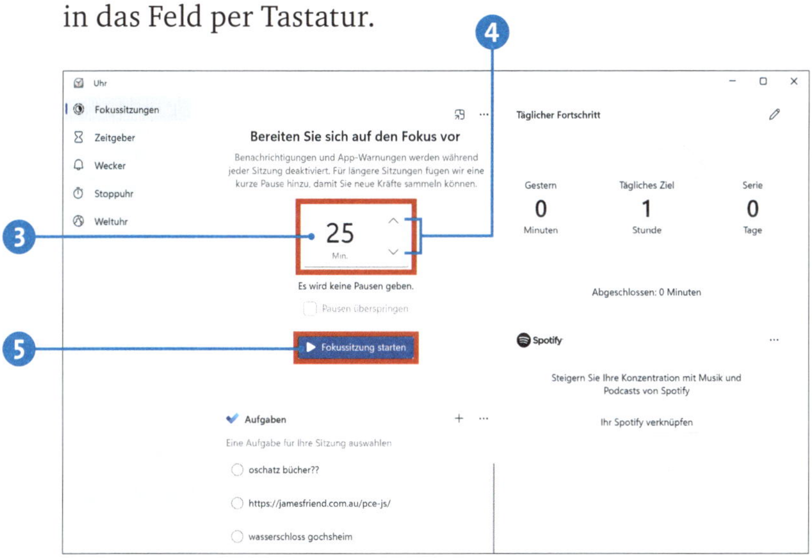

**4.** Klicken Sie dann auf **Fokussitzung starten** **5**. Die Uhr läuft direkt los. In der Taskleiste zeigt die »schlafende Glocke« **6** an, dass aktuell keine Benachrichtigungen angezeigt werden, weder visuell noch akustisch.

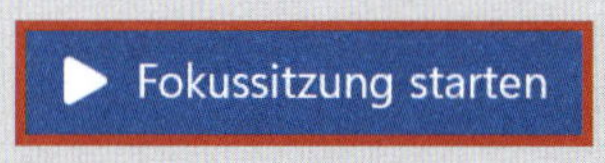

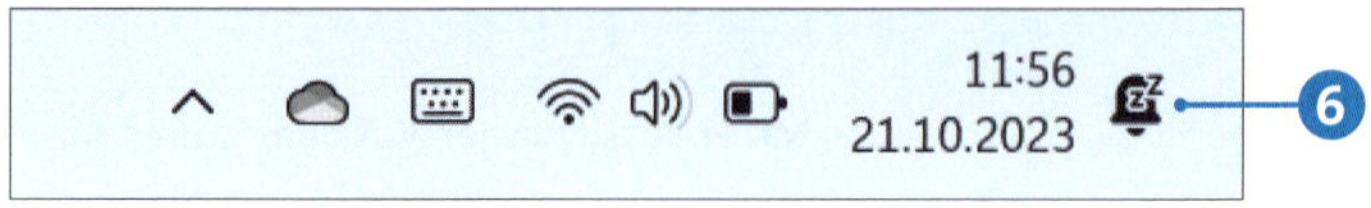


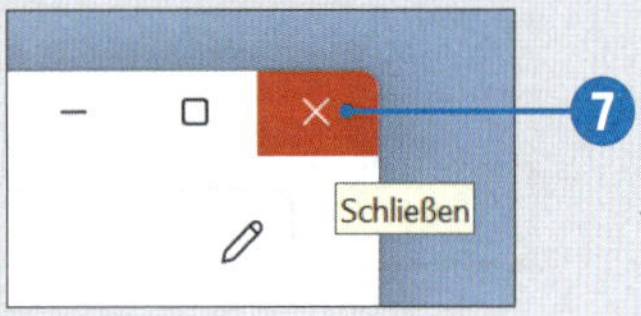


**5.** Sie können die App über das rote X **7** nun schließen, die Fokuszeit läuft im Hintergrund weiter. Nach Ablauf werden alle Benachrichtigungen wieder »scharf« geschaltet.

Schauen wir uns noch eine Standardfunktion an, die aber gerade für Hobbyköche spannend ist. Die klassische »Eieruhr« ist in der Uhr-App ebenfalls integriert und heißt hier **Timer**. Im Alltag ist das sehr praktisch – da werden im Backofen aus Brioche schnell mal Briketts, wenn man während der Wartezeit »kurz« noch etwas am Computer erledigt. Richtet man den Zeitgeber aber am PC ein, wird man rechtzeitig erinnert:

**1.** Starten Sie wieder die Uhr-App, gehen aber dieses Mal per Klick auf den Bereich **Timer** **1**.

**2.** Hier sehen Sie bereits einige voreingestellte »Countdowns«. Ist da schon eine passende Zeit dabei, starten Sie die Funktion einfach per Klick auf den entsprechenden Play-Button **2**. Visuell sehen Sie sofort, dass der Start geglückt ist **3**.

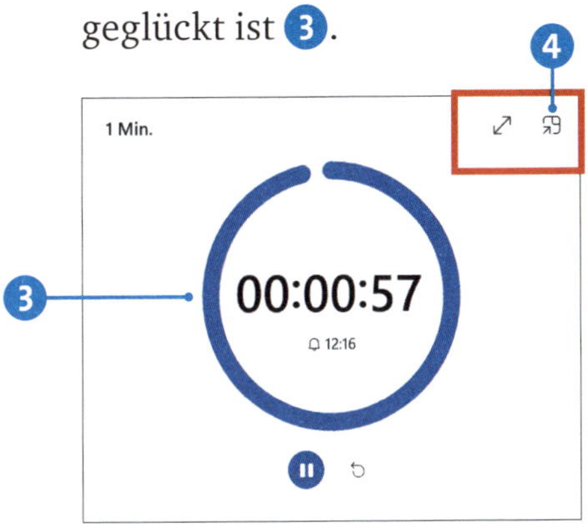


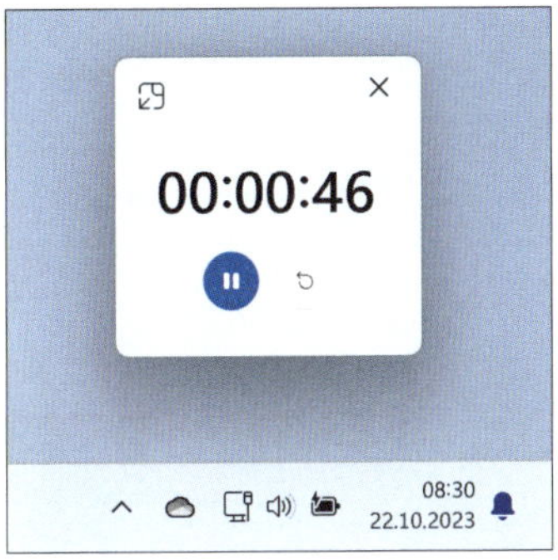


**MERKE**

Der Countdown funktioniert auch, wenn Sie die Uhr-App komplett schließen.

**3.** Nutzen Sie die Schaltfläche **4**, um die Uhr direkt auf dem Display im Blick zu haben – ganz egal, in welchem Programm Sie nun weiterarbeiten.

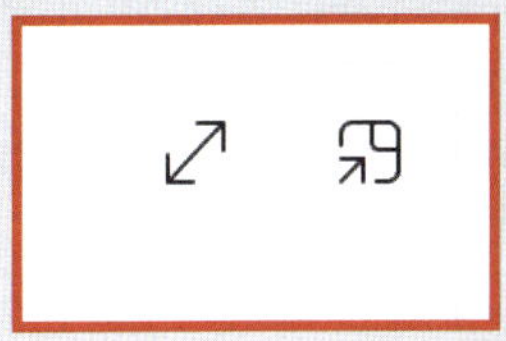

**4.** Ist die Zeit gekommen, erinnert Sie Windows mit einem Signalton und einer zusätzlichen Einblendung in der Taskleiste **5**. Erst wenn Sie auf **Schließen** **6** klicken, wird die akustische Warnung beendet.

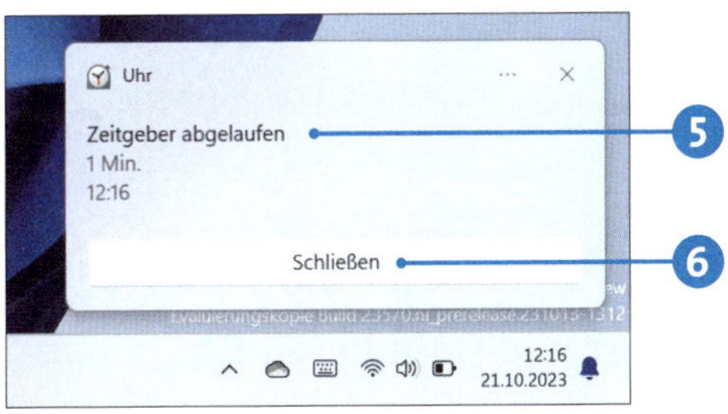


Sie wollen eine individuelle Zeit für das »Herunterzählen« einstellen? So funktioniert's:

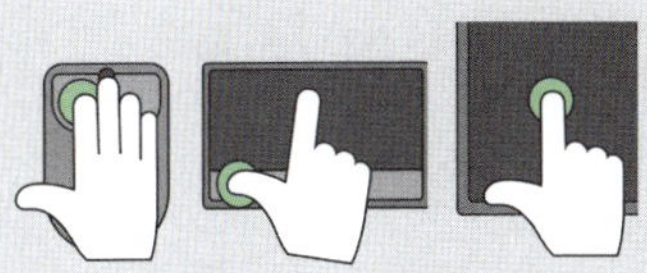

**1.** Starten Sie die Uhr-App, wie vorher beschrieben, und wechseln Sie in den Bereich **Timer**.

**2.** Um eine der vier abgespeicherten, festen Zeiten zu ändern, klicken oder tippen Sie einmalig auf das gewünschte Feld. Sofort wird ein neues Fenster angezeigt.

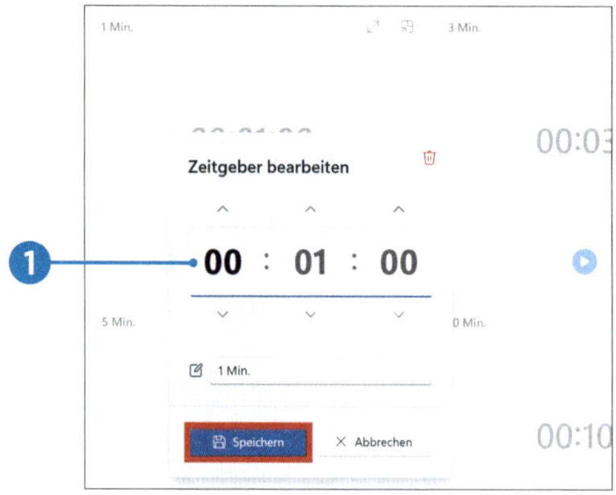

**3.** Markieren Sie den Bereich für Stunde, Minute und Sekunde **1**, und tragen Sie den gewünschten Wert ein. Außerdem können Sie die Bezeichnung nach Wunsch ändern **2** – ob Sie einfach die eingestellte Zeit oder eine Beschreibung wählen, bleibt Ihnen überlassen.

**MERKE**

Möchten Sie einen weiteren Zeitgeber der Liste hinzufügen? Das klappt mit einem Klick auf das Plus-Symbol rechts unten im Zeitgeberfenster. Sie erhalten dann exakt das gleiche Eingabefenster wie hier beschrieben. Beim Speichern wird aber ein neues Feld angelegt.

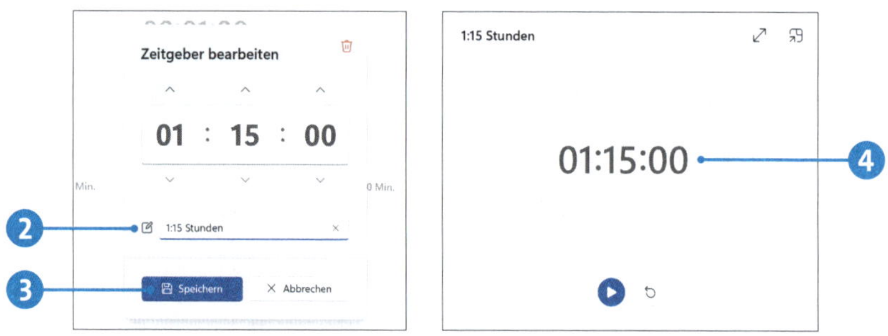


**4.** Mit einem Klick auf **Speichern** **3** wird der Zeitgeber gesichert und steht bereit **4**.

Ganz schön praktisch, oder? Entdecken Sie außerdem noch die weiteren Bereiche in der Uhr-App. Die Grundlagen haben wir vermittelt – Stoppuhr, Wecker und Weltuhr funktionieren nach dem gleichen Prinzip.

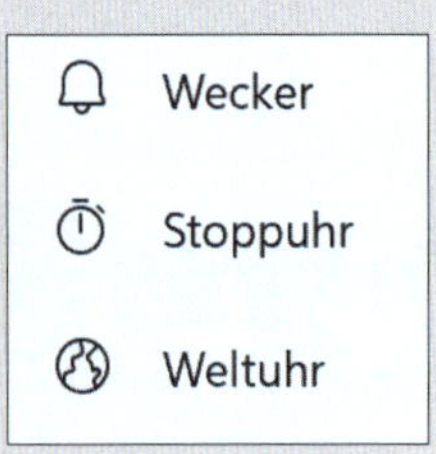

KAPITEL 5

# Apps aus dem Microsoft Store laden

Der Microsoft Store bietet zahlreiche Apps zum Herunterladen an. Es gibt sowohl komplett kostenlose als auch kostenpflichtige Programme im Angebot. Wichtig zu wissen – der versehentliche Kauf einer App ist so gut wie ausgeschlossen. Zum einen müssen dazu Zahlungsdaten hinterlegt werden, zum anderen wird trotzdem immer deutlich nachgefragt. Die Gratis-Apps hingegen kann man einfach so installieren und nutzen.

**MERKE**

OpenOffice ist eine echte Alternative zum Ihnen sicherlich bekannten Microsoft Office, das im Abo erhältlich ist und rund 100 Euro pro Jahr kostet.

Wir werden Ihnen nun zeigen, wie ein kostenloser *Download* zu bewerkstelligen ist, indem wir das Office-Paket OpenOffice herunterladen und installieren. Diese Software umfasst:

- Schreibprogramm
- Tabellenkalkulation
- Präsentationssoftware

Das alles kostet keinen Cent. Außerdem liest und schreibt es alle gängigen Dateiformate, ein Austausch mit anderen ist also jederzeit machbar. Im folgenden Kapitel zeigen wir Ihnen dann auch, wie Sie mit OpenOffice loslegen und einen ersten Brief schreiben.

Doch nun laden wir die App zuerst aus dem Store:

1. Klicken Sie in der Taskleiste auf das Store-Symbol: die Einkaufstasche ❶.

2. Sobald der Store geöffnet ist, erscheinen verschiedene Angebote und Kategorien. Wenn Sie mit dem Scrollrad der Maus, per Fingerwisch oder Bildlaufleiste hinauf- und hinunterscrollen, werden Sie viele verschiedene Angebote entdecken.

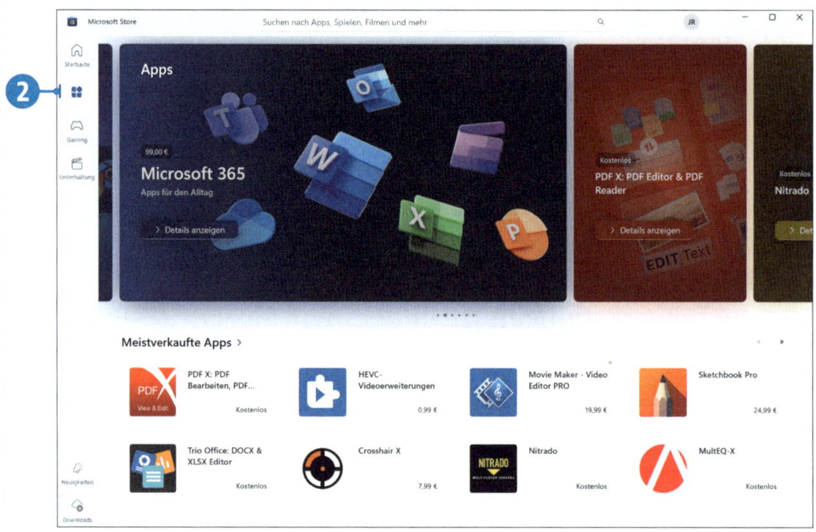


**WAS TUN?**

Sollte das Symbol für den Store in der Taskleiste (versehentlich) entfernt worden sein, finden Sie den Store natürlich wie immer auch im Startmenü.

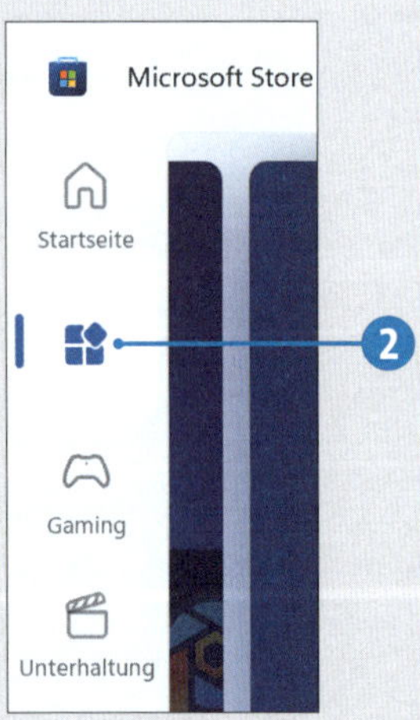


3. Auf der linken Seite finden Sie verschiedene Kategorien – hier können Sie das gesamte Angebot unverbindlich durchforsten. Klicken Sie auf den Bereich **Apps** ❷. Hier werden Ihnen dann unendlich viele Angebote präsentiert. Sehr übersichtlich ist, dass Sie direkt sehen, ob das Installieren kostenlos ist oder eine Gebühr fällig wird. In unserem Beispiel sehen Sie zwei kostenlose Apps ❸, eine

App zum Kaufen ④ und eine, die mit **Kostenpflichtig** ⑤ markiert ist. Dahinter verbergen sich in der Regel Abonnements, also Software, für die monatlich eine Gebühr fällig wird.

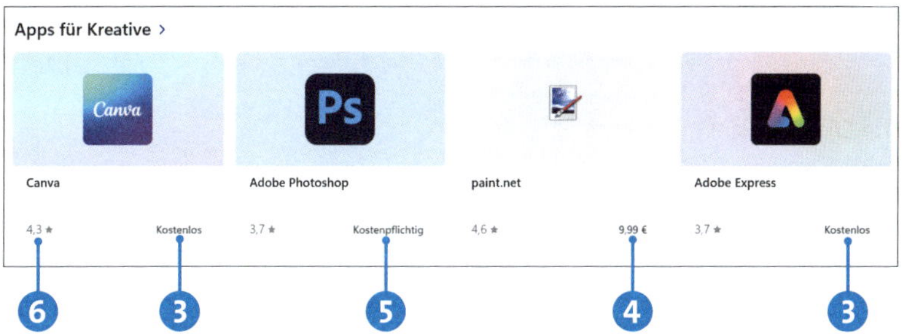


### Die Sterne weisen den Weg

Je mehr Sterne ⑥ ein Programm hat, desto besser wurde es von Anwendern bewertet. Das ist eine gute Entscheidungsgrundlage – alles unter drei Sternen muss man meist gar nicht installieren.

**4.** Aber wir wollen ja OpenOffice installieren. Und das suchen wir direkt im Store. Klicken Sie in die obere Suchleiste ⑦, tippen Sie »openoffice« ein, und bestätigen Sie mit der `Enter`-Taste.

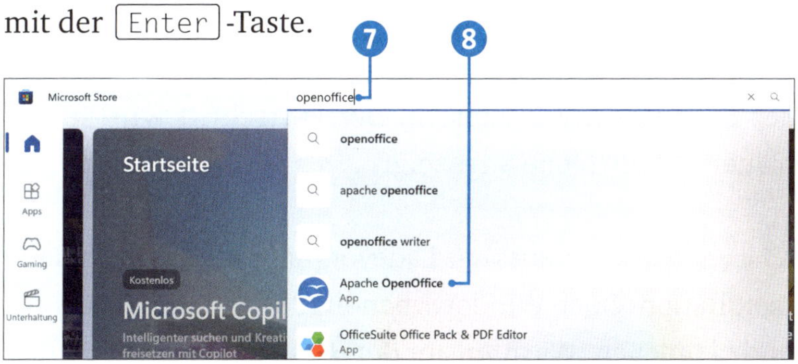

**5.** Es klappt direkt eine Liste mit passenden Vorschlägen auf. Suchen Sie hier den Eintrag mit dem blauen Symbol ⑧, und klicken Sie ihn einmal an.

**6.** Sie gelangen auf die Übersichtsseite von *OpenOffice*. Hier sehen Sie mehr Informationen zur Software sowie ausführliche Bewertungen. Wir wollen aber direkt loslegen, also klicken Sie hier bitte die Schaltfläche **Installieren** 9 an.

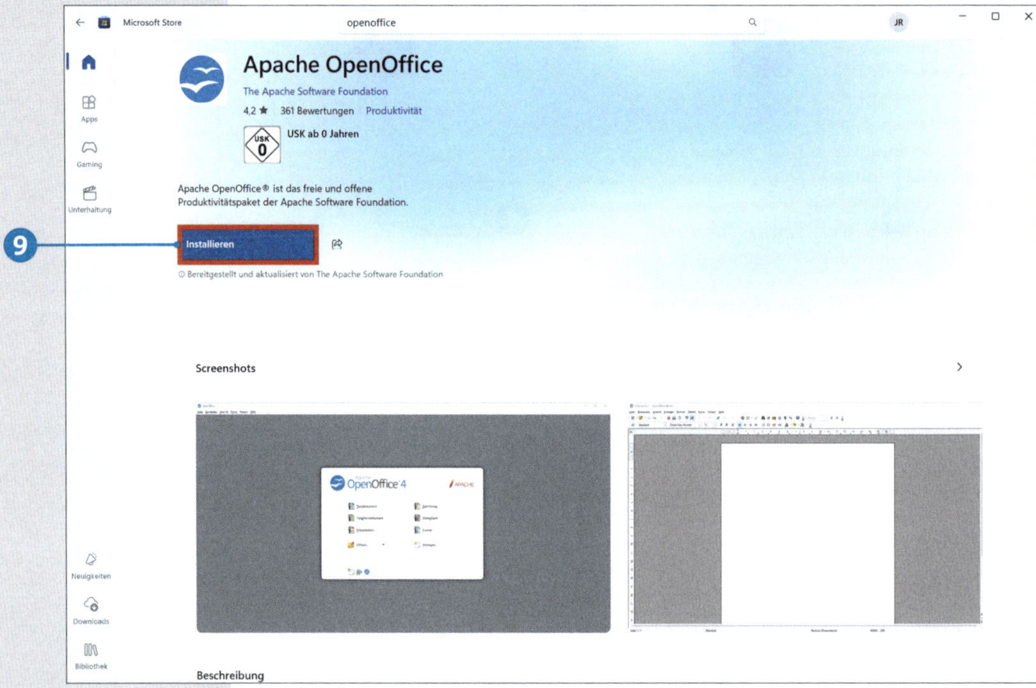


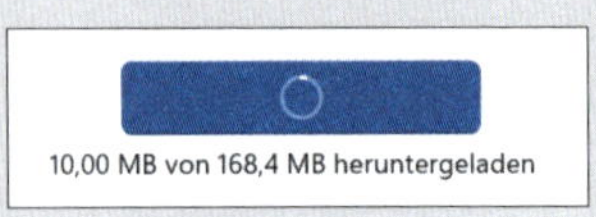


**7.** Je nach Internetverbindung kann das Herunterladen der Software etwas dauern. Der Fortschritt wird in der blauen Schaltfläche angezeigt.

**8.** Nach Abschluss des Ladevorgangs beginnt direkt die Installation. Doch Windows benötigt hierzu Ihre Erlaubnis und blendet ein Warnfenster der *Benutzerkontensteuerung* ein. Konkret wird hier nochmal gefragt, ob Sie die Software wirklich installieren wollen. Hier dürfen Sie **Ja** 10 anklicken, und OpenOffice wird auf Ihrem Computer installiert.

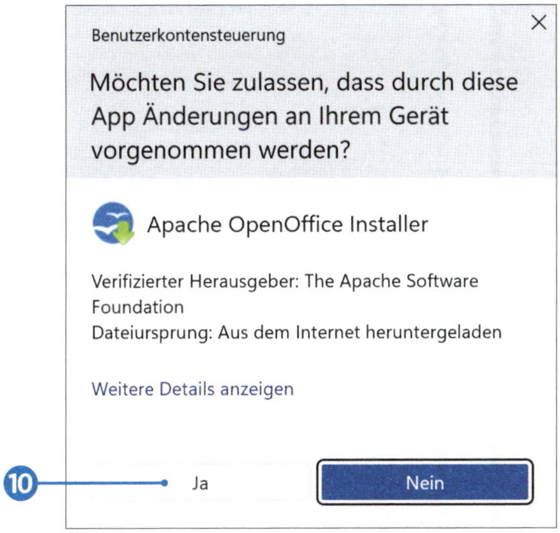


9. Sie können nun den Microsoft Store schließen. Das machen Sie einfach mit einem Klick auf das X-Symbol rechts oben ⑪.

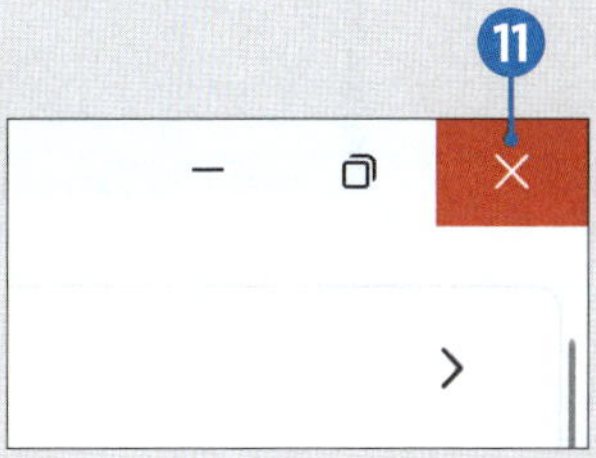


Windows 11 präsentiert das neu installierte OpenOffice direkt im Startmenü im Bereich **Empfohlen** ⑫. Außerdem wird ein Eintrag im Startmenü in der Liste aller Apps erstellt. In unserem Beispiel erscheint das Office-Programm unter **O** wie **OpenOffice** ⑬. Da es sich um ein Paket mit verschiedenen Anwendungen handelt, gibt es dort auch mehrere Symbole. So können Sie es, wann immer Sie die Apps verwenden möchten, dort finden und mit einem Klick öffnen.

Auf diesem Wege können Sie im Microsoft Store sämtliche kostenlosen Apps installieren und ausprobieren. Natürlich ist auch der Kauf von Programmen möglich. Dazu müssen Sie dann aber Zahlungsmöglichkeiten hinterlegen. Da das etwas aufwendiger ist, verweisen wir hier gerne auf einen weiterführenden Buchtitel oder auf die Hilfe eines Ihrer Enkelkinder.

12

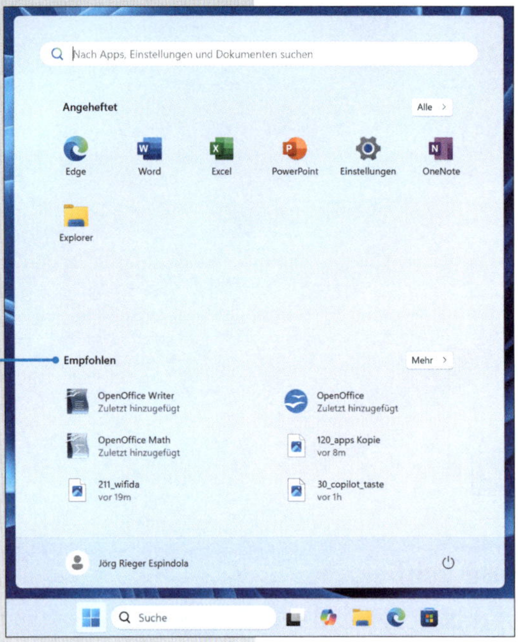
Nach Apps, Einstellungen und Dokumenten suchen
Angeheftet
Alle
Edge
Word
Excel
PowerPoint
Einstellungen
OneNote
Explorer
Empfohlen
Mehr
OpenOffice Writer
Zuletzt hinzugefügt
OpenOffice
Zuletzt hinzugefügt
OpenOffice Math
Zuletzt hinzugefügt
120_apps Kopie
vor 8m
211_wifida
vor 19m
30_copilot_taste
vor 1h
Jörg Rieger Espindola
Suche

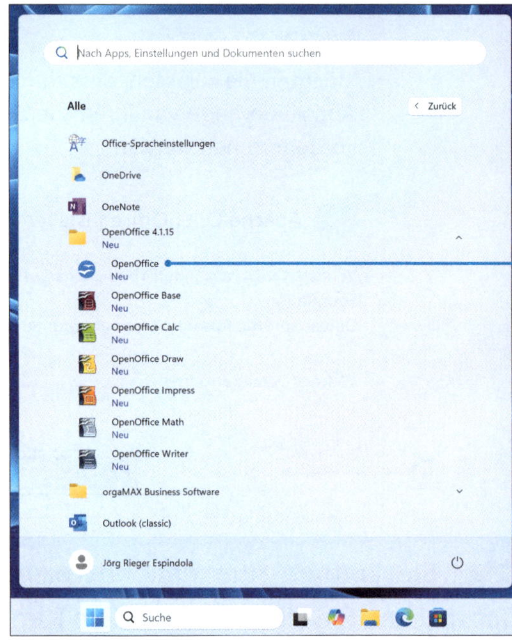
Nach Apps, Einstellungen und Dokumenten suchen
Alle
Zurück
Office-Spracheinstellungen
OneDrive
OneNote
OpenOffice 4.1.15
Neu
OpenOffice
Neu
OpenOffice Base
Neu
OpenOffice Calc
Neu
OpenOffice Draw
Neu
OpenOffice Impress
Neu
OpenOffice Math
Neu
OpenOffice Writer
Neu
orgaMAX Business Software
Outlook (classic)
Jörg Rieger Espindola
Suche

13

KAPITEL 6

# Mit OpenOffice einen Brief schreiben und Dokumente gestalten

Windows 11 bietet kein kostenloses Programm, um einfache Textverarbeitung zu erledigen. Sprich, eine »digitale Schreibmaschine« ist erstmal nicht verfügbar. Auf den meisten Computern ist Microsoft Office installiert, das muss dann aber erst kostenpflichtig freigeschaltet werden. Daher zeigen wir Ihnen mit dem gratis verfügbaren OpenOffice die ersten Schritte, um einfache Dokumente zu erstellen. Wie man die Software installiert, haben wir in Kapitel 5 gezeigt. Das ist die Voraussetzung für dieses Kapitel.

OpenOffice im schnellen Überblick:

- Das Office-Paket besteht aus verschiedenen Programmteilen, mit denen man Texte schreiben, Kalkulationen erstellen, Präsentationen durchführen kann und vieles mehr.
- OpenOffice ist komplett kostenlos.
- OpenOffice ist mit Microsoft Office und anderen Programmen kompatibel. Sprich, möchten Sie Dateien austauschen oder von anderen öffnen, klappt das meist problemlos.
- Die Unterschiede zum bekannteren Microsoft Office liegen in der Bedienung und in der Optik. Die Benutzeroberfläche von OpenOffice wirkt im Vergleich etwas altbacken, was man aber wirklich verschmerzen kann.

Das Tippen am Computer nennt man Textverarbeitung. Mit OpenOffice kann man das gratis – und noch viel, viel mehr.

In diesem Kapitel zeigen wir Ihnen die Grundlagen der sogenannten *Textverarbeitung* in OpenOffice. Wissen, das Sie auch für andere Apps verwenden können. Sie werden OpenOffice als täglichen Begleiter für Ihre Korrespondenz bald nicht mehr missen wollen.

**WAS TUN?**

OpenOffice erstmals starten

↓

Grundeinrichtung durchführen

↓

OpenOffice starten

## So starten Sie die App OpenOffice

Nachdem Sie den Computer hochgefahren und sich angemeldet haben, kann es auch schon losgehen. Die App haben wir ja bereits installiert – falls nicht, schlagen Sie bitte in Kapitel 5 nach.

1. Klicken Sie auf das Windows-Symbol in der unteren Bildschirmleiste, der Taskleiste. Im Idealfall steckt OpenOffice schon im Bereich **Empfohlen** (1). Falls nicht, müssen Sie auf **Alle** (2) klicken und bis zum Buchstaben **O** (3) scrollen. In beiden Fällen wählen Sie das Symbol für OpenOffice per Klick aus.

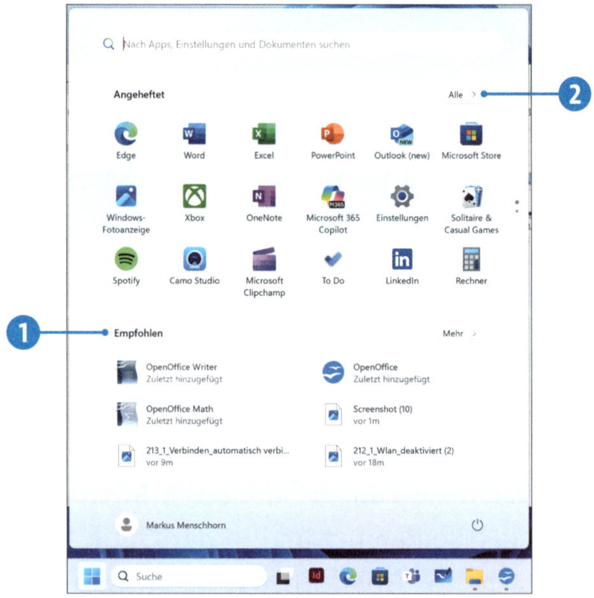

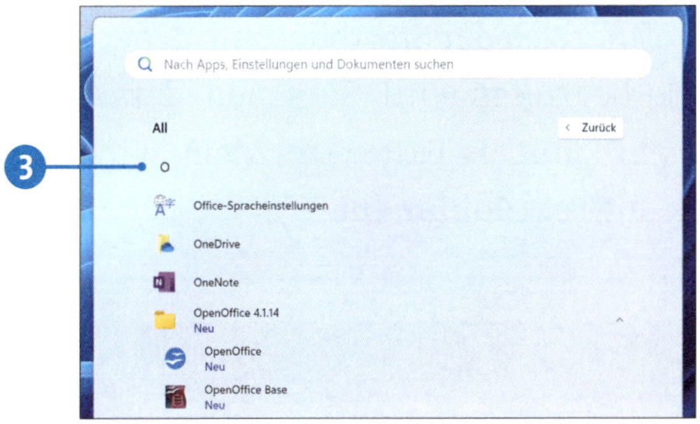


**2.** OpenOffice wird gestartet. Beim ersten Mal werden Sie willkommen geheißen. Hier klicken Sie einfach auf **Weiter** ④.

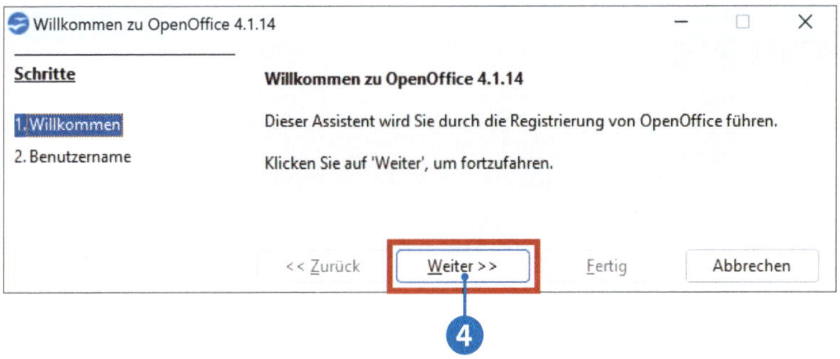


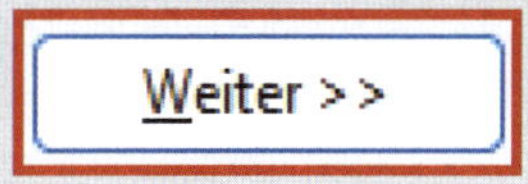


**3.** Es ist nur die Eingabe Ihres Namens und Vornamens sowie die Festlegung Ihrer Initialen notwendig. Klicken oder tippen Sie einfach in die entsprechenden Felder, und füllen Sie sie aus.

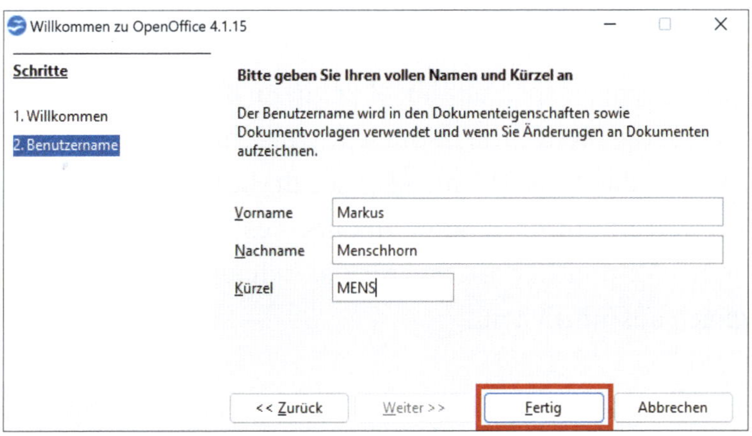

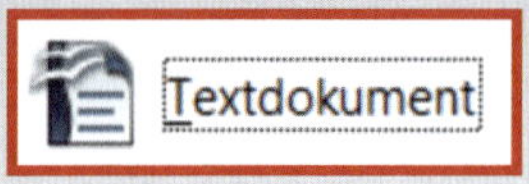


**4.** Nun öffnet sich der Startbildschirm, der Sie künftig immer direkt begrüßen wird. Sie sehen, dass OpenOffice noch viel mehr kann als Texte. Trotzdem, wir starten mit einem Klick auf **Textdokument**.

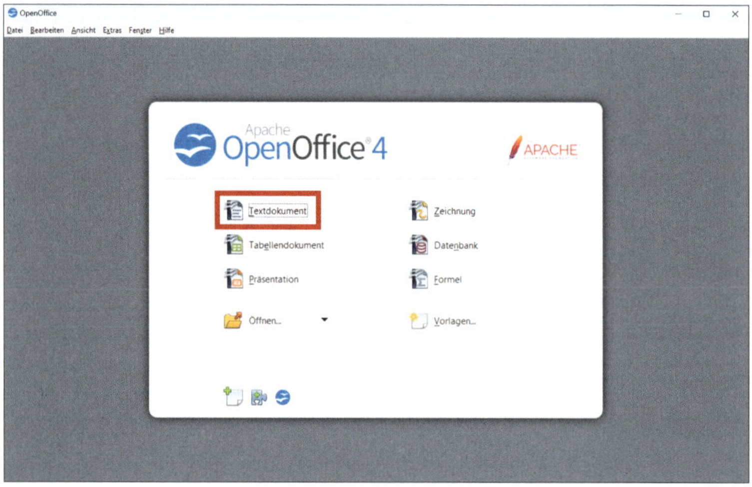


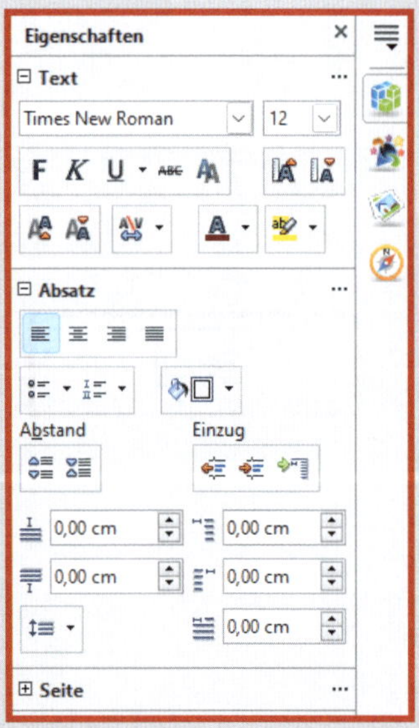


Das nun geöffnete Programm zeigt verschiedene Bereiche: Ganz oben sehen Sie die Symbolleiste mit zahlreichen bunten Schaltflächen in zwei Zeilen:

1. In der ersten Zeile finden Sie wichtige Funktionen wie Speichern oder Drucken des Dokuments.
2. In der zweiten Zeile finden Sie das Herzstück der Textverarbeitung, hier stellen Sie alles rund um die Schrift und das Erscheinungsbild ein.

Etwas weniger spektakulär, aber gut im Blick behalten sollten Sie die Menüzeile mit den Textbeschriftungen, insbesondere das **Datei**-Menü (3). Hier dreht sich alles um die Verwaltung Ihres Textdokuments – es wird gespeichert, gedruckt und exportiert. All das schauen wir uns aber gleich ausführlich an.

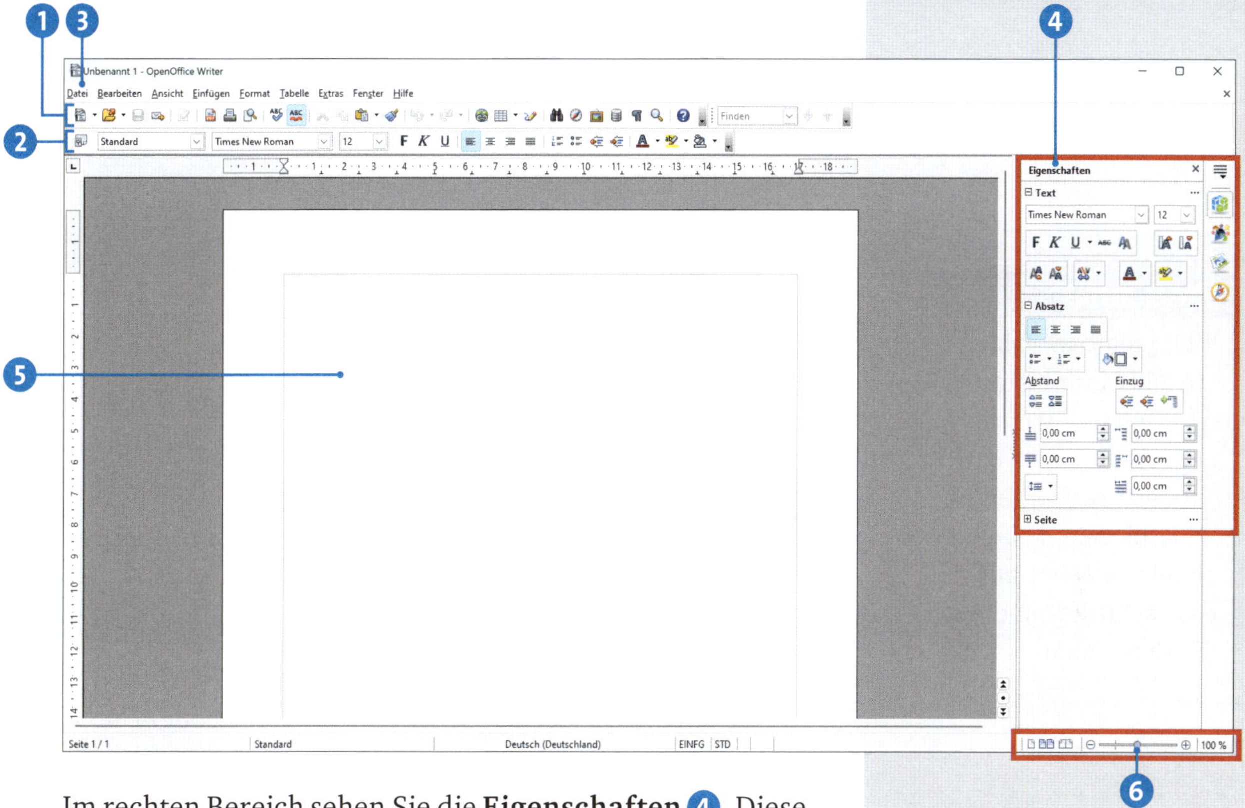


Im rechten Bereich sehen Sie die **Eigenschaften** 4. Diese Leiste verändert sich interaktiv, je nachdem, ob man Text schreibt oder eine Grafik oder Tabelle einfügt. Hier sind mehr Optionen verfügbar, als in der Menüleiste ersichtlich sind.

Ganz prominent in der Mitte 5 befindet sich Ihr aktuell noch ganz leeres Dokument. Und das füllen wir gleich mit Leben. Klicken Sie daher einmal hinein, der Cursor beginnt links oben zu blinken und wartet auf Ihre Eingabe.

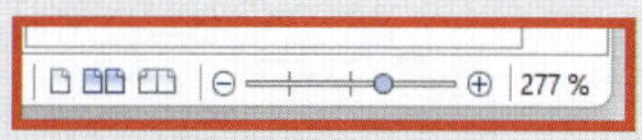


Im unteren Bereich von OpenOffice verändern Sie die Größenansicht des Dokuments per Schieberegler 6. Dazu tippen oder klicken Sie den Reglerbutton an und ziehen ihn gedrückt nach links oder rechts. Sie verändern damit aber nur die Ansicht, nicht die Textgrößen Ihres Dokuments selbst.

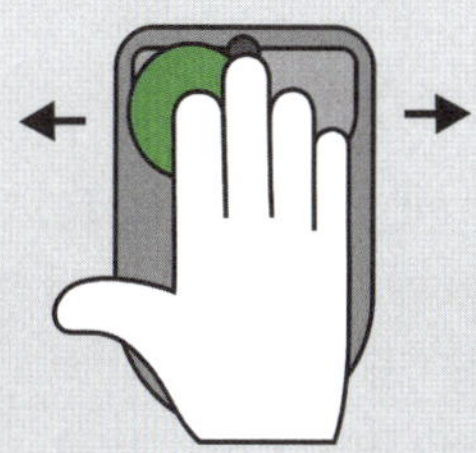

OpenOffice ist startklar, Sie kennen nun die Basiselemente der Benutzeroberfläche. Lassen Sie uns den ersten Brief schreiben.

## Einen Text in OpenOffice eingeben

Nachdem Sie nun mit den wichtigsten Elementen und Funktionen von OpenOffice vertraut sind, gehen wir zum praktischen Teil über und gestalten gemeinsam einen Brief. Ein Brief eignet sich hervorragend als Übungsbeispiel, weil er immer gleich aufgebaut ist und einige Gestaltungselemente, wie etwa das rechtsbündige Datum, aufweist, das Sie sicher oftmals brauchen werden. Außerdem können Sie in dem Brief auch gleich einige Formatierungsübungen durchführen, wie das Kursivstellen, Fettsetzen oder Unterstreichen von Wörtern, Sätzen oder ganzen Absätzen.

**WAS TUN?**

Ihnen fehlt am Tablet die Bildschirmtastatur **1**? Diese müssen Sie gegebenenfalls in der Taskleiste am unteren Bildschirmrand durch einen Fingertipp auf das Tastatursymbol ⌨ **2** einblenden.

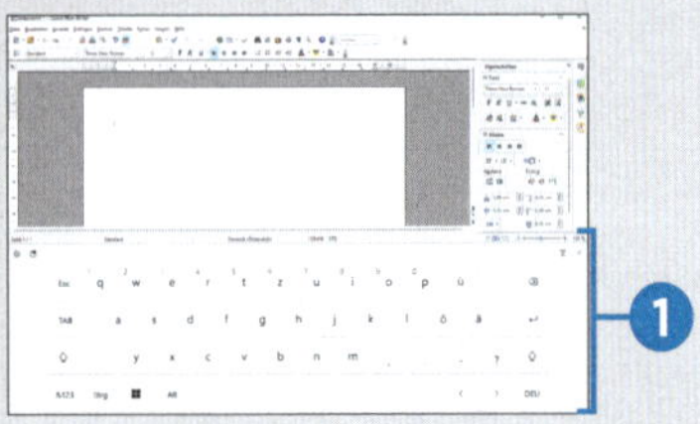


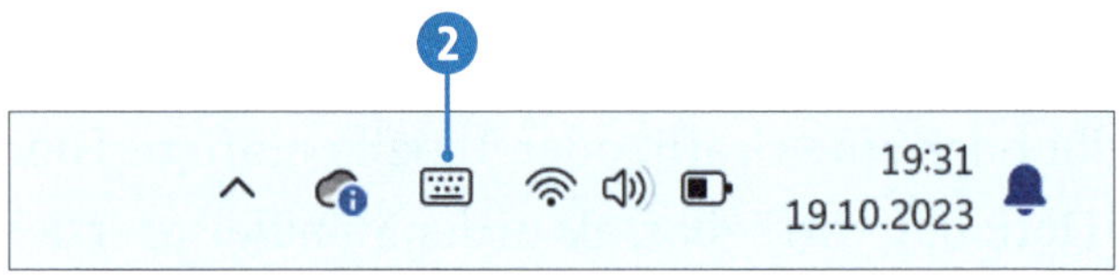


Und das machen wir in dieser Anleitung:

- Texteingabe ohne Formatierung
- Formatierung der Schriftarten
- Absatzformatierung

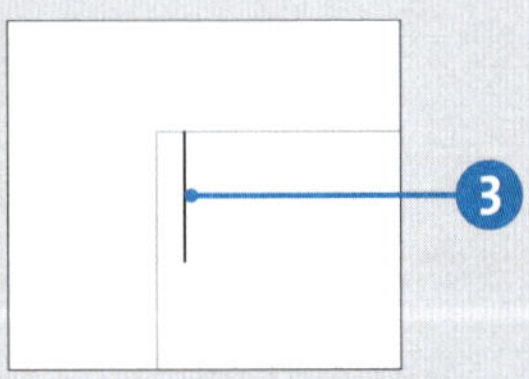


Der Cursor | markiert die Schreibposition im Text. Er ist wirklich hauchdünn dargestellt, zeigt aber genau an, wo Sie sich gerade befinden.

Zunächst geben Sie den Text über die Tastatur ein. Als Orientierungspunkt dient Ihnen dabei immer die stets blinkende Einfügemarke, der sogenannte *Cursor* **3**. Er zeigt Ihnen, an welcher Stelle im Text Sie sich gerade befinden. Der Cursor ist wirklich nur ein »Strich in der Landschaft«. Bevor Sie mit der Texteingabe beginnen, verlieren wir noch einige Worte über Schriftart und Schriftgröße: OpenOffice bietet eine große Bandbreite an Schriften. Wenn Sie im Menüband einmal auf den Pfeil neben **Times New Roman** 4 klicken, öffnet sich ein Auswahlmenü, das sämtliche Schriften zeigt, die die App bietet 5. Diese Liste kann übrigens je nach Computer und installierten Programmen variieren.

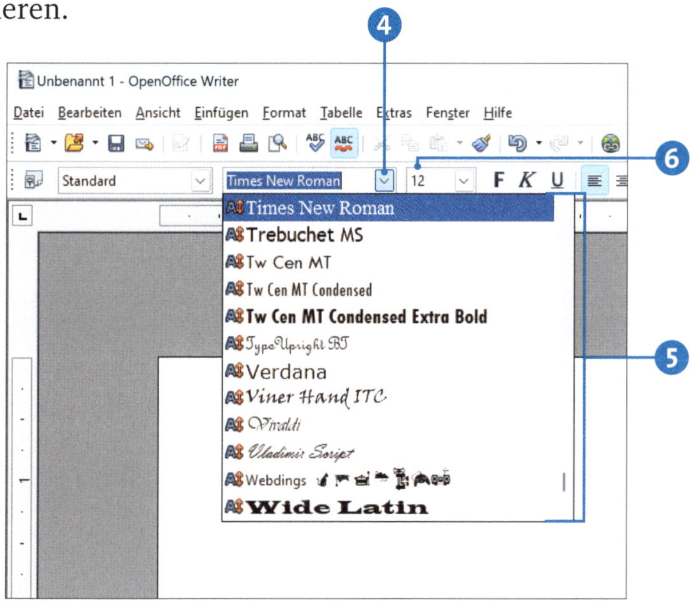


Die Schrift Times New Roman in der Größe 12 Punkt ist perfekt für Ihren Brief.

Neben dem Auswahlmenü zur Schriftart sehen Sie das Feld zur Festlegung der Schriftgröße, die automatisch mit **12** 6 festgelegt ist. Unser Vorschlag: Sie behalten zunächst sowohl die voreingestellte Schriftart **Times New Roman** als auch die voreingestellte Schriftgröße **12** bei. Beginnen wir zunächst mit der Eingabe Ihrer Absenderadresse:

**1.** Klicken Sie in den Eingabebereich von OpenOffice 1, und geben Sie Ihren Namen ein 2 (siehe Seite 130). Um einen Buchstaben großzuschreiben, drücken Sie auf die Umschalt-Taste (auch *Shift-Taste* genannt) ⇧ und tippen bei gedrückter Shift-Taste den gewünschten Buchstaben, der dann groß erscheint. *Shift* heißt übrigens nichts

**MERKE**

Einzelne Buchstaben schreiben Sie groß per ⇧.

Mehrere Buchstaben schreiben Sie groß per ⇪.

Erhalten Sie z. B. bei der Eingabe eines Kennwortes immer wieder eine Fehlermeldung, liegt das sehr häufig daran, dass die Taste ⇪ unbeabsichtigt aktiviert wurde.

**WAS TUN?**

Text unformatiert eingeben

↓

Schrift formatieren

↓

Absätze und Abstände einrichten

anderes als »Bewegung« – denn auf der Schreibmaschine wurde früher zum Großschreiben ja das ganze Schreibwerk bewegt. Wenn Sie den englischen Begriff nicht mögen, sagen Sie einfach »Großschreibtaste«. Sollten Sie übrigens mehrere Buchstaben hintereinander großschreiben wollen, können Sie stattdessen zuvor die Feststell-Taste (bzw. *Caps-Lock-Taste*) ⇪ betätigen. Diese bewirkt, dass alle folgenden Buchstaben großgeschrieben werden. Vergessen Sie allerdings nicht, sie danach durch erneutes Drücken zu deaktivieren, ansonsten schreiben Sie alles Weitere in Großbuchstaben.

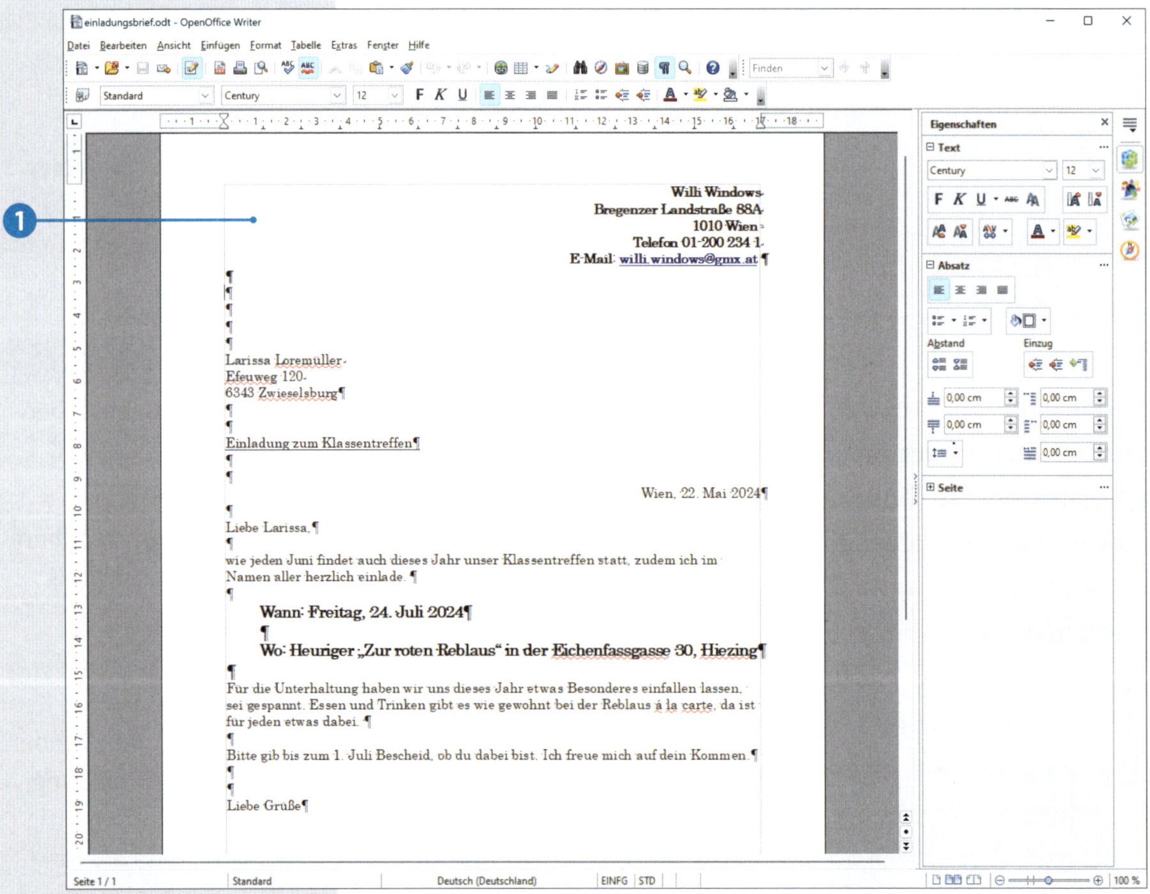


Die Abbildung zeigt den fertigen, formatierten Brief. Diesen werden wir hier Schritt für Schritt anlegen.

### Unsichtbare Zeichen sichtbar machen

Bevor wir weitermachen, sollten Sie eine magische Schaltfläche aktivieren. Mit dem Icon (3) blendet man »nicht druckbare Zeichen« ein. Was bedeutet das? In den folgenden Schritten machen wir einige Absatzformatierungen. Dafür, dass Sie exakt sehen, wie etwas formatiert ist, sorgen diese Zeichen, die später aber nicht gedruckt werden. Beispielsweise sehen Sie, ob Sie eine weiche (4) oder harte (5) Zeilenschaltung betätigen. Klicken Sie die Schaltfläche in der Menüleiste daher an. Das ist vor allem für die Formatierung Ihres Dokuments notwendig.

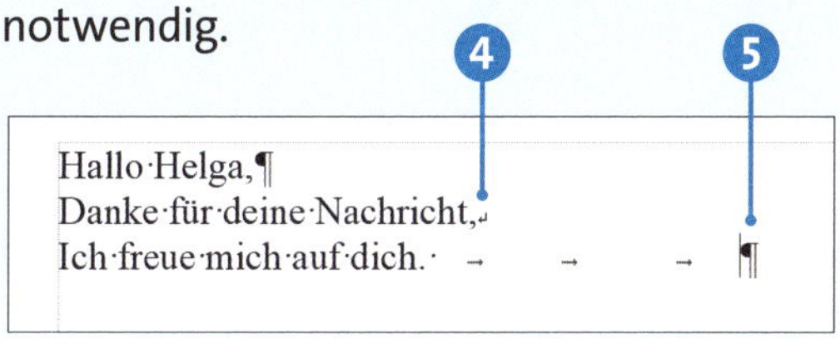


**2.** In die zweite Zeile soll nun die Straße mit der Hausnummer geschrieben werden (6). Um in die nächste Zeile zu gelangen, aber nicht gleich einen neuen Absatz, also einen harten Zeilenumbruch, zu erzeugen, drücken Sie bei gedrückter [⇧]-Taste die Taste [↵] (Eingabe-Taste oder *Return-Taste* genannt). Schreiben Sie nun die erforderlichen Informationen hin, und gehen Sie, wie eben beschrieben, mit [⇧] + [↵] in die dritte Zeile, um Postleitzahl und Ort (7) einzugeben. Wiederholen Sie dies für Telefon und E-Mail.

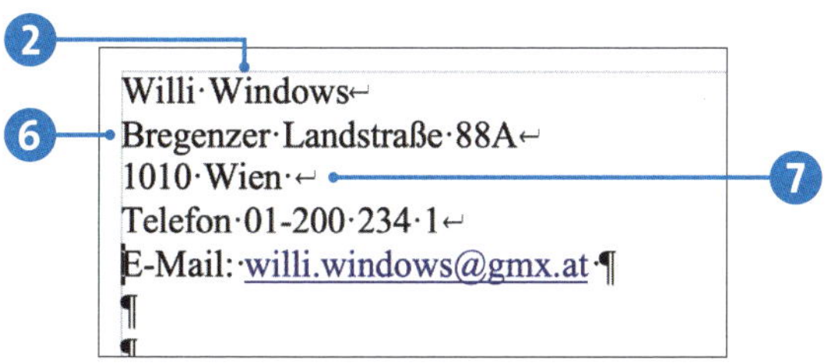


**MERKE**

Einen sogenannten weichen Zeilenumbruch erzeugen Sie mit [⇧] + [↵].

6 × [↵] vor der Empfängeradresse

**3.** Anschließend drücken Sie sechsmal die Taste [↵] (ohne [⇧]!) und geben, wie zuvor, die Empfängeradresse ein.

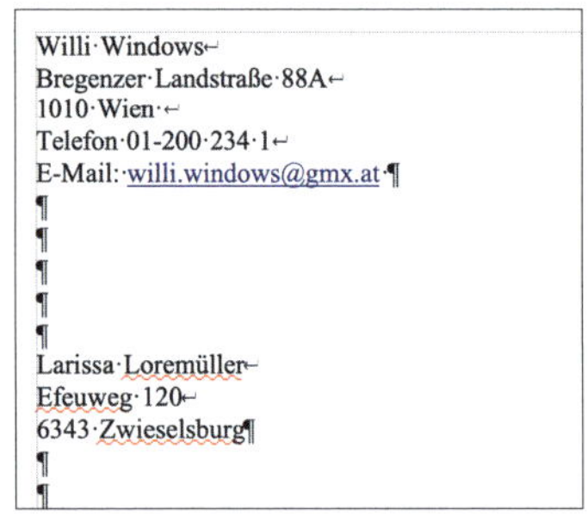
Willi·Windows↵
Bregenzer·Landstraße·88A↵
1010·Wien·↵
Telefon·01-200·234·1↵
E-Mail:·willi.windows@gmx.at·¶
¶
¶
¶
¶
¶
Larissa·Loremüller↵
Efeuweg·120↵
6343·Zwieselsburg¶
¶
¶

3 × [↵] vor der Betreffzeile

**4.** Danach betätigen Sie dreimal die Taste [↵] (das sind zwei Leerzeilen), um die Betreffzeile **8** eingeben zu können.

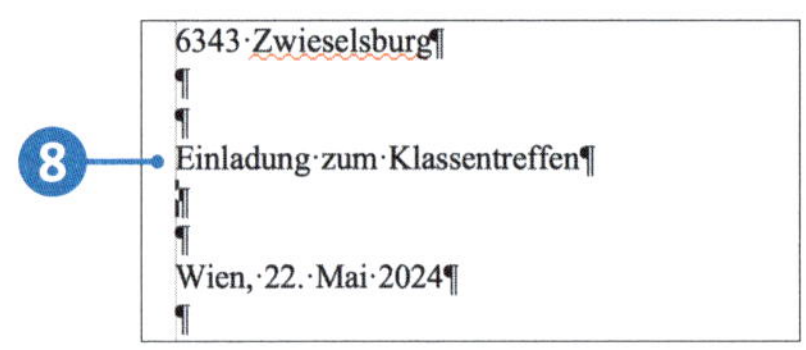
6343·Zwieselsburg¶
¶
¶
Einladung·zum·Klassentreffen¶
¶
¶
Wien,·22.·Mai·2024¶
¶


3 × [↵] vor Ort und Datum

**5.** Nachdem Sie dreimal [↵] betätigt haben, geben Sie Ort und Datum ein.

¶
Wien,·22.·Mai·2024¶
¶

2 × [↵] vor der Anrede

**6.** Nun drücken Sie wieder zweimal [↵] und formulieren die Anrede; in unserem Fall *Liebe Larissa*.

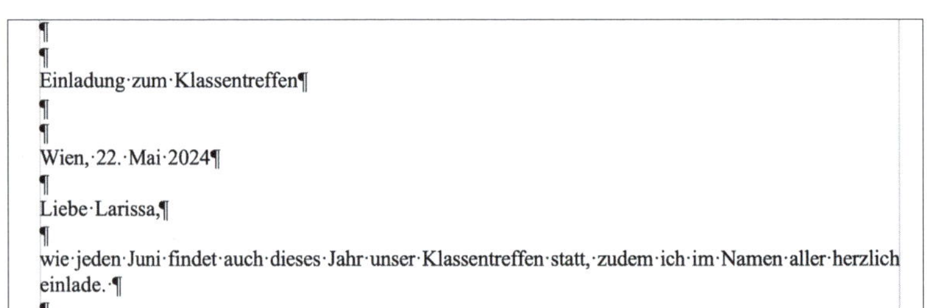
¶
¶
Einladung·zum·Klassentreffen¶
¶
¶
Wien,·22.·Mai·2024¶
¶
Liebe·Larissa,¶
¶
wie·jeden·Juni·findet·auch·dieses·Jahr·unser·Klassentreffen·statt,·zudem·ich·im·Namen·aller·herzlich
einlade.·¶
¶

**7.** Nach erneutem zweimaligen Drücken von [↵] formulieren Sie den eigentlichen Brieftext. Im Gegensatz zur Schreibmaschine können Sie bis zum Ende der Zeile durchschreiben. Das Programm hüpft automatisch in die nächste Zeile. Auch wenn Sie das Seitenende erreicht haben, springt das Programm automatisch weiter auf die Folgeseite. Nur wenn Sie einen neuen Absatz beginnen möchten, betätigen Sie [↵]. In unserem Beispiel sind das Informationen zu Zeit und Ort der Veranstaltung, zu der wir im Brief einladen. Diese definieren wir mittels der Taste [↵] als eigene Absätze. Wenn Sie also unser Beispiel vollständig nachvollziehen wollen, dann geben Sie bitte nun diese drei Zeilen zum Zeitpunkt und Ort der Veranstaltung (siehe die Abbildung auf Seite 134) ebenfalls als eigene Absätze ein. Sie werden sehen, dass dies für die Formatierung des Textes wichtige Schritte sind. Aber dazu später mehr.

2 × [↵] vor dem Brieftext
Neuer Absatz: [↵]

**Keine manuellen Zeilenumbrüche**

OpenOffice ist intelligent. Im normalen **Fließtext** müssen Sie den Umbruch in die nächste Zeile nicht selbst erledigen. Das macht OpenOffice automatisch. Ein manuelles Umbrechen mittels [↵] ist unbedingt zu vermeiden. Denn ändern Sie beispielsweise die Schriftgröße des Fließtextes, so würden die manuellen Zeilenumbrüche zum Problem, und Sie müssten dies Zeile für Zeile korrigieren.

**8.** Nachdem Sie den Briefinhalt eingegeben haben, betätigen Sie erneut zweimal die Taste [↵], formulieren die Grußformel, und nach einem weiteren Betätigen von [↵] (zwei- bis dreimal) schreiben Sie Ihren Namen hin. Ein größerer Abstand ist hier wegen der Unterschrift ganz praktisch.

**MERKE**

2 × [↵] vor der Grußformel und 2 × oder 3 × [↵] vor dem Namen

**MERKE**

Damit das Programm weiß, was es formatieren soll, muss der gewünschte Bereich zuvor markiert werden.

Damit haben Sie nun Ihren Brief mittels OpenOffice geschrieben. Allerdings sieht der Brief noch nicht wirklich hübsch aus, oder? Daher werden wir ihn nun formatieren und gestalten.

## Einen Text in OpenOffice formatieren

Einige Formatierungsmöglichkeiten, die OpenOffice bietet, haben wir Ihnen bereits theoretisch vorgestellt. Nun geht es an die Praxis. Der Brieftext, den wir gemeinsam verfasst haben, soll nun hübsch gestaltet und auch die Formvorschriften sollen damit eingehalten werden. Nehmen wir uns zunächst die Absenderadresse vor; diese wollen wir fett hervorheben:

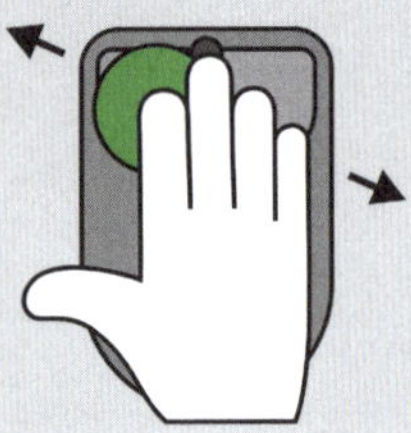

1. Markieren Sie zunächst jenen Bereich, den Sie formatieren wollen. Gehen Sie dazu mit der Maus an den Beginn des Absenders (1), drücken Sie die linke Maustaste, und ziehen Sie die Maus bei gedrückter linker Taste bis an das Ende des Absenderabsatzes (2). Sollte das nicht auf Anhieb gelingen und sollten Sie nur einen Teil des Textes erwischen, klicken Sie einfach einmal an eine freie Stelle daneben, und setzen Sie erneut an.

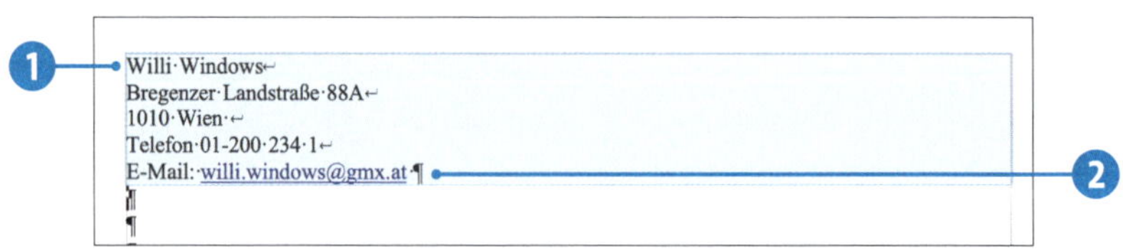


Auf einem Tablet und Touchscreen geht das Markieren etwas anders: Tippen Sie links ganz leicht neben die erste Zeile, lassen Sie den Finger liegen und fahren Sie weiter nach unten, um die weiteren Zeilen zu markieren. Das klingt hier kompliziert, ist es aber nicht. Zugegebenermaßen erfordert es etwas Übung. Unser Tipp: Legen Sie sich besser eine zusätzliche Maus zu, wenn Sie am Tablet häufiger Texte schreiben wollen.

Egal ob Desktop-Computer oder Tablet: Sie sehen, dass der markierte Textbereich blau unterlegt ist (1). OpenOffice weiß nun, welchen Bereich Sie verändern wollen.

**2.** Jetzt klicken Sie einmal auf das Symbol **F** (2) auf dem Menüband im Bereich **Schriftart**, und schon erscheint der Absender in **Fett**.

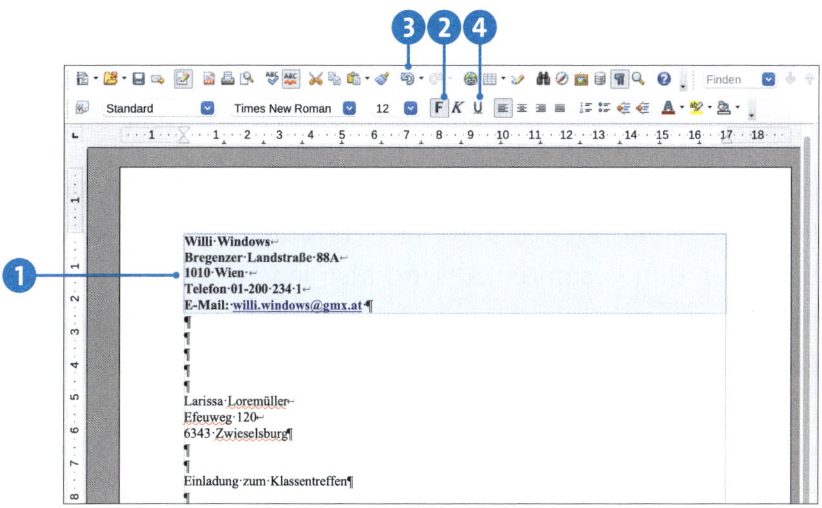


Um diese Einstellung wieder zurückzunehmen, drücken Sie entweder erneut auf **F** oder betätigen den Rückgängig-Pfeil (3) in der Symbolleiste, mit dem Sie Ihre Eingaben schrittweise zurücksetzen können.

**3.** Um die Betreffzeile zu formatieren, markieren Sie diese, wie zuvor gelernt, und erzeugen mit einem Mausklick auf das Feld **U** (4) im Menüband im Bereich **Schriftart** eine Unterstreichung.

**F** im Bereich **Schriftart** formatiert Text fett.

Über die Rückpfeile können Sie unerwünschte Formatierungen ganz schnell rückgängig machen oder wiederherstellen.

**U** für Unterstreichungen

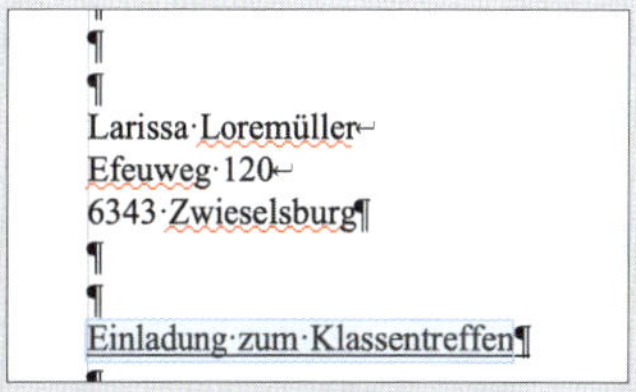

, um Text rechtsbündig auszurichten

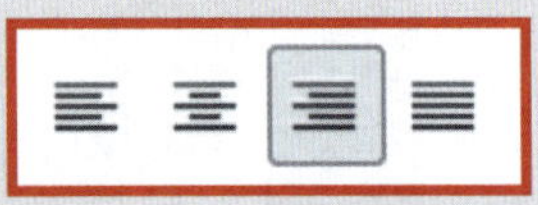

**4.** Gehen wir nun zu Ort und Datum, die rechtsbündig stehen müssen. Dazu klicken Sie mit der Maus einfach in jenen Textteil, der rechts stehen soll (5), und klicken im Menüband im Bereich **Absatz** auf die Symbolschaltfläche für **Text rechtsbündig ausrichten** (6) . Schon hüpft die gesamte Zeile auf die rechte Seite.

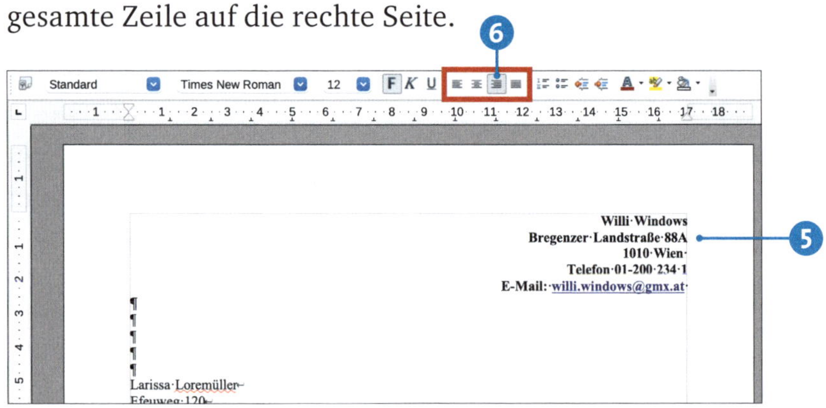


Sie fragen sich jetzt vielleicht, warum Sie in diesem Fall nichts markieren mussten. Absatzformatierungen betreffen den gesamten Absatz, also jenen Bereich, der mittels [↵] als Absatz gekennzeichnet ist, in diesem Fall die gesamte Datumszeile. Sehen wir uns nochmals die Absenderadresse an. Sie erinnern sich? Nach Ihrem Namen bzw. Straße und Hausnummer bzw. PLZ und Ort haben Sie jeweils [⇧] + [↵] gedrückt, danach jedoch nur [↵]. Das bedeutet, dass die gesamte Absenderadresse als Absatz gekennzeichnet ist. Wenn Sie nun mit der Maus in die Absenderadresse klicken und anschließend auf **Text rechtsbündig ausrichten** (6) klicken, hüpft die gesamte Absenderadresse nach rechts.

Markieren

↓

F

↓

Schriftgrad 14 Punkt

**5.** Nun gehen wir zu den Bereichen *Wann* und *Wo* in unserem Beispielbrief, die wir besonders hervorheben wollen: Zunächst ändern wir die Schriftzeichen, wie bereits beschrieben, in Fett. Um diese Informationen noch auffälliger zu gestalten, können Sie auch die Schriftgröße ändern, indem Sie den gewünschten Text markieren und anschließend im Bereich **Schriftgrad** von **11** auf z. B. **14** vergrößern. So kann man den Text auch ohne Lesebrille gut entziffern.

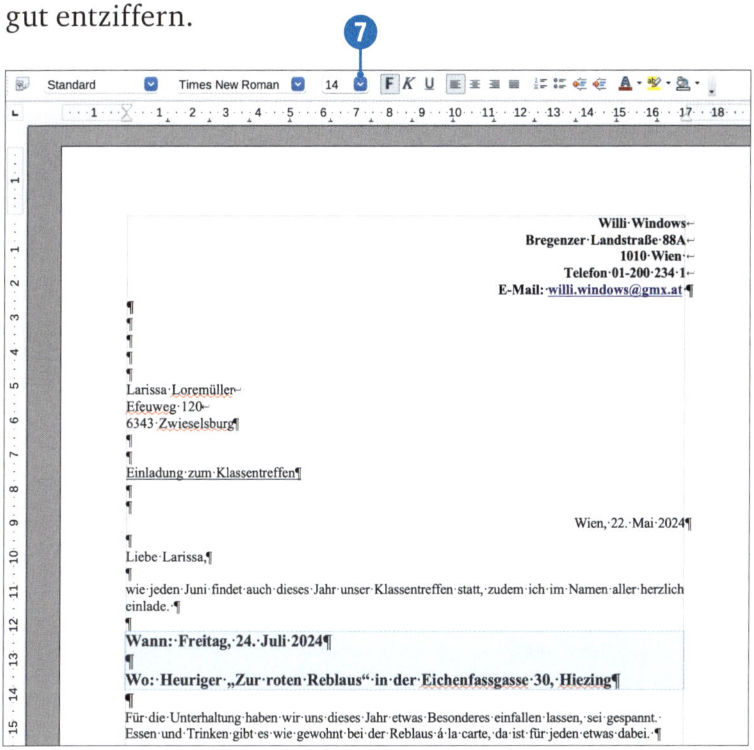


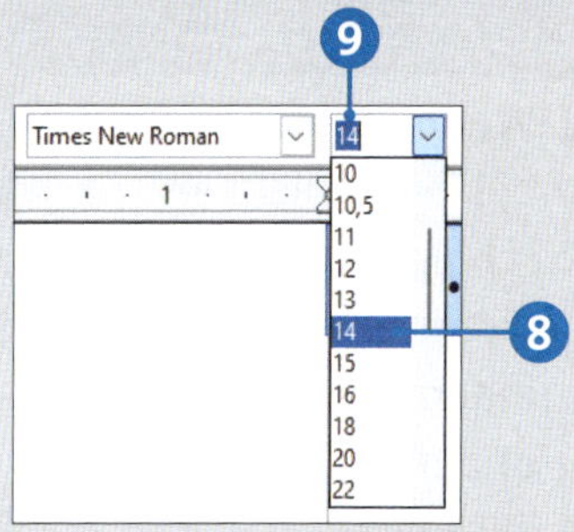


Schriftgröße per Auswahlmenü wählen oder selbst in das Feld eintippen

Klicken Sie dazu auf den Pfeil neben dem Feld, in dem derzeit die Schriftgröße **12** erscheint (7). Sofort klappt ein Fenster auf, in dem verschiedene Schriftgrößen vorgegeben sind. Suchen Sie sich eine passende aus, in unserem Fall ist es **14**, und wählen Sie diese mit einem Mausklick aus (8). Schriftgrößen, die nicht vorgegeben sind, können Sie auch manuell mit der Tastatur in das vorgegebene Feld (9) eingeben.

Nun wollen wir diese Informationen durch Einrückung noch weiter verdeutlichen und hervorheben. Dazu benötigen wir das Zeilenlineal (1).

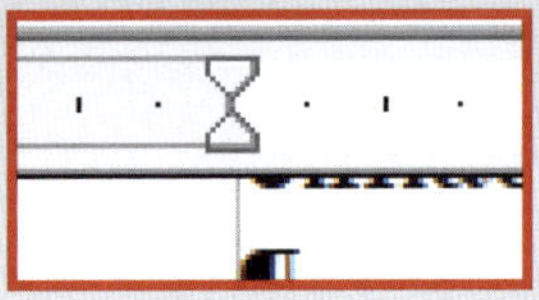

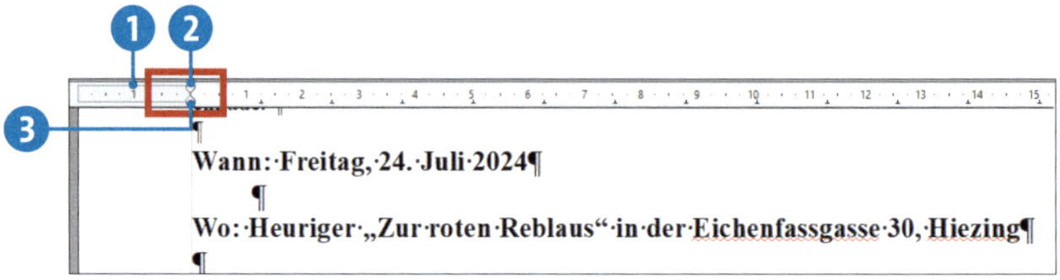


**WAS TUN?**

Wenn das Zeilenlineal bei Ihnen nicht erscheint, können Sie es einfach aktivieren, indem Sie auf **Ansicht** und dann auf **Lineal** klicken.

Ist es eingeblendet, sind Sie startklar. Sie markieren nun erneut den Textabschnitt von *Wann* bis *Hiezing* (siehe die Abbildung unten.

Im Zeilenlineal sehen Sie ein Symbol, das aus zwei Elementen besteht (Pfeil nach unten 2, Pfeil nach oben 3). Gehen Sie mit der Maus auf den Pfeil nach unten 2, und ziehen Sie ihn mit gedrückter linker Maustaste so weit ins Zeilenlineal hinein 4, wie die Einrückung später sein soll. Sie sehen, dass der markierte Textteil direkt mitgeht. Sobald Sie die Maustaste loslassen, ist die Einrückung perfekt.

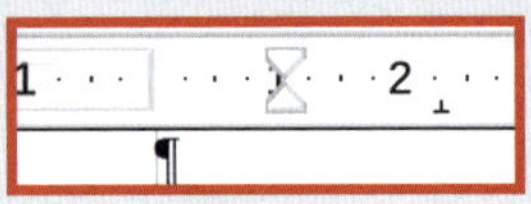

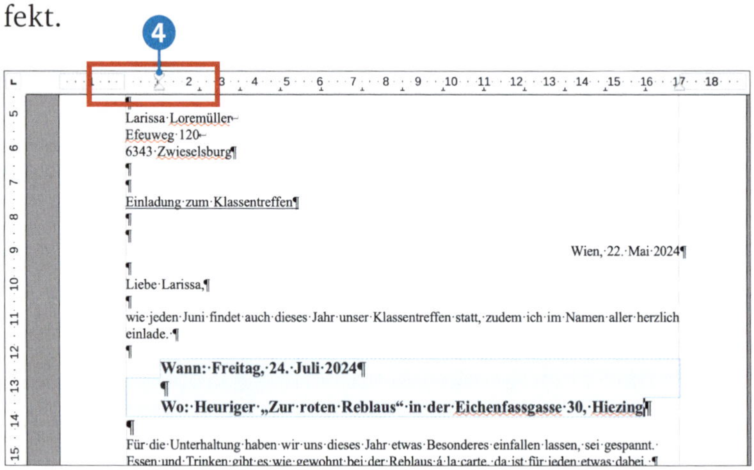


Schriftart ändern

Nun möchten wir Ihnen abschließend noch zeigen, wie Sie die Schriftart ändern können. Für gewöhnliche Standardbriefe bieten sich eher konventionelle Schriftarten wie *Calibri* oder *Times New Roman* an. Für Einladungen, wie wir sie in unserem Beispiel haben, können Sie durchaus gewagtere Schriftarten verwenden. Wir gehen nun wie folgt vor:

**1.** Markieren Sie zunächst den gesamten Brief, indem Sie mit gedrückter linker Maustaste von oben bis unten über den kompletten Text fahren. Eine weitere Möglichkeit besteht darin, bei gedrückter Taste Strg auf die Taste A zu tippen. Sie sehen, dass mit dieser Tastenkombination recht einfach der gesamte Text markiert ist.

**2.** Klappen Sie das Feld der verschiedenen Schriftarten auf (1), und suchen Sie sich die für Sie passende Schriftart aus. Mit gedrückter Maustaste können Sie die Bildlaufleiste (2) weiter nach unten schieben und die zahlreichen Schriften sehen. Wir entscheiden uns für **Century** (3) und klicken sie an. Schon erscheint der gesamte Brief in der von Ihnen gewünschten Schriftart.

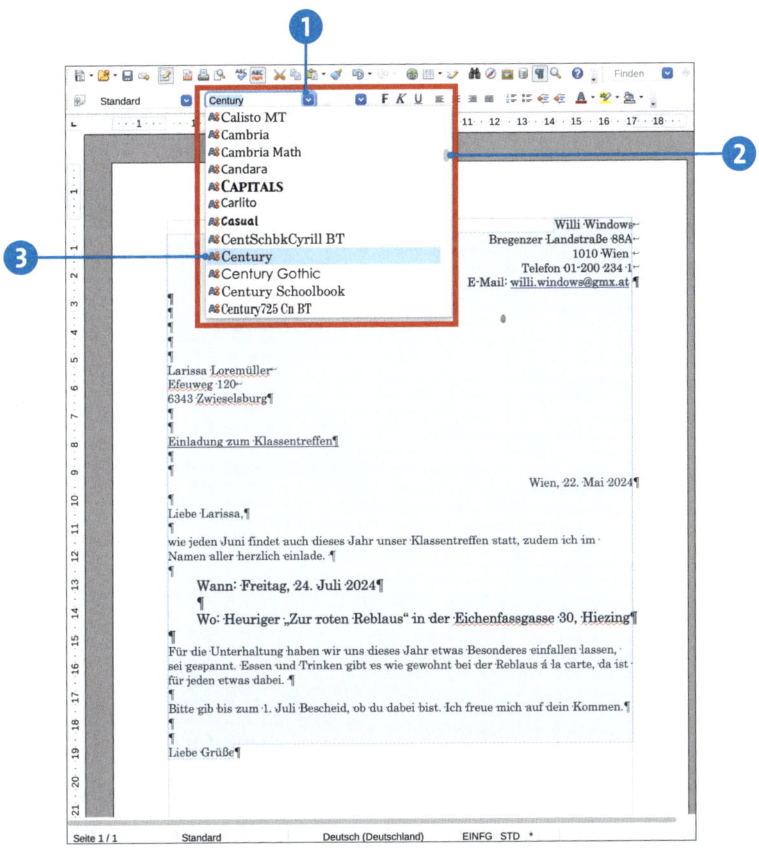


**MERKE**

Alles markieren können Sie auch mit Strg + A.

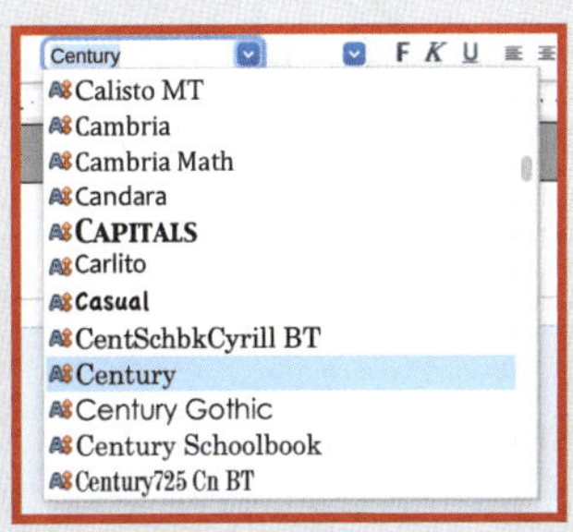

Datei

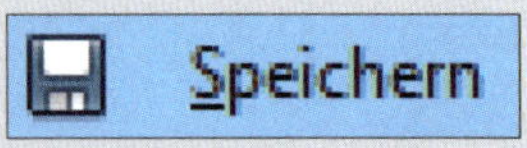


Beim Befehl **Speichern** öffnet sich der sogenannte *Explorer*, Ihr Dateimanager in Windows 11. Wie er aufgebaut ist und wie Sie dort selbst Ordner anlegen, erfahren Sie in Kapitel 11, »Dateien, Ordner und der Explorer«, ab Seite 295.

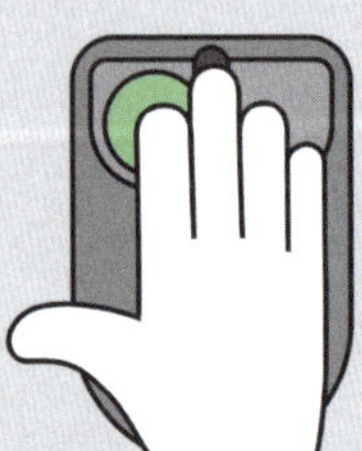

Einfacher Klick auf **Dokumente**

## Das OpenOffice-Dokument abspeichern und wieder aufrufen

Sie haben soeben Ihr erstes Dokument mit OpenOffice verfasst und gestaltet. Nun stellt sich die Frage aller Fragen: Wie können Sie es speichern, damit es wiedergefunden wird und nicht in den Tiefen des Computers verschwindet? Gehen Sie dazu folgendermaßen vor:

**1.** Klicken Sie auf das **Datei**-Menü, und klicken Sie den Menüpunkt **Speichern** an.

Dadurch öffnet sich der sogenannte *Explorer* in einem Fenster. Dieser kümmert sich um Ihre Daten, egal, ob Bild, Dokument oder Musik. In ihm sind bereits mehrere *Ordner* (auch *Bibliotheken* genannt) aufgelistet.

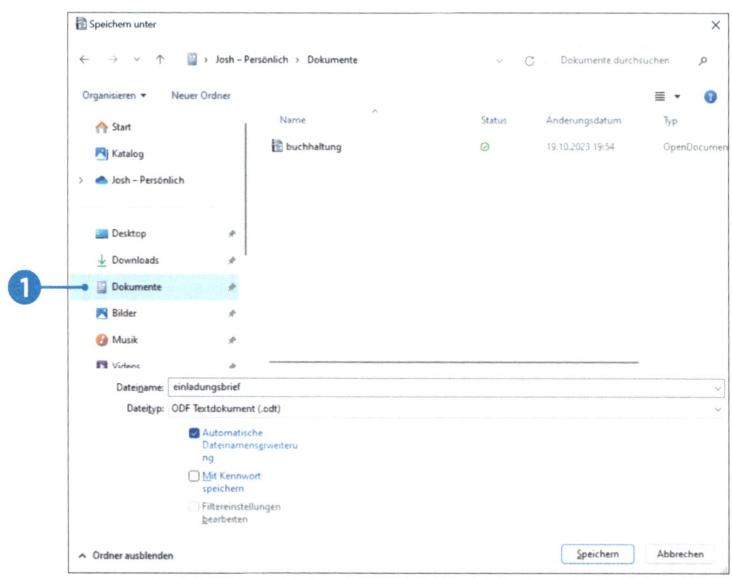


**2.** Nun wählen Sie aus, in welchen Ordner Sie Ihre Textdatei speichern möchten. Sinnigerweise wählen wir den Ordner **Dokumente** (1) aus, den Sie mit einem einfachen Klick auswählen. Am Tablet genügt ein beherzter Fingertipp.

### Was ist zu tun, wenn die linke Leiste nicht zu sehen ist?

Wenn die linke Leiste mit den Ordnern fehlt, wurde sie vielleicht versehentlich ausgeblendet. Über **Organisieren ▸ Layout ▸ Navigationsbereich** ist sie aber schnell wieder da.

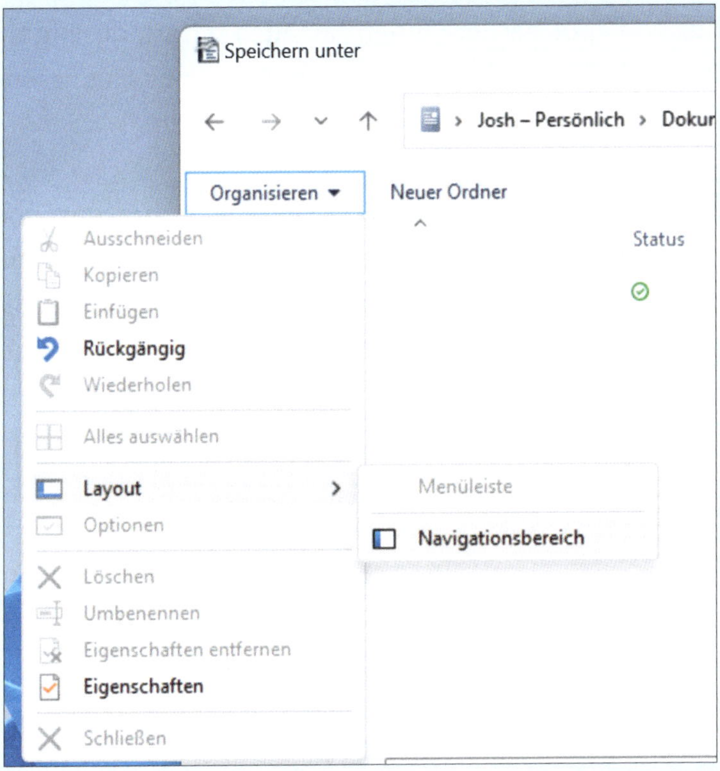


**3.** Geben Sie nun Ihrem Dokument einen Namen, den Sie bei **Dateiname** (2) einfügen. Dieser darf fast beliebig lang sein, und es empfiehlt sich, die Bezeichnung eindeutig zu wählen. Belassen Sie es also nicht bei »Dokument«, wie automatisch vorgegeben, sondern schreiben Sie hier lieber z. B. »einladungsbrief«. Das voreingestellte *ODF-Format* bei **Dateityp** (3) lassen Sie stehen; diese Voreinstellung passt.

Dateiname (und Dateityp) auswählen

↓

**Speichern**

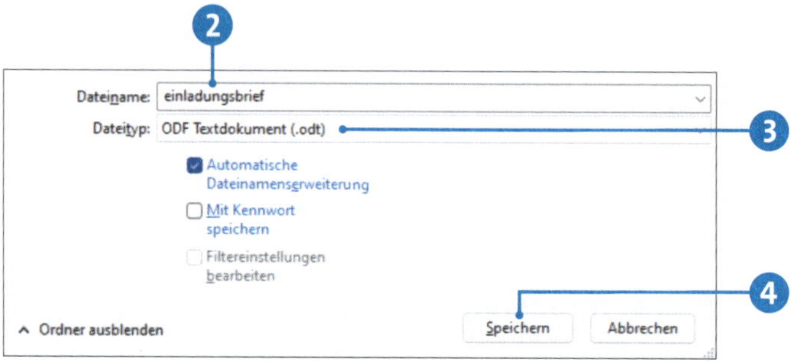


**4.** Abschließend klicken Sie auf **Speichern** 4. Das Dokument ist nun im Ordner **Dokumente** gesichert. Dass alles geklappt hat, erkennen Sie auch daran, dass in der Titelleiste der soeben vergebene Name des Dokuments erscheint 5.

**5.** An dieser Stelle können Sie OpenOffice nun über das ×-Symbol rechts oben oder mit einem Klick auf das **Datei**-Menü und einen weiteren Klick auf **Beenden** schließen. Ihr Brief bleibt natürlich gesichert, und Sie können jederzeit wieder darauf zugreifen.

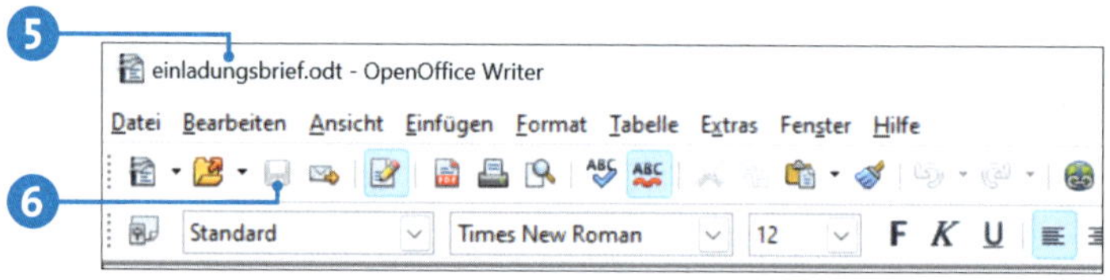


### Schnellspeicherung

Es besteht auch die Möglichkeit, eine Schnellspeicherung durchzuführen. Sinnvoll ist diese Vorgehensweise dann, wenn Sie ein Textdokument bereits über **Datei** und **Speichern unter** angelegt haben und weiter daran arbeiten. Damit bei einem möglichen Systemabsturz die Änderungen nicht verloren gehen, klicken Sie einfach in der Symbolleiste auf das Diskettensymbol 6, und schon sind die vorgenommenen Änderungen unter dem vorhandenen Dateinamen gesichert. Wer die Tastatur bevorzugt, kann dafür auch einfach die Tasten Strg + S gemeinsam drücken.

Wie gehen Sie nun vor, wenn Sie das Dokument nach einiger Zeit wieder aufrufen möchten? Öffnen Sie OpenOffice, wie beschrieben. Es erscheint, wenig verwunderlich, ein neues leeres Textfeld. Gehen Sie nun wieder auf die Registerkarte **Datei**, und wählen Sie diesmal **Öffnen**. Nun öffnet sich wieder das Programmfenster des Explorers, das Sie beim Speichern kennengelernt haben. Dort sehen Sie auch schon den Ordner **Dokumente** (1) und darin Ihr abgespeichertes Dokument (2), das Sie mit einem Doppelklick wieder aktivieren. So schnell kommt also Ihr Werk aus der Aktenablage wieder zur Bearbeitung.

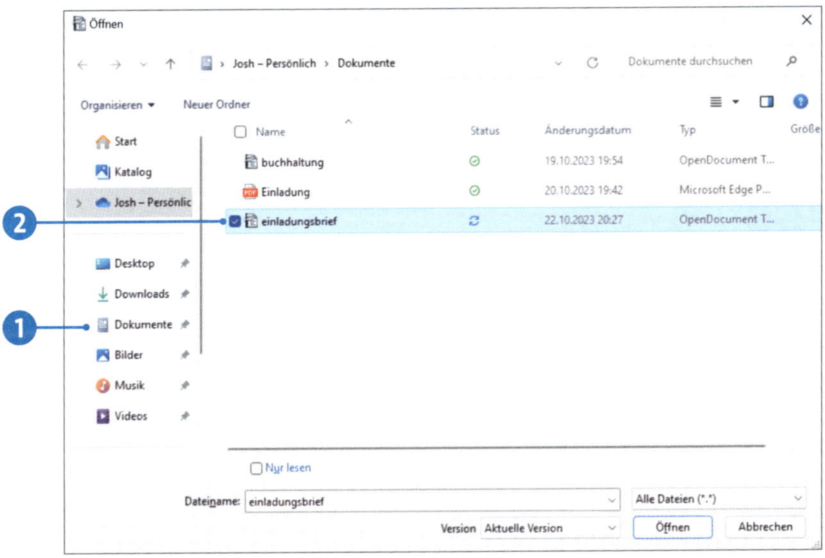


In Ihrer Ordnerstruktur sieht es so ganz anders aus als in unserem Beispiel? Dann haben Sie vielleicht selbst schon Ordner angelegt. Wie Sie sich hier im Explorer zurechtfinden, zeigen wir Ihnen ebenfalls ausführlich in Kapitel 11, »Dateien, Ordner und der Explorer«, ab Seite 295.

**Datei**

↓

**Öffnen**

↓

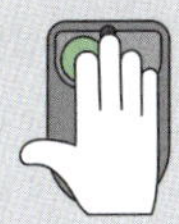

auf **Dokumente**

↓

Dokument per

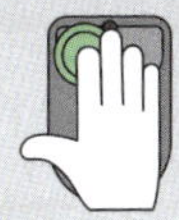

öffnen

## Bilder und farbige Texte in OpenOffice

Bilder einfügen

OpenOffice bietet auch die Option, Fotos oder Grafiken aus Ihrer Bildersammlung am Computer in ein OpenOffice-Dokument einzufügen. Das geht wie folgt:

Für diese Übung sollten bereits ein paar Bilder auf Ihrem Computer vorhanden sein. Lesen Sie im Abschnitt »Fotos auf den Computer übertragen« ab Seite 238, wie das zu bewerkstelligen ist.

**1.** Klicken Sie im Menü auf **Einfügen ▶ Bild ▶ Aus Datei...** (1), und Sie gelangen in das schon aus anderen Lektionen bekannte Explorer-Fenster.

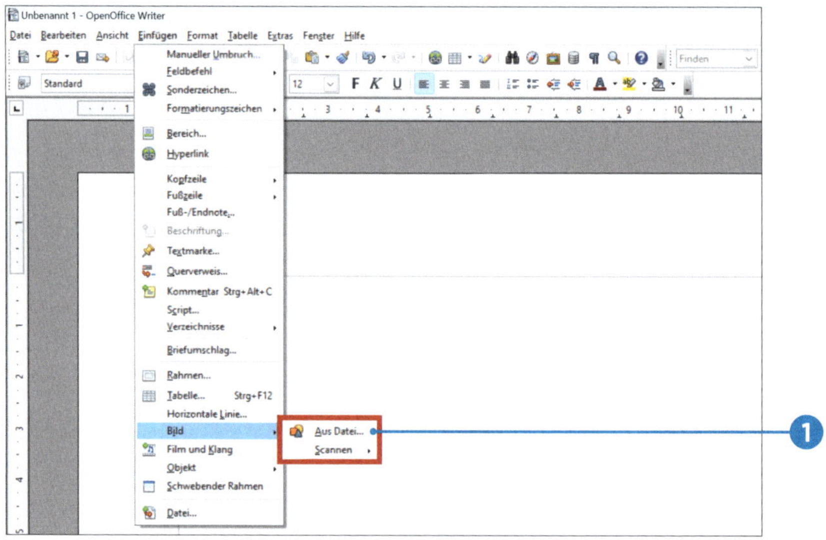


**ACHTUNG!**

Wenn Sie Ihre Bilder an einem anderen Speicherort abgelegt haben als wir, navigieren Sie bitte dorthin.

**2.** Hier gehen Sie im linken Bereich **Organisieren** (2) an jenen Ort, wo das gewünschte Bild abgelegt ist. Wir gehen jetzt vom Ordner **Bilder** (3) aus. Klicken Sie darauf. Hier doppelklicken Sie in unserem Beispiel noch auf **Eigene Aufnahmen** (4).

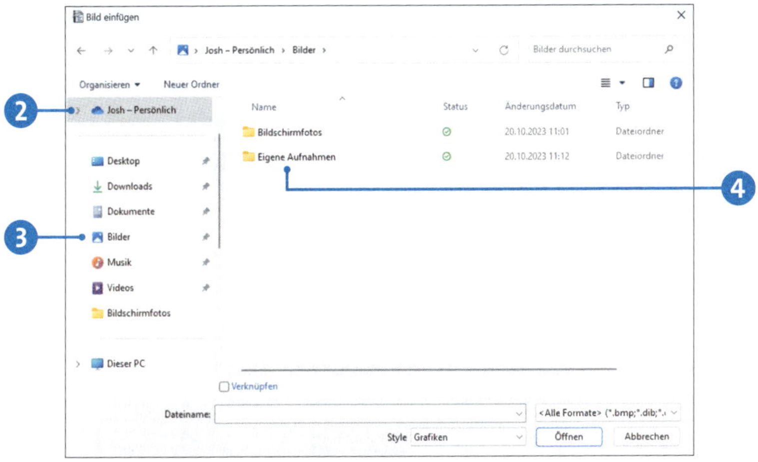


**3.** Wenn Sie das gewünschte Bild gefunden haben, klicken Sie es doppelt an **5**, und schon erscheint es in OpenOffice. Alternativ können Sie Ihr Bild auch einmal mit der linken Maustaste markieren und anschließend auf **Öffnen** **6** klicken.

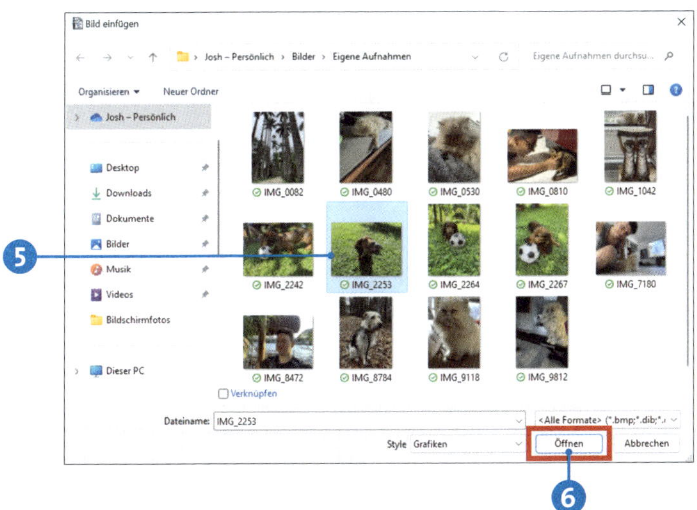


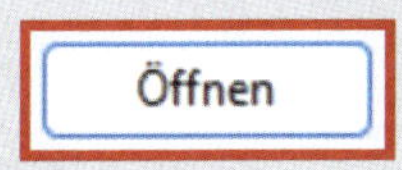


**4.** Um die Größe des Bildes zu ändern, klicken Sie in das Bild hinein. Das Foto wird umrahmt, d. h. markiert, und es erscheinen insgesamt acht Positionspunkte (jeweils an den Ecken **7** und in der Mitte der Ränder **8**), mit denen Sie die Größe des Bildes verändern können.

**MERKE**

Über die Positionspunkte an den Bildecken und in der Mitte der Bildränder können Sie die Größe eines Bildes verändern.

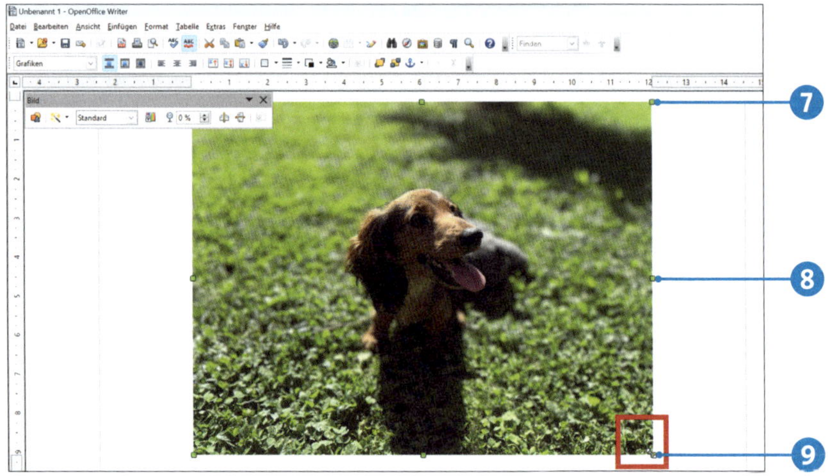


**5.** Klicken Sie beispielsweise den Positionspunkt rechts unten an **9**. Daraufhin erscheint ein schräg liegender Doppelpfeil. Schieben Sie mit gedrückter linker Maustaste das Bild in eine passende Größe, und lassen Sie die Maus wieder los.

**6.** Klicken Sie anschließend an eine beliebige Stelle im Dokument, um den Markierungsmodus zu beenden.

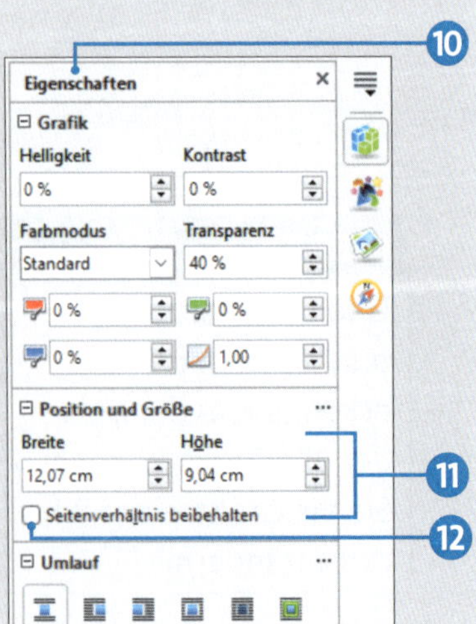


### Ganz exakt skalieren

Ihnen ist das Skalieren »per Hand« zu ungenau? Wenn Sie ein Bild anklicken, erhalten Sie rechts in OpenOffice in den **Eigenschaften** **10** neue Optionen eingeblendet. Um das Bild präzise zur vergrößern oder zu verkleinern, tippen Sie das Maß bei **Breite** und **Höhe** ein **11**. Haken Sie aber vorher **Seitenverhältnis beibehalten** **12** an, dann wird das Motiv nicht verzerrt.

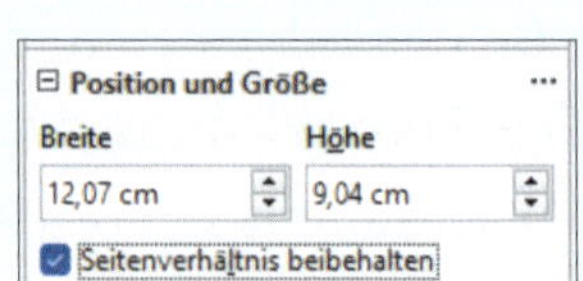

Um die Position des Bildes zu verändern, gehen Sie wie folgt vor:

1. Klicken Sie das Bild erneut an, damit es markiert ist.

2. Wählen Sie nun eine der vorgegebenen Möglichkeiten im Bereich **Absatz** aus. Hier stehen Ihnen die Schaltflächen **Linksbündig** ①, **Zentriert** ② sowie **Rechtsbündig** ③ zur Verfügung. Probieren Sie gerne alle Möglichkeiten durch. Wir entscheiden uns aber für **Zentriert**, und siehe da, das Bild erscheint in der Seitenmitte des Dokuments.

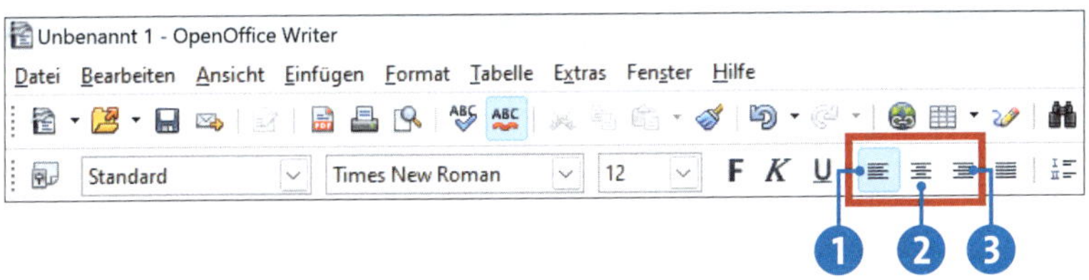

## Symbole und Cliparts aus OpenOffice

Die Textverarbeitung hat eine Galerie mit verschiedenen Symbolen integriert. Diese können Sie gratis nutzen und wie ein Bild in Ihrem Dokument platzieren. Sie rufen die Galerie über das entsprechende Symbol ④ rechts am Displayrand auf. Sie finden im oberen Bereich verschiedene Themen ⑤. Klicken Sie darauf, öffnen sich darunter die passenden Symbole ⑥. Ziehen Sie das passende Objekt dann mit gedrückter Maustaste in Ihr Dokument, und passen Sie es an, wie gerade vorangehend mit dem Foto beschrieben.

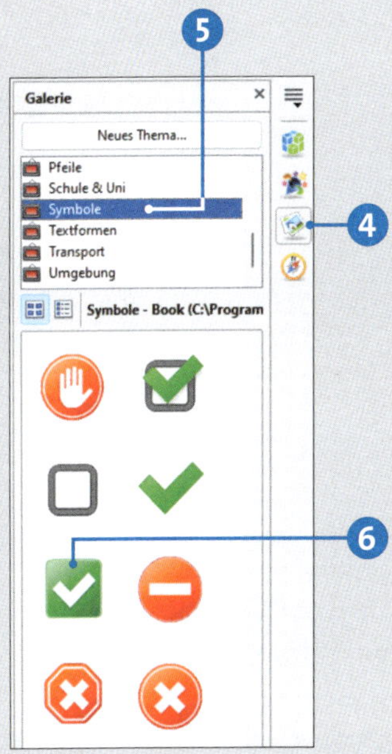


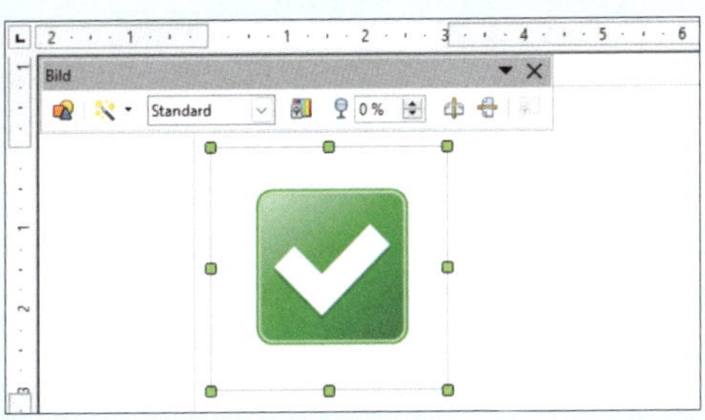

Zum Schluss wollen wir dem Bild noch eine Bezeichnung geben. Links unten neben dem Bild erkennen Sie den blinkenden Cursor ①. Sollte der Cursor dort noch nicht sichtbar sein, klicken Sie unter das Bild in den leeren Bereich. Drücken Sie dann ein- bis zweimal auf ↵, und schon können Sie unterhalb des Bildes einen Text eintippen. Dieser wird zunächst linksbündig ausgerichtet ②.

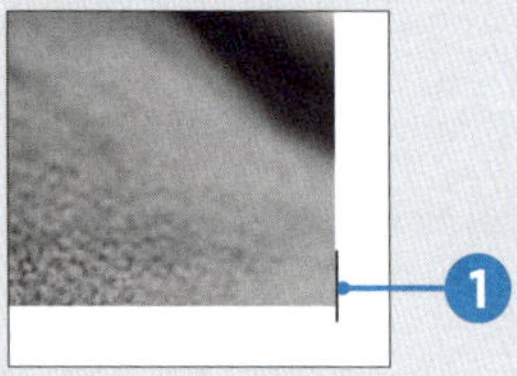

Sie können den Text aber nun, wie in den vorangegangenen Lektionen gezeigt, in Größe und Ausrichtung anpassen. Wir haben hier den Text etwas vergrößert und zentriert:

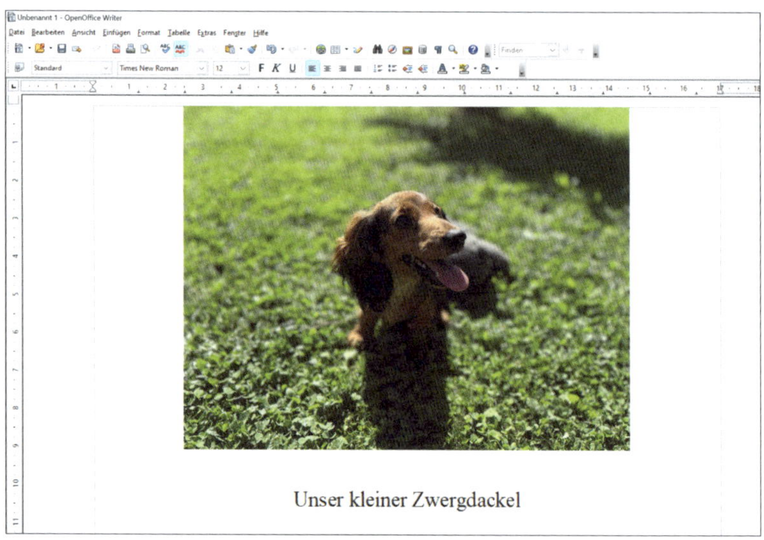


Textteile farbig gestalten

Sie können mit OpenOffice Texte zudem farbig gestalten. So gehen Sie am besten vor:

**WAS TUN?**

Text markieren

↓

Farben über Symbolleiste ändern

**1.** Verfassen Sie zunächst einen kurzen Text (oder bleiben Sie bei unserem gerade gezeigten Beispiel). Markieren Sie anschließend Ihren Text, indem Sie mit der Maus bei gedrückter linker Maustaste über ihn streichen. Er wird blau markiert ①. Um ihn, wie das Bild, zu zentrieren, markieren Sie ihn und klicken das Zentriert-Symbol in der Symbolleiste an.

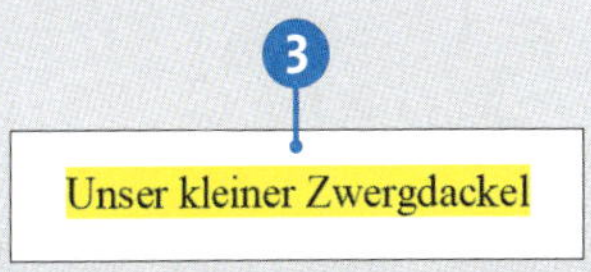


**2.** Klicken Sie dann in der Symbolleiste auf **Zeichenhintergrund** ②. OpenOffice bietet daraufhin eine kleine Farbpalette an, aus der Sie die gewünschte Farbe auswählen und mittels Anklicken aktivieren. Wir wählen die Farbe Gelb, und schon wird der Text gelb unterlegt ③.

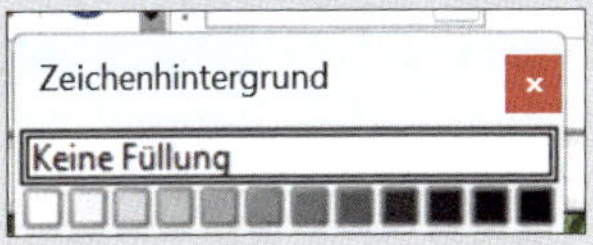


**3.** Um diese Einstellung zu widerrufen, gehen Sie in derselben Weise vor und wählen **Keine Füllung** ④.

**4.** Jetzt färben wir die Buchstaben selbst farbig ein. Schreiben Sie zunächst in einem weiteren Absatz einen kurzen Text ⑤, und markieren Sie ihn anschließend.

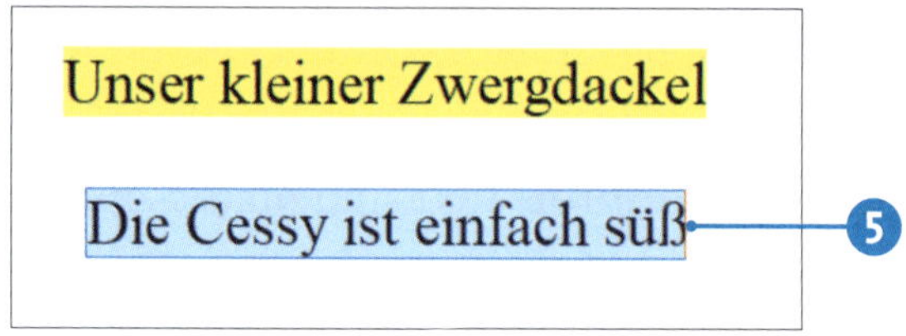


**5.** Klicken Sie nun auf den Pfeil neben dem Feld **Schriftfarbe** 6, und wählen Sie in der sich öffnenden Farbpalette eine Farbe aus. Wir haben uns hier für Blau entschieden. Klicken Sie einmal mit dem Cursor hinter den Text, um die Markierung zu entfernen und das Endresultat zu sehen.

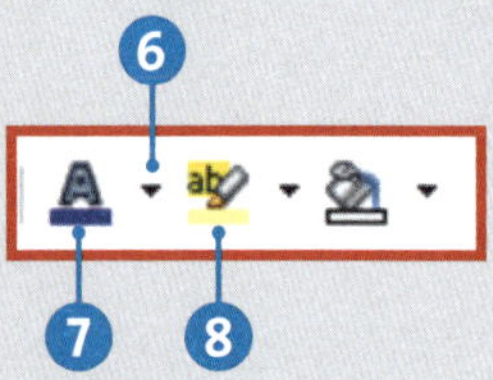


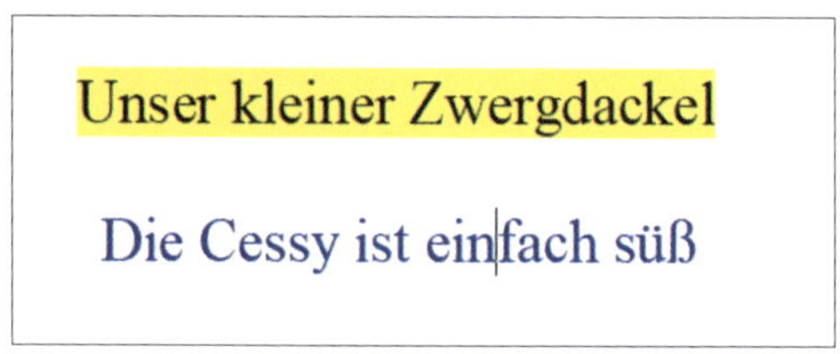


Welche Farbe gerade aktiviert ist, erkennen Sie jeweils im unteren Bereich der Schaltflächen: In unserem Fall ist es bei **Schriftfarbe** Blau 7 und bei **Zeichenhintergrund** Gelb 8.

## Ein Dokument ausdrucken

Nun möchten Sie sicher das eine oder andere Dokument, das Sie erstellt haben, ausdrucken. Dazu benötigen Sie logischerweise einen Drucker, der Ihre Werke zu Papier bringt. Dieser wird entweder mit einem USB-Kabel direkt mit dem Computer oder über eine Funkverbindung drahtlos verbunden. Wir zeigen Ihnen hier beide Wege auf.

So einfach wird der Drucker mit einem USB-Anschluss installiert:

**ACHTUNG!**

Die meisten Tablet-Computer haben keinen USB-Anschluss. Hier muss Ihr Drucker unbedingt über eine Funkverbindung (WiFi oder WLAN) verfügen, sonst kann er nicht mit Ihrem Tablet verbunden werden.

**Drucker mit USB-Kabel installieren**

**1.** Schließen Sie Ihren Drucker zunächst mit dem Netzteil an den Strom an, und verbinden Sie ihn dann über ein USB-Kabel mit Ihrem Computer. USB-Buchsen finden sich am Computer an den verschiedensten Stellen. Bei Desktop-Computern sitzen diese Schnittstellen häufig an der Gehäuserückseite und vorne, bei Notebooks findet man diesen Anschluss meistens seitlich. Sie können beim Anstecken nichts falsch machen, der USB-Stecker passt nur in eine Richtung in die vorgesehene Öffnung. Probieren Sie es vorsichtig, dann kann nichts schiefgehen.

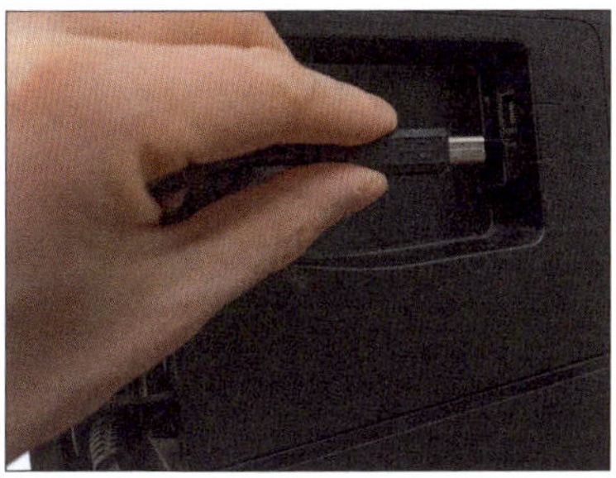

**2.** Starten Sie nun Ihren Computer, falls das noch nicht geschehen ist, und schalten Sie dann den Drucker ein. Je nach Modell ist dann etwas Arbeit am Gerät selbst notwendig: Tintenpatronen oder Tonerkassetten wollen eingesetzt und Papier eingelegt werden usw. Das ist von Gerät zu Gerät unterschiedlich. In der Regel werden Sie aber über das am Drucker befindliche Display oder eine Anleitung durch die einzelnen Schritte geleitet.

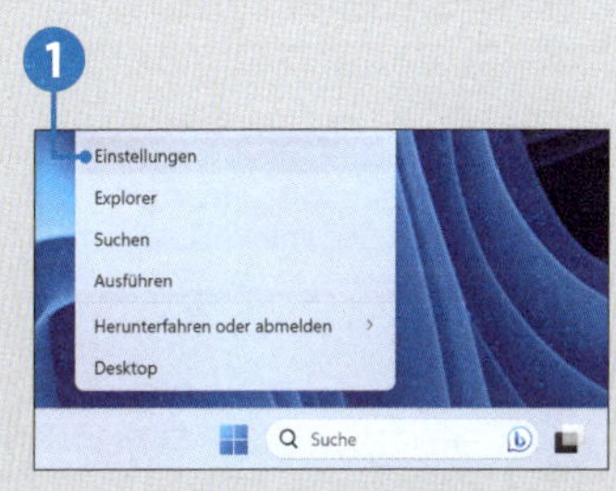


**3.** Spätestens beim Einschalten des Druckers wird Windows 11 einen Signalton von sich geben, um mitzuteilen, dass ein neues Gerät gefunden wurde. In der Regel erscheint aber kein weiterer Hinweis. Hier hilft nur ein rechter Mausklick auf das Startmenüsymbol und anschließend auf **Einstellungen** (1).

**4.** In den **Einstellungen** wählen Sie mit einem weiteren linken Mausklick die Schaltfläche **Bluetooth & Geräte** **2** aus.

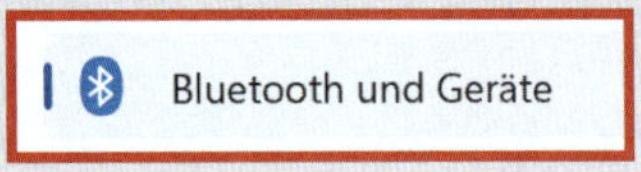


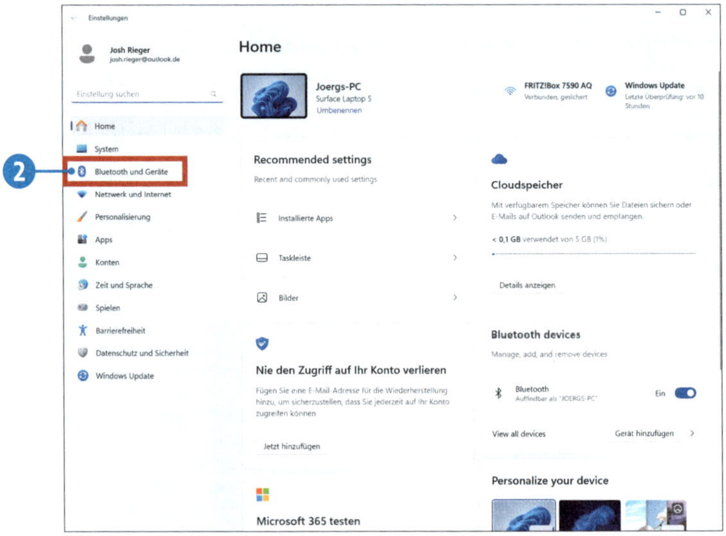


## MERKE

Ältere Drucker benötigen häufig einen separaten Druckertreiber. Auch das zeigt Windows in diesem Feld an **5**. Sie können später, wenn Sie Ihr Internet eingerichtet und sich das Basiswissen zur Programminstallation aus dem Internet angeeignet haben (siehe Kapitel 5), jederzeit diese Zusatzsoftware installieren. Diese gibt es immer auf der Webseite des Druckerherstellers gratis.

**5.** In diesem Bereich suchen Sie die Schaltfläche **Drucker & Scanner** **3**. Auch hier, Sie ahnen es schon, ist ein Klick darauf erforderlich.

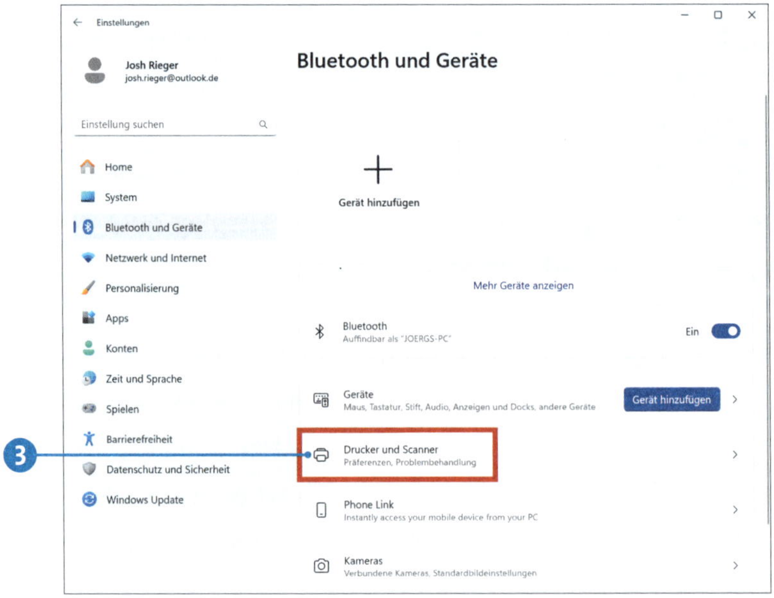

**6.** Und wie durch ein Wunder ist hier unser Drucker schon aufgelistet **4**. Handelt es sich um ein aktuelles Modell, ist es auch schon fix und fertig eingerichtet.

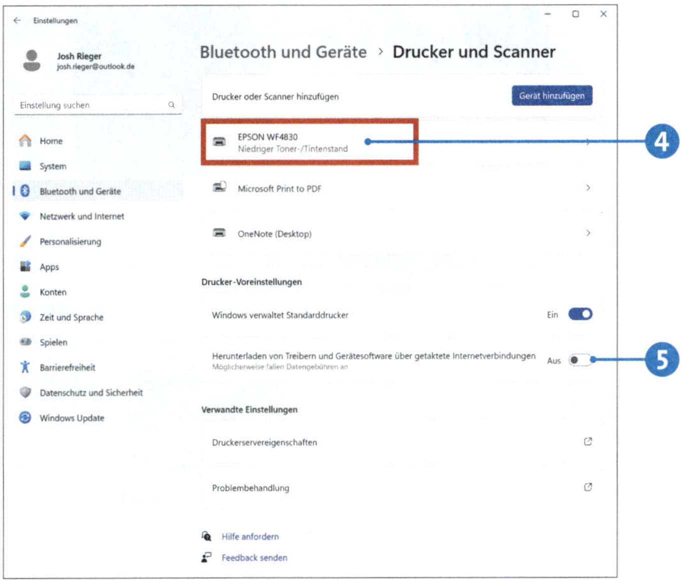

Damit steht das Gerät in Windows nun sämtlichen Apps und also auch OpenOffice zur Verfügung. Lesen Sie auf Seite 159 weiter, wie ein erster Ausdruck gestartet wird.

Drucker via WLAN oder WiFi installieren

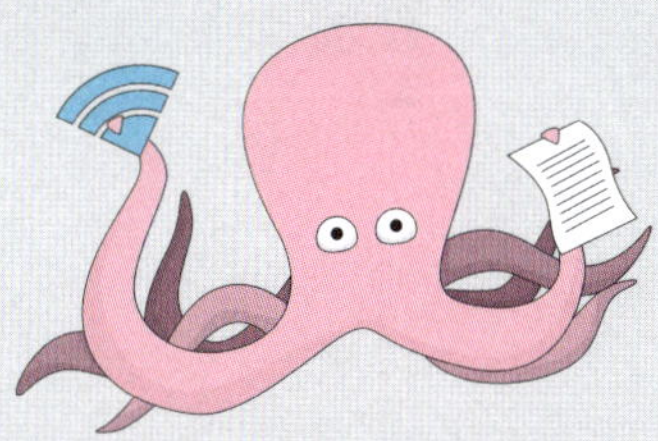

Um einen Drucker mittels einer sogenannten WiFi-Verbindung zu installieren, müssen folgende Voraussetzungen erfüllt sein:

- Der Drucker muss drahtlose Übertragung unterstützen, dies wird in der Regel mit WiFi oder WLAN bezeichnet.
- Der Zugang zum WiFi oder WLAN muss am Drucker eingerichtet sein. Sprich, Sie müssen dort die gleichen Zugangsdaten Ihres Internetrouters eingeben, wie Sie sie auch für den Internetzugang benötigen (siehe auch Seite 41). Ihr Drucker geht zwar nicht ins Internet, Ihr Internetrouter sorgt aber dafür, dass Drucker und Computer miteinander »sprechen« können.

Soll der Drucker drahtlos mit Ihrem Computer kommunizieren, muss er, ganz wie Ihr Smartphone oder der PC selbst, mit dem WLAN-Passwort Ihres Internetrouters eingerichtet werden. Denn dieser dient als Steuerzentrale.

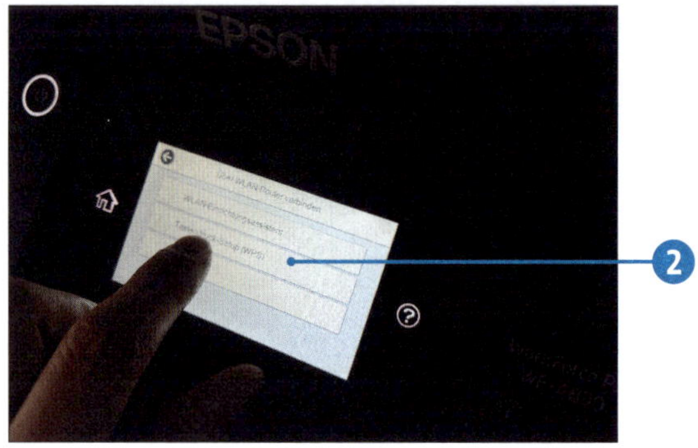


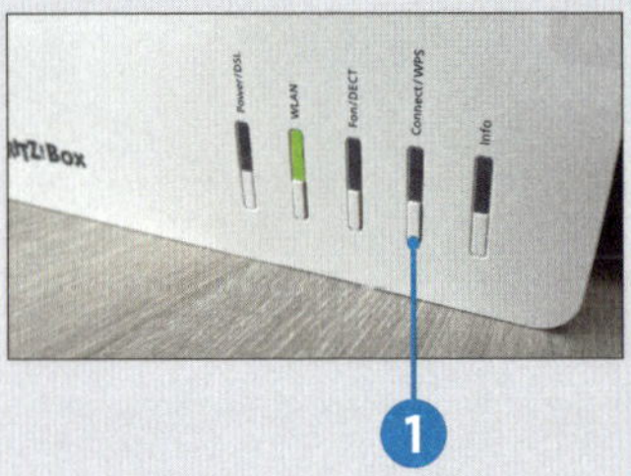


### Drucker per Tastendruck ins WLAN bringen

Verfügen Ihr Internetrouter und Ihr Drucker über eine WPS-Taste, dann klappt die Einrichtung im Handumdrehen: Drücken Sie zuerst am Router die WPS-Taste 1 und dann am Drucker (in unserem Beispiel ist es eine Schaltfläche im Bildschirmmenü des Druckers 2) – beide Geräte gleichen sich dann ab, tauschen Zugangsdaten aus, und die Einrichtung ist nach wenigen Augenblicken erledigt.

Ist der Drucker im WLAN eingebunden, gehen Sie an Ihrem Computer in Windows 11 folgendermaßen vor:

1. Klicken Sie mit einem rechten Mausklick (oder längerem Fingertipp) auf das Startmenüsymbol 1, um das Kontextmenü zu öffnen. Hier wählen Sie mit einem einfachen linken Mausklick (oder Fingertipp) die **Einstellungen** 2 aus.

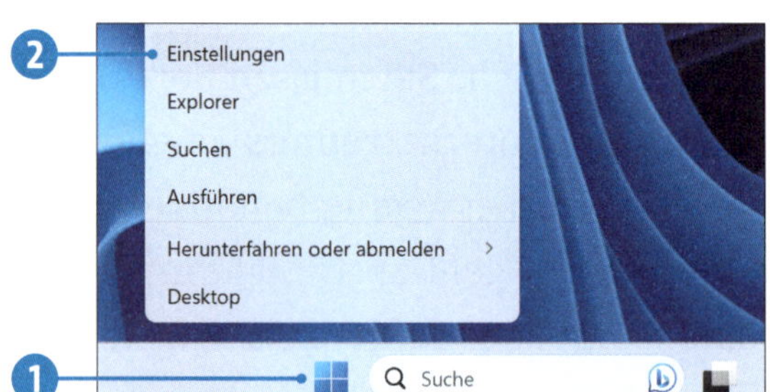

**2.** In den **Einstellungen** wählen Sie mit einem weiteren linken Mausklick die Schaltfläche **Bluetooth & Geräte** **3** aus.

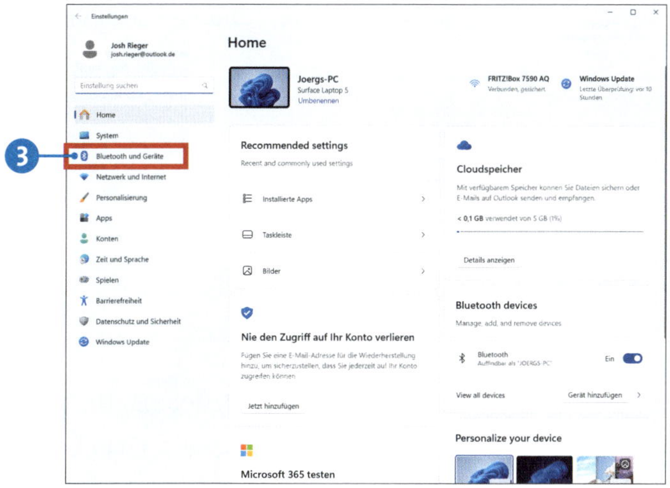

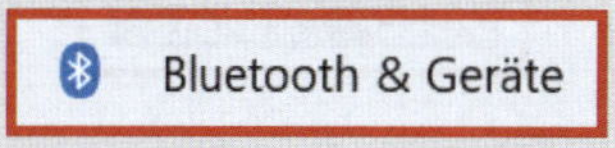

**3.** In diesem Bereich suchen Sie die Schaltfläche **Drucker & Scanner** **4**. Auch hier ist ein Klick darauf erforderlich.

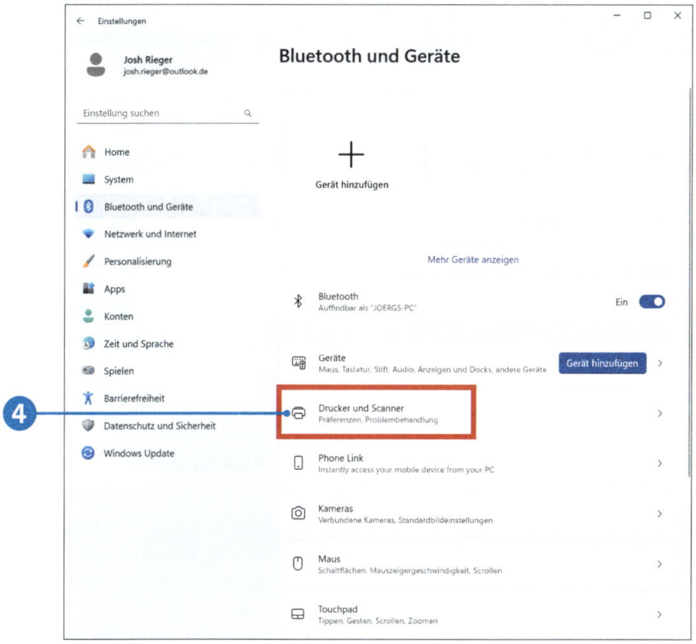

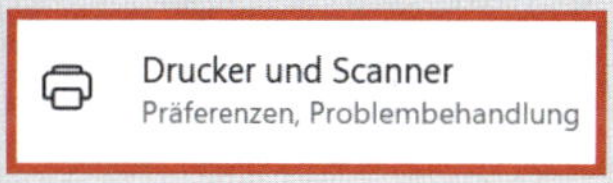

4. Jetzt haben Sie es fast geschafft – es öffnet sich ein neues Fenster. Hier klicken Sie **Gerät hinzufügen** 5 an.

Windows sucht nun automatisch nach Druckern im WLAN und listet diese auf. In unserem Fall ist es ein Drucker von Epson 6 – bei Ihnen lautet die Bezeichnung dann natürlich Ihrem Gerät entsprechend. Mit einem Klick oder Tipp auf **Gerät hinzufügen** 7 wird der gefundene Drucker direkt installiert 8.

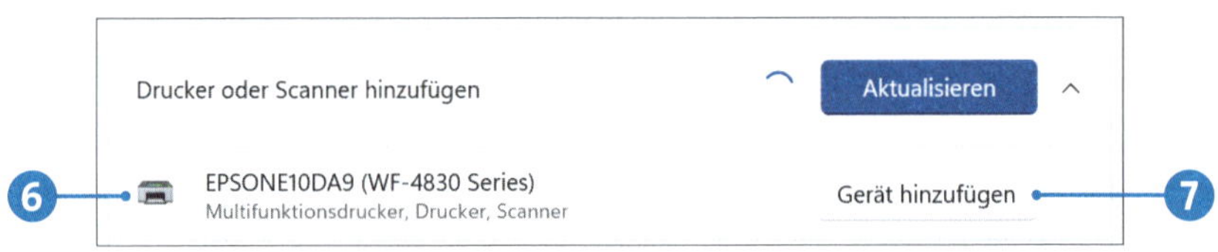


5. Hat die Installation geklappt, sehen Sie den Drucker in diesem Fenster zweimal – einmal im Bereich der Druckerinstallation 9 und einmal in der Liste der verfügbaren Drucker 10.

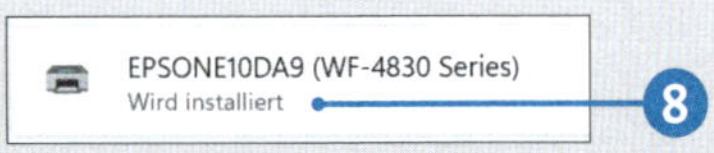


Die Druckerinstallation erfolgt in der Regel an dieser Stelle vollautomatisch.

**ACHTUNG!**

Fast alle Drucker werden im WLAN von Windows automatisch installiert. Um Sonderfunktionen wie eine Scanner- oder Kopierfunktion nutzen zu können, müssen Sie gegebenenfalls zusätzlich Software des Druckerherstellers installieren. Schauen Sie hier bitte im Handbuch des jeweiligen Herstellers nach. Wie Sie grundsätzlich Software installieren, haben wir Ihnen in Kapitel 5, »Apps aus dem Microsoft Store laden«, gezeigt.

**6.** Schließen Sie das **Einstellungen**-Fenster mit einem Klick auf das ×-Symbol rechts oben.

Öffnen Sie eines unserer zuvor in OpenOffice erstellten Dokumente über **Datei ▸ Öffnen**. In OpenOffice finden Sie im Menüband leider kein Symbol, um den Druck zu starten. Um in das eigentliche Druckmenü zu gelangen, sind folgende Schritte notwendig:

**1.** Klicken Sie auf das **Datei**-Menü.

**2.** Fahren Sie mit der Maus auf **Drucken** – nun öffnet sich ein Untermenü mit verschiedenen Möglichkeiten, Ihr Werk auszugeben.

**3.** Klicken Sie hier auf **Drucken**. Diese Option hält alle Einstellungen bereit, die Sie brauchen.

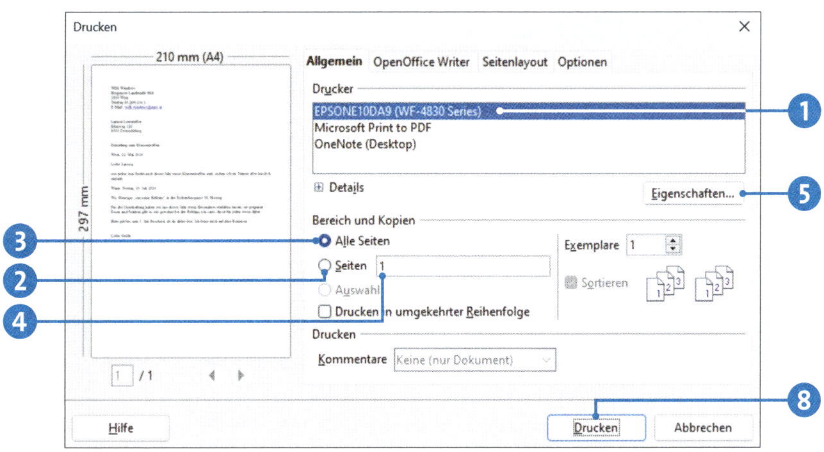


Das folgende Menü zeigt an, mit welchem Drucker gedruckt wird **1**. Die blaue Markierung zeigt an, dass Windows diesen als erste Wahl zum Ausdruck nimmt. Die anderen Geräte in der Liste können Sie ignorieren, sie werden aktuell nicht benötigt.

OpenOffice im Startmenü öffnen

↓

**Datei**

↓

**Öffnen**

↓

Dokument im Explorer per Doppelklick auswählen

**Datei**

↓

**Drucken**

Falls der Drucker bei Ihnen nicht blau markiert ist, klicken Sie ihn einmal an.

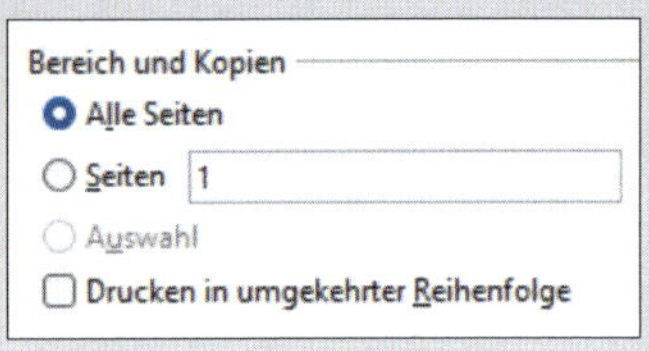


In diesem Menü haben Sie außerdem die Möglichkeit, bei einem mehrseitigen Dokument nur ausgewählte Seiten zu drucken. Klicken Sie in den leeren Kreis vor **Seiten** (2), so wird die Voreinstellung **Alle Seiten** (3) aufgehoben. Im Feld hinter **Seiten** (4) können Sie nun z. B. »1-3« eingeben, sodass nur die ersten drei Seiten des Dokuments gedruckt werden.

Weitere Einstellungen, wie die Qualität des Ausdrucks, das Papierformat oder die Papiersorte, müssen Sie mit einem Klick auf die **Eigenschaften** (5) festlegen.

**ACHTUNG!**

Lassen Sie sich nicht irritieren, wenn der Druckdialog bei Ihnen anders aussieht: Jeder Drucker hat andere Einstellungsmöglichkeiten. Das Prinzip ist aber stets das gleiche.

Die Einstellungen offenbaren je nach Druckermodell verschiedene Optionen – hier stellen wir Ihnen exemplarisch anhand unseres Druckers die wichtigsten Einstellungen vor.

Im Register **Layout** stehen folgende Möglichkeiten bereit:

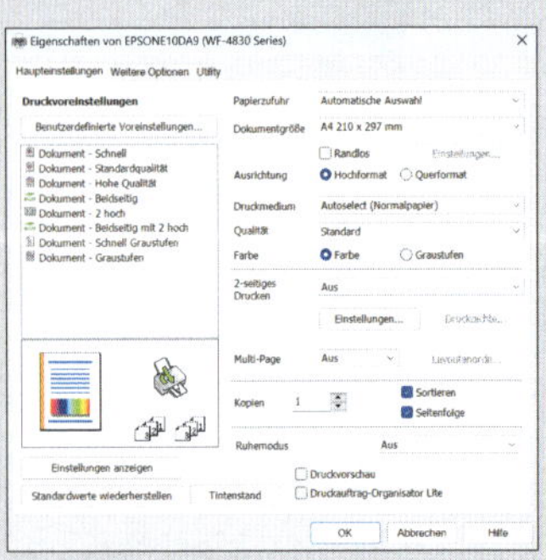

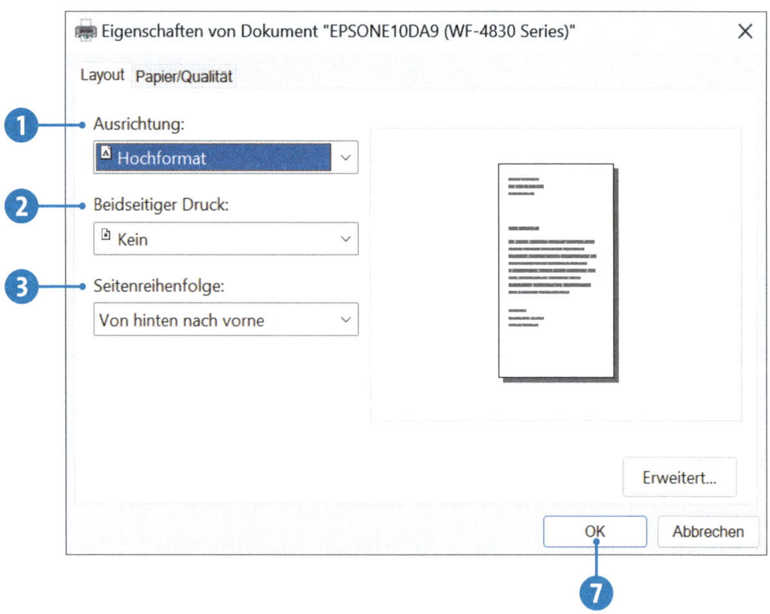

❶ **Ausrichtung**: Hoch- oder Querformat beim Ausdruck? Das entscheiden Sie hier mit einem Klick auf das Ausklappmenü.

❷ **Beidseitiger Druck** (je nach Gerät): Wenn Ihr Drucker ein Papier beidseitig bedrucken kann, können Sie die entsprechende Option aktivieren und damit jede Menge Papier sparen.

❸ **Seitenreihenfolge**: Drucken Sie ein mehrseitiges Dokument, dann legen Sie hier fest, wie gedruckt wird. Standard ist, dass die letzte Seite als erste ausgegeben wird – damit ist später Ihr Druckwerk schon in der korrekten Reihenfolge sortiert.

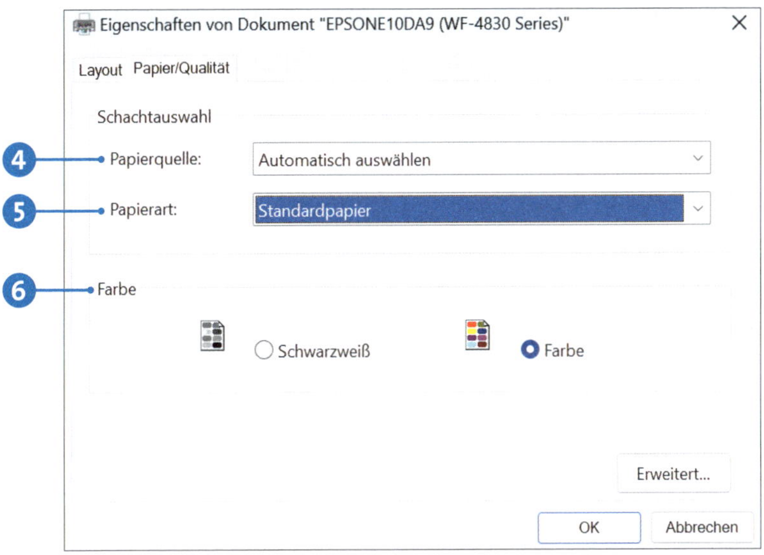


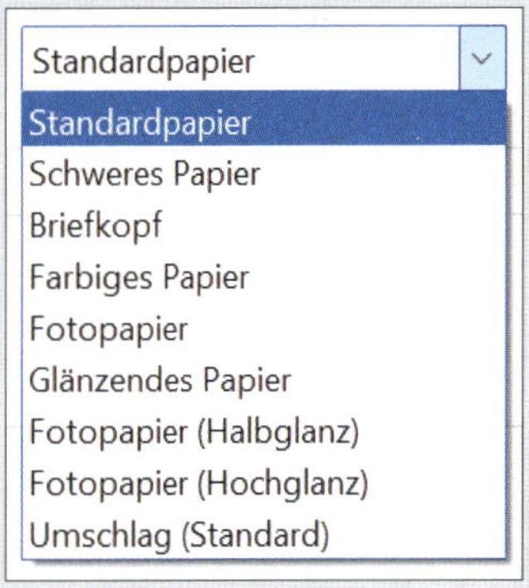


❹ **Papierquelle**: Wenn Ihr Drucker verschiedene Fächer hat, muss man ihm sagen, aus welchem Fach, hier auch manchmal *Kassette oder Schacht* genannt, das Papier gezogen werden soll. Gibt man hier nichts vor, nimmt der Drucker das Standardfach.

❺ **Papierart**: Tatsächlich wird **Standardpapier** die gängige Einstellung sein. Hierbei handelt es sich um ganz normales Briefpapier. Allerdings bietet sich mit einem

Klick auf dieses Feld eine Auswahl weiterer Papiersorten. Sollten Sie beispielsweise auf Fotopapier drucken, müssen Sie das dem Drucker auch mitteilen. Sonst wird das teure Fotopapier in schlechterer Qualität bedruckt.

6 **Farbe**: Hier können Sie wählen, ob Sie ein Dokument bunt oder doch lieber schwarzweiß drucken wollen. Farbtöne werden bei der Einstellung **Schwarzweiß** automatisch in Graustufen umgewandelt.

**OK**

↓

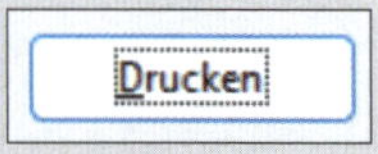


Das war's auch schon. Mehr muss für einen ersten Ausdruck nicht eingestellt werden. Klicken Sie auf **OK** (7 auf Seite 160), um in das normale Menü zurückzukehren. Dort starten Sie mit der Schaltfläche **Drucken** (8 auf Seite 159) jetzt Ihren ersten Ausdruck.

Sollten Sie in der Aufregung vergessen haben, den Drucker einzuschalten, ist das nicht weiter schlimm. Denn sobald Sie das Gerät einschalten, verschwindet eine eventuelle Meldung, Ihr Gerät sei nicht bereit, und das Dokument wird im Anschluss gedruckt.

## Dokument digital als PDF sichern

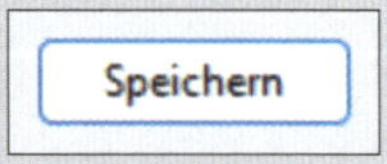


Jedes Dokument kann als PDF gespeichert werden. In diesem Dateiformat werden Texte, Grafiken und Bilder fein säuberlich »verpackt«.

Alternativ zum klassischen Ausdruck kann jedes Dokument im sogenannten *PDF-Format* abgelegt werden. Dieses Dateiformat hat den Vorteil, dass es auf fast jedem Computer lesbar ist und man zum Öffnen der verschiedenen Elemente (Text, Bild, Grafik) eben nur ein PDF-Programm benötigt. Auch die Internetbrowser können ein PDF darstellen. Man kann ein PDF allerdings nur mit Spezialprogrammen bearbeiten.

Wir zeigen Ihnen, wie man in OpenOffice ein PDF erstellt. Das klappt nach diesem Prinzip auch in jeder anderen Software. Tatsächlich wird ein PDF nicht direkt abgespeichert, sondern über die **Drucken**-Funktion erzeugt:

**1.** Aktivieren Sie so, wie im vorherigen Abschnitt beschrieben, über das **Datei**-Menü den Befehl **Drucken**.

**2.** Im **Drucken**-Dialog angelangt, müssen Sie nun aber den Drucker wechseln, denn es soll ja digital werden. **Microsoft Print to PDF** ❶ ist die richtige Wahl.

**3.** Klicken Sie nun ganz unten im Dialogfenster auf die Schaltfläche **Drucken** ❷.

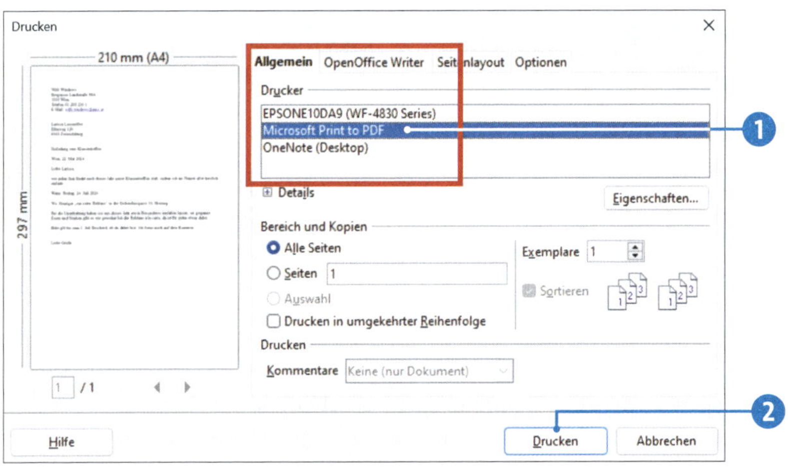


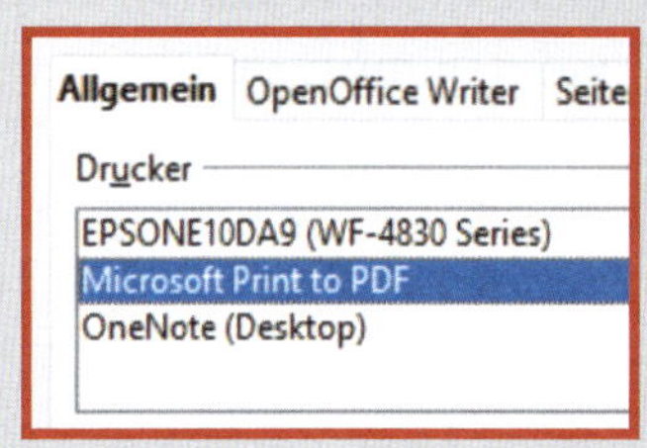


**4.** Jetzt wird nach einem Dateinamen für das PDF-Dokument gefragt ❸. Das PDF-Format ist im Feld **Dateityp** ❹ bereits richtig angegeben.

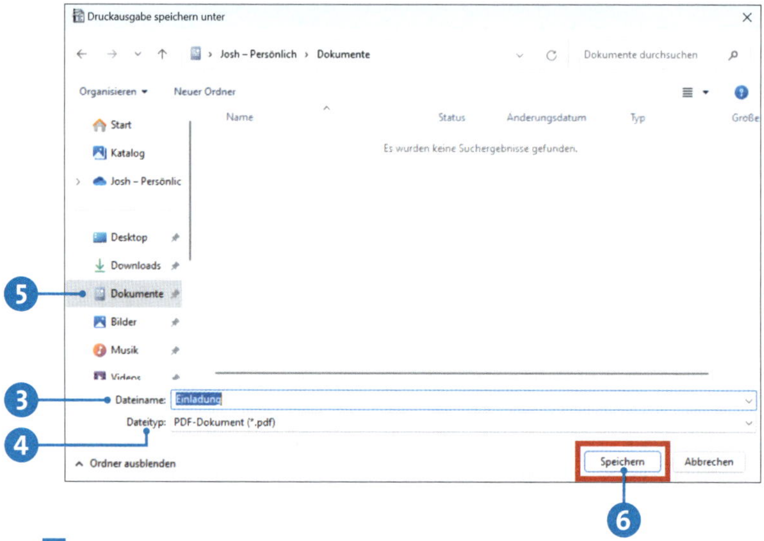


5. Dort wählen Sie nun einen Ordner nach Wunsch aus. Wir entscheiden uns für **Dokumente** 5.

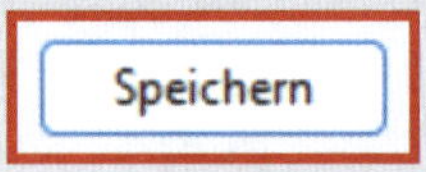


6. Mit einem Klick auf **Speichern** 6 liegt das PDF-Dokument im gerade ausgewählten Ordner und kann von Ihnen beispielsweise per E-Mail an Freunde versendet werden. Wie das geht, verraten wir Ihnen in Kapitel 10, »Mit Outlook Mails versenden und Termine planen«, ab Seite 253.

7. Sie können an dieser Stelle OpenOffice mit einem Klick auf das × rechts oben schließen.

**MERKE**

Ein Dokument wird als PDF gesichert, wenn es nicht mehr geändert werden muss und man sichergehen will, dass es auf jedem Computer gleich aussieht.

KAPITEL 7

# Das Internet entdecken

Das Internet fasziniert Milliarden Menschen auf der ganzen Welt. Und tatsächlich geht ohne das Internet nichts mehr, egal, ob Einkaufen, Informationsbeschaffung aller Art, aktuelle Nachrichten, Videos oder Kommunikation. Sie haben mit Ihrem neuen Windows-11-Computer sicherlich auch Lust bekommen, dieses spannende Feld zu entdecken. In diesem Kapitel zeigen wir Ihnen, wie Sie die ersten Schritte ganz souverän meistern und schon bald zum Profi werden. Das passende Werkzeug, das Programm *Microsoft Edge*, lernen Sie ebenfalls kennen.

Haben Sie Bedenken wegen Kriminalität oder Datenklau im Internet?

Diese Sorge wollen wir Ihnen gerne nehmen! Mit ein wenig Vorsicht und der richtigen Absicherung kann hier nichts passieren. Windows schützt Sie schon in seiner Grundeinstellung sehr gut, und daher können wir direkt loslegen.

**MERKE**

In Kapitel 16 ab Seite 389 greifen wir das Thema Sicherheit am Computer nochmals ausführlich auf.

**Internetverbindung vorhanden?**

Wir gehen in diesem Kapitel davon aus, dass Ihr Computer bereits mit dem Internet verbunden ist. Falls nicht, haben wir Ihnen am Ende dieses Kapitels Tipps und Tricks zusammengestellt, wie Sie eine Internetverbindung herstellen.

## Das Internet – ein Heer freier Mitarbeiter

Zunächst ein paar erläuternde Worte zum Mysterium Internet und wie es eigentlich funktioniert. Wir bleiben hier gerne bei dem Bild, das wir eingangs in Kapitel 1, »Bevor wir den Computer starten«, für Ihren Computer gewählt haben. Dort erläutern wir, dass ein Computer wie eine kleine Firma organisiert ist. Das Internet ergänzt Ihr Unternehmen nun um eine ganze Reihe freier Mitarbeiter, die in vielen Fällen sogar kostenlos für Sie arbeiten – Informationen gibt es fast immer gratis.

**MERKE**

Server sind große, schnelle Computer mit sehr viel Speicherplatz und stellen ihre Kapazität anderen Computern zur Verfügung.

Und wo werkeln diese Heerscharen fleißiger »Arbeitskräfte« eigentlich? Die Antwort ist einfach – sie kommen aus der ganzen Welt. Genau genommen ist das Internet eine Verbindung unzähliger Computer und sogenannter *Serveranlagen*, die jede Menge Wissen und Dienste bereitstellen.

Ihr Internetprogramm, der sogenannte *Browser*, ist in Windows 11 die App *Microsoft Edge*.

Es kann also sein, dass Sie gerade in einem deutschen Lexikon surfen, das ein Server aus Timbuktu bereitstellt, und putzige Katzenvideos anschauen, die eigentlich auf einem Server in den USA gespeichert sind. Von alledem bekommen Sie an Ihrem Computer zu Hause gar nichts mit. Die Bereitstellung der Informationen erledigt ein weiterer Helfer, den Ihr »Betriebsleiter« Windows 11 gerne dafür einteilt. Bei Windows 11 heißt dieser Geselle kurz *Edge*. Wieder so ein englisches Wort, das im Deutschen merkwürdig klingt. Korrekt gesprochen klingt es fast wie »Ätsch« – aber das Internetprogramm, auch *Browser* genannt, ist weit davon entfernt, Ihnen die Zunge herauszustrecken, sondern bringt Sie zuverlässig ins Internet.

Auf die Inhalte im Internet greifen Sie zu, indem Sie in Edge eine Internetadresse eingeben. Das haben Sie sicherlich schon gesehen, diese Adresse beginnt immer mit *www*. Letztlich ist diese sogenannte *URL* nichts anderes als eine Art Telefonnummer, mit der Sie die Internetseiten aufrufen können. Doch nun genug der grauen Theorie, legen wir einfach los!

**MERKE**

Die Adresse einer Internetseite wird auch URL genannt.

## Internetseiten öffnen

Die App für das Internet, *Microsoft Edge*, starten Sie über das Programmsymbol in der Taskleiste ❶. Alternativ, als kleine Übung, können Sie auch die Suche bemühen. Tippen Sie dazu einfach »Edge« oder auch »edge« in das Suchfeld ein ❷, und schon wird Ihnen das Programm in den Ergebnissen präsentiert ❸. Mit einem einfachen Klick oder Fingertipp auf den Eintrag starten Sie es. Sie können Microsoft Edge natürlich auch über das Startmenü ❹ öffnen.

Edge starten Sie über das Symbol in der Taskleiste, über das Suchfeld oder auch über das Startmenü und einen anschließenden Klick auf das Symbol **Microsoft Edge**.

## WAS TUN

Funktioniert Ihre Internetverbindung nicht, dann schlagen Sie bitte auf Seite 210 nach. Hier zeigen wir Ihnen, wie Sie die Verbindung prüfen und wiederherstellen können.

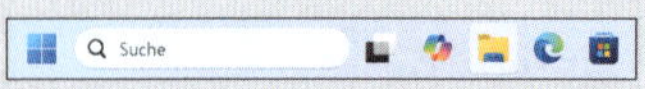


Auch über die Taskleiste lässt sich Edge starten, dort ist diese App standardmäßig abgelegt.

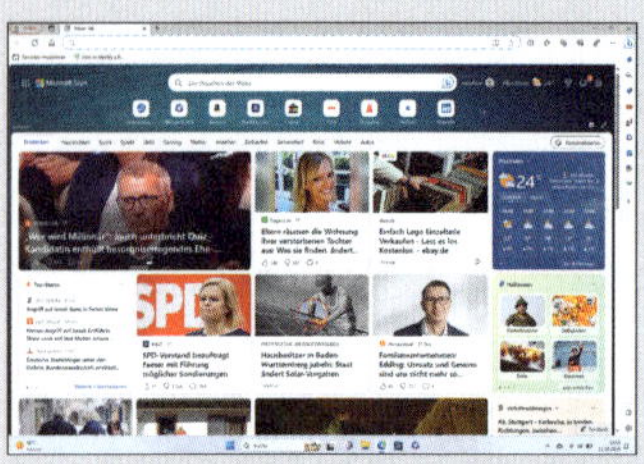

## MERKE

Microsoft Edge kann auf Wunsch Ihre besuchten und gespeicherten Webseiten auf allen Geräten bereithalten, auf denen Sie mit Ihrem Microsoft-Konto angemeldet sind.

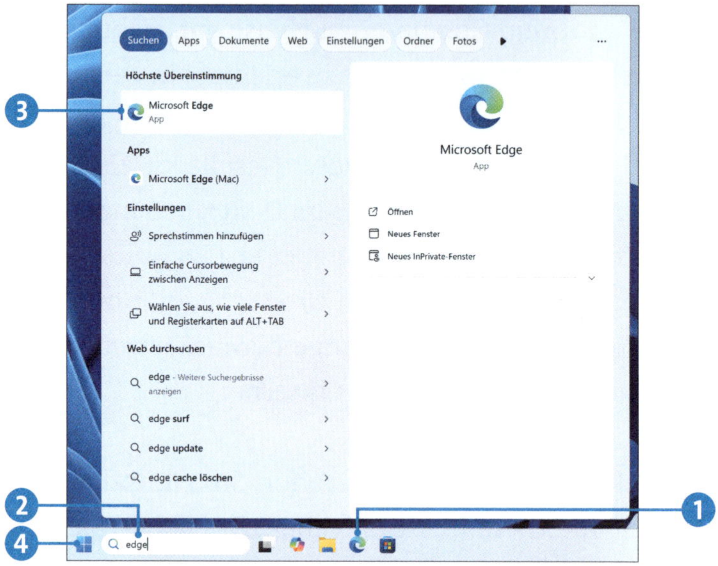


Wie Sie bereits gelernt haben, öffnet sich das Internetprogramm in einem sogenannten Programmfenster. Hier erscheint standardmäßig immer die Startseite, die Windows für Sie bereitgestellt hat. Sie bietet einen Mix aus Nachrichten, Tipps und Tricks und vieles mehr.

Starten Sie Edge zum allerersten Mal, erscheint die folgende Abfrage – Microsoft bietet Ihnen den Service, alle Seiten, die Sie sich im Internet anschauen, auch mit dem Browser auf all Ihren Geräten, also Smartphone oder Computer, abzugleichen. Sprich, Sie können unterwegs bequem surfen und haben zu Hause am Desktop-Computer alle mobil angeschauten Webseiten, aber auch sämtliche Kennwörter und Zugangsdaten parat und umgekehrt. Das ist ziemlich praktisch, oder? Daher richten wir das geschwind ein:

1. Hier müssen Sie den Datenabgleich erlauben. Das klappt mit einem Klick auf **Fortfahren** (1) und im eingeblendeten Anmeldefenster auf **Weiter** (2).

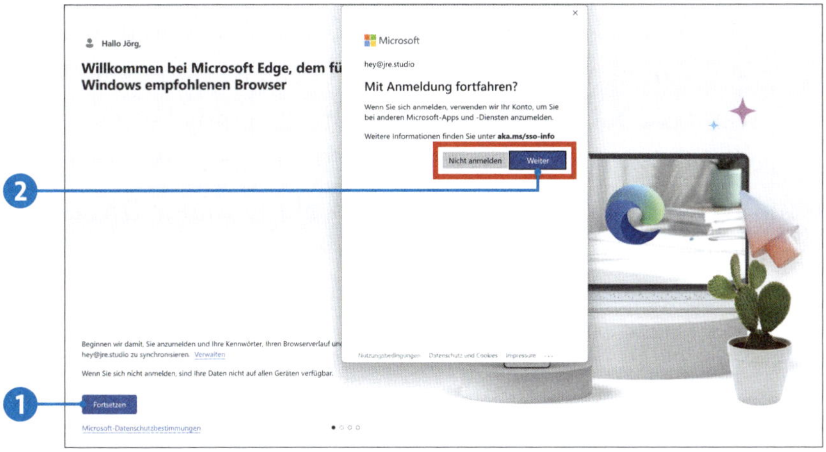

**2.** Nun möchte Edge noch Ihre Zustimmung, die Daten von anderen Webbrowsern zu sammeln und zu synchronisieren. Sprich, wenn Sie zusätzlich Firefox oder Chrome verwenden, das sind andere Internetzugangsprogramme, werden deren Daten ebenfalls mit Edge abgeglichen. Hier können Sie getrost **Zulassen** 3 anklicken, denn das ist ein praktischer Service. Nun klicken Sie auf **Bestätigen und Fortfahren** 4.

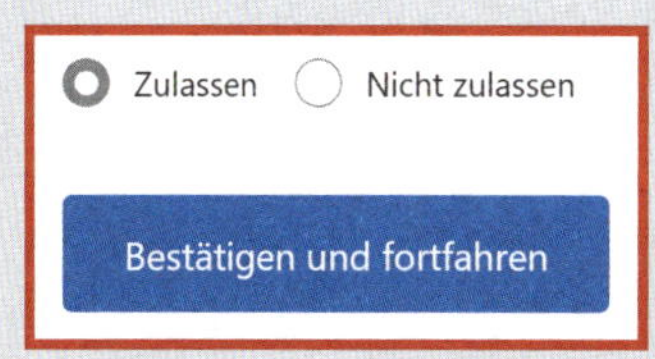

**3.** Im folgenden Dialog können Sie Ihre Surfdaten von Google Chrome mit Edge abgleichen. Das ist dann sinnvoll, wenn Sie beispielsweise ein Android-Handy besitzen – Passwörter und Internetverlauf stehen dann auch unter Windows zur Verfügung. Wir sagen aktuell aber **Ohne diese Daten fortfahren** 5.

**4.** Nun kommt der Moment, in dem Sie bewusst Nein sagen dürfen, denn der folgende Bildschirm bittet darum, Ihre Nutzungsdaten zu verwenden, um personalisierte News-Meldungen, Werbung und Shoppingempfehlungen zu präsentieren. Wir finden, das muss wirklich nicht sein. Klicken Sie **Nicht zulassen** 6 an und dann auf **Bestätigen und mit dem Browsen beginnen** 7.

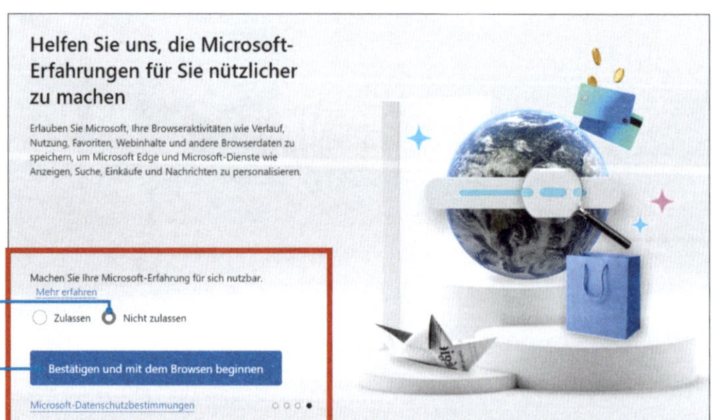


## MERKE

Auch wenn Sie Ihre Nutzungsdaten aus dem Internet mit Microsoft nicht teilen, erhalten Sie trotzdem nicht weniger Werbung im Internetprogramm oder in Windows selbst angezeigt, sie ist dann aber allgemein gehalten und nicht auf Sie zugeschnitten.

## ACHTUNG!

Bevor es losgeht, möchte Edge noch die Erlaubnis, Diagnosedaten einzusammeln. Hier können Sie nach Belieben entscheiden. Wir sagen hier mal Nein 8.

**5.** Jetzt dürfen Sie noch wählen, wie das Internetprogramm aussieht. Es gibt zahllose Farbvarianten zur Auswahl ⑨, Sie klicken aber bitte das Standarddesign ⑩ an und anschließend auf die **Weiter**-Schaltfläche ⑪.

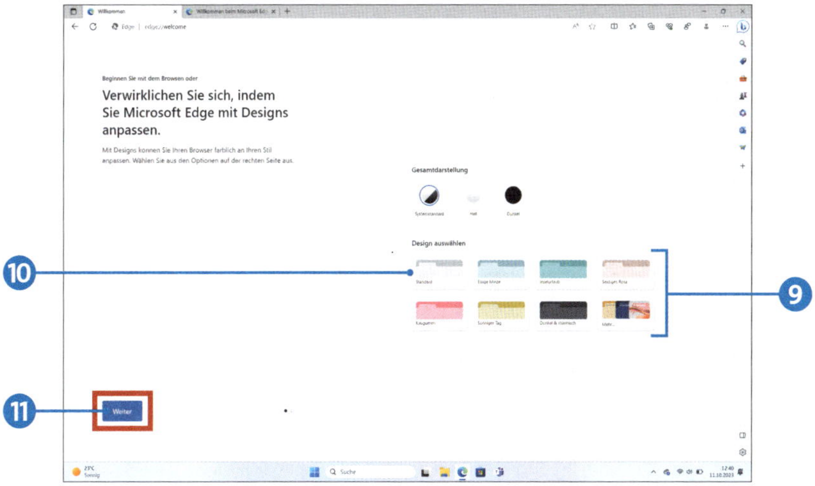

**6.** Jetzt haben Sie es bald geschafft. Den abschließenden Hinweis, wie man Webseiten schneller aufruft, ignorieren Sie an dieser Stelle und klicken einfach auf **Fertigstellen** ⑫. Geschafft!

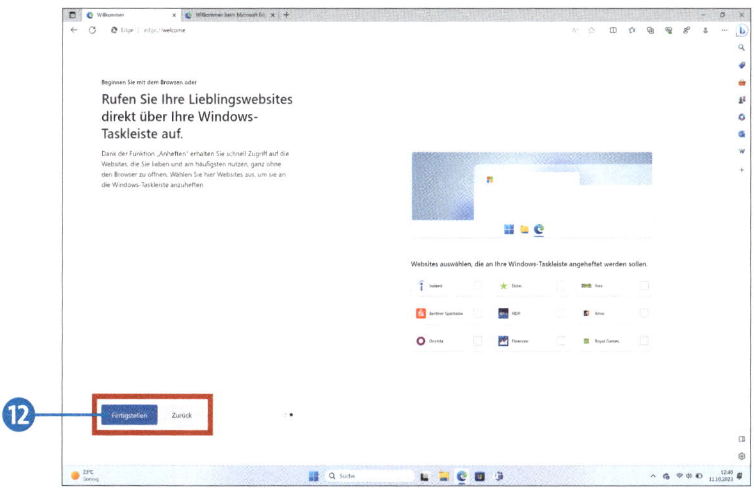

So gelangen Sie endlich auf die richtige Startseite. Bevor Sie aber gleich lossurfen, machen wir Sie noch kurz mit den wichtigsten Bedienelementen von Edge vertraut:

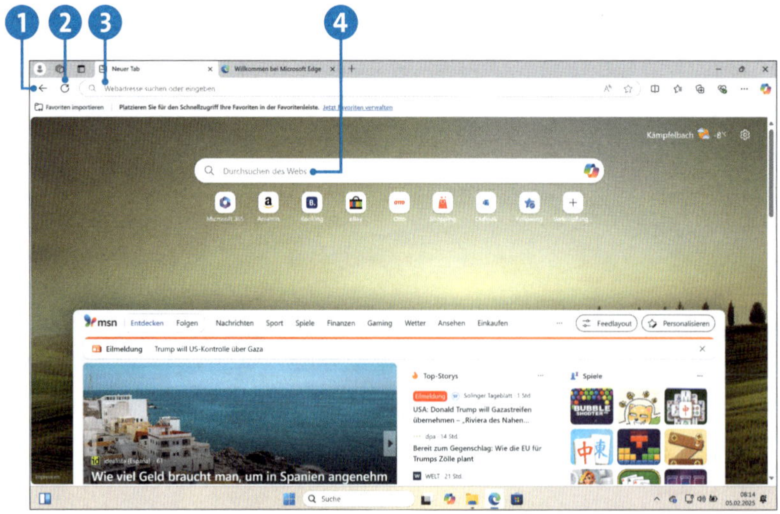


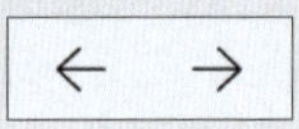

1. Die zwei Pfeile dienen dem Wechseln zwischen einzelnen Webseiten, die Sie bereits besucht haben. Mit dem Pfeil nach links geht es zu der zuvor aufgerufenen Seite, mit dem Pfeil nach rechts wiederum zurück. Der Pfeil, mit dem Sie »nach vorne blättern«, ist zu Beginn noch gar nicht sichtbar, jener zum »Zurückblättern« ist auf der Startseite noch inaktiv, da Sie ja noch gar keine anderen Seiten aufgerufen haben.

2. Der runde Pfeil lädt die aktuell angezeigte Internetseite neu. Das ist z. B. bei einer Nachrichtenseite interessant, um die allerneuesten Meldungen sehen zu können.
3. In das Adressfeld geben Sie die gewünschte Internetadresse direkt per Tastatur ein.

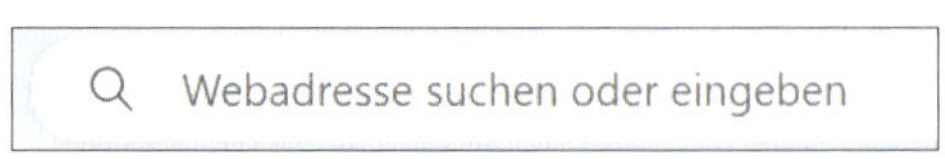

4. Edge bietet Ihnen auf der Startseite zudem die Möglichkeit, nach Begriffen im Web zu suchen.

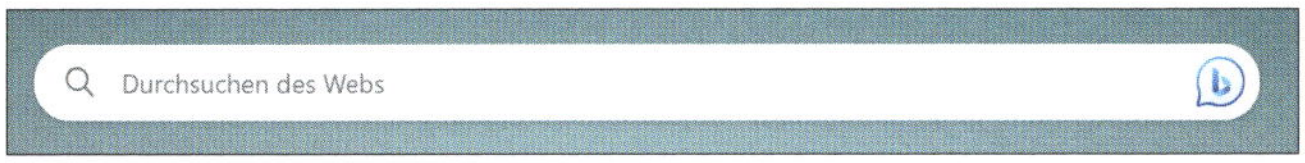


5. Im geöffneten *Tab*, der manchmal auch *Registerkarte* genannt wird, sehen Sie den Namen der aktuell besuchten Webseite. Zunächst steht hier nur **Neuer Tab**. In unserem Beispiel haben wir bereits die Webadresse der Onlineausgabe einer bekannten Wochenzeitung eingegeben. Daher steht deren Name nun im Tab. Ein Blick nach oben zeigt Ihnen also immer, wo Sie gerade unterwegs sind.

6. Mit dem ×-Symbol können Sie eine Registerkarte schließen. Ist nur eine geöffnet, so schließen Sie damit zugleich Edge.
7. Mit dem +-Symbol erzeugen Sie eine weitere Registerkarte bzw. einen neuen Tab, in dem Sie eine neue Webseite öffnen können. Das zeigen wir Ihnen später noch ausführlich.

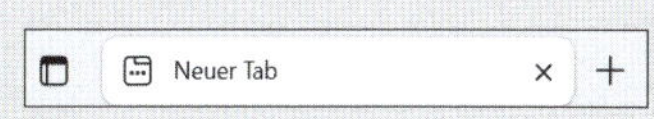


## Das Internet durchsuchen

Zunächst wollen wir mit der praktischen Suchfunktion starten. Das Prinzip ist einfach: Sie tippen einen beliebigen Begriff ein, und in Sekundenbruchteilen wühlt sich eine Suchmaschine durch Milliarden von Internetseiten und sortiert die Ergebnisse übersichtlich für Sie. Sehr prak-

Bing und Google sind Suchmaschinen, die für Sie Milliarden Webseiten durchsuchen.

tisch ist das auch, wenn Sie die exakte Webadresse, die sogenannte *URL*, nicht kennen. Standardmäßig nutzen Sie unter Windows den Suchservice *Bing* von Microsoft und nicht etwa *Google*, von dem Sie sicher schon etwas gehört haben.

Edge öffnen
↓
Suchbegriff eintippen
↓
Suche starten

Höchste Zeit, sich weiter auf Erkundungstour zu begeben. Und wie könnte man das besser tun, als das Internet nach einem Thema zu durchsuchen? Wie wäre es mit einem feinen Rezept für einen Eintopf?

1. Falls noch nicht geschehen, öffnen Sie Microsoft Edge über das Symbol in der Taskleiste oder das Startmenü.

2. Tippen Sie die beiden Suchbegriffe »Eintopf Rezept« direkt in die Adressleiste (1) von Edge ein. Ob die korrekte Groß- oder Kleinschreibung verwendet wird, das ist der Suchmaschine egal, selbst Schreibfehler werden verziehen.

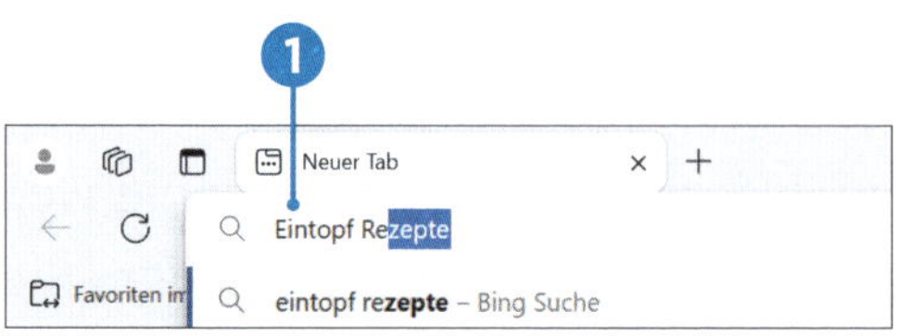


3. Sie sehen, dass die Suchmaschine Bing schon während der ersten Buchstaben zu erraten versucht, wonach Sie suchen. Ist in der Liste (2) schon das Passende dabei, müssen Sie gar nicht zu Ende tippen, sondern wählen per Mausklick oder Fingertipp die passende Möglichkeit aus, und die Suchergebnisse werden geladen.

4. Alternativ tippen Sie einfach Ihren Suchbegriff zu Ende und drücken zum Abschluss die Taste ↵.

**MERKE**

Webseite, Internetseite, Webpage – was ist der korrekte Begriff? Tatsächlich werden alle Worte gleichbedeutend verwendet, wobei Homepage immer nur die Startseite eines Internetauftritts meint.

**5.** Bevor Sie die Inhalte betrachten können, müssen Sie noch einen Klick zum Thema Datenschutz und den sogenannten Cookies bewältigen. Jede Webseite ist gesetzlich verpflichtet, dies abzufragen. Klicken Sie hier auf **Akzeptieren** ③.

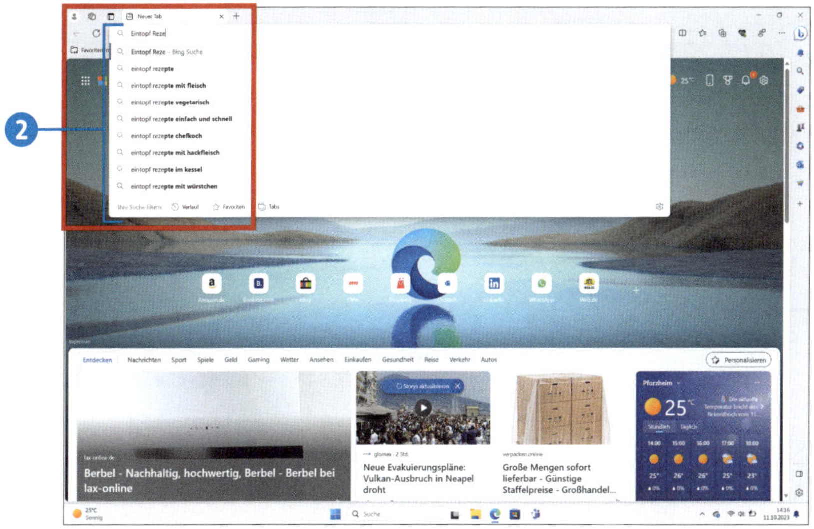


Im Handumdrehen erhalten Sie nun aber jede Menge Suchergebnisse aufgelistet. Was auf den ersten Blick etwas unübersichtlich aussieht, ist aber schnell erklärt:

④ Links mit Fotos zeigen Ihnen relevante Internetseiten, die mit Bildern ausgestattet sind und als Vorschau dienen. Ein Klick darauf führt direkt zu den dort hinterlegten Internetseiten. Daneben gibt es relevante Textlinks zu Ihrem Suchbegriff mit einer kleinen Inhaltsangabe. Die blaue Zeile ist der anklickbare Querverweis, der sogenannte *Link* ⑤, der zur entsprechenden Seite führt.

⑥ Auch Werbeanzeigen, passend zu Ihrem Suchbegriff, werden hier ganz frech eingeblendet, aber entsprechend gekennzeichnet. Hier landet man dann per Klick bei Unternehmensseiten mit passenden Angeboten.

**MERKE**

Der Hinweis zu den Cookies und zum Datenschutz begegnet Ihnen auf jeder Webseite, die Sie neu aufrufen. Der Dialog sieht immer etwas anders aus. *Cookies* (der englische Begriff für Kekse) sind kleine Dateien, die speichern, was Sie auf einer Webseite aufgerufen haben. Im übertragenen Sinne hinterlassen Sie beim Besuch einer Internetseite also Kekskrümelspuren. Der Hinweis darauf entspricht einer EU-Richtlinie zum Datenschutz und wird Ihnen auf fast jeder Internetseite begegnen.

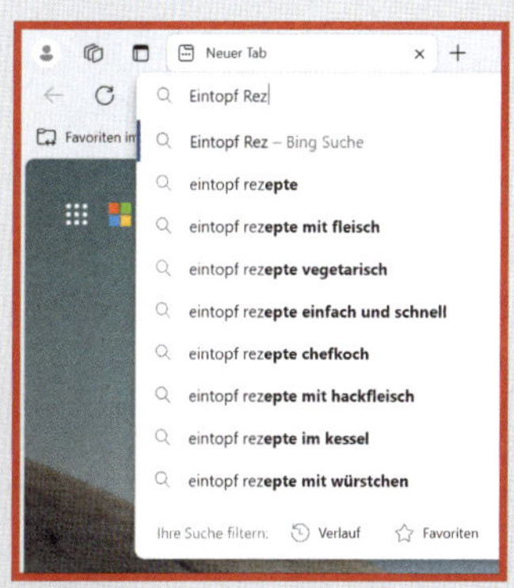

**ACHTUNG!**

Die Suchergebnisse können bei Ihnen ganz anders aussehen, da die Suchmaschine diese nach verschiedensten Kriterien zusammenstellt. Ihr Wohnort spielt da ebenso eine Rolle wie Sprache, Uhrzeit, bisher eingegebene Suchbegriffe und vieles mehr. Lassen Sie sich daher nicht irritieren, das Grundprinzip ist immer das gleiche.

7 Scrollen Sie weiter nach unten, finden Sie noch weitere Textlinks zu Ihrem Suchbegriff.

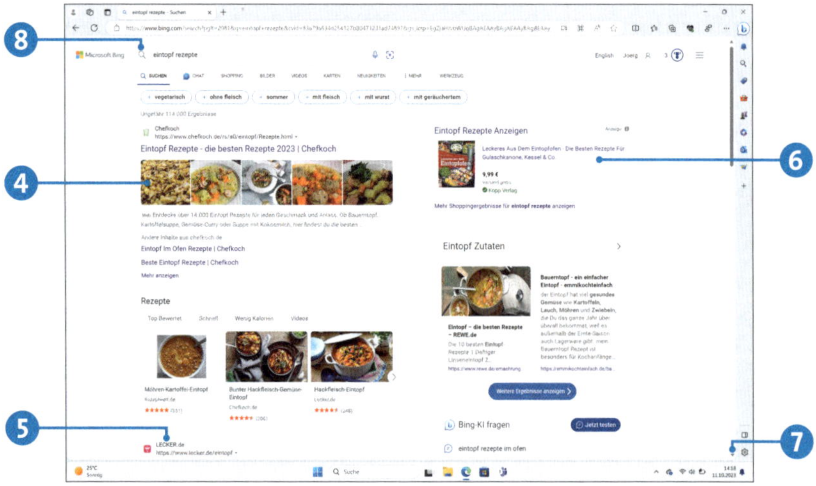


Sie können davon ausgehen, dass die Treffer auf der ersten Seite der Suchmaschine am ehesten Ihren Bedürfnissen entsprechen. Ganz oben auf der Seite mit Ihren Ergebnissen finden Sie übrigens Ihren zuvor eingegebenen Text. Hier könnten Sie Ihren Suchbegriff etwa um Präzisierungen wie »mit Fleisch« oder »ohne Fleisch« ergänzen und die Suche mit einem linken Mausklick auf das Lupensymbol 🔍 8 erneut starten und damit abändern oder verfeinern.

### Detailliert suchen für bessere Ergebnisse

Es lohnt sich, bei der Suche im Internet konkrete Begriffe einzutippen, um von den Vorschlägen nicht überrollt zu werden oder gar nutzlose Ergebnisse zu erhalten. Als Beispiel: Wenn Sie als Suchbegriff *Schuh* eingeben, werden Sie völlig andere Ergebnisse erhalten als *Sportschuh grün Damen Größe 40*. Und ja, Sie können in der Suchleiste beliebig viele Begriffe gemeinsam eingeben. Auch ganze Sätze und komplette Fragen sind möglich.

Alle Suchergebnisse beinhalten Links. Links sind Verweise auf andere Internetseiten, auf die Sie per Klick oder Fingertipp gelangen, ganz ohne weitere Eingabe von Suchbegriffen oder Webadressen. Und so arbeiten Sie mit diesen praktischen Abkürzungen:

**1.** Fahren Sie mit dem Mauszeiger auf die blaue, groß gelistete Webseiten-Bezeichnung 1 oder auf den grauen Schriftzug mit der Internetadresse 2. Der Mauszeiger verwandelt sich dabei in eine Hand 3, und es erfolgt eine Unterstreichung. Das ist immer ein untrügliches Zeichen dafür, dass es sich um einen Link handelt.

**2.** Klicken Sie in unserem Fall mit der linken Maustaste auf den entsprechenden Link. Sofort wird diese Seite mit den leckeren Eintopfrezepten im gleichen Fenster geöffnet.

**3.** Jetzt erfolgt eine mittlerweile ebenfalls gängige Abfrage, ob man die Webseite gratis und mit Werbung oder im Abo werbefrei ansehen möchte. Wir entscheiden uns für die kostenfreie Version und klicken auf **Zustimmen** 4.

**MERKE**

Einen anklickbaren Link, der zu einer neuen Internetseite führt, erkennen Sie häufig an seiner Farbe, an einer Unterstreichung oder daran, dass sich der Mauszeiger beim Zeigen darauf in eine Hand verwandelt. Auch Bilder können Links sein.

**WAS TUN?**

Nichts ist umsonst, daher versuchen natürlich viele Webseitenanbieter, Sie zu einem Abonnement, ganz wie bei einer Zeitschrift, zu bewegen. Will man die Inhalte gratis, dann wird dies mit Werbeeinblendungen gegenfinanziert.

**4.** Und nach wenigen Sekunden erfolgt ein weiteres Fenster, um Ihre Aufmerksamkeit zu bekommen. Hier geht es darum, ob Ihnen die Webseite täglich News direkt in den Internetbrowser schicken darf. Wir entscheiden uns hier gegen Benachrichtigungen und klicken daher auf das natürlich sehr klein geschriebene **Nein, danke** 5.

**NEIN, DANKE**

Damit sind aber alle Formalitäten erledigt, und die Webseite kann erkundet werden.

**5.** Scrollen Sie mit dem Scrollrad Ihrer Maus oder mithilfe des Scrollbalkens weiter nach unten, und schon haben Sie Zugriff auf zahlreiche Eintopfrezepte, die Sie jeweils mit einem Klick auf die Überschrift bzw. das Bild 6 aufrufen. Wir nehmen hier einfach mal die Berliner Kartoffelsuppe.

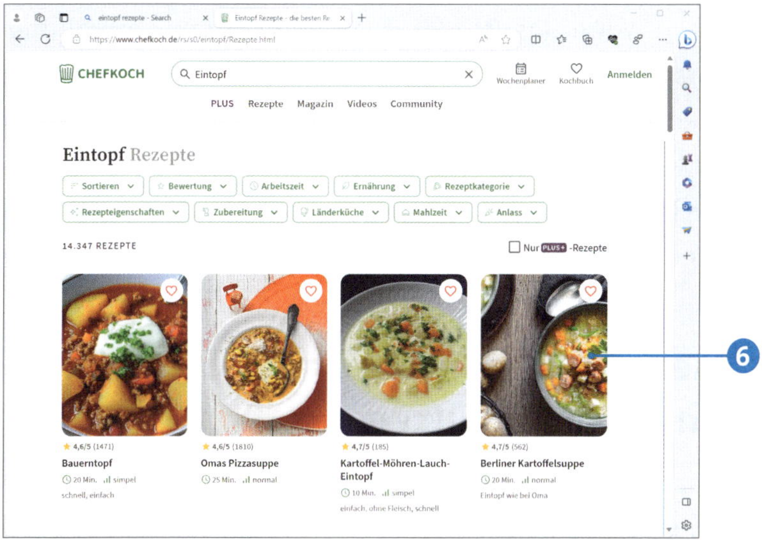


**6.** Das Rezept wird nun mit einem appetitlichen Bild und einer Kochanleitung aufgelistet – dazu müssen Sie mit dem Scrollrad Ihrer Maus scrollen oder am Touchscreen mit zwei Fingern nach unten schieben. Alternativ können Sie auch die Bildlaufleiste **7** antippen und hier nach unten fahren.

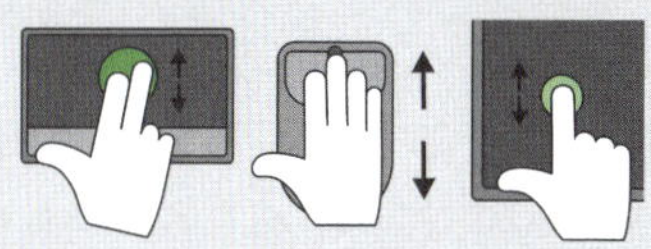

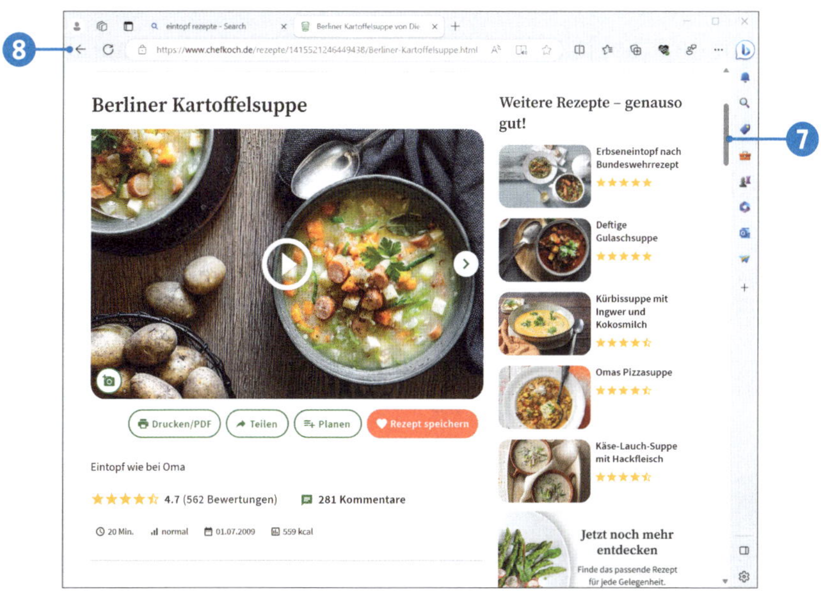


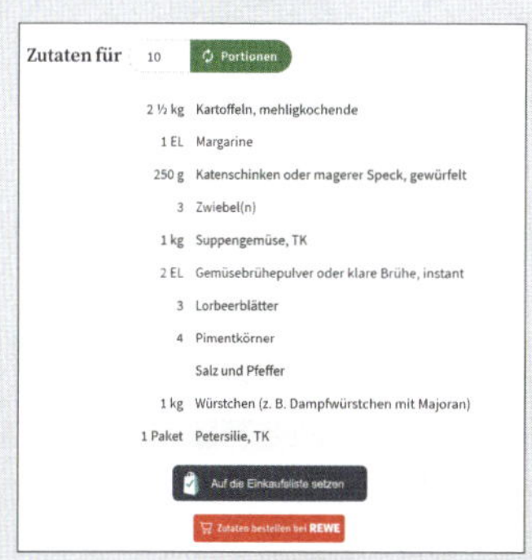

7. Wenn das Rezept doch nicht Ihren Vorstellungen entspricht, kommen Sie über den linken Pfeil von Edge 8 wieder zurück zur Liste mit den vielen Rezepten. Ein weiterer Klick auf den Pfeil bringt Sie sogar wieder zur Startseite des Internetprogramms Edge zurück. Das funktioniert also ganz ähnlich wie das Blättern in einem Buch.

## Mehrere Webseiten parallel öffnen und Onlinelexika nutzen

War der erste Ausflug ins Internet erfolgreich? Dann gehen Sie einen Schritt weiter und erkunden mit *Wikipedia* das größte Onlinelexikon im Internet. Diese Internetseite gibt es in vielen Sprachen, und sie wird von Tausenden freiwilligen Autoren gepflegt. Hier erhält man wirklich fundiertes Fachwissen. Zudem zeigen wir Ihnen, wie Sie mehrere Webseiten öffnen und dabei nie den Überblick verlieren. Statten wir der Seite einfach einen Besuch ab:

1. Starten Sie den Internetbrowser Edge über das Symbol in der Taskleiste oder über die Kachel im Startmenü.

2. Tippen Sie »www.wikipedia.de« in die Adressleiste von Edge 1 ein, und schon landen Sie im digitalen Lexikon.

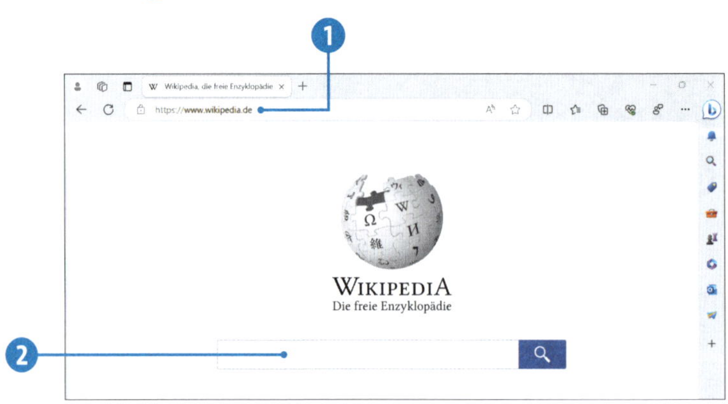

**3.** Das präsentiert sich zunächst noch sehr spartanisch. Tippen Sie aber einen Begriff in das Suchfeld **2** ein, erhalten Sie direkt eine Liste mit Vorschlägen **3**. Wir probieren es hier einfach mal mit dem vorhin schon verwendeten Eintopf, also dem ersten Eintrag **4**.

**4.** Per linken Mausklick oder per Fingertipp auf diesen Sucheintrag gelangen Sie zur Detailseite.

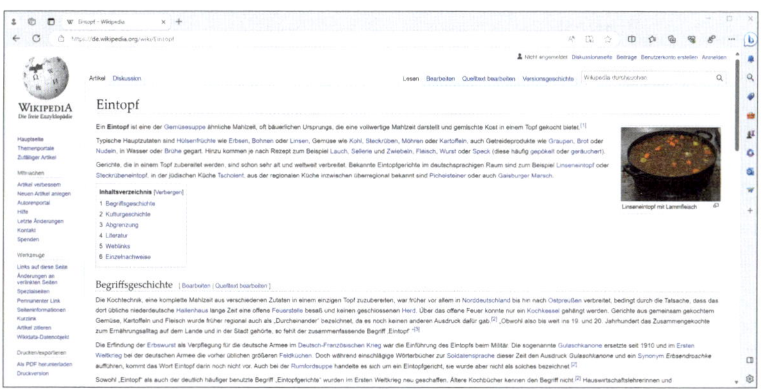


### Wikipedia als Lexikon nutzen

Nach diesem Prinzip finden Sie auf Wikipedia hunderttausende Artikel zu nahezu jedem Begriff und fast jedem Thema. Wie Sie sicher bemerken, ist der Text in Wikipedia übersät mit blauen Links – das bedeutet, dass zu all diesen Begriffen wiederum detaillierte Artikel existieren. Sie sehen, stundenlange Aufenthalte sind hier gar kein Problem.

**MERKE**

Link mit rechtem Klick wählen

↓

Link in neuem Browser-Fenster öffnen

Kontextmenü aufrufen mit

Gerade bei Wikipedia kann es sein, dass Sie mehrere Artikel interessant finden. Dann ist das Hin- und Herspringen mit den Navigationspfeilen links oben eher mühselig. Sie können daher Internetseiten einfach in einem weiteren Fenster öffnen:

1. Sie haben ja bereits eine Seite in Wikipedia geöffnet. Falls nicht, gehen Sie einfach noch mal zum Anfang des Abschnitts.

2. Suchen Sie sich auf der Wikipedia-Seite einen beliebigen Link, der in einem neuen Fenster geöffnet werden soll. Fahren Sie mit dem Mauszeiger über den Link (1), öffnet sich eine kleine Vorschau mit dem hinterlegten Inhalt (2). Beim Touchscreen ist es leider nicht machbar, diese Vorschau anzuzeigen.

3. Anschließend wählen Sie einen Eintrag wie gewohnt mit einem linken Mausklick aus. Nun klicken Sie den Link (1) mit der rechten Maustaste an. Touchscreen-Besitzer drücken an dieser Stelle etwas länger auf den Bildschirm und heben den Finger. Erst dann erscheint das Menü.

Direkt am Link öffnet sich nun das sogenannte *Kontextmenü*. Hier wählen Sie **Link in neuem Fenster öffnen** ③ mit einem linken Mausklick an.

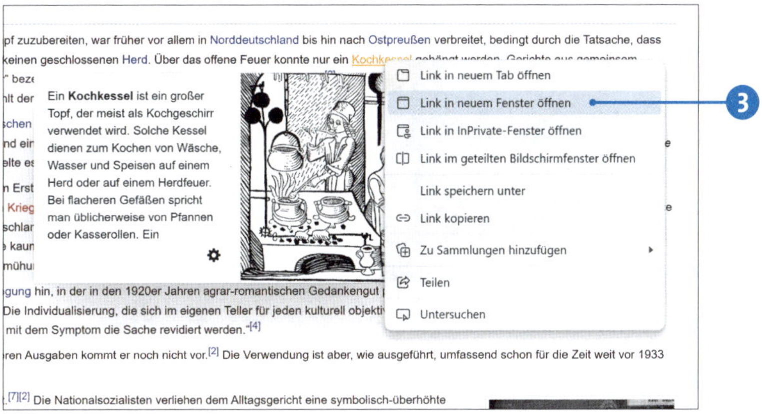


**4.** Die Internetseite, die hinter dem Link steht (in unserem Beispiel *Kochkessel*), wird direkt in einem neuen Fenster geladen und in den Vordergrund geschoben ④. Das ursprüngliche Fenster mit dem Artikel zu *Eintopf* scheint verschwunden zu sein.

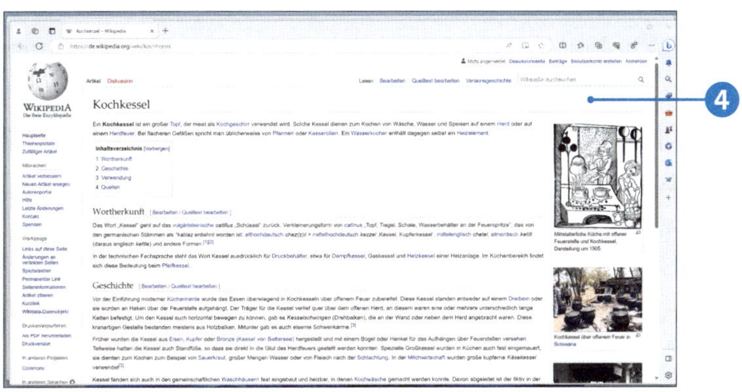


**5.** Wiederholen Sie den Vorgang direkt noch einmal mit einem beliebigen weiteren Link, damit wir drei verschiedene Internetseiten geöffnet haben. Doch wo sind die beiden zuletzt geöffneten Seiten abgeblieben?

**MERKE**

Die Fenstervorschau in der Taskleiste zeigt immer die jeweils geöffneten Fenster eines Programms an. Das funktioniert tatsächlich mit jeder geöffneten App.

6. Hilfe gibt es in der Taskleiste mit der *Fenstervorschau*. Fahren Sie mit der Maus auf das Edge-Symbol 5, und schon zeigt Windows 11 eine Vorschau aller gerade geöffneten Fenster von Edge an.

7. Fahren Sie mit dem Mauszeiger auf eines der kleinen Vorschaufenster 6, wird es groß auf dem Bildschirm eingeblendet. So können Sie in Windeseile das richtige aussuchen und es per Mausklick in den Vordergrund bringen. Probieren Sie diesen Wechsel direkt ein paarmal aus.

8. Um die einzelnen Internetseiten zu schließen, müssen Sie das jeweilige Fenster nicht einmal in den Vordergrund holen. Wenn Sie unten auf eines der Vorschaufenster zeigen, wird in seiner rechten oberen Ecke das Schließen-Kreuz sichtbar. Wenn Sie mit der Maus auf das Kreuz klicken, schließen Sie damit nicht nur die Miniaturansicht, sondern auch das in Edge geöffnete Fenster ganz bequem.

## Die praktischen Tabs im Internetprogramm Microsoft Edge

Mit den *Browsertabs*, auch *Registerkarten* genannt, wollen wir eine weitere Ordnungslösung in Edge vorstellen. Tabs funktionieren im Grunde genommen so, als ob Sie aus einem Lexikon verschiedene Seiten herausreißen und nebeneinanderlegen würden. Logischerweise geht das im Internet jedoch deutlich zerstörungsfreier. Wir bleiben einfach auf Wikipedia:

**1.** Klicken Sie mit der rechten Maustaste auf einen beliebigen Link. Dadurch wird das Kontextmenü geöffnet, das Sie bereits oben beim Öffnen mehrerer Fenster bzw. Webseiten kennengelernt haben. Hier wählen Sie nun **Link in neuem Tab öffnen** (1). Wenn Sie mit einem Touchscreen arbeiten, tippen Sie den Link länger an und lassen los, damit das Menü erscheint.

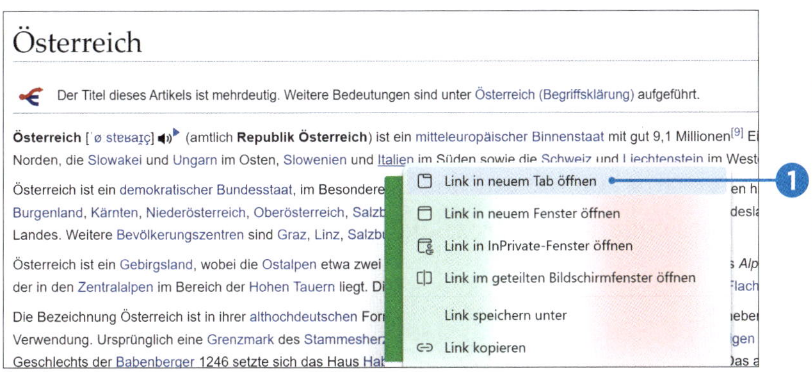


**2.** Der neue Link wird nun aber nicht im gleichen Fenster oder wie im letzten Abschnitt in einem ganz neuen Programmfenster von Edge angezeigt, sondern in einem neuen Tab innerhalb des Browsers geladen und hinter der ursprünglichen Seite einsortiert (2).

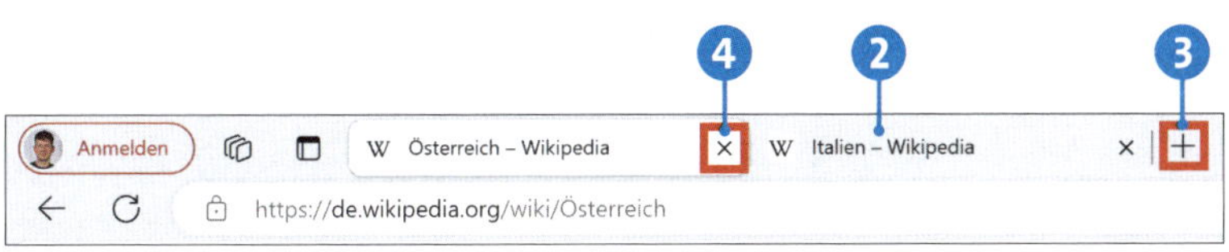

Neuer Tab

**3.** Zwischen der »alten« und der »neuen« Internetseite wechseln Sie einfach per Klick auf den Tab bzw. Registerreiter. Sie können beliebig viele Tabs öffnen. Dazu müssen Sie nicht jedes Mal das Kontextmenü aufrufen. Auch mit einem Klick auf das +-Symbol 3 hinter dem zuletzt geöffneten Tab können Sie weitere neue Tabs erzeugen. Über das +-Symbol werden Tabs mit der Startseite von Edge geladen, von der aus Sie wieder durch Eingabe einer Internetadresse ganz normal lossurfen können.

Tab schließen

4. Um einen Tab zu löschen, klicken Sie auf das ×-Symbol im jeweiligen Tab (4 auf Seite 185). Die Seite wird dadurch sofort geschlossen.

Und es geht noch übersichtlicher. Sie können die gerade geöffneten Tabs auch nebeneinander anzeigen:

1. Klicken Sie auf das Symbol für *Geteilter Bildschirm* rechts neben der Adressleiste 1.

2. Das Fenster von Microsoft Edge teilt sich. Links sehen Sie die vorher aufgerufene Webseite 2. Rechts sehen Sie alle geöffneten Tabs, bei uns sind das aktuell ja nur zwei 3. Klicken Sie nun auf jene Webseite, die Sie in groß auf der rechten Seite sehen wollen.

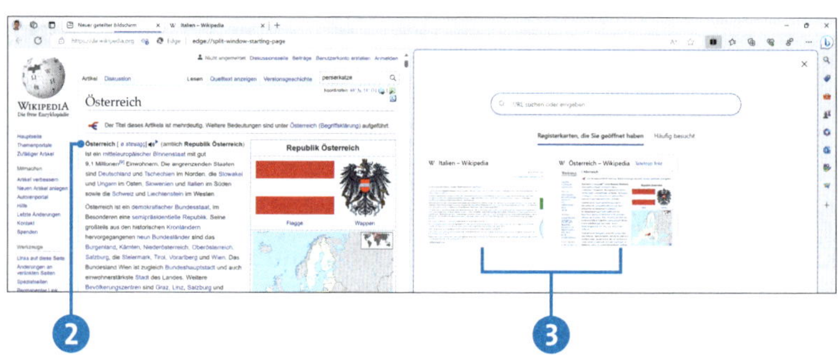

**3.** Jetzt sind beide Webseiten nebeneinander groß sichtbar. Um in der jeweiligen Seite zu scrollen, aktivieren Sie diese per Klick im oberen Fensterbereich (4). Die aktive Seite ist dann blau umrandet (5).

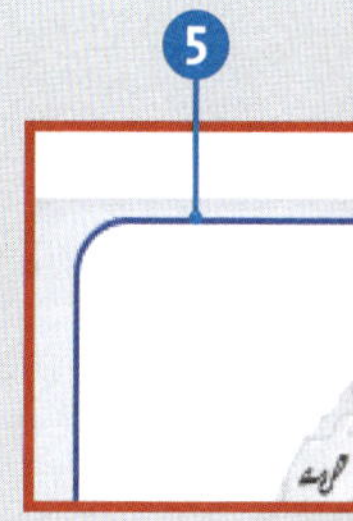


**4.** Um den Modus **Geteilter Bildschirm** zu verlassen, klicken Sie einfach wieder das Symbol (6) in der Leiste von Edge an. Die zwei Webseiten werden dann wieder normal als Tabs dargestellt (7).

## Das Internet vorlesen lassen – so klappt's auch ohne Lesebrille

Internetseiten mit viel Text lassen sich am Computer oftmals schwer lesen. Microsoft Edge bietet Ihnen mit dem sogenannten *Immersive Reader* gleich zwei Hilfestellungen an. Mit diesem Werkzeug werden Internetseiten gut lesbar dargestellt (wie eine Buchseite) und auf Wunsch laut vorgelesen. So funktioniert es:

**1.** Starten Sie, falls das noch nicht geschehen ist, Microsoft Edge mit einem Linksklick auf das entsprechende Symbol in der Taskleiste oder aus dem Startmenü. Tippen Sie in die Adressleiste wieder »www.wikipedia.de« ein, und bestätigen Sie mit der ↵-Taste.

**2.** Suchen Sie, wie zuvor beschrieben, über das Eingabefeld einen beliebigen Beitrag. Wir suchen nach »Perserkatze«.

**3.** Klicken Sie nun auf die drei Punkte rechts außen auf der Adressleiste. Es erscheint der Eintrag **Immersive Reader** ①. Klicken Sie ihn an.

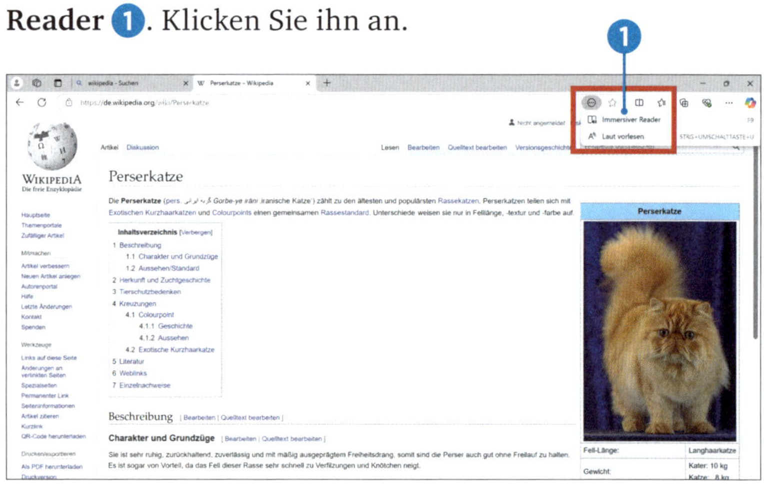


**4.** Die Seite wird nun in eine sehr übersichtliche, lesefreundliche Form ohne störende Elemente wie Menüs oder Werbung gebracht.

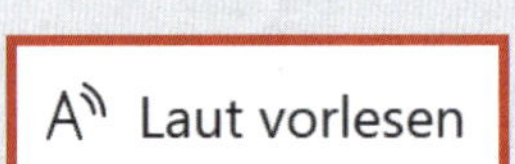


**5.** Über die Optionsleiste können Sie sich die Webseite sogar vorlesen lassen. Klicken Sie einfach auf **Laut vorle-**

**sen** ❷, und schon können Sie sich zurücklehnen und die sehr flüssige Sprachwiedergabe genießen. Über die Steuerelemente in der Mitte können Sie die Wiedergabe jederzeit pausieren ❸ oder einen Absatz nach vorne ❹ bzw. nach hinten ❺ springen.

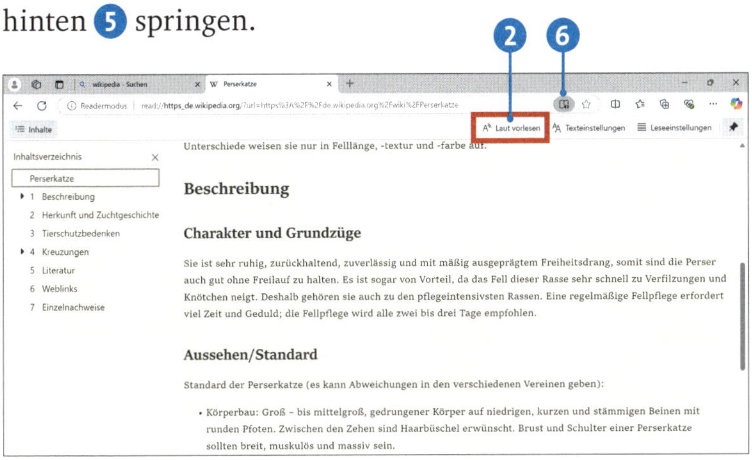


**6.** Möchten Sie die Webseite wieder normal betrachten, klicken Sie auf das Symbol **Immersive Reader** ❻ in der Adressleiste, um den Modus wieder zu deaktivieren.

## Internetseiten in einer Sammlung ablegen

»Wo habe ich doch gleich dieses perfekte Kochrezept gefunden?« Im Internet passiert das ganz schnell: Man surft munter drauflos, entdeckt eine interessante Seite, klickt auf den nächsten Link und noch einen, und schon hat man vergessen, auf welcher Seite die wichtige Info eigentlich war.

Vor allem, wenn man gerade auf verschiedenen Shoppingportalen Preise vergleicht oder für die nächste Reise nach Aktivitäten vor Ort sucht, kann man schnell den Überblick verlieren. Ordnung schafft man hier mit den *Sammlungen*,

**MERKE**

Der **Plastische Reader** steht nicht auf allen Webseiten zur Verfügung. Meistens funktioniert er nur bei Webseiten mit viel Text.

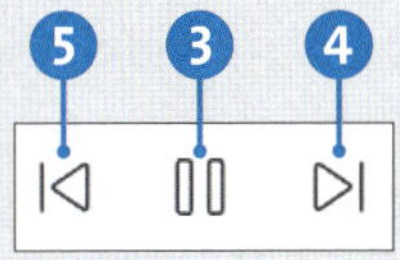


Der sogenannte *Browserverlauf* und die *Sammlungen* helfen Ihnen, sich an bestimmte Internetseiten zu erinnern.

**MERKE**

Edge bietet Ihnen in der Menüleiste oben rechts die Möglichkeit, in Sammlungen Ihre Internetseiten abzulegen.

Webseite besuchen

↓

Sammlung anlegen und eindeutig benennen

↓

beliebig viele Webseiten abspeichern und merken

und die Vorgehensweise ist ganz simpel, wie wir Ihnen in der folgenden Anleitung zeigen:

1. In unserem Beispiel sind wir auf der Suche nach T-Shirts und surfen munter durch das Internet. Wenn Sie ein gutes Angebot entdeckt haben, klicken Sie das Symbol für die **Sammlungen** ❶ rechts oben im Programmfenster von Edge an – sofort öffnet sich eine Spalte rechts außen mit den aktuell noch leeren Sammlungen ❷.

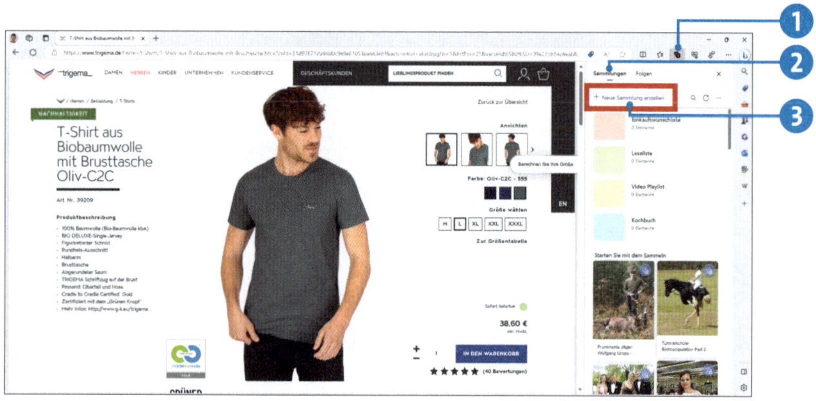


+ Neue Sammlung erstellen

2. Zunächst legen wir mit einem Klick auf **Neue Sammlung erstellen** ❸ eine neue Rubrik an, unter der die verschiedenen Angebote abgelegt werden sollen. Klicken Sie also auf diese Schaltfläche. Daraufhin erscheint ein Eingabefeld **Neue Sammlung erstellen**. Klicken Sie in das Eingabefeld ❹, und tippen Sie den gewünschten Namen für Ihre Sammlung ein. Wir nennen unsere Sammlung einfach »T-Shirts für Oliver«. Klicken Sie mit der linken Maustaste dann auf **Speichern** ❺.

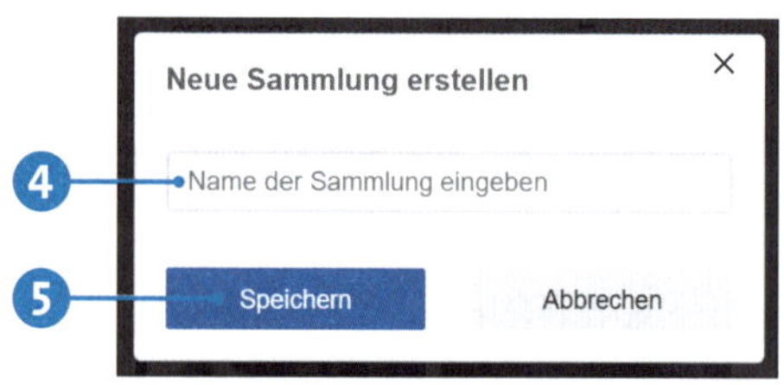

**3.** Die Sammlung erscheint nun ganz oben in der rechten Spalte und ist aktuell noch leer. Fahren Sie mit der Maus auf den farbigen Bereich **6**, erscheint ein +-Symbol, und mit einem Klick fügen Sie die aktuell angezeigte Webseite der Sammlung hinzu. Statt einer Farbmarkierung wird nun ein kleines Vorschaubild **7** und die Anzahl der abgelegten Webseiten angezeigt **8**.

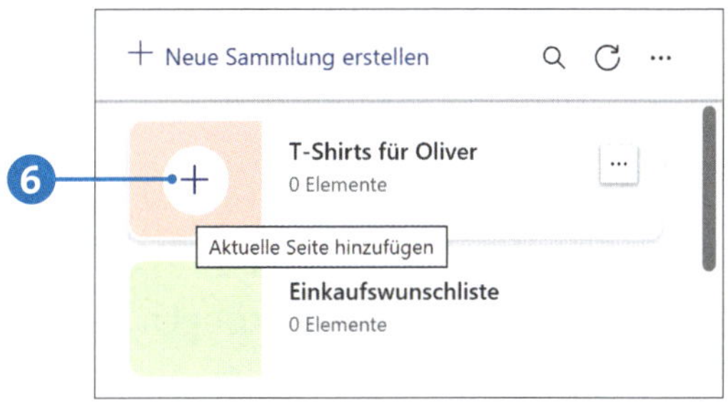


**4.** Sie können nun beruhigt weitersurfen und bei anderen Shoppingseiten nach T-Shirts suchen. Haben Sie wieder etwas für die engere Auswahl gefunden, legen Sie diese Seite, wie in Schritt 3 beschrieben, über das Plus-Symbol **9** ebenfalls in der Sammlung ab. So erstellen Sie ganz einfach Ihren persönlichen Merkzettel.

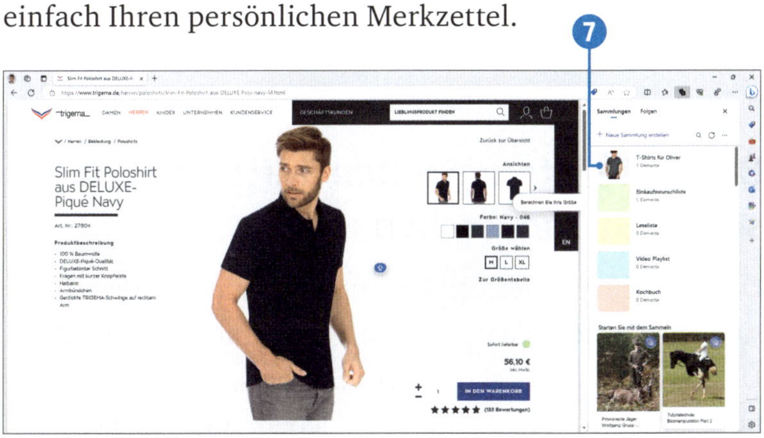


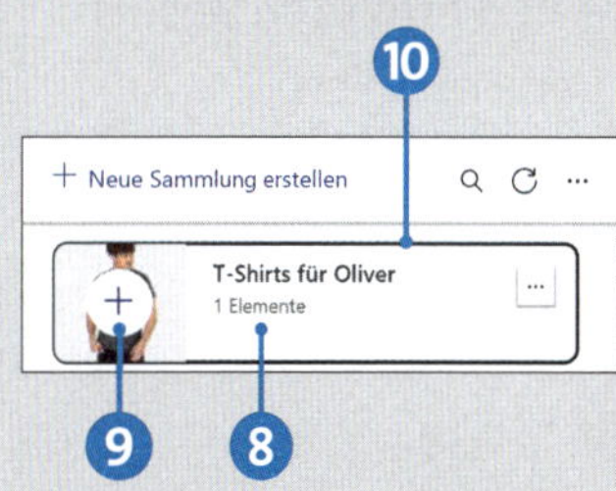


**5.** Um alle abgelegten Webseiten Ihrer Sammlung zu sehen, klicken Sie nun auf den Titel **10** der Sammlung. Es

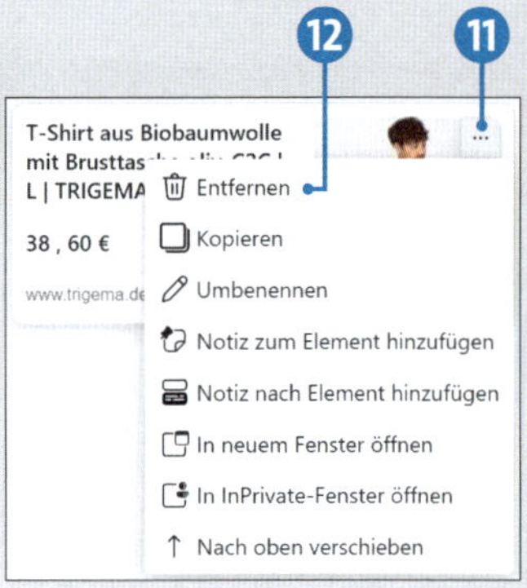


werden alle Elemente mit Vorschau und Kurzbeschreibung angezeigt. Wenn Sie auf eine abgelegte Seite klicken, wird die entsprechende Webseite auch schon geöffnet.

6. Sie können eine gespeicherte Webseite auch jederzeit wieder aus dieser Liste löschen. Wenn Sie mit der Maus über ein Element fahren, werden drei kleine Punkte 11 eingeblendet. Klicken Sie darauf und in der Liste direkt auf **Entfernen** 12, und schon ist die Seite aus der Liste verschwunden.

7. Möchten Sie die Sammlungen auf der rechten Seite komplett ausblenden, um Platz zum Stöbern im Internet zu schaffen, klicken Sie das Symbol oben in Edge einmal kurz an.

Über das Symbol für die **Sammlungen** in der Optionsleiste von Edge haben Sie immer Zugriff auf die Webseiten, die Sie auf diese Weise vorgemerkt haben. Sie können auf dem gerade gezeigten Weg beliebige Sammlungen anlegen und vergessen auf diese Weise keine für Sie wichtige Webseite mehr.

> **MERKE**
>
> Im Browserverlauf finden Sie alle von Ihnen bereits besuchten Internetseiten. Das ist für einen erneuten Besuch ganz nützlich.

## Besuchte Internetseiten durchstöbern, sortieren und löschen

Der Browserverlauf des Internetprogramms Edge merkt sich ganz schön akribisch, wo Sie überall gesurft haben. Das ist sehr praktisch. Wenn Sie beispielsweise beginnen, eine Internetadresse einzugeben, die Sie schon mal besucht haben, sorgt der Browserverlauf dafür, dass diese Adresse automatisch vorgeschlagen wird.

Im Gegensatz zu den vorher vorgestellten Sammlungen wird im Verlauf einfach alles so abgelegt, wie Sie gesurft haben. Wagen wir einen Blick hinein!

**1.** Starten Sie den Internetbrowser Microsoft Edge über das Startmenü oder das Symbol in der Taskleiste, wenn nicht schon geschehen.

**2.** Um im Verlauf gezielt zu suchen, gehen Sie rechts auf das Symbol mit den drei Punkten **1** und zeigen bzw. klicken im Menü auf den Punkt **Verlauf** **2**.

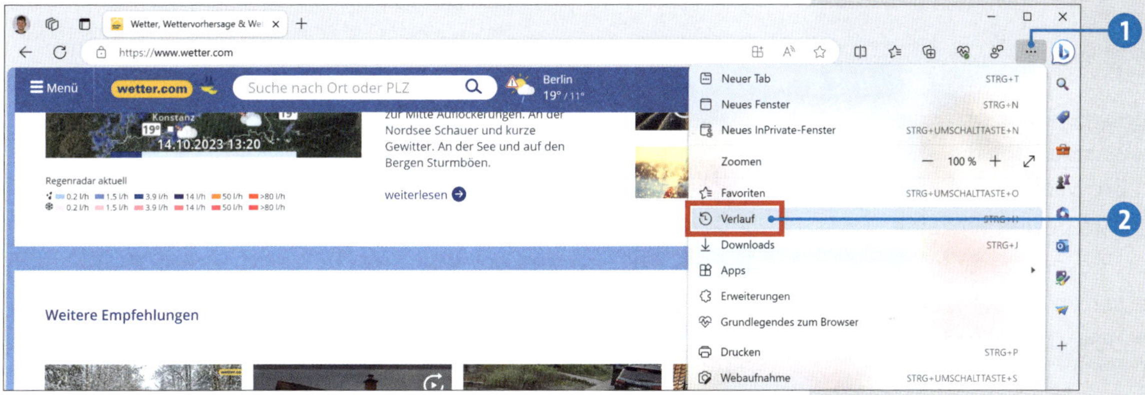


Nun öffnet sich der **Verlauf** **3**, der nach Datum und Uhrzeit geordnet anzeigt, auf welchen Seiten Sie überall zu welcher Zeit im Web unterwegs waren.

Durch Anklicken des ×-Symbols löschen Sie eine Internetseite aus Ihrem Verlauf.

Mit einem Klick auf einen Eintrag öffnet sich die entsprechende Internetseite. Komfortabel, oder?

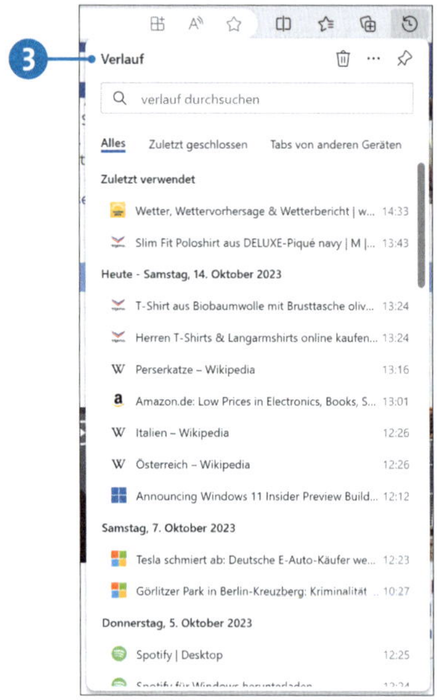


**MERKE**

Im Browserverlauf können Sie gezielt einzelne dort gespeicherte Internetseiten löschen, die Sie besucht haben!

Es kann aber sein, dass Sie nicht möchten, dass hier alles aufgezeichnet wird. Ein wenig Privatsphäre sei ja wirklich jedem gegönnt. Einzelne Seiten lassen sich daher problemlos entfernen: Fahren Sie einfach mit der Maus oder dem Finger auf den entsprechenden Punkt, und klicken bzw. tippen Sie das × an **4**.

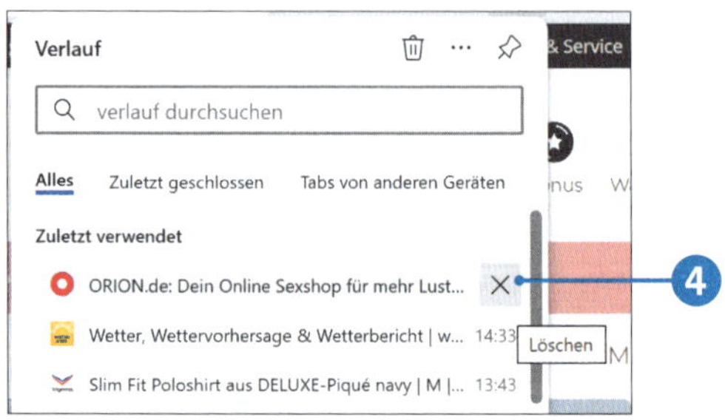


**WAS TUN**

Um Edge neu zu starten, schließen Sie einfach das Programmfenster über das × rechts oben und öffnen anschließend Edge über die Taskleiste oder das Startmenü erneut.

Schon ist der Eintrag entfernt, und er wird nach einem *Neustart* von Edge (wenn Sie das Programm beendet und anschließend neu aufgerufen haben) auch nicht mehr bei der Adresseingabe, der sogenannten *Autoergänzung* des Browsers, gefunden.

Wenn Sie den Verlauf nicht mehr benötigen, können Sie einfach in die Adressleiste klicken und eine neue Webseite aufrufen. Der Verlauf wird dadurch ausgeblendet.

**Falsche Seite aufgerufen?**

Auch wenn Sie mit dem Löschen des Verlaufs immer nur das Gedächtnis Ihres Computers, nicht aber das des Internets selbst löschen können – machen Sie sich keine allzu großen Sorgen, wenn Sie einmal aus Versehen auf einer Seite gelandet sind, die Sie gar nicht besuchen wollten. Sei es, dass es da um anzügliche Inhalte oder illegales Ansehen von Videos oder Herunterladen von Musik geht. Solange Sie hier nicht »aktiv« werden, passiert nichts weiter. Also, keine Sorge: Verlassen Sie die Seite dann einfach wieder, indem Sie diese schließen, und alles ist gut.

Auf Wunsch können Sie auch den gesamten Verlauf, also alle bislang besuchten Seiten und »Spuren«, auf einmal löschen:

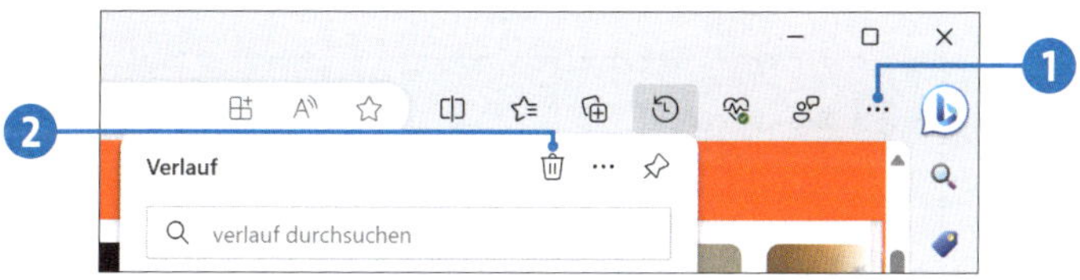


**1.** Klicken Sie auf das Symbol mit den drei Punkten 1, fahren Sie mit der Maus auf **Verlauf**.

**2.** Hier klicken Sie auf den Papierkorb 2.

**3.** Sie gelangen in ein neues Dialogfenster mit zahlreichen Optionen (siehe die Abbildung auf Seite 196). Zunächst interessiert uns hier der **Zeitbereich** 3. Mit einem Klick auf das kleine Dreieck 4 hinter **Letzte Stunde** erhalten Sie weitere Auswahlmöglichkeiten. Mit **Gesamte Zeit** 5 löschen Sie den kompletten Verlauf.

**MERKE**

Den Browserverlauf können Sie auch komplett mit wenigen Klicks löschen.

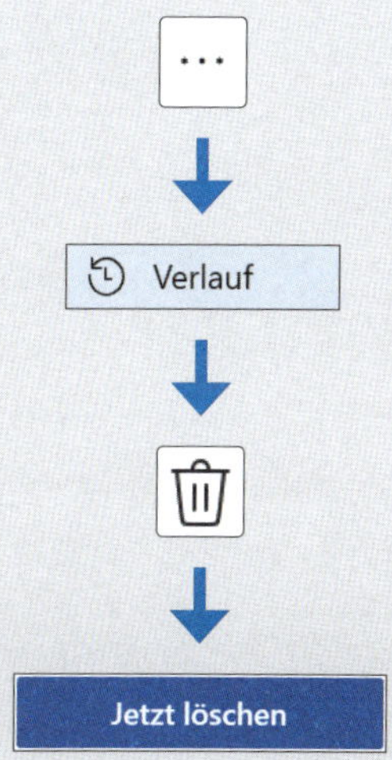

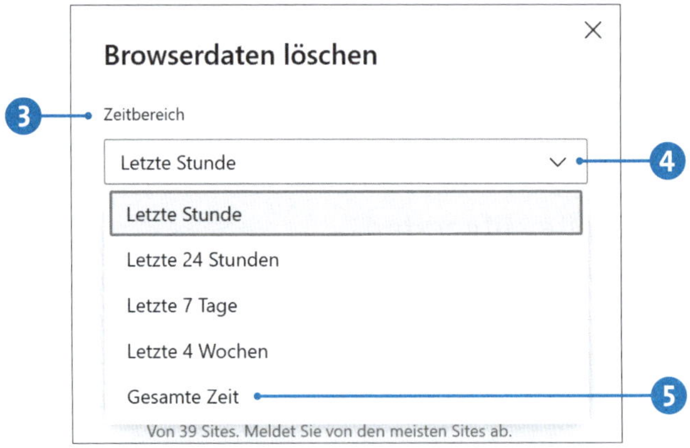


**4.** Nachdem Sie den Zeitbereich gewählt haben, werfen wir einen näheren Blick auf die weiteren Optionen darunter. Einige von ihnen sind bereits mit einem Häkchen versehen und somit schon aktiviert:

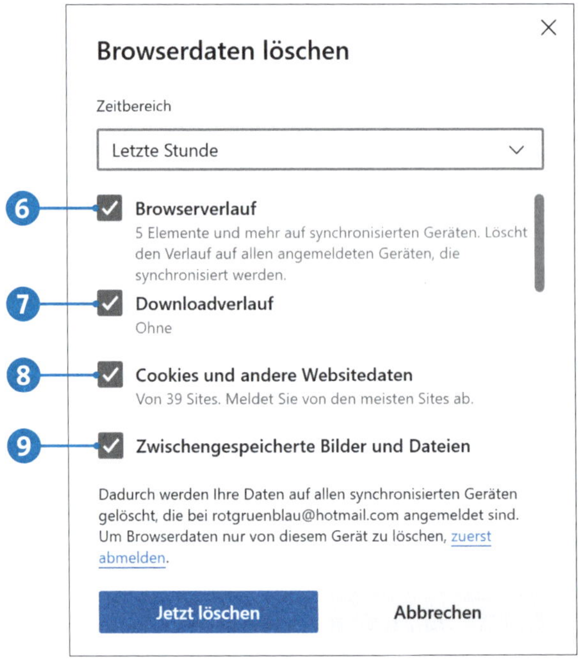


**6** **Browserverlauf**: Hier löschen Sie die gesamte »Historie«, also alle von Ihnen besuchten Internetadressen.

7 **Downloadverlauf**: Damit werden alle Daten, die Sie aus dem Internet heruntergeladen haben, beispielsweise ein Programm oder ein PDF-Dokument, aus dem Ordner **Downloads** auf Ihrer Festplatte gelöscht.

8 **Cookies und andere Websitedaten**: Viele Webseiten verwenden Techniken, um sich zu merken, wie Sie im Internet surfen. Zumeist geschieht das, um Ihnen passende Werbung zu zeigen. Ein Haken an dieser Stelle löscht diese kleinen »Spione«.

9 **Zwischengespeicherte Bilder und Dateien**: Um Internetseiten schneller aufzubauen, legt Edge viele Elemente, wie beispielsweise Bilder, direkt auf Ihrem Computer ab. Da sammelt sich im Laufe der Zeit ganz schön etwas an. Setzen Sie hier den Haken, wird der gesamte Datenmüll entsorgt. Im schlimmsten Fall müssen Sie beim Surfen im Anschluss ein klein wenig länger warten, bis von Ihnen häufig besuchte Webseiten geladen werden.

**ACHTUNG!**

Hier wird aber nur der Ordner **Downloads** selbst aufgeräumt. Haben Sie ein heruntergeladenes Programm bereits installiert oder ein Dokument in einen anderen Ordner abgelegt, geschieht diesen Daten natürlich nichts.

Doch es geht noch weiter. Mit dem Scrollbalken auf der rechten Seite erhalten Sie noch mehr Optionen:

10 **Kennwörter**: Microsoft Edge speichert auf Wunsch Kennwörter zu Webseiten. Das kann praktisch sein. Wollen Sie diese Erinnerungen löschen – Sie ahnen es bereits –, müssen Sie hier einen Haken setzen.

11 **AutoAusfüllen-Formulardaten**: Auch häufig wiederkehrende Abfragen, wie beispielsweise Ihre Adresse, kann Microsoft Edge sich merken. Auch das kann man hier zum Löschen anwählen.

12 **Websiteberechtigungen** ist nur für Internetprofis relevant, da brauchen Sie nichts zu tun.

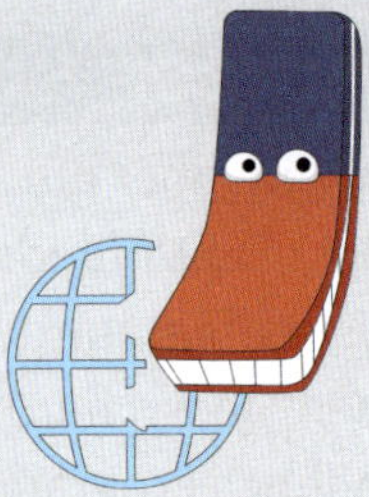

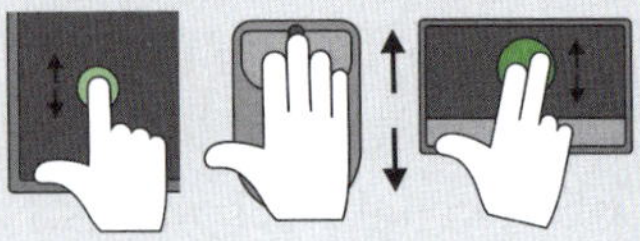

Mit einem Klick auf **Jetzt löschen** 13 werden die Daten entsprechend Ihren Vorgaben gelöscht. Schließen Sie nun den Edge-Browser über einen Klick auf das × rechts oben, und starten Sie ihn erneut.

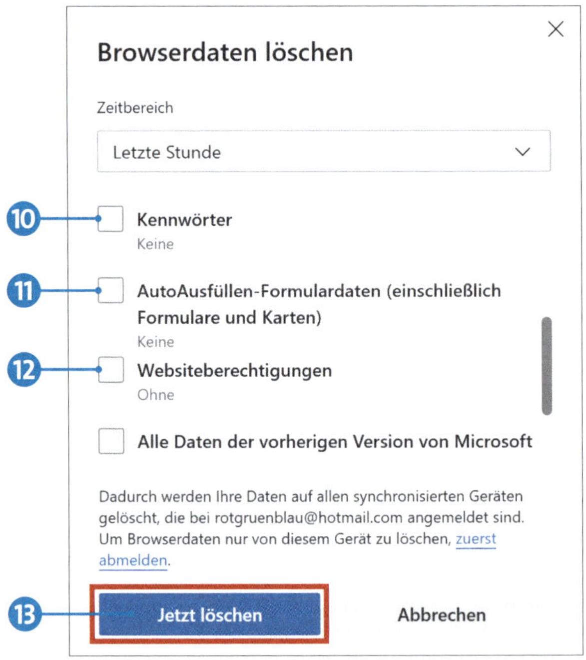

Komplett mit Tarnkappe kann man ebenfalls im Internet surfen. Das bedeutet aber nur, dass sich Ihr Computer standardmäßig keinerlei Seiten, Eingaben oder Passwörter merkt. Diese Funktion ist etwa dann praktisch, wenn man den Partner mit einem online gekauften Geschenk überraschen und daher von vornherein alle Spuren verwischen möchte. Um Ihren Besuch im Internet mit Tarnkappe zu beginnen, gehen Sie folgendermaßen vor:

1. Starten Sie Edge, und klicken Sie dann auf die drei Punkte 1. Die stehen einfach für »Mehr Funktionen«.

**MERKE**

Im Internet können Sie auch unerkannt surfen. Das nennt sich in Edge *InPrivate-Surfen*. Dabei zeichnet Ihr Computer keinerlei Aktivitäten im Verlauf des Internetprogramms Edge auf.

**2.** In diesem Menü wählen Sie **Neues InPrivate-Fenster** ②. Das ist bei Edge der Begriff für das unerkannte Browsen im Internet.

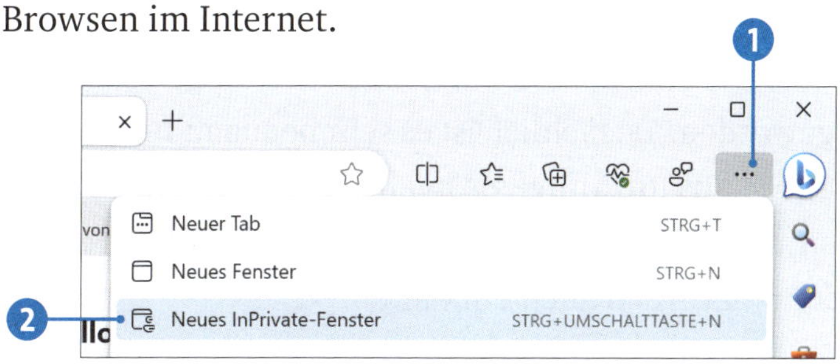


Edge weist Sie mit einem neuen Startbildschirm nochmals darauf hin, dass keine der Aktivitäten, die in diesem Programmfenster stattfinden, aufgezeichnet werden.

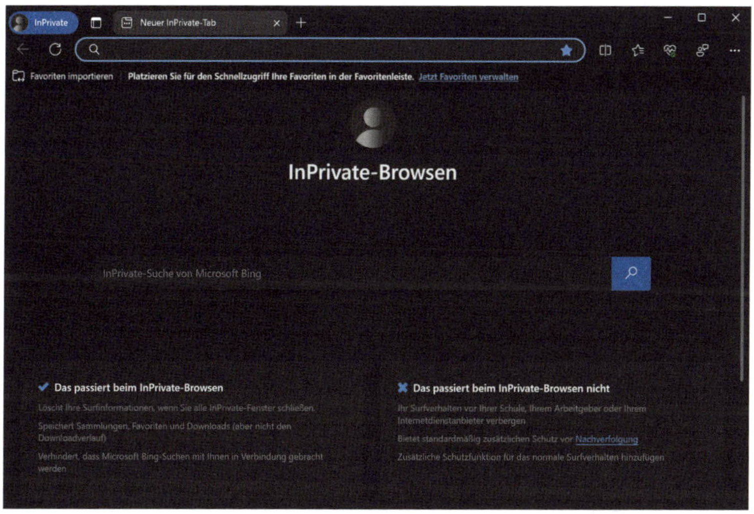


**3.** Nach Ihrer Sitzung im Internet schließen Sie das Programmfenster wie gewohnt über das ×-Symbol. Damit ist alles vergessen. Das gilt aber wirklich nur für den Verlauf oder eingegebene Kennwörter – ein im privaten Fenster getätigter Kauf oder eine Überweisung im Onlinebanking ist logischerweise damit nicht rückgängig zu machen!

## Einkaufen im Internet

*Onlineshopping* ist in aller Munde – nicht umsonst sind Konzerne wie *Amazon* in den letzten Jahren so richtig groß geworden. Tatsächlich ist es sehr bequem: Im Internet können Sie aus unzähligen Angeboten und Einkaufsläden wählen, stressfrei rund um die Uhr digital bummeln gehen und dann natürlich auch einkaufen.

Grundsätzlich sind die »Läden« im Internet nicht anders organisiert als die Shoppingmeile in Ihrer Stadt. Es gibt verschiedene Angebote, aus denen Sie auswählen können und die Sie logischerweise beim Verlassen des Geschäfts auch bezahlen müssen, sofern Sie sie kaufen wollen. Der unschlagbare Vorteil im Internet – Sie wohnen in Castrop-Rauxel, können aber innerhalb von Sekunden in Hamburg, Berlin oder Stuttgart auf Einkaufstour gehen. Oder sogar im Ausland. Und alles wird Ihnen ohne Schlepperei nach Hause geliefert.

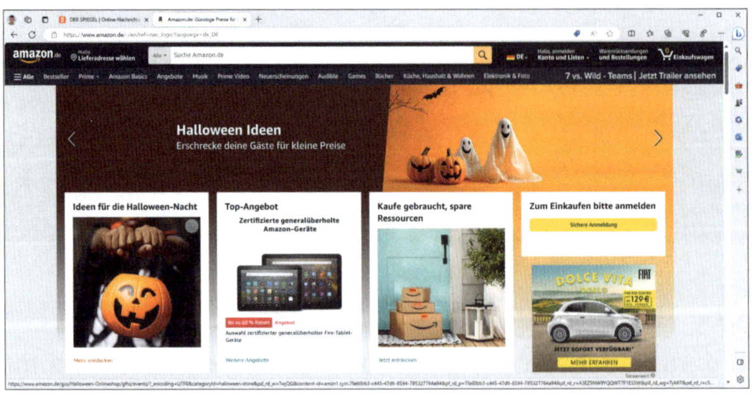


Amazon ist der wohl bekannteste Online-versandhändler.

Es gibt nahezu alles online zu kaufen – von der Zahnbürste bis hin zum Auto. Nur im Bereich Lebensmittel, also bei der klassischen Supermarktware, ist der Markt im Internet noch recht dünn. Lediglich in Großstädten bieten die großen Supermarktketten schon überall Services an, sodass Sie online Ihren Wocheneinkauf erledigen können und dieser nach Hause gebracht wird.

Die digitale Shoppingtour startet auch hier wieder mit dem Internetprogramm Edge und der Eingabe einer Webadresse, beispielsweise »www.otto.de«, »www.amazon.de« oder auch »www.ebay.de« für das bekannte Onlineauktionshaus *eBay*. Hier bummeln Sie nach Herzenslust und selbstverständlich gratis durch das unglaublich große Warenangebot. Mit dem zuvor gelernten Wissen zur Navigation durch Webseiten klappt das sicher hervorragend. Wie im echten Laden gilt: Gucken kostet nix.

## Onlinebanking am Computer

Banken haben immer weniger Lust auf Kundenkontakt, das haben Sie sicherlich schon selbst bemerkt. Entweder ist die Filiale komplett geschlossen, oder für Geschäfte am Schalter werden sehr hohe Gebühren fällig. Eine von Hand ausgefüllte Überweisung wird zudem meist mit längerer Bearbeitungszeit quittiert. Über das Internet hingegen ist das Bankgeschäft ausgesprochen komfortabel zu erledigen und eine Überweisung mit wenigen Mausklicks erledigt. Das macht Spaß, spart Geld und ist sicher. Tatsächlich müssen Sie sich beim sogenannten *Onlinebanking* keine Sorgen machen, dass jemand Ihr Konto plündert. In diesem Abschnitt erläutern wir, wie Sie auf der sicheren Seite Ihre Bankgeschäfte digital regeln, und schauen uns auch ein Demokonto online an.

**MERKE**

Ist in der Adressleiste von Edge ein Schloss abgebildet, wird die Verbindung zur aufgerufenen Internetseite sicher hergestellt.

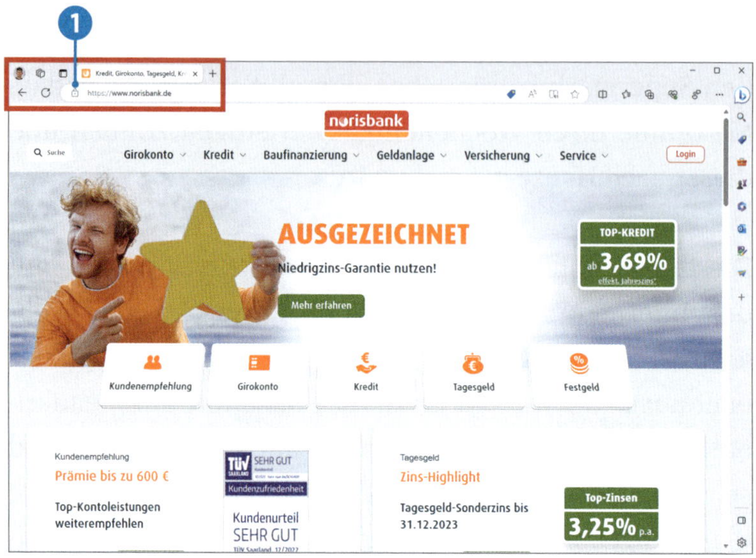

- Die Verbindung zur Website Ihrer Bank ist mehrfach gesichert. Ihr Internetprogramm Edge zeigt sogar direkt an, ob eine Webseite über eine derartig gesicherte Verbindung verfügt, die niemand unbefugt einsehen kann. In unserem Beispiel mit der *norisbank* ist das (geschlossene) Schlosssymbol 1 in der Adressleiste deutlich sichtbar.
- Bei Bankgeschäften im Internet und für jede Überweisung benötigen Sie bei fast allen Banken ein Smartphone und die darauf installierte Banking-App Ihres Kreditinstituts. Diese App prüft bei jeder Überweisung nochmals nach, ob Sie sie wirklich selbst getätigt haben. Das dient der Sicherheit. So kann niemand unbefugt Bankgeschäfte tätigen, selbst wenn jemand Ihre Onlinebanking-Passwörter hätte. Ihre Bank hilft bei der Einrichtung der App gerne, fragen Sie einfach nach.

Beim Onlinebanking wird per Smartphone das Okay für Überweisungen eingeholt.

Das Onlinebanking beantragen Sie bei Ihrer Hausbank. Von ihr erhalten Sie auch die Zugangsdaten für das Onlinebanking nach Anforderung per Post. Im Folgenden zeigen wir Ihnen an einem Beispiel, wie eine Überweisung über das Internet prinzipiell funktioniert. Dank einer sehr praktischen Demokontofunktion können Sie die Schritte hier auch ohne eigenes Onlinekonto gefahrlos und ohne Konsequenzen, und vor allem nicht mit eigenem Geld, einmal vorab ausprobieren:

**1.** Starten Sie Ihr Internetprogramm Edge wie gewohnt in der Taskleiste oder über das Startmenü.

**2.** In das Adressfeld geben Sie mit der Tastatur jene URL (die Internetadresse) ein, die Ihnen die Bank für das Onlinebanking mitgeteilt hat. In unserem Beispiel ist das *https://www.norisbank.de/demokonto*. Bestätigen Sie Ihre Eingabe mit der Taste ↵.

**3.** In der Mitte des Bildschirms der norisbank sind die Logindaten für das Demokonto schon alle ausgefüllt. Klicken Sie einfach auf **Login ausführen** 1.

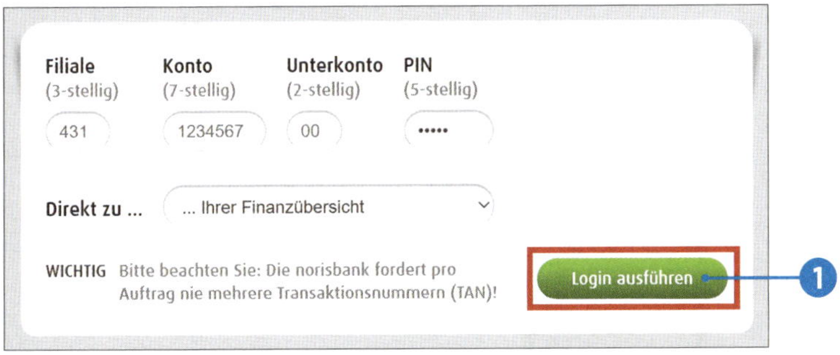


**4.** Tatsächlich simuliert die Bank die Verifizierung mit einem virtuellen Smartphone. Im wahren Leben machen Sie das natürlich mit Ihrem eigenen Gerät. Aber zum Ausprobieren ist das wirklich charmant. Zunächst klicken Sie **PhotoTAN scannen** 2 an.

Die Schritte, die auf der Internetseite einer Bank für eine Onlineüberweisung ausgeführt werden, ähneln sich bei den verschiedenen Banken sehr.

**ACHTUNG!**

Bitte lassen Sie sich durch den vielleicht auf den ersten Blick komplexen Vorgang für das Onlinekonto nicht entmutigen. Probieren Sie es einfach mit dem Demokonto aus. Die Verifizierungen dienen einzig Ihrer Sicherheit, dass niemand Ihr Konto missbräuchlich verwenden kann.

Mit *Login* wird im Internet die Möglichkeit bezeichnet, sich anzumelden und in einen persönlichen Benutzerbereich zu gelangen, auf den nur Sie mittels persönlicher Zugangsdaten Zugriff haben. Und mit einem Klick auf *Logout* schließen Sie diesen sensiblen Bereich wieder.

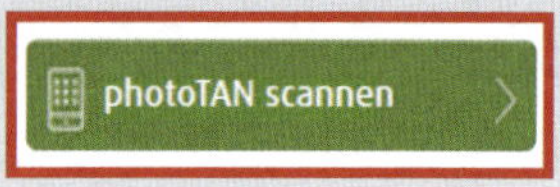


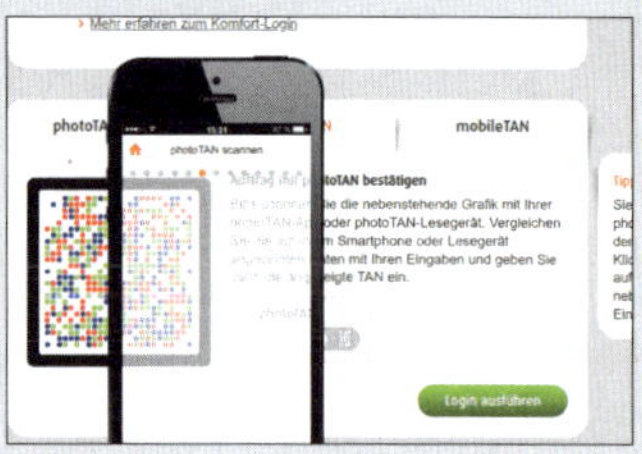

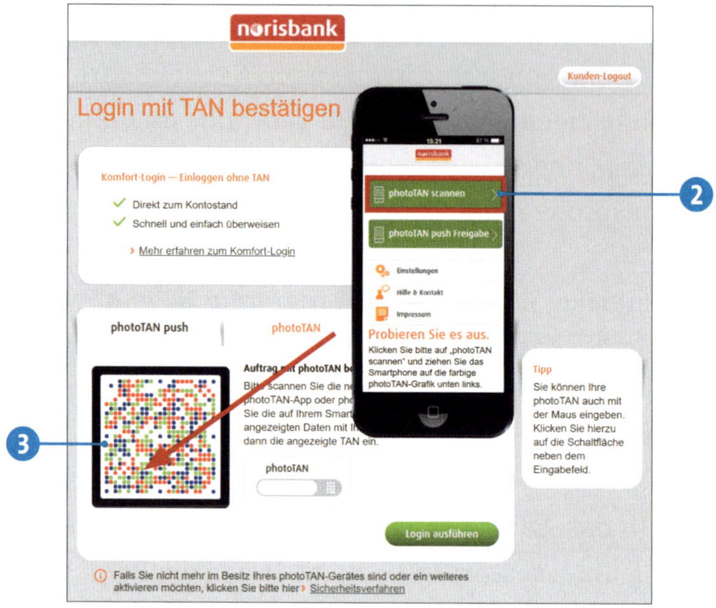


**5.** Auf dem virtuellen Smartphone wird nun der Bildscanner angezeigt. Damit müssen Sie das bunte Rasterfeld **3** erfassen. Ziehen Sie mit gedrückter linker Maustaste das Smartphone über dieses Feld.

**6.** Sie erhalten dann eine TAN-Nummer generiert **4**. Klicken Sie in das TAN-Feld rechts **5**, und tippen Sie sie dort exakt so ein.

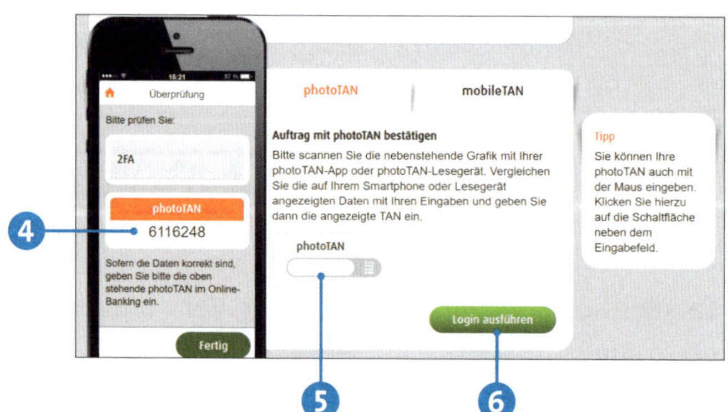


**7.** Jetzt klicken Sie auf die grüne Schaltfläche **Login ausführen** **6**, und Sie gelangen ins Onlinebanking.

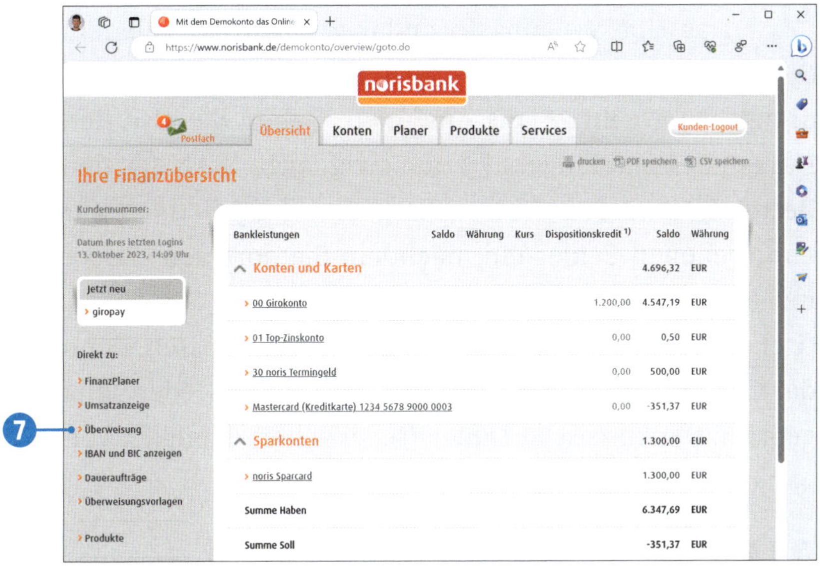


**8.** Auf geht's zur Überweisung von Geld, das Ihnen nicht gehört. Klicken Sie mit der linken Maustaste im linken Bildschirmbereich auf **Überweisung** 7.

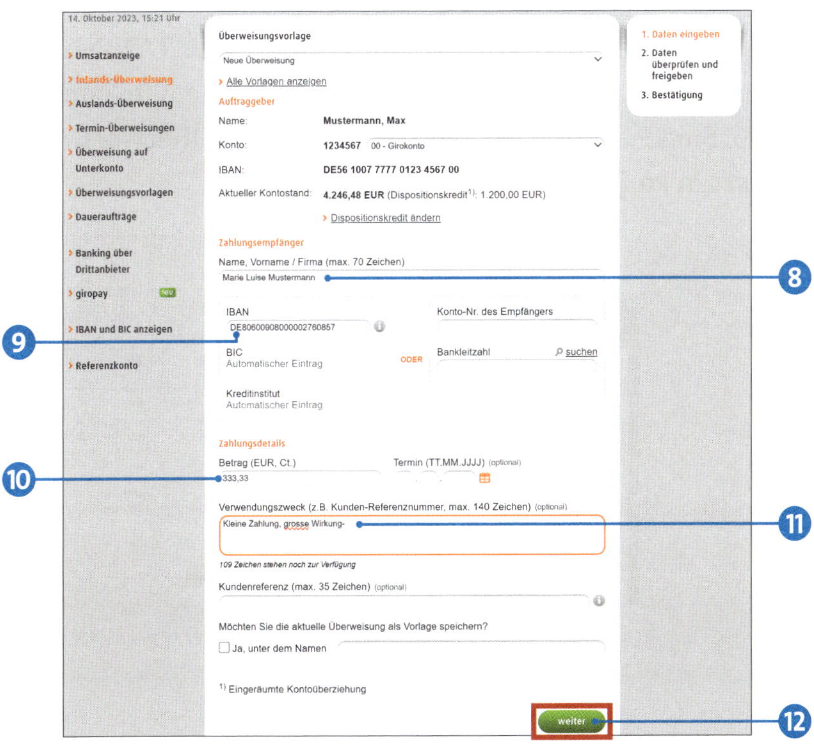

**ACHTUNG!**

Obwohl es sich um ein Demokonto handelt, erwartet die Bank eine korrekte IBAN. Eine Fantasienummer funktioniert nicht. Sie können gerne Ihre eigene Konto-IBAN verwenden.

**9.** Das Überweisungsformular wird direkt geladen. Sie sehen, dass es einem gedruckten Exemplar doch sehr ähnelt. Nun geht es ans Ausfüllen. Geben Sie also den Namen des Empfängers 8, die ewig lange IBAN 9, den Betrag 10 und den **Verwendungszweck** 11 in die dafür vorgesehenen Felder ein, nachdem Sie dort den Cursor mit einem linken Mausklick platziert haben. Sehr praktisch: Bei der IBAN sind Tippfehler ausgeschlossen, denn der Code wird später bei der Übertragung von jeder Bank geprüft. Der klassische Zahlendreher gehört damit der Vergangenheit an.

**10.** Alles ausgefüllt? Dann kann die Überweisung ausgeführt werden. Klicken Sie auf **Weiter** 12.

**11.** Klar, dass noch eine Sicherheitsabfrage, wie beim Einloggen, erfolgt. Auch das dient der Sicherheit, es wird wieder mit dem virtuellen Smartphone eine TAN-Nummer erzeugt. Der Vorgang ist identisch mit dem in Schritt 4–6. Sind Sie fertig, klicken Sie nur noch auf **Überweisung ausführen** 13.

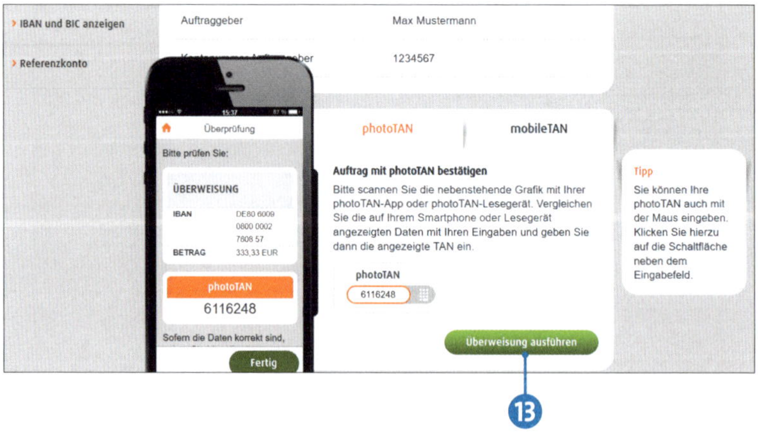

**12.** Sie erhalten zum Abschluss eine Zusammenfassung der Transaktion angezeigt. Jetzt können Sie, gerne auf eigene Faust, weitere Bereiche des Onlinebankings anschauen. Das war doch gar nicht schwer, oder? So fix können Sie auch mit Ihrer Bank künftig im Internet Überweisungen erledigen. Natürlich kann ein Onlinekonto noch viel mehr – digitale Kontoauszüge mit Suchfunktion, Statistiken, Terminüberweisung etc. Probieren Sie es einfach selbst aus: Onlinebanking erleichtert Ihren Alltag ungemein.

Und die Sicherheit? Im Bereich des Onlinebankings Ihrer Bank ist aufgrund der Absicherung durch Ihre Logindaten und die Verifizierung über das Smartphone zu jeder Transaktion eine kriminelle Handlung so gut wie unmöglich. Denn wenn Kriminelle aktiv werden, dann versuchen sie per E-Mail Ihre Zugangsdaten und Passwörter zu klauen, was in diesem Fall schlichtweg nichts bringt. Wie man sich vor Datenklau im Allgemeinen schützen kann, erklären wir Ihnen im Abschnitt »Werbe-Mails und Spam-Mails – so reagieren Sie richtig« ab Seite 272.

**ACHTUNG!**

Vergessen Sie beim echten Onlinebanking nie, sich über die Schaltfläche **Logout** (manchmal heißt sie auch **Abmelden** oder **Ausloggen**) von Ihrem Onlinekonto abzumelden. Das Schließen der Internetseite oder des Browsers Edge allein reicht dazu nicht!

## Webseiten drucken

Auch wir gehören zu jener Generation, die längere Texte gerne »schwarz auf weiß« vor sich hat. Es ist nur zu verständlich, dass man die eine oder andere Webseite gerne ausdrucken möchte. Was Sie wissen sollten:

- Webseiten sind häufig nicht dafür optimiert, ausgedruckt zu werden. Erwarten Sie keine perfekten Druckwerke.
- Vor dem Ausdruck sollten Sie unbedingt die Vorschaufunktion im Druckdialog nutzen und nicht benötigte Seiten vom Druck ausschließen.

**ACHTUNG!**

In Kapitel 6, »Mit OpenOffice einen Brief schreiben und Dokumente gestalten«, zeigen wir ganz ausführlich, wie man einen Drucker installiert und diverse Optionen einstellt.

**MERKE**

Den **Drucken**-Befehl finden Sie in Edge im Menü **Mehr** – das ist die Schaltfläche mit den drei Punkten ganz rechts oben.

Hier in Edge zeigen wir Ihnen die Grundlagen für einen schnellen Ausdruck. Wir setzen voraus, dass Ihr Drucker bereits betriebsbereit ist.

1. Öffnen Sie Edge, sofern noch nicht geschehen, und rufen Sie die gewünschte Webseite im Adressfeld auf.

2. Öffnen Sie nun das …-Menü rechts ① mit einem Klick, und wählen Sie dort den Befehl **Drucken** ② ebenfalls per Maus aus.

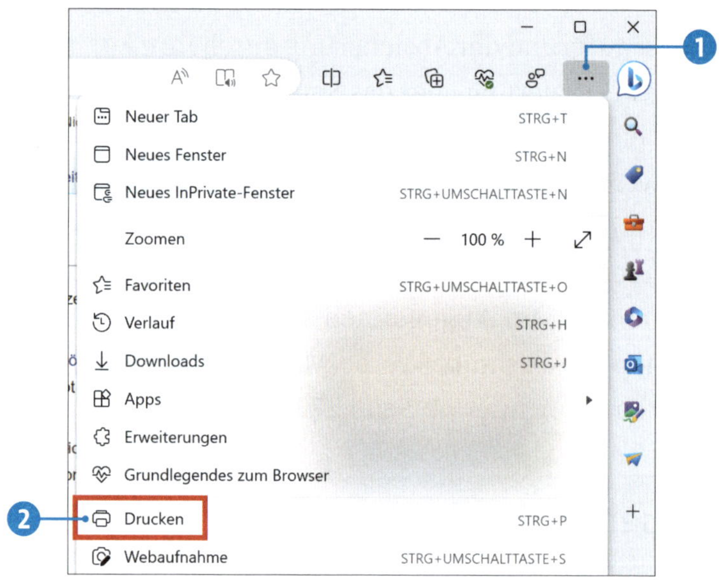


Das folgende Dialogfenster zeigt Ihnen eine große Seitenvorschau ③. Das ist sehr wichtig, denn nicht alle Seiten lassen sich so schön auf dem Drucker ausgeben wie hier der Beitrag von Wikipedia. So prüfen Sie schon vor dem Druck, ob das Ergebnis Ihren Vorstellungen entspricht.

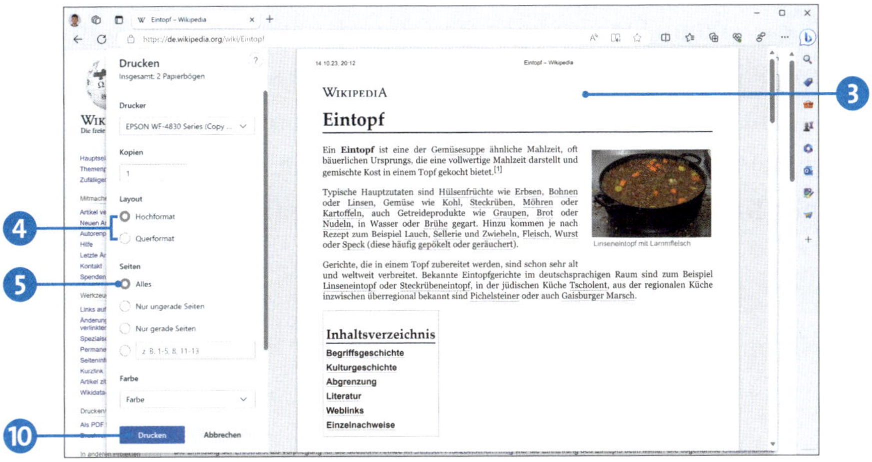


3. Wählen Sie unter **Layout** durch Anklicken des Kreises, ob der Druck im **Hochformat** oder **Querformat** 4 erfolgen soll.

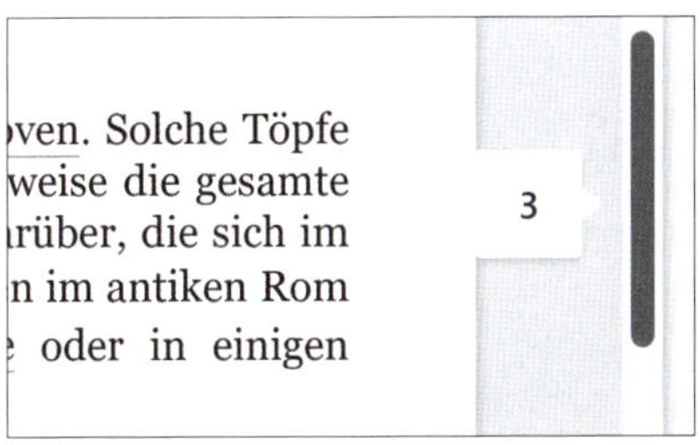


4. Bei **Seiten** ist standardmäßig **Alles** 5 angewählt. Möchten Sie aber nur bestimmte Abschnitte der Internetseite drucken, markieren Sie mit einem Klick in den kleinen Kreis 6 das untere Feld. Klicken Sie nun in das Feld selbst 7, und geben Sie auf Ihrer Tastatur jene Seiten an, die Sie wirklich ausgeben möchten.

5. Scrollen Sie im linken Feld nach unten, und klicken Sie auf **Weitere Einstellungen** 8.

**MERKE**

Welcher Inhalt auf welcher Seite steht, sehen Sie, wenn Sie rechts außen mit dem Scrollbalken durch Ihr Dokument blättern.

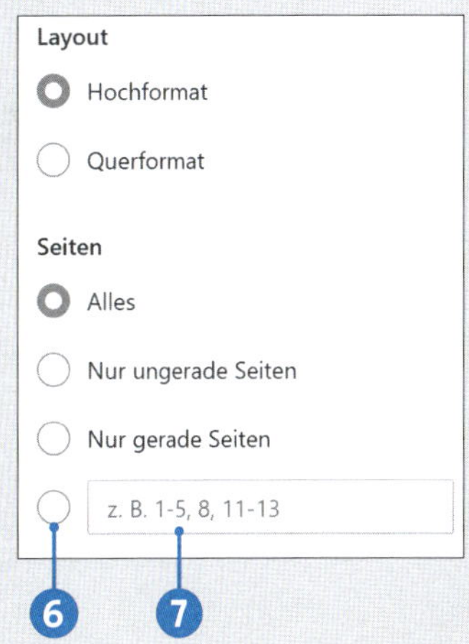


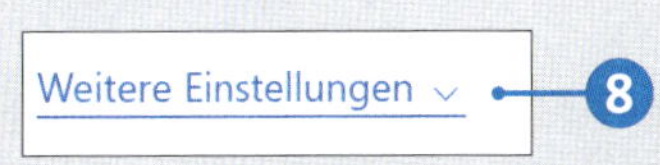

**MERKE**

Im Internetprogramm Edge wird anhand der automatischen Vorgaben immer in der Standardqualität Ihres Druckers gedruckt.

6. Wenn Sie nun noch weiter nach unten scrollen, kommen Sie zur **Skalierung** (9). Ändern Sie sie bei Bedarf ab – sollte die Internetseite in der Vorschau rechts nicht ganz aufs Papier passen und abgeschnitten sein, können Sie hier per Tastatureingabe die Größe prozentual anpassen.

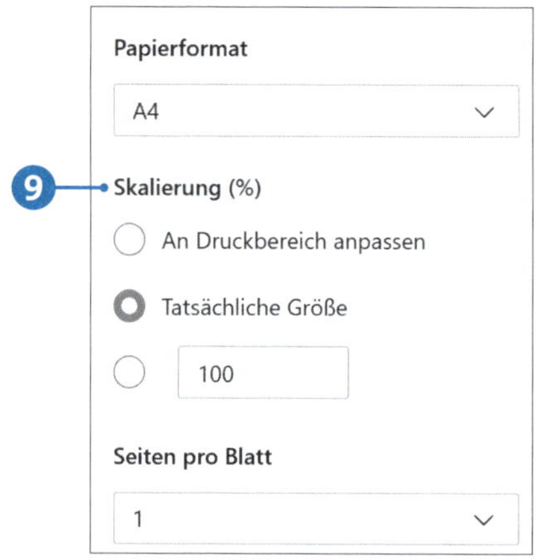


7. Ist nun alles startklar? Mit einem Klick auf die Schaltfläche **Drucken** ((10) auf Seite 209) wird der Druckvorgang gestartet.

## Verbindung prüfen oder wechseln – ist das Internet startklar?

Wenn Sie Windows 11, wie in Kapitel 2, »Den Computer mit Windows 11 starten«, beschrieben, installiert haben, dann sollte Ihre Internetverbindung bereits voll einsatzfähig sein. Doch schauen wir uns einfach kurz an, wie man im System ganz einfach feststellen kann, ob der Weg auf die Datenautobahn frei ist und wie man Probleme behebt. Es kann gerade bei einer Verbindung ohne Netzwerkkabel passieren, dass Ihr Computer nach einem Stromausfall oder Ähnlichem die vorhandene Verbindung »vergisst«. So geht der Verbindungscheck:

Starten Sie zunächst Ihren Computer, und melden Sie sich wie gewohnt an. Der Windows-Desktop erscheint. Werfen Sie nun einen Blick in die Taskleiste und nach rechts. Bei einer vorhandenen Verbindung über WLAN oder WiFi sehen Sie das entsprechende Symbol ❶.

Sind Sie per Netzwerkkabel mit dem Internet verbunden, sieht das Symbol in der Taskleiste ein wenig anders aus ❷.

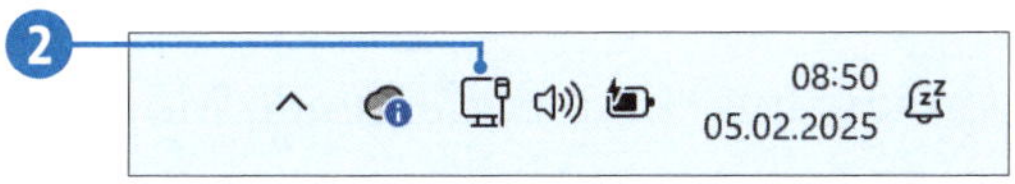

In beiden Fällen gilt: Das Internet ist startklar. Die Weltkugel mit dem Gesperrt-Symbol ❸ zeigt Ihnen hingegen, dass noch keine Verbindung besteht.

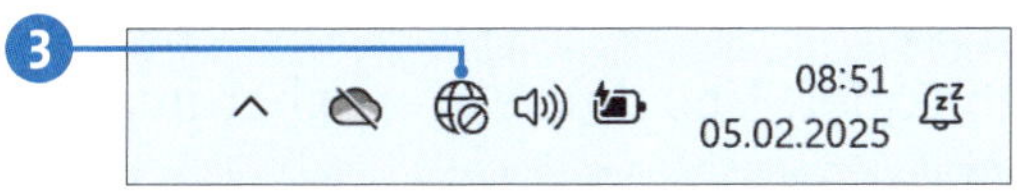

Auch beim Aufrufen von Microsoft Edge erhalten Sie in diesem Fall statt einer Webseite eine Fehlermeldung.

Funktioniert das Internet nicht, obwohl es schon einmal funktioniert hat, gibt es folgende Möglichkeiten:

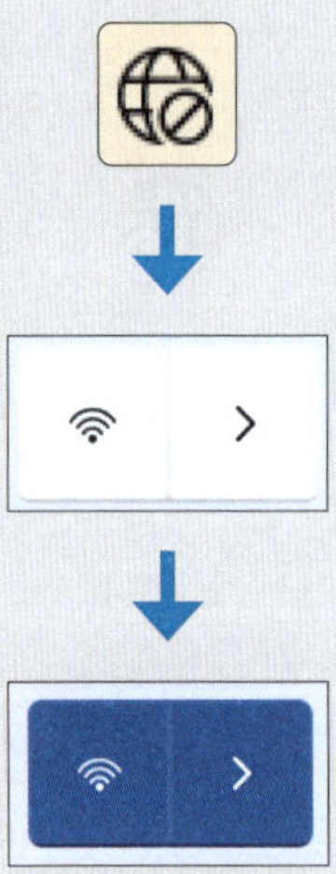

- Starten Sie den Router, also die Zugangsbox für das Internet, neu. In der Regel zieht man hier einfach den Netzstecker, wartet eine Minute und steckt ihn wieder ein.
- Ist Ihr Computer per Netzwerkkabel mit dem Router verbunden, prüfen Sie, ob das Kabel versehentlich ausgesteckt oder vielleicht eingeklemmt wurde.
- Beim Internet per WLAN oder WiFi folgen Sie diesen Schritten, um eine Verbindung einzurichten bzw. wiederherzustellen:

Zuerst schauen wir uns die naheliegende Möglichkeit an: Das WLAN wurde versehentlich unter Windows 11 abgeschaltet. So prüfen Sie das:

**1.** Klicken Sie mit der linken Maustaste auf das Weltkugelsymbol ❶. Es wird ein Fenster mit vielen Informationen eingeblendet. Uns interessiert aber nur das WLAN links oben ❷. Ist es, wie abgebildet, nicht blau markiert (vergleichen Sie das aktive Symbol für Bluetooth daneben ❸), dann ist das drahtlose Internet unter Windows 11 deaktiviert.

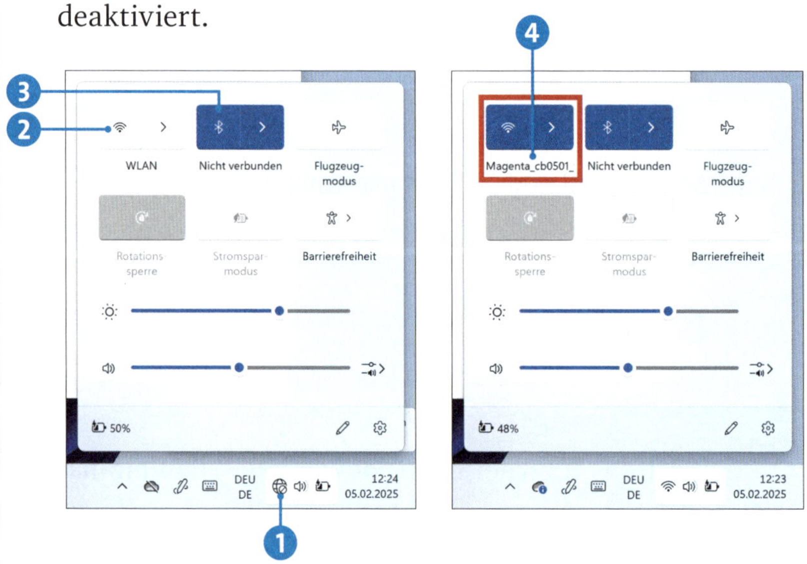

**2.** Mit einem Klick auf das WLAN-Symbol wechselt es auf Blau und wird damit aktiv. Zudem wird der Name der Internetverbindung eingeblendet **4**. War zuvor schon eine Internetverbindung vorhanden, sollte sie nun auch wieder einwandfrei funktionieren.

Sollten Sie Ihre Internetverbindung neu einrichten müssen, beispielsweise wegen eines neuen Telefonanbieters, eines neuen Routers oder weil die obige Anleitung keinen Erfolg bringt, gehen Sie wie folgt vor:

**1.** Mit einem linken Mausklick oder einem Fingertipp auf die Weltkugel in der Taskleiste **1** blenden Sie wichtige Systeminformationen ein. Mit einem weiteren Klick auf den Pfeil neben dem WLAN-Symbol **2** blenden Sie die in der Umgebung verfügbaren WLAN-Verbindungen ein. Sie werden erstaunt sein, wie sehr es in Ihrer Nachbarschaft »funkt«.

WLAN am Computer starten: Bei nicht aktiver Verbindung klicken Sie das Symbol für die gestörte Internetverbindung **1** an und wählen den Router in den WLAN-Verbindungen aus.

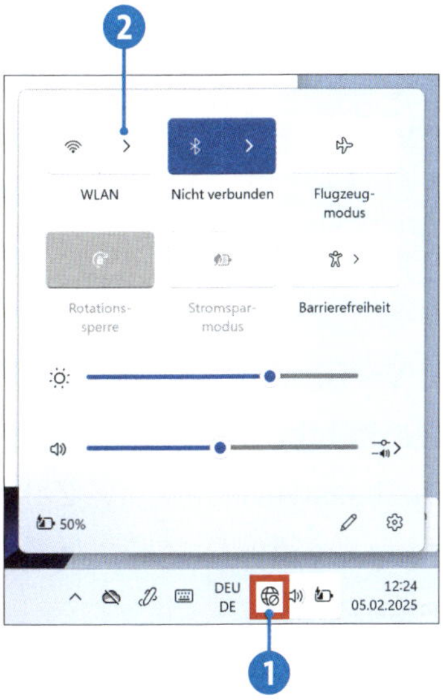


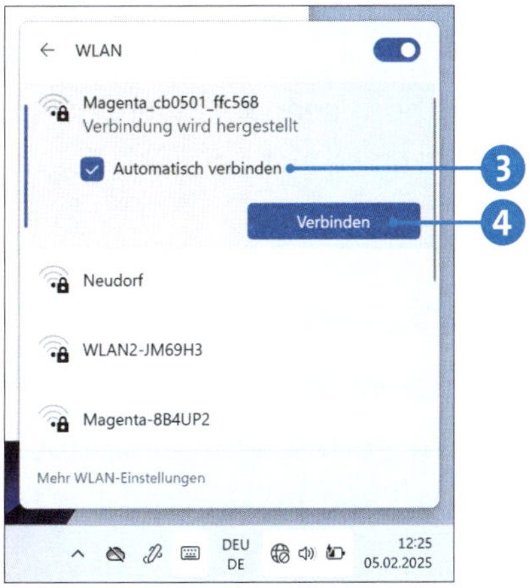


**Automatisch verbinden** aktivieren

↓

**Verbinden**

↓

Passwort eingeben

**2.** In dieser Liste müssen Sie nun Ihren Router aufspüren. In der Regel ist der Name auf der Rückseite des Geräts für den Internetzugang aufgelistet, es gibt aber auch Ausnahmen (siehe Kasten). Klicken Sie auf den Namen Ihrer Verbindung. Mit einem Klick oder Fingertipp in das Kästchen vor **Automatisch verbinden** ③ wird dort ein Häkchen gesetzt. Das bedeutet, dass sich Windows 11 künftig an diese Internetverbindung erinnert und dass Sie sie nicht jeden Tag erneut einrichten müssen.

### Router nicht gefunden?

Der Name Ihres Routers kann auch anders lauten. Vielleicht hat Ihr Helfer die Internetverbindung für Sie schon entsprechend umbenannt. Das ist auch prinzipiell sinnvoll, um Verwechslungen mit den Routern Ihrer Nachbarn zu vermeiden. Der Kreativität sind bei der Namensgebung keine Grenzen gesetzt, von *Netz fuer Willi* bis *Ich bin im Internet* ist alles möglich. Die Änderung wird in den Einstellungen zum Router vorgenommen, meist auf einer dafür vorgesehenen Internetseite. Dabei lassen Sie sich am besten helfen. Auch die unter dem Router bereits angegebene Zahlenfolge kann hier in ein individuelles Passwort (eine Buchstaben-Zahlen-Kombination) geändert werden, sodass auch Besucher bei Ihnen zu Hause nicht einfach Zugriff auf Ihr WLAN erhalten.

**MERKE**

Wenn die Passworteingabe nicht funktioniert hat, macht ein Klick auf das Augensymbol eventuelle Tippfehler sichtbar!

**3.** Klicken Sie nun noch auf **Verbinden** ④. Jetzt öffnet sich das Eingabefeld **Netzwerksicherheitsschlüssel eingeben** ⑤. Hier tippen Sie Ihr Passwort bzw. die Zahlenkombination für den Internetzugang ein. Diese ist meist auf der Rückseite des Internetrouters notiert.

Standardmäßig wird das Passwort bei der Eingabe »verdeckt«, d. h. mit Punkten angezeigt. Bei einer langen Buchstaben- bzw. Zahlenkombination sind Tippfehler vorprogrammiert, besonders beim Tablet. Alternativ können Sie, wenn vorhanden, an Ihrem Router die WPS-Taste 6 drücken, dann entfällt die Eingabe des Passwortes.

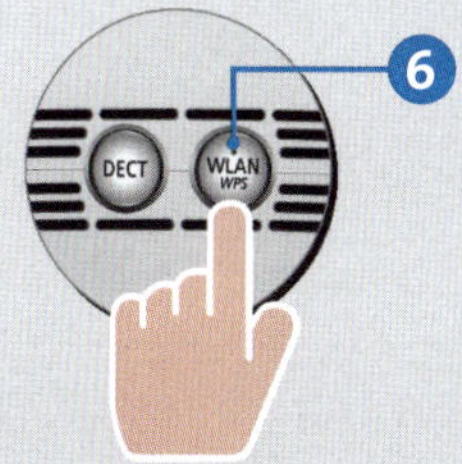


*Bild: AVM*

**4.** War die Eingabe des Passwortes korrekt, sind Sie online. Das sehen Sie auch an dem nun kräftig eingefärbten WLAN-Symbol 7 in der Taskleiste. Endlich kann es losgehen!

KAPITEL 8

# In Kontakt bleiben – Videotelefonie und Chat in die ganze Welt

Nicht selten ist es der Fall, dass Verwandte und Freunde in allen möglichen Ecken der Republik oder weit darüber hinaus verstreut leben. Gegenseitige Besuche sind schwer zu organisieren, und auch ständig Kontakt zu halten, fällt manchmal nicht leicht. Daher verwundert es nicht, dass Programme für diesen Zweck schon seit etlichen Jahren zu den beliebtesten Apps am Computer und auch Smartphone gehören.

Vielleicht haben Sie schon von *Microsoft Teams*, *WhatsApp* oder dem *Facebook Messenger* gehört? Bei Microsoft Windows 11 setzt man ganz auf Teams, das noch nicht ganz so bekannt ist, aber millionenfach genutzt wird und von Beginn an in Windows 11 vorinstalliert ist.

Worin besteht nun der Vorteil dieser App gegenüber herkömmlichen Telefonen, Handys und Smartphones? Ganz klar im Bereich der Kosten: Für die einzelnen Gesprächsverbindungen zahlen Sie keinen Cent, egal, ob Ihr Gesprächspartner in New York, Melbourne, Rom oder in Kirchberg am Walde zu Hause ist. Lediglich die ohnedies für die Internetverbindung anfallenden Kosten sind zu bezahlen.

Mit Microsoft Teams können Sie in Bild und Ton telefonieren und chatten (engl. für »plaudern«), d. h. in Echtzeit Textnachrichten austauschen.

Sie benötigen:

- eine Internetverbindung
- Mikrofon und Lautsprecher
- eine Webcam

**MERKE**

Im Bereich **Alle Apps** findet sich Teams nicht etwa unter **T**, sondern unter **M**, weil es mit vollem Namen **Microsoft Teams** heißt.

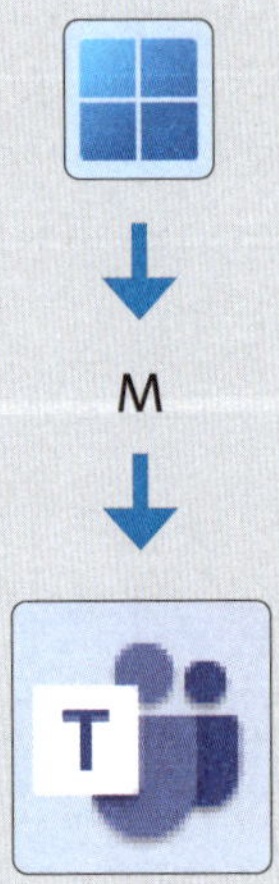


Darüber hinaus können Sie in Teams mit Ihren Bekannten nicht nur telefonieren, sondern auch direkt per Video kommunizieren. Auch ist es möglich, »nur« zu schreiben, und zwar live und in Echtzeit per sogenannten *Chat*.

Für die Nutzung der Telefon- und Videotelefonie-Funktion sind neben der Internetverbindung eine sogenannte *Webcam*, also eine Kamera, die Ihr Bild aufzeichnet und wiedergibt, ein Mikrofon und ein Lautsprecher notwendig. Bei Notebooks und Tablets ist das alles bereits eingebaut, bei Desktop-PCs müssen diese Geräte in der Regel separat gekauft und an den Computer angeschlossen werden.

Natürlich muss Ihr Gesprächspartner ebenfalls über ein Microsoft-Konto, die App Teams und diese Ausstattung verfügen, damit Sie in Kontakt treten können.

## Die App Teams starten und einrichten

Bevor wir loslegen mit Teams, steht auch hier ein wenig Vorarbeit an. Erfreulicherweise ist das schnell erledigt, und Sie können schon bald Kontakt mit Freunden, Familie und Bekannten aufnehmen.

**1.** Starten Sie Teams direkt mit einem Klick auf das Symbol in der Taskleiste **1**. Alternativ geht es auch über einen Klick im Startmenü innerhalb der Liste der alphabetisch sortierten Apps.

**2.** Beim allerersten Start möchte das Programm wissen, mit welchem Namen man Sie bei Teams sehen darf. Im

Normalfall ist Ihr korrekter Name natürlich die beste Wahl und schon voreingestellt. Den Haken bei der Synchronisation Ihrer Kontakte dürfen Sie stehen lassen **2**, denn damit werden alle Personen, die Sie später auch über das E-Mail-Programm oder andere Wege abspeichern, gleich in Teams übernommen. Klicken Sie auf **Weiter** **3**.

**ACHTUNG!**

Für Teams verwendet Microsoft automatisch Ihr Microsoft-Konto, das Sie schon bei der Computereinrichtung angelegt haben.

**3.** Damit ist Teams startklar. Die Meldung über **SMS in Teams** **4** ignorieren wir aktuell. Schauen wir uns stattdessen die Grundelemente der App kurz an:

**ACHTUNG!**

Wenn Sie bereits mit einem Microsoft-Konto angemeldet sind, erscheint die Abfrage aus Schritt 2 nicht, und es geht für Sie gleich mit Schritt 3 weiter.

5. Mit **Treffen** können Sie, wie der Name sagt, ein Treffen oder eine Besprechung mit beliebig vielen Teilnehmenden organisieren. Sie legen Zeit und Datum fest und senden einen Einladungslink an alle.

6. Der Bereich **Chatten**, erreichbar über die Schaltfläche direkt darunter, ist das Herzstück der Teams-App. Egal, ob Schriftverkehr, Sprachanruf oder Videoanruf, all das wird hier vorgenommen. Im Gegensatz zu **Treffen** spricht man hier in der Regel nur mit einer Person und ganz ohne Terminplan.

7. Bei **Personen** finden Sie Ihre Kontakte, mit denen Sie bereits in Teams kommuniziert haben; außerdem werden hier Kontakte aus anderen Quellen importiert, soweit verfügbar.

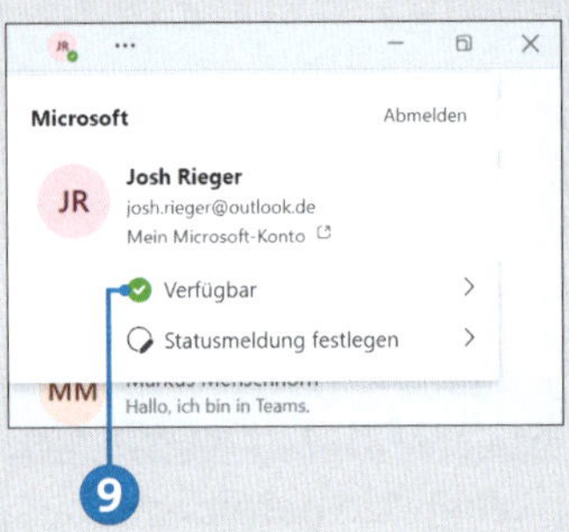


8. Links oben in Teams finden Sie noch eine Schaltfläche mit Ihren Initialen oder Ihrem Profibild – ein Klick darauf ermöglicht Ihnen individuelle Einstellungen zu Ihrem Benutzerkonto, und Sie können dort auch beispielsweise anderen signalisieren, ob Sie anrufbar oder aber beschäftigt sind (9).

Klingt übersichtlich und einfach? Das ist es auch, und Sie sind nun bereit, einen ersten Chat, ein Telefonat oder einen Videoanruf zu starten.

## Chatten – Unterhaltung per Tastatur

*Chatten* bedeutet nichts anderes, als mit einem Gesprächspartner über Textnachrichten, die unmittelbar übertragen werden, live zu kommunizieren. Wenn Sie jemanden aus Ihrem Bekannten- oder Freundeskreis oder eines Ihrer

Enkelkinder kontaktieren möchten, geht das nur, wenn er oder sie ebenfalls über ein Microsoft-Konto oder einen Zugang zu Teams verfügt. Tatsächlich sehen Sie das direkt beim Start eines Chats.

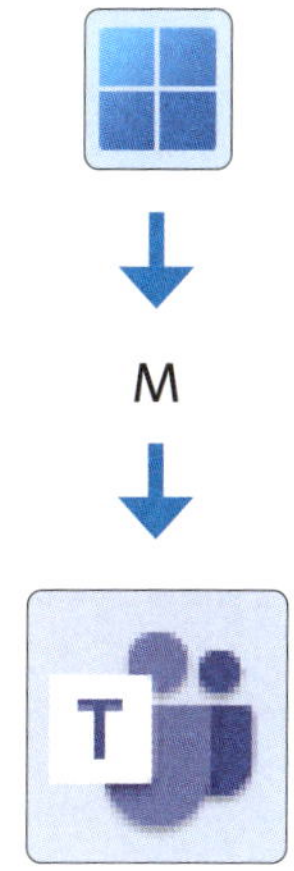


**1.** Öffnen Sie Teams über die Taskleiste oder über die alphabetische App-Liste im Startmenü.

**2.** Klicken Sie in Teams oben auf die Schaltfläche **Chatten**.

**3.** Im oberen Bereich des Programmfensters (1) tippen Sie nun die E-Mail-Adresse jener Person ein, die Sie kontaktieren möchten. Hier gilt: Zeigt Ihnen Teams nach der Eingabe direkt den Vor- und Nachnamen der Person an, dann hat diese auch Teams zur Verfügung (2).

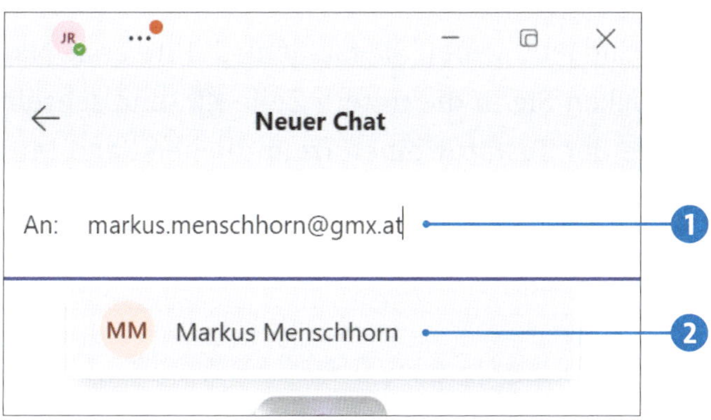


**4.** Wählen Sie die gewünschte Person mit einem linken Mausklick, um mit dem Chat zu beginnen. Sie sehen nun das geöffnete Chatfenster, das Ihnen zudem immer prominent anzeigt, wem Sie gerade schreiben (3).

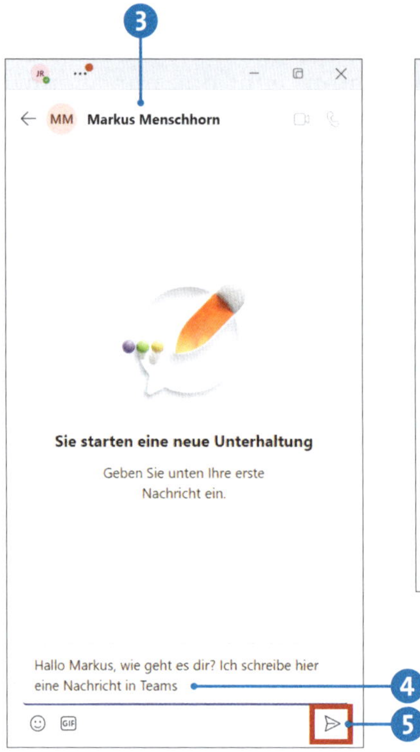


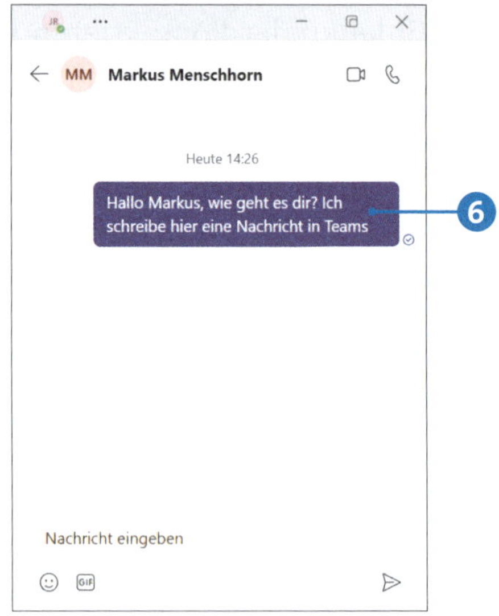

**5.** Und jetzt geben Sie tatsächlich Ihre erste Nachricht ein. Klicken Sie in die untere Zeile **4**, und schreiben Sie mithilfe der Tastatur einen freundlichen Satz. Mit einem Klick auf das Papierfliegersymbol **5** oder mit der Taste [↵] geht die Botschaft auf die Reise.

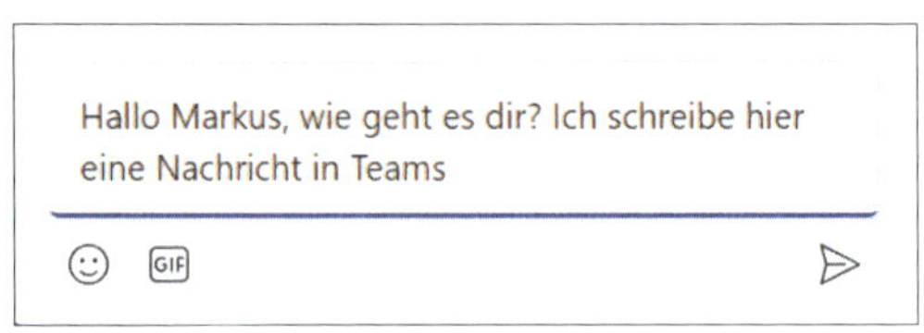


**6.** Das Chatfenster ändert sich, Ihre Nachricht wird nun mit lila Unterlegung aufgelistet **6**. Nun heißt es abwarten. Die Nachricht ist innerhalb von Sekunden beim Empfänger, aber dieser muss natürlich auch zum einen »online« sein und zum anderen Ihre Nachricht lesen. Haben Sie ein wenig Geduld.

**ACHTUNG!**

Bei Tablet-Anwendern wird die Bildschirmtastatur erst nach einem Fingertipp in das Nachrichtenfeld eingeblendet. Sollte das keinen Erfolg zeigen, tippen Sie auf das Tastatursymbol [⌨] in der Taskleiste rechts unten.

### Und wenn ich gar nicht schreiben will?

Beim allerersten Schriftverkehr wird Ihr Gegenüber immer erst gefragt, ob es mit Ihnen schreiben möchte. Erst wenn das akzeptiert wird, kann es losgehen. Auch wenn Sie das erste Mal angeschrieben werden, können Sie es schlichtweg verweigern, Kontakt aufzunehmen. Bis zu diesem Zeitpunkt sieht Ihr jeweiliges Gegenüber auch nicht, ob Sie online sind. Das dient der Sicherheit aller. Und wenn Sie sich nicht sicher sind, wer Ihnen da schreibt, dann klicken Sie hier besser auf **Blockieren** 7.

7. Hat Ihr Chatpartner Ihre Einladung akzeptiert, sehen Sie sofort den Status der Person, sprich, ob sie gerade in Teams verfügbar ist oder nicht. In unserem Fall ist Markus Menschhorn online, erkennbar an dem grünen Haken 8, und wird wohl bald antworten.

**MERKE**

Haben Sie etwas Geduld, wenn der Chatpartner nicht sofort antwortet, und fragen Sie nicht direkt nach einer Minute nach. Auch wenn der Status »online« gegeben ist, kann man ja dennoch anderweitig beschäftigt sein.

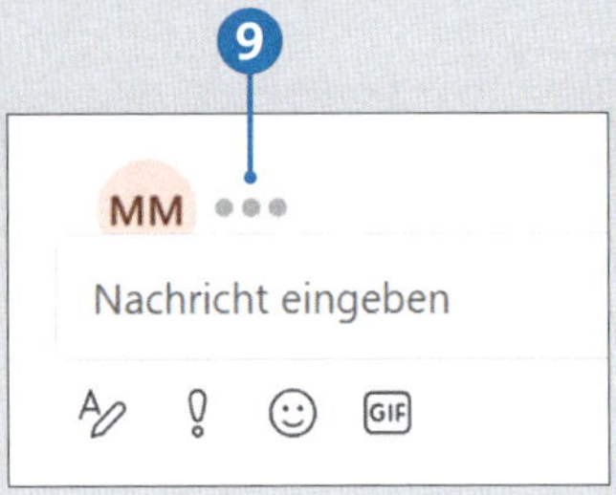


**MERKE**

Ihre Textnachricht ist nicht auf die Länge des Eingabefeldes 11 beschränkt. Schreiben Sie einfach, so viel Sie wollen, das Nachrichtenfeld vergrößert sich interaktiv.

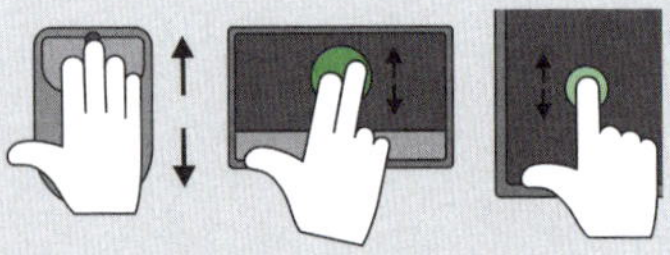

**8.** Wenn Ihr Partner seinerseits eine Antwort in sein Textfeld tippt, erkennen Sie das an den drei Punkten … 9 im Chatfeld.

**9.** Und da ist auch schon die Antwort 10. Sie können nun munter hin und her schreiben. Sie tippen dann einfach wieder in das kleine Feld 11 Ihre Nachricht ein und schicken sie ab, wie in Schritt 5 gezeigt. Eine feine Sache, oder? Der gesamte Nachrichtenverlauf wird zudem aufgezeichnet, Sie können diesen jederzeit mit dem Scrollrad der Maus, zwei Fingern am Touchpad oder mit aufgelegtem Finger am Touchscreen durchblättern.

Und wie erfahren Sie selbst, wenn jemand Sie kontaktiert? Sollten Sie während eines Chats ein anderes Programm geöffnet haben oder im Internet surfen, meldet sich Teams mit einer Kurznachricht, die in der rechten unteren Bildschirmecke oberhalb des Infobereichs erscheint 1.

**WAS TUN?**

Sie finden nur Smileys, aber keine weiteren Emoticons? Unterhalb der großen Auswahl können Sie in die weiteren Kategorien wechseln.

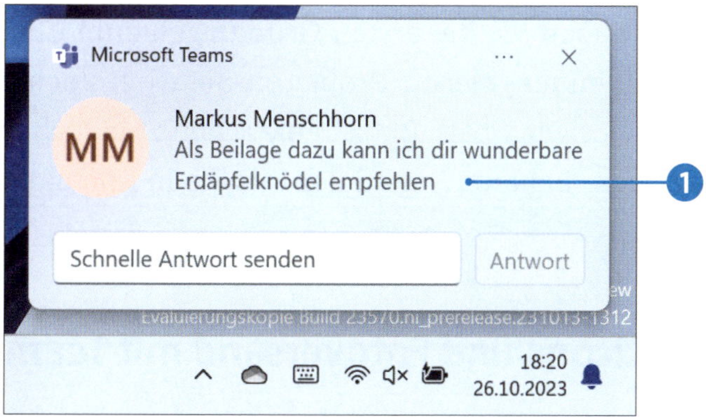


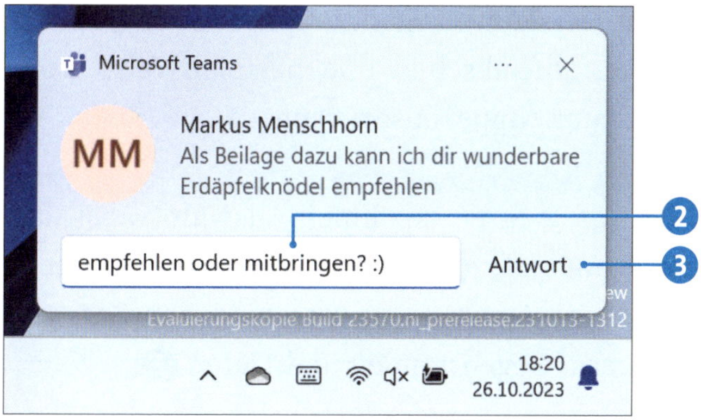


Damit wissen Sie genau, dass eine Nachricht eingetroffen ist, auch wenn Sie nicht in Teams sind. Besonders praktisch: Per Klick in das Feld **Schnelle Antwort senden** 2 können Sie direkt innerhalb der Benachrichtigung eine Antwort tippen, ohne die App Teams selbst aufrufen zu müssen. Zum Abschicken klicken Sie auf **Antwort** 3.

Um wieder auf die Oberfläche und später auch zu einer Liste mit allen Ihren Chatpartnern zu gelangen, klicken Sie auf den Zurück-Pfeil 4 links oben im Teams-Fenster.

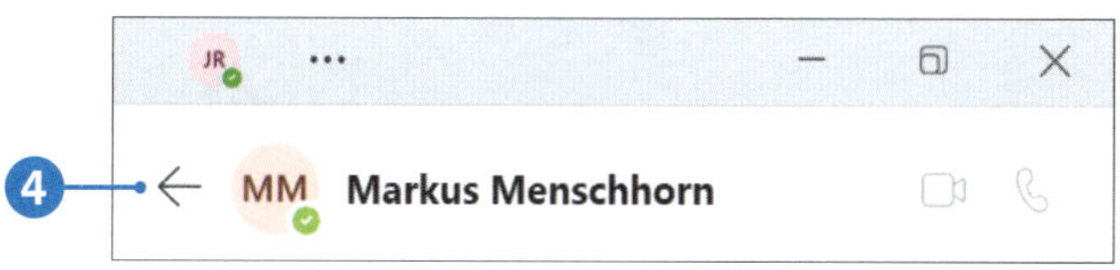


**ACHTUNG!**

Teams informiert Sie über eingehende Nachrichten, auch wenn Sie gerade in einem anderen Programm aktiv sind.

**MERKE**

In der Teams-App können Sie mit beliebig vielen Personen gleichzeitig kommunizieren.

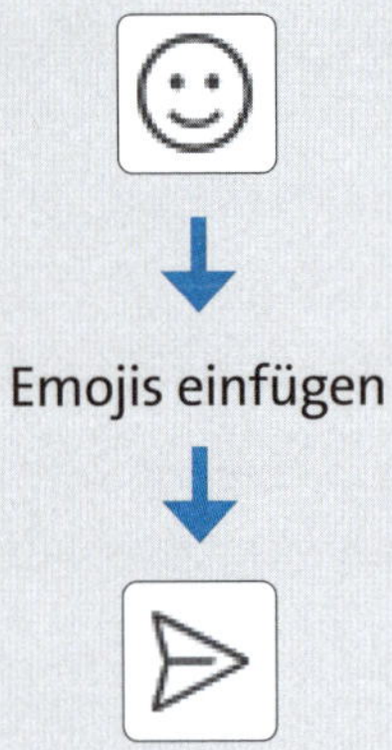


Damit haben Sie die ersten Grundlagen zum Chatten in Teams kennengelernt. Probieren Sie es einfach aus, es macht riesigen Spaß und ist eine schöne Möglichkeit, mit Freunden, Bekannten und der Familie in Kontakt zu bleiben.

## Emoticons und Fotoversand mit Teams

Damit die Nachrichten nicht gar so textlastig werden, können Sie sie mit sogenannten *Emoticons*, auch *Emojis* genannt, aufhübschen und beispielsweise Ironie oder Humor ganz simpel ausdrücken:

1. Den Weg zu der Emoji-Auswahl weist das kleine Grinsegesicht ☺ **1** – einmal angeklickt, öffnet sich eine reichhaltige Auswahl an verschiedenen Kategorien mit Gesichtern, Gegenständen und Tieren **2**.

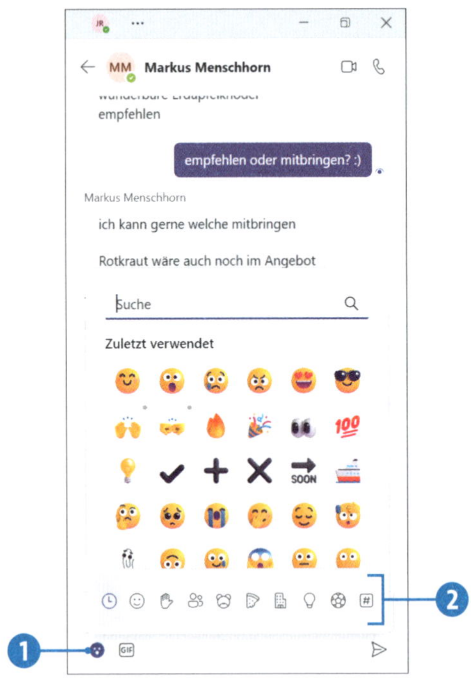

**2.** Suchen Sie sich einfach ein Emoji aus, klicken bzw. tippen Sie es an, und schon landet es im Nachrichtenfeld an der Stelle des Cursors und kann daher natürlich mit Text kombiniert werden.

**3.** Im »Einsatz« kann eine Nachricht dann bunter und komplexer aussehen.

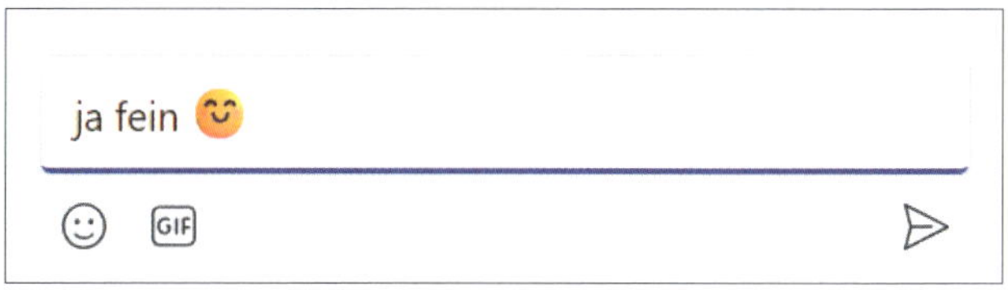


Und mit einem beherzten Klick auf das Papierfliegersymbol wird auch diese Nachricht wieder verschickt.

Nun schicken wir unserem Gesprächspartner noch Fotos vom letzten Urlaub, denn auch das geht mit Teams problemlos und komfortabel. Wir gehen davon aus, dass die App bereits geöffnet ist.

**1.** Öffnen Sie nun den Explorer über die Taskleiste von Windows per Klick. Navigieren Sie zu Ihrem **Bilder**-Ordner (1) im Explorer. Wenn Sie Ihre Fotos an einem anderen Ort abgelegt haben, klicken Sie sich durch die Ordnerstruktur dorthin (2).

**2.** Schieben Sie das Explorer-Fenster mit gedrückter Maustaste oder per Fingertipp im blauen, oberen Bereich so zur Seite, dass das Teams-Fenster danebensteht.

**WAS TUN?**

Bilder-Ordner im Explorer öffnen

↓

Bild in Teams ziehen

↓

Bild versenden

Wie Sie im Explorer navigieren, haben Sie schon an verschiedenen Stellen im Buch erfahren. Der Explorer wird in Kapitel 11, »Dateien, Ordner und der Explorer«, ab Seite 295 von der Pike auf erklärt.

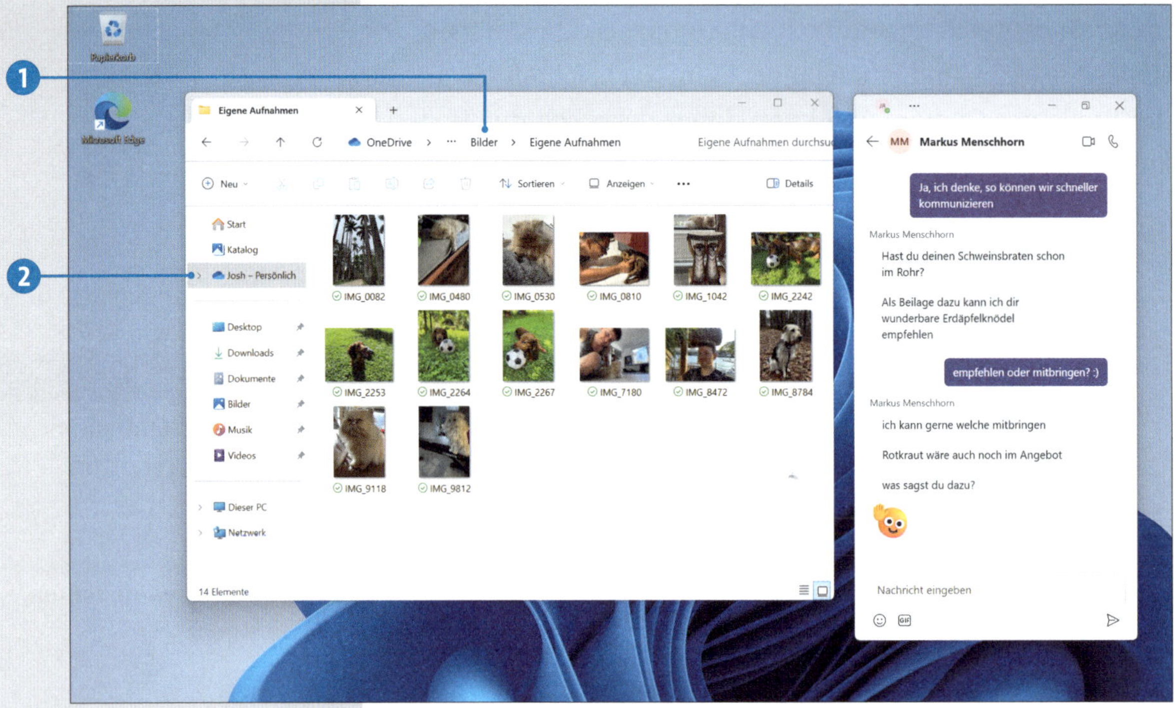


**3.** Markieren Sie per Mausklick ein Foto **3**.

**4.** Nun ist etwas Akrobatik erforderlich: Mit der Maus drücken Sie auf dem markierten Bild die linke Maustaste, lassen sie gedrückt und ziehen das Bild in das Teams-Fenster. Tatsächlich spielt es keine Rolle, wo dorthin. Lassen Sie dann die Maustaste los. Mit dem Finger drücken Sie etwas länger auf das markierte Bild, schieben das Bild ebenfalls in das Teams-Fenster und heben dort den Finger an.

**5.** Leider gibt es in Teams zunächst keine Vorschau, nur der Bildname **4** erscheint jetzt.

**6.** Sie können noch im Feld darüber eine Nachricht dazuschreiben **5**.

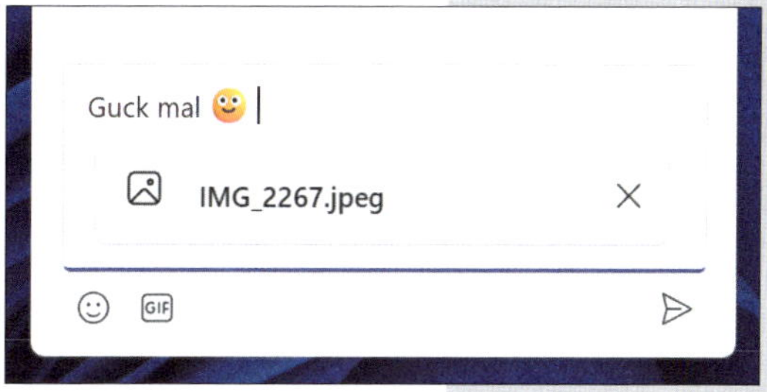


**7.** Sie können das Bild nun mit einem Klick auf das Papierfliegersymbol versenden. Nach dem Versand wird das Foto dann auch als Vorschau **6** im Chatverlauf angezeigt.

Auf die gleiche Weise können Sie natürlich auch Dateien versenden, beispielsweise ein OpenOffice-Dokument.

## Telefonieren mit Teams – klassisch und mit Video

Möchten Sie mit Ihrem Gesprächspartner lieber telefonieren, sind die Symbole im oberen Bereich des Bildschirms im Bereich **Chatten** von Teams interessant. Diese sind bei jedem Chat eingeblendet. Mit einem Klick auf 1 können Sie ein Audiogespräch starten, mit 2 ein Videogespräch.

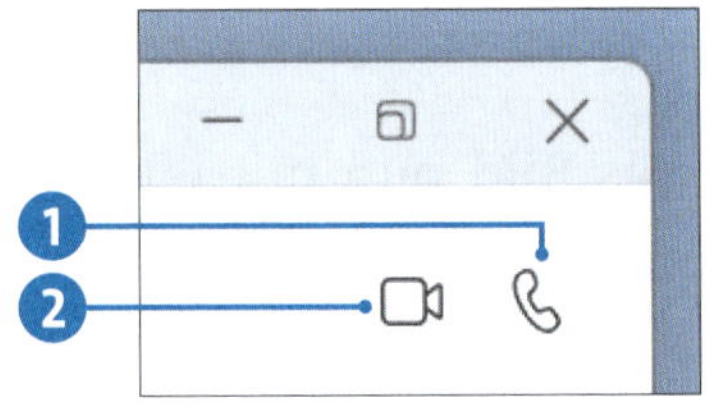


Ein Audiogespräch – ohne Bildübertragung – führen

Wir beginnen mit einem klassischen Telefonat, also ohne Bildübertragung. Praktischerweise kann man das während des Gesprächs immer ändern – auch das zeigen wir Ihnen gleich.

1. Starten Sie eine Konversation im Bereich **Chatten** in Teams. Sprich, Sie starten, als ob Sie einen normalen Chat starten wollten. Nun klicken Sie aber auf das Telefonhörersymbol 1.

2. Daraufhin erscheint ein grauer Bildschirm, und Sie hören eine aufmunternde Melodie, bis der Angerufene reagiert. Zudem sehen Sie in diesem Moment durch die Meldung **Anrufen** 3, dass die Verbindung hergestellt wird.

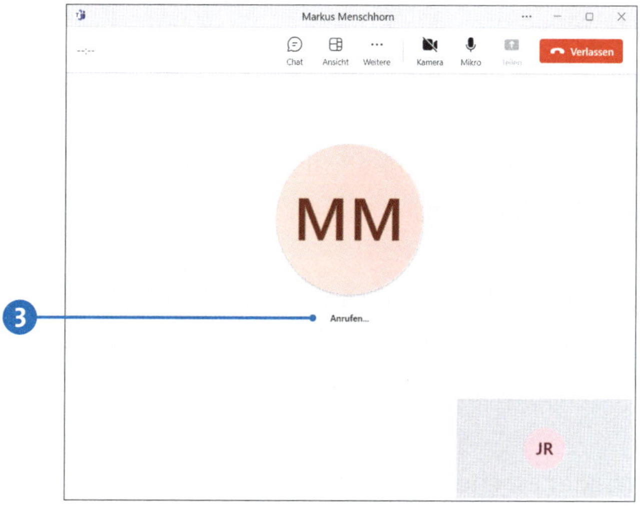


Haben Sie ein wenig Geduld. Je nach Internetverbindung kann das einen kleinen Moment dauern und hängt natürlich auch davon ab, wie schnell der Gesprächspartner das Teams-Telefonat annimmt.

**3.** Bei einem Audiogespräch sehen Sie nur einen grauen Bildschirm mit dem statischen Profilbild des Gesprächspartners. Dem netten Plausch steht nun nichts mehr im Wege.

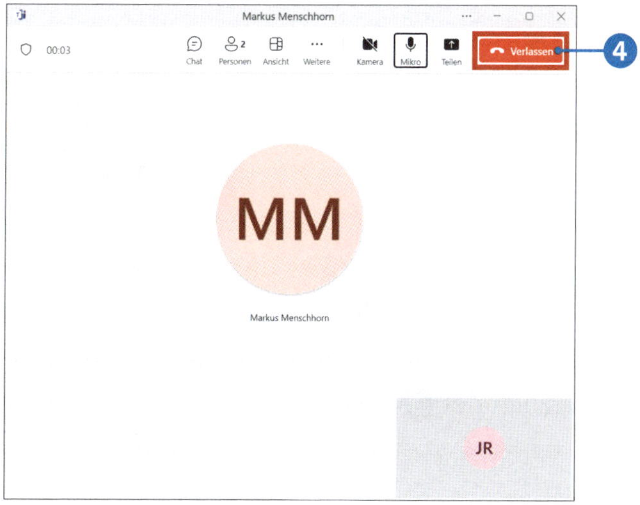

4. Möchten Sie das Telefonat beenden, genügt ein Klick auf den roten Telefonhörer 4.

## Ein Videotelefonat führen

Für ein Videotelefonat gehen Sie ganz ähnlich wie beim normalen Telefonat vor:

1. Starten Sie Teams, und wählen Sie über die Schaltfläche **Chatten** einen Kontakt aus. Klicken Sie nun aber auf das Videosymbol rechts oben (2 auf Seite 230).

2. Wieder erscheint der graue Bildschirm beim Verbindungsaufbau (siehe oben), und es heißt warten. Allerdings sehen Sie nun schon Ihr Vorschaubild als Video 1.

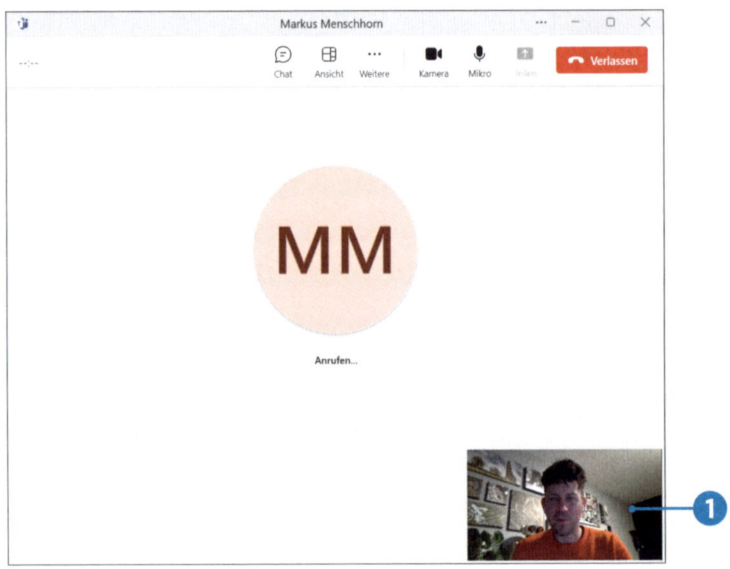


3. Nimmt Ihr Gegenüber das Gespräch an, erscheint dessen Live-Videobild direkt im großen Teams-Fenster 2. Ihr eigenes Video bleibt zur Kontrolle immer im Kleinformat eingeblendet 3.

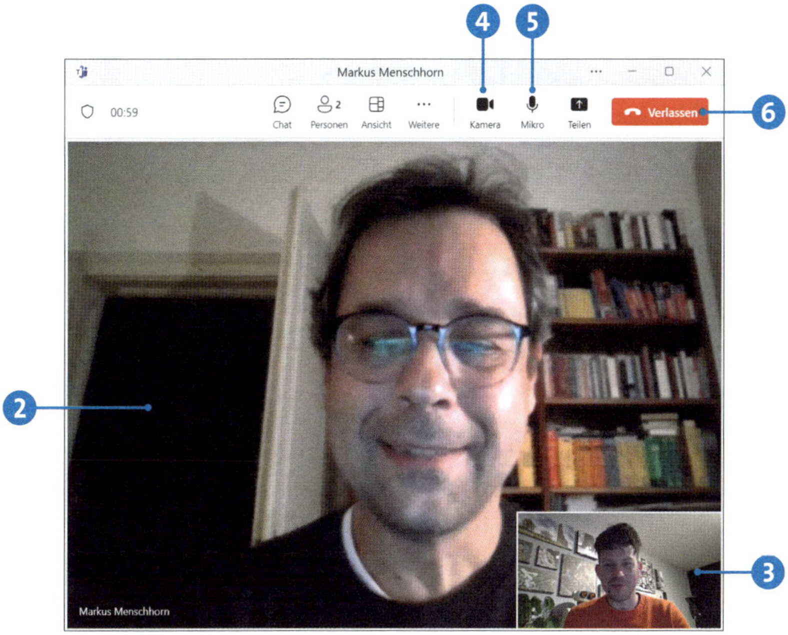


Ihren Gesprächspartner sehen Sie im großen Bild, sich selbst im kleinen.

**4.** Möchten Sie das Video abschalten und normal weitertelefonieren, klicken Sie einfach auf das Kamerasymbol, das oben eingeblendet ist (4). Ein weiterer Klick aktiviert die Kamera wieder.

**5.** Alternativ klappt das auch mit dem Ton, dem Audiokanal – ein Klick auf das Mikrofon (5) schaltet auf stumm, ein weiterer Klick aktiviert die Funktionalität wieder.

**MERKE**

Mit den Symbolen für Video und Mikrofon wechseln Sie während eines Telefonats ganz einfach zwischen Audio- und Videoübertragung oder schalten auf stumm.

### Chatten und arbeiten

Sie können während eines Videotelefonats ganz einfach weiterarbeiten oder im Internet surfen. Sobald Sie über das Startmenü oder die Taskleiste eine andere App starten, verkleinert sich der Teams-Bildschirm, und Sie haben fast freie Sicht auf Ihren gesamten Bildschirm. Wenn Sie dann auf das Teams-Symbol in der Taskleiste klicken, haben Sie wieder die große Ansicht vor sich.

**6.** Möchten Sie das Telefonat beenden, genügt wieder ein Klick auf den roten Telefonhörer 6. Mit einem eher unsanften *Plupp* ist das Gespräch beendet.

**Wie erfahren Sie selbst von einem Anruf?**

Sie werden über einen neuen Anruf informiert, unabhängig davon, ob Sie gerade in der Teams-App oder einem ganz anderen Programm arbeiten.

Wie schon bei den Chatnachrichten erläutert, wird der eingehende Anruf auf Ihrem Computer unten rechts angezeigt. Per Klick auf die entsprechenden Schaltflächen können Sie das Gespräch direkt von hier aus entweder als Videotelefonat 1 oder auch nur als Audiotelefonat 2 annehmen.

Möchten oder können Sie einen Anruf einmal nicht entgegennehmen, klicken Sie einfach auf **Ablehnen** 3.

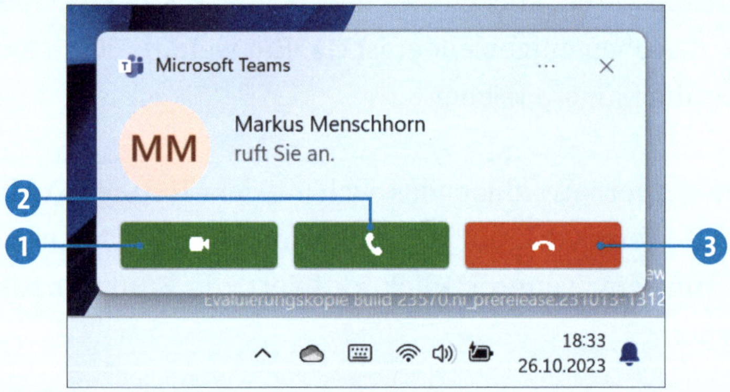

KAPITEL 9

# Windows 11 als digitales Fotoalbum

Der Urlaub oder die letzte Geburtstagsfeier ist vorüber, und Ihre Digitalkamera oder Ihr Smartphone strotzt nur so vor schönen Erinnerungen und Momentaufnahmen. Nun beginnt die Arbeit, die schönsten Fotos auszuwählen und zu archivieren, um sie dann, in langen Wintermonaten, wieder hervorzuholen und in Erinnerungen zu schwelgen. Die App *Windows-Fotoanzeige*, die Sie mit Windows 11 mitgeliefert bekommen, geht Ihnen dabei zur Hand und erweist bei den genannten Arbeiten gute Dienste. Und sie kann noch mehr: Mit ihrer Hilfe lässt sich mit wenigen Handgriffen eine schöne Fotoshow erzeugen. Diese können Sie dann als moderne digitale Ausgabe des Diaabends im Bekannten- oder Freundeskreis bei besonderen Anlässen vorführen. Also, auf ins digitale Fotolabor!

## Die Windows-Fotoanzeige im Überblick

Lassen Sie uns zunächst die Windows-Fotoanzeige starten: Klicken Sie mit der linken Maustaste auf das Windows-Symbol , klicken Sie auf die Schaltfläche **Alle Apps**, und suchen Sie dort die App in der alphabetischen Liste unter **W**. Mit etwas Glück ist die Windows-Fotoanzeige-App 

Das Symbol der Windows-Fotoanzeige

auch schon direkt im Startmenü aufgelistet und kann von dort gestartet werden.

Beim ersten Programmstart müssen Sie erstmal, wie so üblich unter Windows, Werbefenster wegklicken. Das erste Fenster möchte Ihnen mehr Speicher für Ihre Fotos verkaufen. Klicken Sie hier aber erstmal auf den **Weiter**-Button 1.

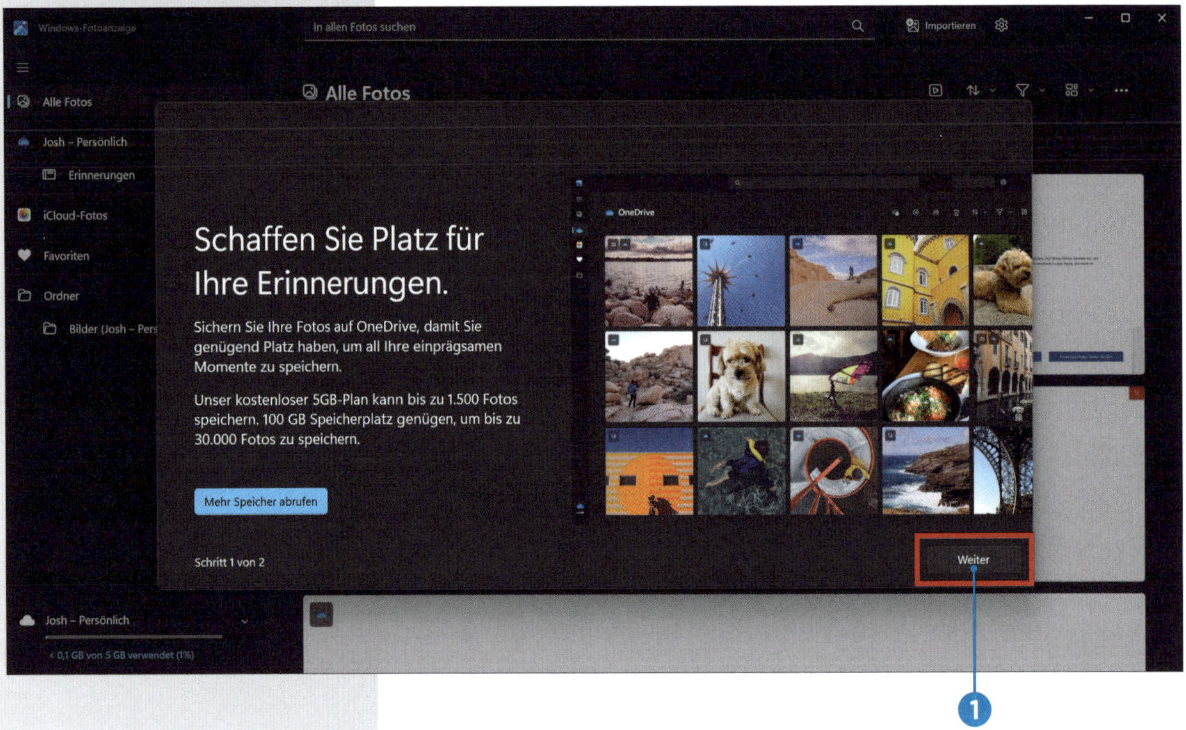


Das folgende Fenster erläutert noch kurz, wie Sie in der Windows-Fotoanzeige alle Ihre Bilder, auch vom Smartphone, anzeigen lassen können. Klicken Sie hier auf die nun blaue Schaltfläche 2.

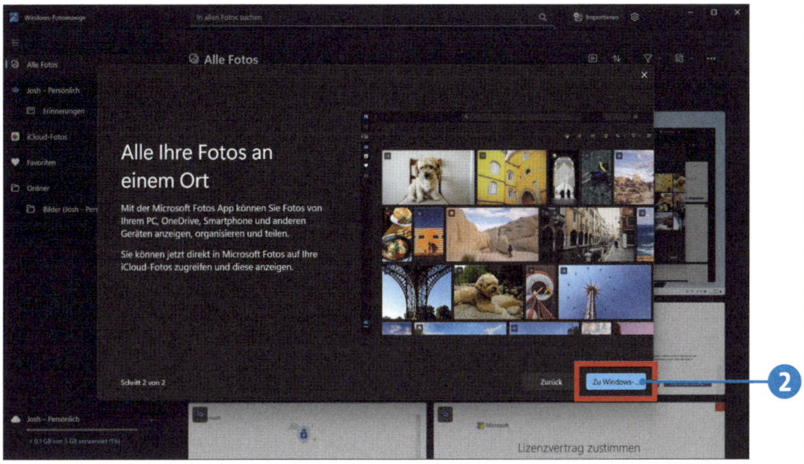


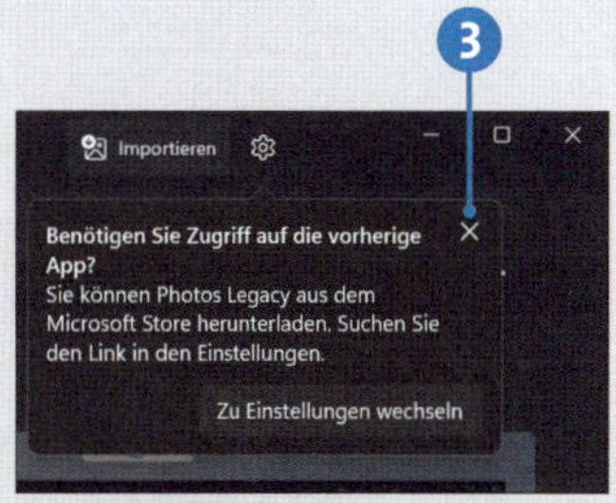


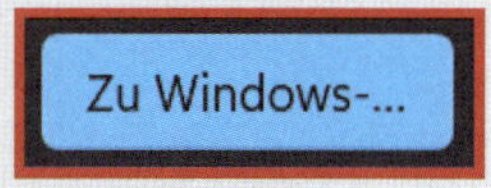


Jetzt wird die Oberfläche der App gestartet. Auch hier erscheint wieder ein Fenster, das man mit einem Klick auf das × ③ entfernen kann, denn die alte Version der App benötigen Sie nun wirklich nicht.

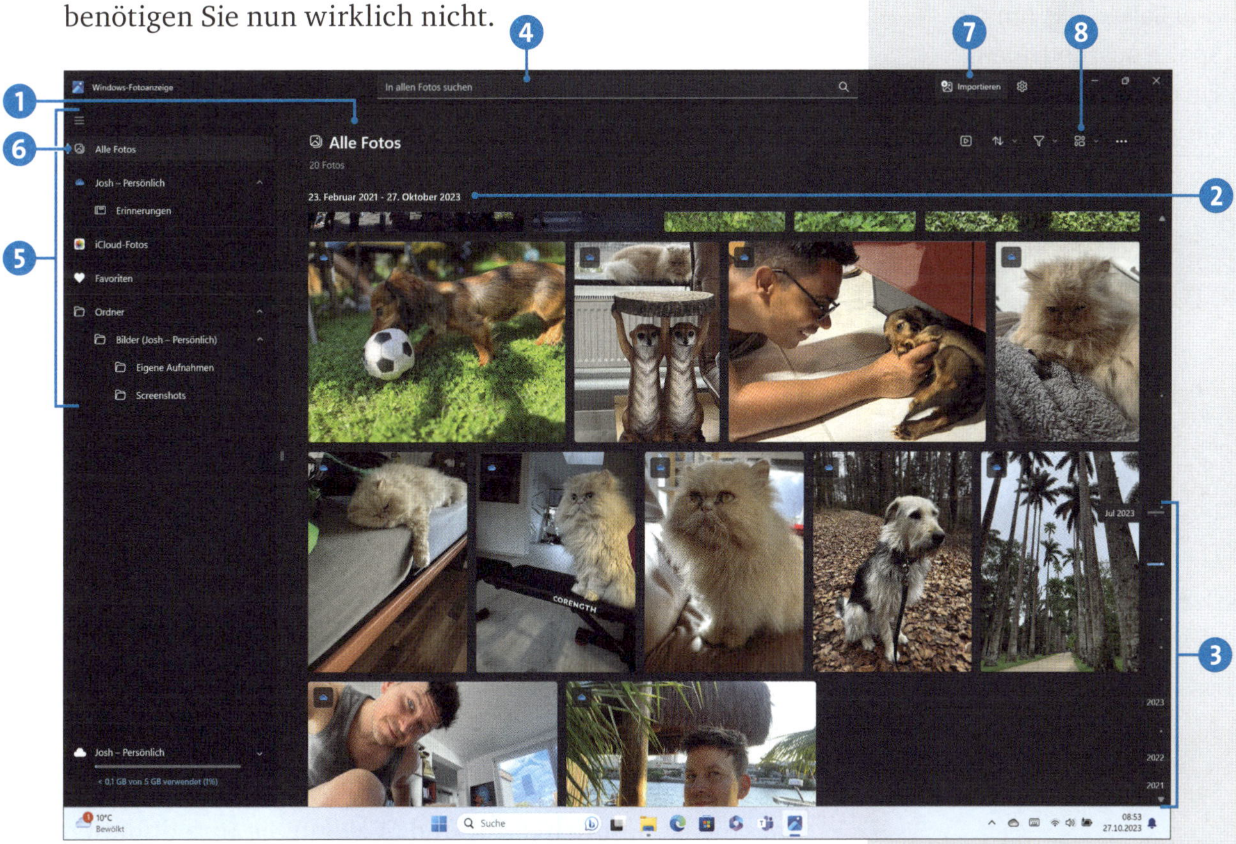

Alle bereits vorhandenen Fotos werden auf dem Hauptbildschirm unter **Alle Fotos** ❶ angezeigt. Sie können nach oben und unten scrollen und auf Erkundungstour gehen. Die Sortierung erfolgt nach Aufnahmedatum der Bilder ❷. Eine gröbere Sortierung nach Jahreszahlen und Monaten finden Sie rechts in Form einer Zeitleiste ❸. Diese wird erst eingeblendet, wenn Sie mit der Maus nach rechts fahren.

**MERKE**

Sie wollen mehr Platz für Ihre Fotos? Dann klicken oder tippen Sie auf das Symbol mit den drei Balken ☰, um die Spalte auszublenden. Ein erneuter Klick zeigt sie wieder an.

❹ Die Suchfunktion ermöglicht eine Recherche in Ihrem Fotoarchiv nach Motiv, Dateiname, Aufnahmeort und vielem mehr.

❺ In der linken Spalte sind all jene Orte angegeben, wo Bilder abgelegt sind – ganz klassisch in Form von Ordnern. Der Klick auf **Alle Fotos** ❻ bringt Sie immer wieder zur kompletten Bildersammlung zurück.

❼ **Importieren** übertr|ägt Ihre schönsten Bilder von der Speicherkarte Ihrer Digitalkamera oder von Ihrem Smartphone direkt auf den Computer in die Windows-Fotoanzeige.

❽ Über die Schaltfläche mit den Rechtecken können Sie entscheiden, wie die Fotos dargestellt werden. Die Voreinstellung **Fluss** ist ganz charmant, da Hoch- und Querformat perfekt dargestellt werden.

## Fotos auf den Computer übertragen

Beginnen wir mit dem Import Ihrer Bilder von der Speicherkarte.

Wir gehen davon aus, dass Ihnen die Speicherkarte Ihrer Digitalkamera ein Begriff ist und dass Sie mit ihr vertraut sind. Sie ist nämlich das A und O, wenn Sie Ihre digitalen

Fotografien auf Ihren Computer übertragen wollen. In den meisten aktuellen Desktop-Computern ist ein sogenannter *Karten-Slot* eingebaut, in den Sie Ihre Speicherkarte stecken. Bei vielen Notebooks ist er häufig versteckt an der Vorderseite untergebracht.

Die meisten Tablets und kompakten Notebooks haben aus Platzgründen keinen Schlitz für eine Fotospeicherkarte. In diesem Fall müssen Sie einen externen *Kartenleser* (1) hinzukaufen, den Sie auch bei einem Notebook, das über keinen eigenen Steckplatz für die Speicherkarte verfügt, einfach per USB-Anschluss anstecken, wie es in der Abbildung zu sehen ist.

**1.** Legen Sie die Speicherkarte in den Kartenleser oder Karten-Slot ein. Wenn die Speicherkarte von Ihrem Computer erkannt wird, behandelt er diese wie ein eigenes Laufwerk (im Beispiel mit dem Buchstaben *D:*) und weist Sie darauf hin, dass Sie nun eine Aktion für Speicherkarten auswählen können (2). Das funktioniert leider nicht immer. Manchmal hält Windows Ihre Speicherkarte einfach für einen USB-Stick (siehe auch den Abschnitt »Dateien auf einen USB-Stick kopieren« ab Seite 318), und nach einem Klick auf diesen Hinweis wird gar nichts angezeigt. Daher ignorieren wir diesen Hinweis, der nach einer Weile ohnehin von selbst verschwindet. Aber Sie sollten sich unbedingt den Laufwerksbuchstaben (3) merken.

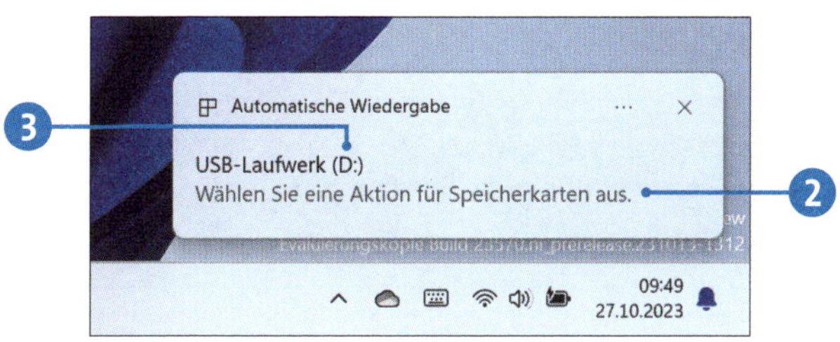


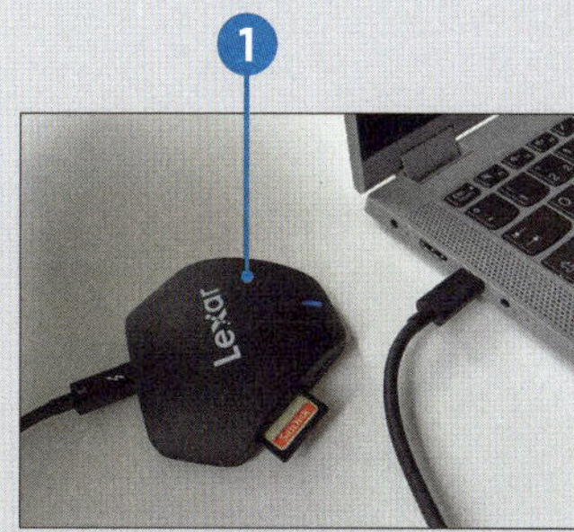


**MERKE**

Sie können auch von Ihrem Smartphone Fotos importieren, der Weg ist identisch wie hier per Speicherkarte gezeigt. Sie müssen statt Kartenleser einfach Ihr Handy per USB-Kabel an den Computer anschließen.

Speicherkarte der Digitalkamera in den Karten-Slot des Computers oder in einen externen Kartenleser einlegen

**2.** Starten Sie nun die Windows-Fotoanzeige wie gewohnt über das Startmenü und über die Liste in **Alle**.

**3.** Zum Fotoimport klicken Sie in der Windows-Fotoanzeige auf die Schaltfläche **Importieren** 4 in der Menüleiste. Dort wählen Sie das vorhin gemerkte Laufwerk (in unserem Beispiel ist es **D:**) aus. Leider ist Windows meist nicht in der Lage, zu erkennen, was angeschlossen wurde, und zeigt in unserem Fall zu viele Laufwerke an 5.

**4.** Sofort sucht die App nach Fotos auf Ihrer Speicherkarte und zeigt sie in einer kleinen Vorschau an. In unserem Fall sind es eine ganze Menge Schnappschüsse.

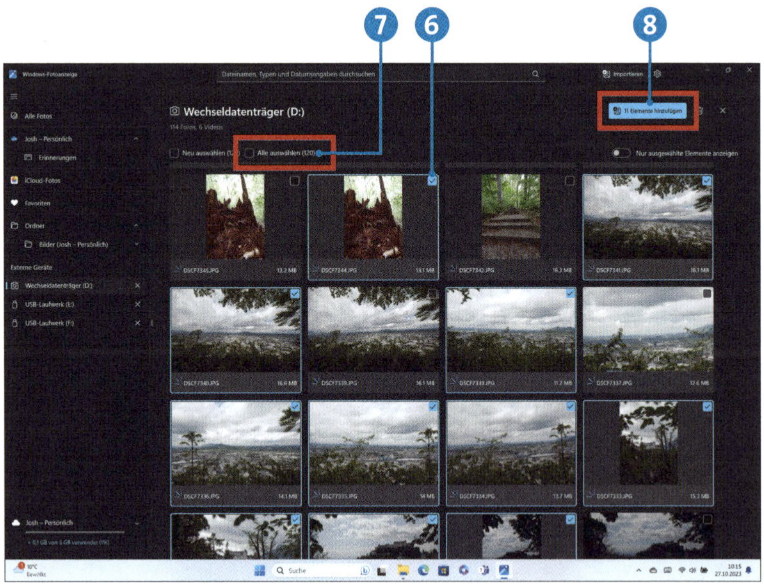

**WAS TUN**

Wenn Sie ein einzelnes Bild oder auch mehrere Bilder nicht importieren möchten, entfernen Sie einfach das Häkchen vor dem entsprechenden Bild durch Anklicken.

**5.** Zunächst sind keine Bilder zur Übertragung ausgewählt. Sie können einfach per Klick in die Kästchen eines jeden Bildes **6** dieses mit einem Haken versehen und zur Übertragung festlegen. Wollen Sie einfach alle Bilder auf Ihren Computer laden, dann klicken Sie **Alle auswählen** **7** an.

**6.** Wenn Sie Ihre Bilder alle ausgewählt haben, klicken Sie auf **… Elemente Hinzufügen** **8**.

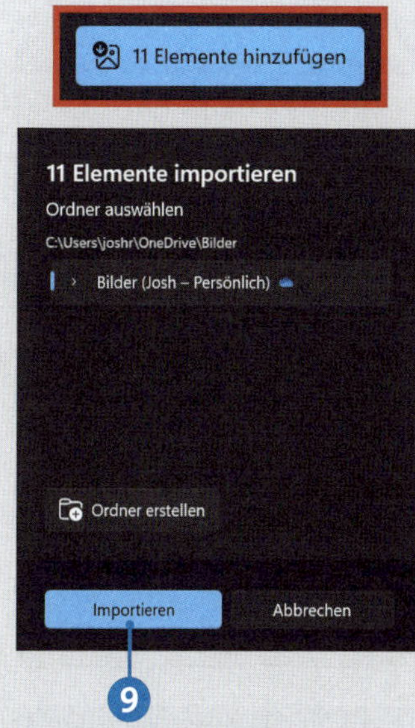


**7.** Es erfolgt nochmals eine Abfrage über den Speicherort. Wenn Sie sich später auskennen, können Sie hier auch noch einen speziellen Ordner anlegen, beispielsweise »Urlaub Salzburg 2023« – aber ganz ehrlich, aufgrund der hervorragenden Suchfunktion in der Windows-Fotoanzeige brauchen Sie das gar nicht. Klicken Sie daher einfach auf **Importieren** **9**.

**8.** Den Fortschritt der Übertragung sehen Sie im eingeblendeten Fenster.

**9.** Ist die Übertragung fertig, wechseln Sie zurück auf Ihre Bilder mit einem Klick auf die Schaltfläche **Alle Fotos** links oben in der App-Oberfläche.

**10.** Nun können Sie Ihre Speicherkarte wieder aus dem Karten-Slot des Computers ziehen bzw. das Kartenlesegerät vom Computer entfernen und sich an Ihren schönen Bildern erfreuen, die nach Monaten sortiert in Ihrer App erscheinen.

**ACHTUNG!**

Sollten Sie im Laufe der Zeit viele Bilder speichern, erhalten Sie gegebenenfalls eine Meldung, dass der Cloud-Speicher dafür nicht ausreicht. Das können Sie zunächst ignorieren und **Vorgang dennoch** anwählen. Die Bilder werden trotzdem auf Ihren Computer übertragen. Mehr zum Online-Speicher lesen Sie ab Seite 333.

## Bilder in der Windows-Fotoanzeige löschen

Nach der Übertragung der Bilder auf Ihren Computer können Sie mit der Sichtung loslegen. Das bedeutet, Sie suchen jene Bilder aus, die Sie behalten, und jene, die Sie löschen wollen. Das klappt mit wenigen Klicks:

**ACHTUNG!**

Damit es beim Entfernen der Karte zu keinem Datenverlust kommt, sollte sie sicher entfernt werden. Wie das geht, erfahren Sie im Kasten »USB-Stick sicher entfernen« auf Seite 322.

1. Aktivieren Sie den Bereich **Alle Fotos** mit einem Klick auf die entsprechende Schaltfläche in der Windows-Fotoanzeige-App. Dort sind die geladenen Bilder chronologisch geordnet: Die neuesten befinden sich oben.

**MERKE**

Es lohnt sich, die Fotosammlung »auszumisten« und schlechte Bilder zu löschen, um den Überblick zu behalten.

2. Suchen Sie nun jenes Bild aus, das Sie nicht mehr in Ihrer Fotosammlung haben wollen, und fahren Sie mit dem Mauszeiger darauf. Sofort erscheint im rechten oberen Bereich ein Kästchen (1), das Sie per Klick mit einem Häkchen versehen. Zusätzlich wird das Bild dann blau umrahmt.

3. In der Menüleiste oben erhalten Sie nun einige Symbole eingeblendet. Ziemlich zu Beginn finden Sie dort den Punkt **Löschen** in Form eines Mülleimers (2). Klicken Sie ihn einmal an.

4. Nun erscheint ein Fenster mit einer Sicherheitsabfrage. Klicken Sie hier zur Bestätigung erneut auf **Löschen** (3). Das ausgewählte Bild wurde damit aus Ihrer Sammlung entfernt.

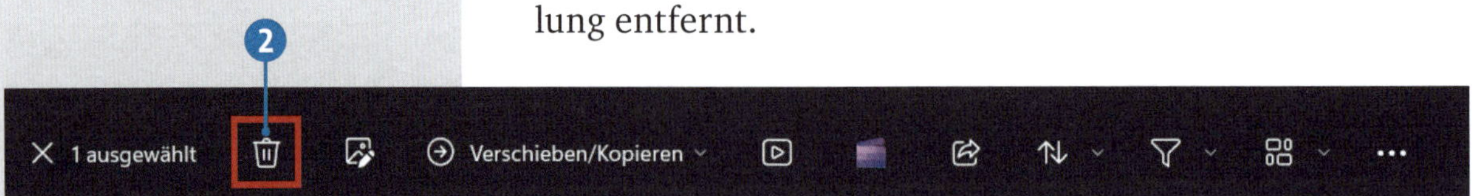

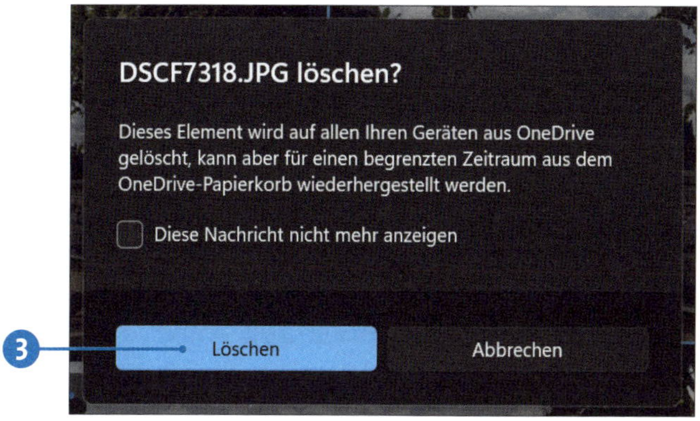


Im Anschluss erfolgt eine weitere Anfrage zum Löschvorgang. Hier wird darauf hingewiesen, dass Ihre Bilder auch vom Online-Speicher gelöscht werden. Das ist standardmäßig so eingestellt, und Sie klicken oder tippen hier **Verstanden** 4 an. Unser Tipp: Wollen Sie diese Meldung nicht mehr sehen, setzen Sie den Haken bei **Diese Erinnerung nicht mehr anzeigen** 5.

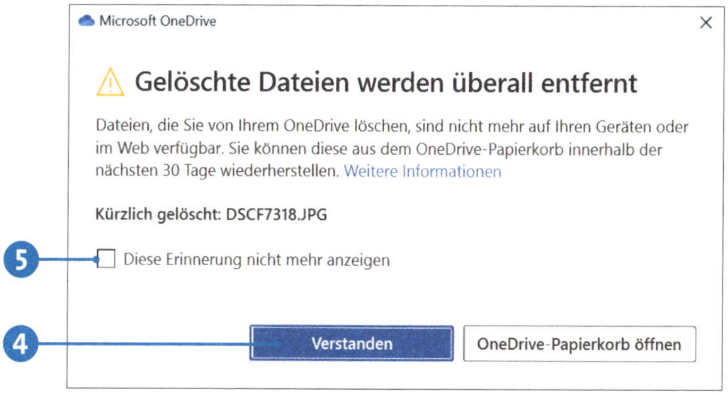


## Fotos präsentieren

Die schönsten Bilder sind jene, die man mit Freunden teilen kann. Doch der Diaprojektor hat schon lange ausgedient, denn mit dem Computer geht das mindestens genauso toll. Das lästige Aufbauen von Leinwand und Projektor inklusive hängen gebliebener Dias entfällt komplett. Die Windows-Fotoanzeige bietet Ihnen zwei unkomplizierte Präsentationsmöglichkeiten:

- Anzeige sämtlicher Bilder hintereinander, ausgehend vom gerade angewählten Motiv
- Anzeige von per Klick ausgewählten Fotos

Starten wir mit der ersten Möglichkeit, um Fotos in Folge zu genießen, ganz ohne weitere Einstellungen:

**1.** Starten Sie die Windows-Fotoanzeige wie gewohnt über das Startmenü.

**2.** In Ihrer Foto-Liste scrollen Sie bis zu den Bildern, die Sie gerne im Vollformat auf dem Bildschirm hintereinander sehen wollen. Wählen Sie das erste Bild der gewünschten Motivfolge mit einem linken Mausklick oder Fingertipp aus.

**3.** Klicken Sie in der Menüleiste auf die Schaltfläche mit dem Abspielfeil (1), und schon werden sämtliche Bilder ohne störende Menüs bildschirmfüllend mit Musik und Animation angezeigt.

**WAS TUN?**

Die Leertaste pausiert eine Fotoshow. Die Taste Esc beendet die digitale Diashow.

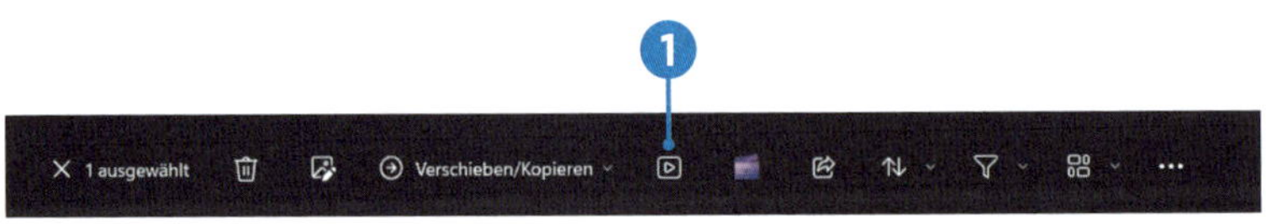

**4.** Die Präsentation läuft automatisch ab und blendet alle paar Sekunden ein neues Bild ein. Mit dem Bedienelement im oberen Displaybereich haben Sie aber alles unter Kontrolle:

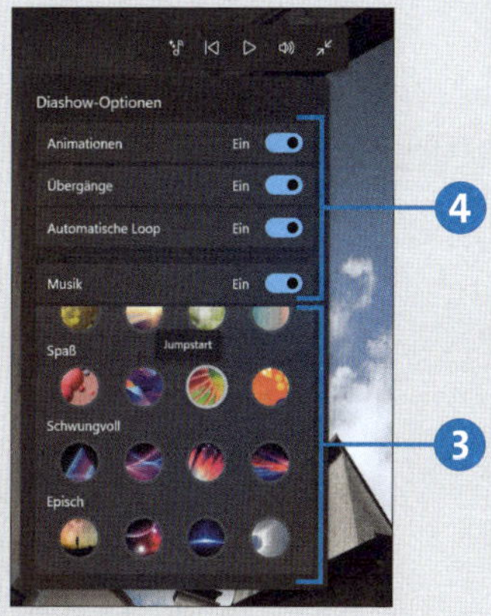


2 Die Musiknote lässt Sie passende Musik 3 auswählen und einige Optionen für eine gelungene Wiedergabe festlegen 4. Hier können Sie einfach hineinklicken und ausprobieren.

5 Die Taste mit den zwei Strichen ist für Stopp und Start der Show zuständig. Klicken Sie diese Taste an, wird die Show angehalten, und das Symbol ändert sich. Ein erneuter Druck startet wieder. Alternativ klappt das auch per `Leertaste`.

6 Nervt die Musik? Ein Klick auf den Lautsprecher schaltet die Begleitmusik auf stumm.

7 Mit den zwei Pfeilen beenden Sie die Diashow. Das funktioniert auch komfortabel mit der `Esc`-Taste auf Ihrer Tastatur.

Die gerade gezeigte Fotoschau ist unkompliziert, allerdings werden dabei sämtliche Bilder hintereinander abgespielt. Sie können aber auch nur ausgewählte Fotos präsentieren:

1. Gehen Sie hierzu wieder auf **Alle Fotos** in der Windows-Fotoanzeige.

2. Nun geben Sie all jenen Bildern ein Häkchen in das kleine obere Kästchen ①, die Sie als Fotoshow zeigen möchten. Das können beliebig viele Motive sein.

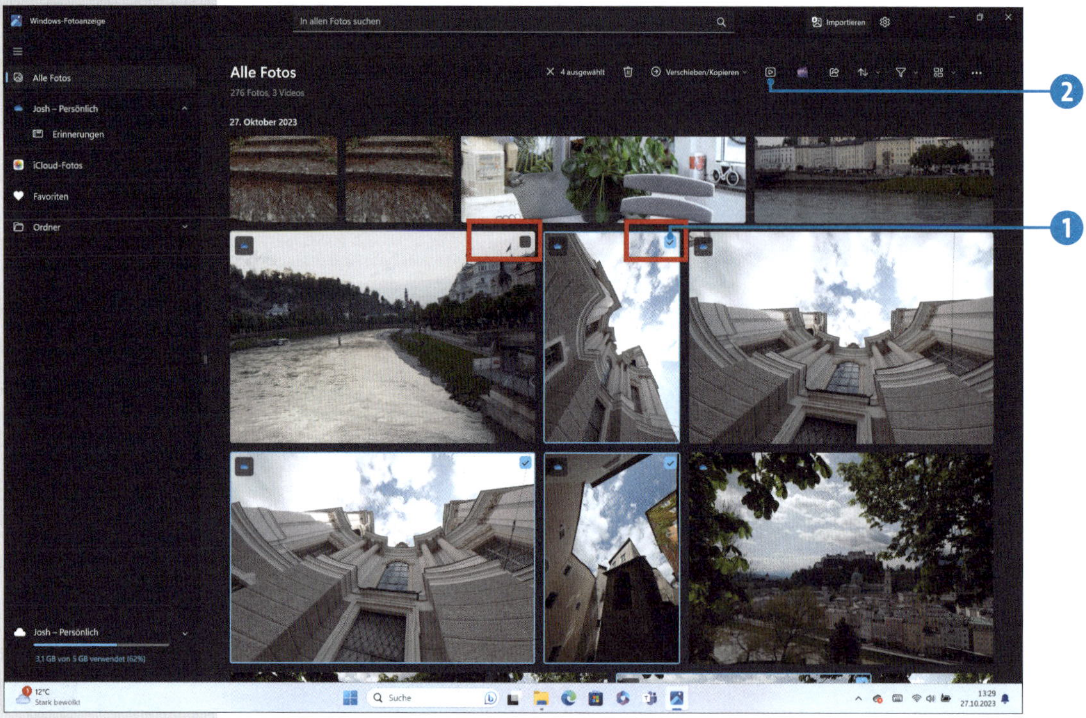


3. Starten Sie die Diashow dann einfach wieder mit der Schaltfläche ▷ in der Menüleiste oben ②. Nun werden aber nur die gewählten Fotos angezeigt.

## Fotos bearbeiten – Klick für Klick zum Bilderglück

Die Windows-Fotoanzeige in Windows 11 enthält auch Werkzeuge für kleinere Fotokorrekturen. Nutzen Sie diese, um Ihre Schnappschüsse schnell ins rechte Licht zu rücken, mit Effekten zu versehen oder um die Farbe oder den Ausschnitt zu ändern. Aufgrund der Vielfalt an Möglichkeiten, die schon fast ein ganzes Buch füllen könnten, können wir Ihnen hier nur einen kleinen Einblick geben, was mit Ihren Fotos alles machbar ist:

1. Wählen Sie im Bereich **Alle Fotos** Ihrer Windows-Fotoanzeige mit einem linken Mausklick das Bild aus, das Sie bearbeiten möchten. Es wird entsprechend markiert.

2. In der Menüleiste oben klicken Sie nun auf die Schaltfläche für **Bild bearbeiten** 1.

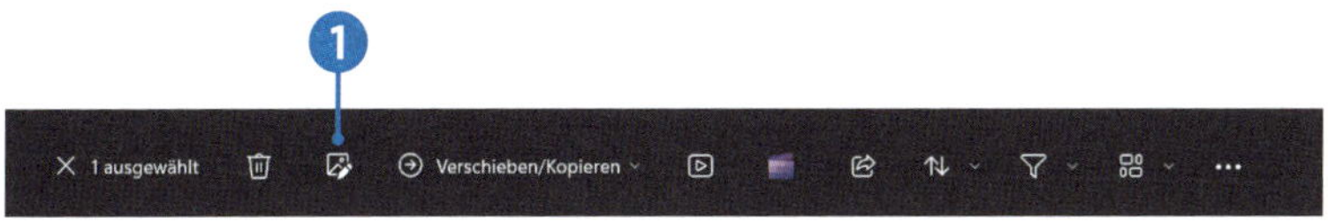


3. Das Bild wird groß angezeigt und der Bereich zum Editieren geladen. Sie landen zunächst im Bereich **Zuschneiden** 2.

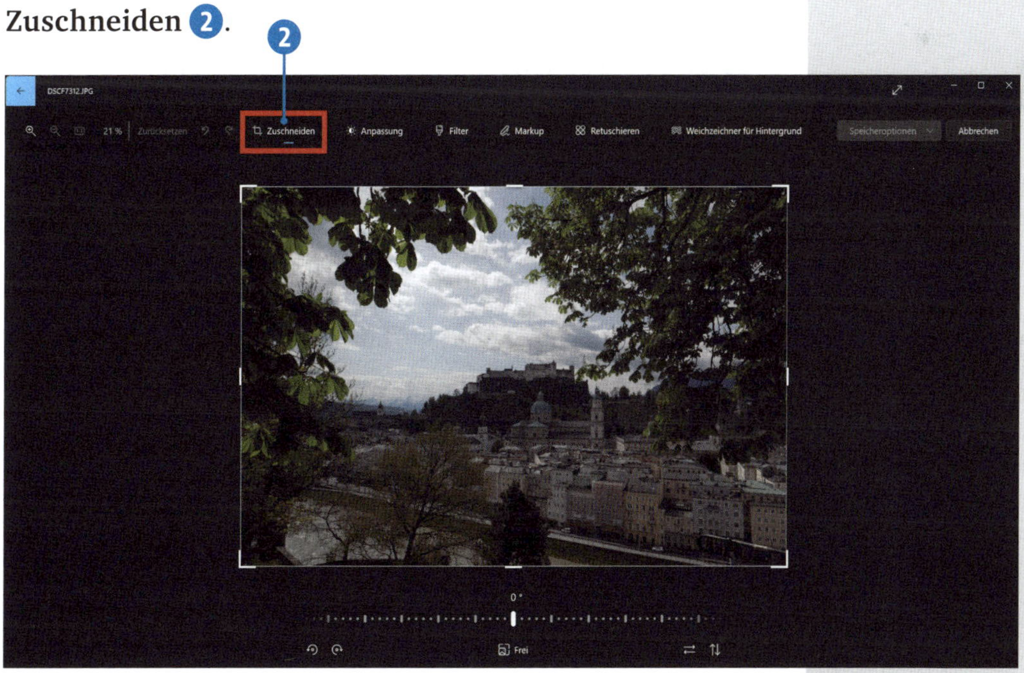

**Kleiner Bildschirm? Kleines Menü!**

Die Windows-Fotoanzeige passt das Menü der Größe Ihres Displays an. In unserem Beispiel sehen Sie im Bearbeiten-Bereich die Symbole inklusive Beschreibung. Bei kleineren Displays hingegen ist Rätselraten angezeigt, was sich hinter den jeweiligen Grafiken verbirgt.

4. Sie sehen die Rahmenmarkierung? An den äußeren Ecken ziehen Sie sich diese mit gedrückter linker Maustaste so zurecht 3, bis Ihnen der Bildausschnitt gefällt. Dabei gilt: Der abgedunkelte Bereich außen 4 wird später weggeschnitten.

5. Auch eine Drehung des Bildes ist möglich, beispielsweise um einen schiefen Horizont zu begradigen – das klappt über den Schieberegler unten 5. Ziehen Sie ihn per Fingertipp oder gedrückte linke Maustaste nach links oder rechts.

Ist der Zuschnitt geglückt, können Sie nun in den Bereichen **Anpassung** 6, **Filter** 7 oder **Retuschieren** 8 mit Ihrer Bildbearbeitung fortfahren (ein Beispiel für solche Korrekturen zeigen wir Ihnen in der folgenden Anleitung). Sollte Ihnen der Bildausschnitt doch nicht gefallen, klicken Sie auf **Zurücksetzen** 9, um das Originalbild wiederherzustellen.

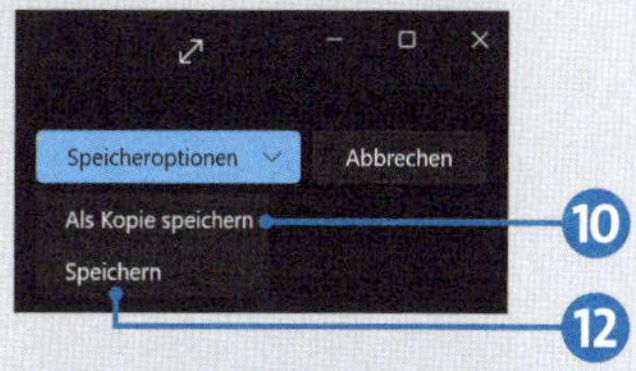


**6.** Um die am Bild vorgenommenen Änderungen endgültig in Ihrem Foto zu speichern, haben Sie bei den **Speicheroptionen** zwei Möglichkeiten: Mit **Als Kopie speichern** (10) bleibt das Originalbild erhalten, und die korrigierte Version wird als zusätzliche Kopie abgelegt. Diese Vorgehensweise empfehlen wir. Die Windows-Fotoanzeige wird Sie dann noch nach einem neuen Dateinamen fragen (11), den Sie frei wählen können und einfach in das Feld **Dateiname** eintippen. Mit **Speichern** (12) hingegen würde Ihr Originalfoto überschrieben, und eine wertvolle Erinnerung wäre unwiederbringlich zerstört.

**7.** Nach dem Speichern gelangen Sie in die Vollbildansicht Ihres Fotos zurück. Diese beenden Sie über das X rechts oben im Fenster, und alle Ihre Fotos werden wieder angezeigt.

**MERKE**

Mit **Als Kopie speichern** wird die bearbeitete Bildversion zusätzlich zum Ausgangsbild gespeichert, das Originalbild bleibt also erhalten. Anschließend kehren Sie automatisch zur Sammlung zurück, d. h. zu Ihrer Bilderübersicht in der Windows-Fotoanzeige.

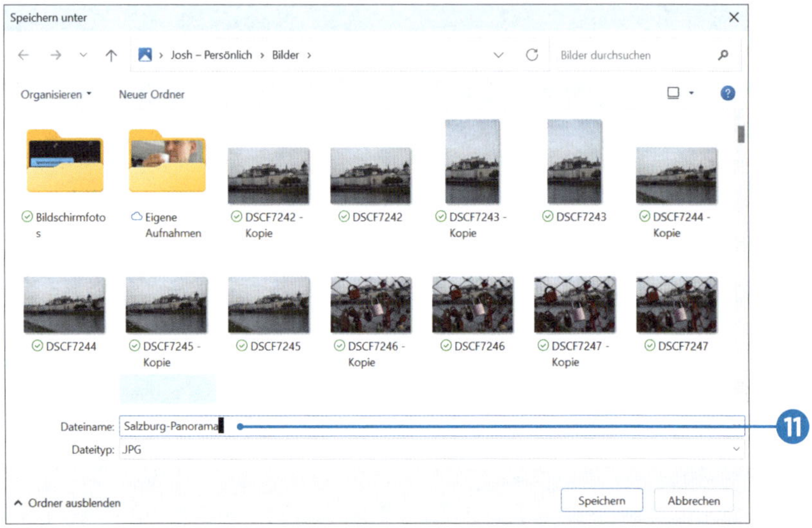


Abschließend zeigen wir Ihnen an einem kleinen Beispiel noch, wie Sie die Farben Ihres Fotos auch ohne Fotobearbeitungskenntnisse anpassen können – so wird aus trübem Regenwetter (fast) strahlender Sonnenschein.

1. Laden Sie in Ihrer Foto-Auswahl ein Bild Ihrer Wahl mit einem linken Mausklick als große Ansicht, und klicken Sie im oberen Menü auf die Bearbeiten-Schaltfläche, wie gerade beschrieben.

**2.** Im Bereich **Anpassung** ❶ stehen jede Menge Korrekturwerkzeuge bereit. Mit gedrückter Maustaste ziehen Sie die weißen Regler nach links oder rechts. Die Änderung wird direkt in der großen Bildvorschau dargestellt. Sobald Ihnen die Anpassung gefällt, lassen Sie die Maustaste los.

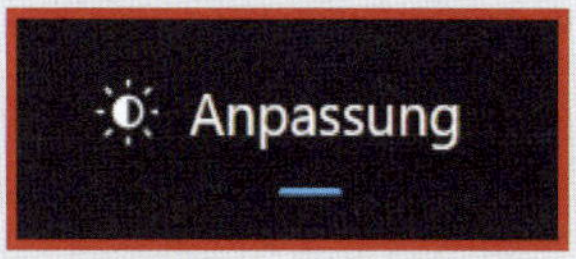


**3.** Auch hier wählen wir, um unsere Korrekturen zu sichern, **Als Kopie speichern** mit einem Mausklick aus. Lassen Sie sich nicht irritieren – nach diesem Vorgang springt die Windows-Fotoanzeige zurück auf Ihr unkorrigiertes Ausgangsbild. Gehen Sie über den Pfeil oben links. Zurück in der **Sammlung**-Ansicht des Fotoanzeige-Programms sehen Sie dann, dass beide Bildversionen hintereinander abgespeichert wurden.

Damit haben Sie das wichtigste Handwerkszeug erworben, um Ihre Fotos zu bearbeiten. Durchstöbern Sie die vielfältigen kreativen Bearbeitungsmöglichkeiten, die im Prinzip alle ähnlich funktionieren. Mit dem Befehl **Als Kopie speichern** bleibt Ihr wertvolles Originalbild immer erhalten.

**MERKE**

Unter **Sammlung** finden Sie Ihr Originalbild und gleich dahinter die bearbeitete Kopie.

KAPITEL 10

# Mit Outlook Mails versenden und Termine planen

In Windows 11 ist Outlook die Kommunikationszentrale für E-Mails, Kalender und Adressbuch, quasi die digitale Sekretärin, die einiges für Sie erledigen kann. E-Mails sind ja ein Klassiker in Sachen Kommunikation, und die bewältigen Sie in dieser Software souverän. Und natürlich ist ein intelligenter Kalender und ein »blattloses« Adressbuch im Alltag richtig praktisch. In diesem Kapitel stellen wir Outlook in seinen Grundfunktionen vor und starten mit der Einrichtung.

## E-Mail-Adresse und Microsoft-Konto anlegen

Beim ersten Start muss Outlook kurz eingerichtet werden. Das klappt in wenigen Schritten:

1. Um die App zu aktivieren, klicken Sie auf das Startmenü. Mit etwas Glück finden Sie direkt das Symbol für die **Outlook**-App ①. Falls nicht, klicken Sie wie schon gewohnt auf **Alle** ②, scrollen bis **O** und klicken dort auf das entsprechende Symbol ③.

## ACHTUNG!

Microsoft ist, wie schon häufiger erwähnt, eine einzige Verkaufsveranstaltung. Sie finden daher über die Suche und im Bereich für alle Apps tatsächlich Outlook zweimal. Die kostenlose Version erkennen Sie am Zusatz *New*. Nur diese Version ist kostenfrei.

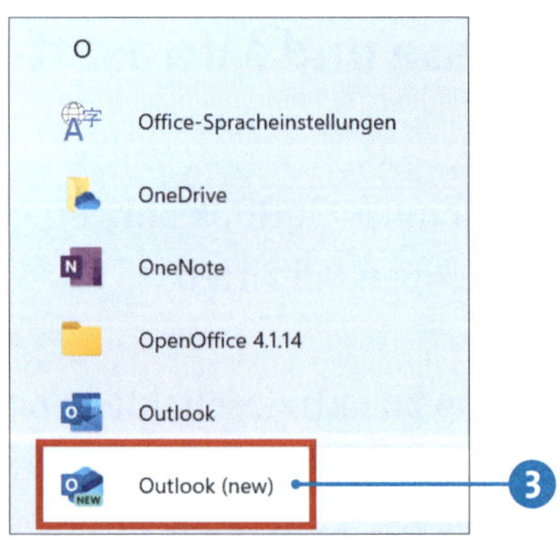


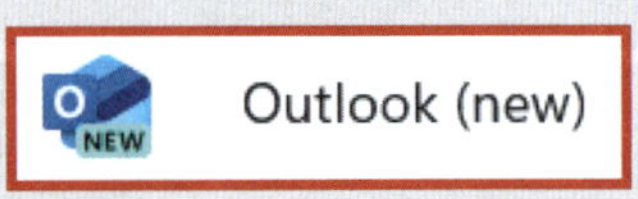


**2.** Sie sehen direkt den Anmeldebildschirm mit Ihrer Microsoft-E-Mail-Adresse **4**. Hier klicken Sie einfach auf **Weiter** **5**, die Einrichtung beginnt **6**.

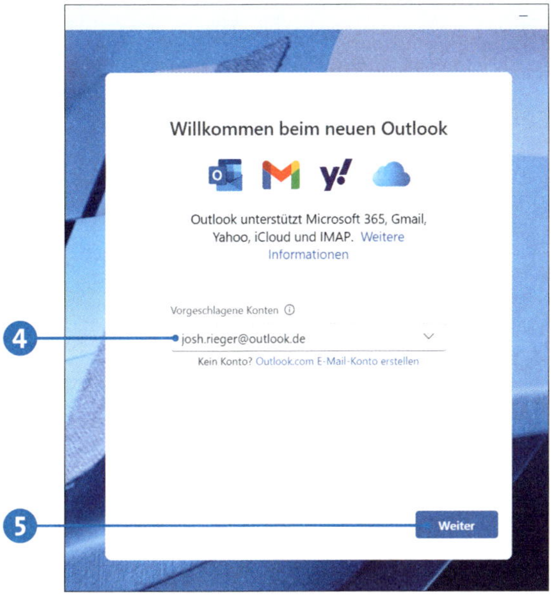


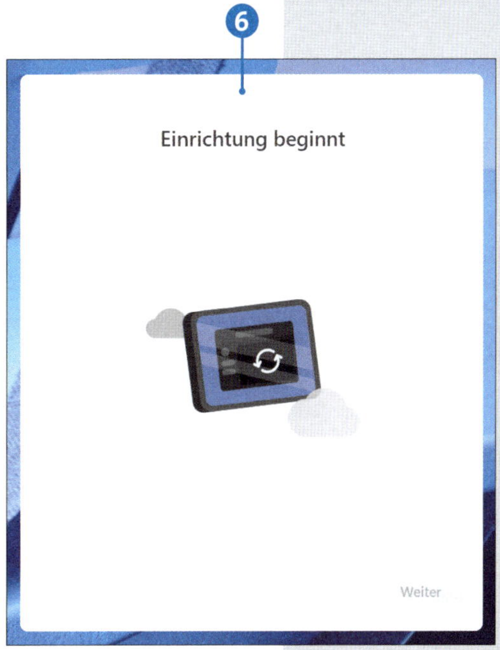


**3.** Beim folgenden Bildschirm versichert Microsoft, dass Ihre Daten sicher sind. Klicken Sie auf **Weiter** 7, eine andere Option haben Sie sowieso nicht.

**4.** Auch im folgenden Fenster geht es um Datenschutz und Privatsphäre. Hier aktivieren Sie aber per Mausklick **Nein, keine optionalen Daten senden** 8. Danach erfolgt ein kurzer Hinweis, dass Sie später weitere Mail-Konten hinzufügen können 9.

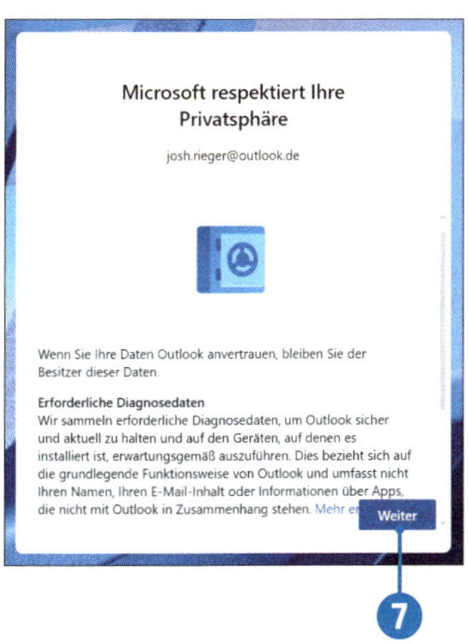

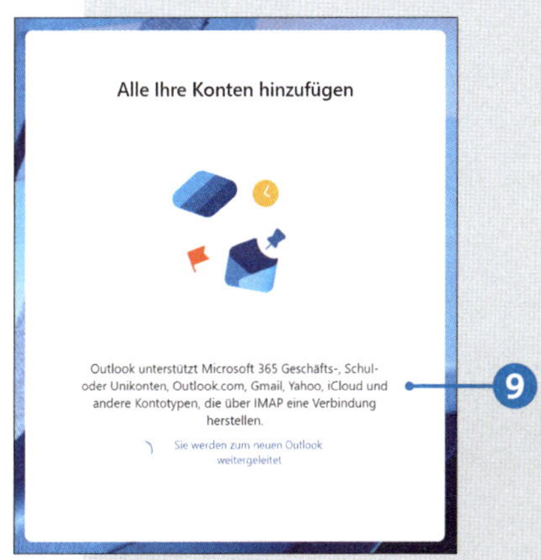

**5.** Und damit keine Langeweile aufkommt, erfolgt nochmals ein Hinweis zum Datenschutz – auch hier können Sie nur auf **Weiter** ⑩ klicken. Hier weist Microsoft darauf hin, dass Ihre Daten analysiert werden, um »Ihre Erfahrungen zu unterstützen«.

**6.** Nun wird Outlook endlich gestartet. In unserem Beispiel sind auch schon einige Mails angekommen. Das wird auch bei Ihnen der Fall sein, Microsoft schickt Ihnen unaufgefordert zu Beginn einige E-Mails mit Werbung und Informationen. Rechts unten wird eine optionale Einführung angezeigt. Wollen Sie direkt loslegen, klicken Sie auf **Nicht interessiert** ⑪.

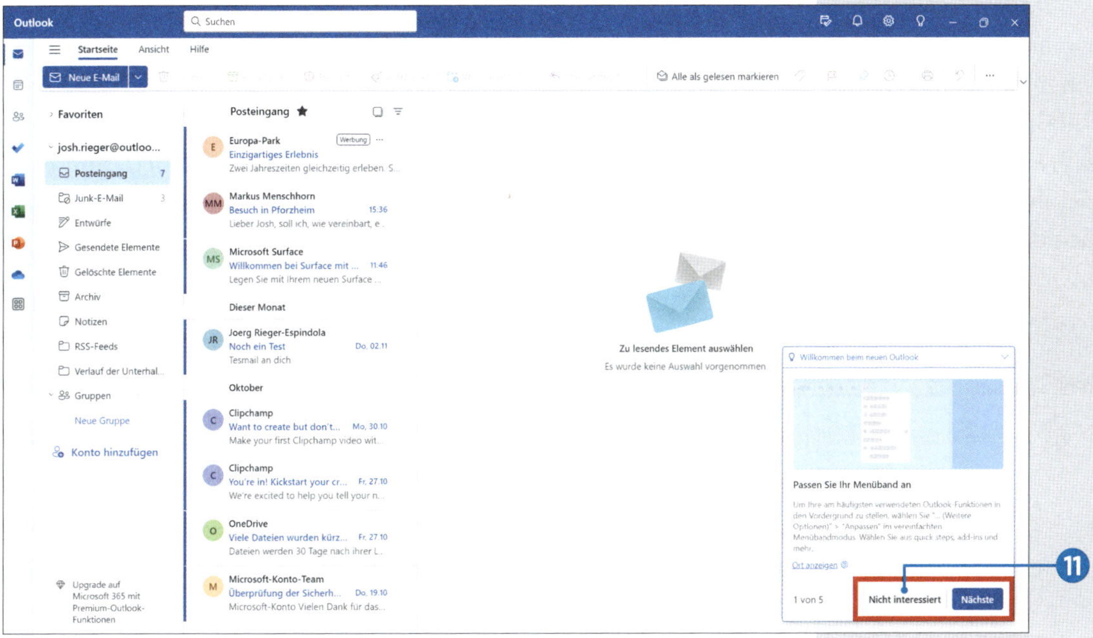

## Und wenn Sie schon eine eigene E-Mail-Adresse haben?

Starten Sie Outlook, und brechen Sie die Einrichtung ab. Gehen Sie in Outlook in der linken Spalte auf **Konto hinzufügen**. Für die folgende Einrichtung müssen wir Sie leider an Ihren Anbieter verweisen, da es hier im Detail zu kleineren Abweichungen kommt. In jedem Fall benötigen Sie dafür Ihre E-Mail-Adresse und Ihr Kennwort, gegebenenfalls werden Sie zudem aufgefordert, einen Namen anzugeben, der beim Empfänger Ihrer Nachrichten angezeigt werden soll. In aller Regel müssen Sie zudem einen Kontotyp (*POP3* bzw. *IMAP*) auswählen und entsprechende Eingaben zum sogenannten *Posteingangsserver* sowie zum *Postausgangsserver* vornehmen. Da diese Angaben bei jedem Anbieter anders lauten, bitten wir Sie – wegen der Vielzahl der Anbieter – um Verständnis dafür, dass wir das hier im Buch nicht zeigen können. Die Angaben erhalten Sie bei Ihrem Internet- bzw. E-Mail-Provider direkt, oder Sie können sie auf dessen Internetseite durch eine Google-Recherche in Erfahrung bringen.

Jedes Programmfenster verfügt über die Schaltflächen **Verkleinern/Maximieren** 1, **Minimieren** 2 und **Schließen** 3 (siehe auch die Ausführungen ab Seite 82).

## Die Outlook-App kurz vorgestellt

Nach der Einrichtung Ihres E-Mail-Kontos und dem Wechsel zum Posteingang befinden Sie sich im eigentlichen Programmfenster von Outlook. Logischerweise ist bei einem neu angelegten Postfach die Oberfläche noch leer; lediglich eine oder zwei E-Mails von Microsoft heißen Sie willkommen.

Damit Sie einen guten Überblick über alle Ordner und Funktionen innerhalb des Programms bekommen, vergrößern Sie am besten das Fenster Ihrer Outlook-App mit einem Klick auf das **Maximieren**-Symbol. Damit nimmt die App den gesamten Bildschirm ein, Sie erinnern sich?

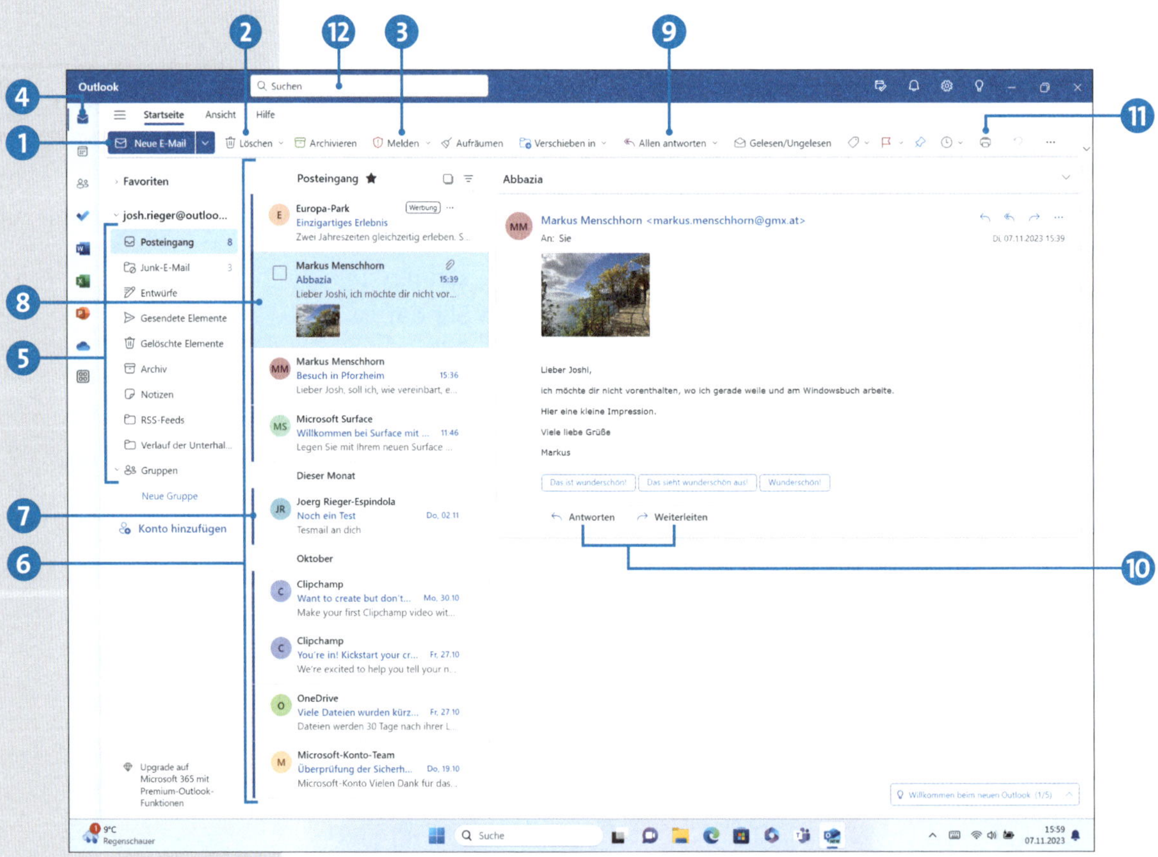

Im Folgenden zeigen wir Ihnen anhand eines Postfachs, das schon ein wenig in Benutzung ist, die wichtigsten Funktionen von Outlook:

1. **Neue E-Mail**: Hier verfassen Sie eine neue E-Mail.
2. **Löschen** verschiebt eine E-Mail direkt in den Ordner **Gelöschte Elemente**.
3. Mit **Melden** markieren Sie Werbe-Mails, die auch als Spam- oder Junk-Mails bezeichnet werden. Diese werden in den Ordner **Junk-E-Mail** verschoben. Mehr dazu ab Seite 272.
4. In der Symbolleiste ganz außen ist für Sie das Mail-Symbol für Ihr Mail-Postfach relevant. Hier befinden wir uns gerade. Darunter ist das Symbol für den Kalender – den schauen wir uns ab Seite 285 an. Des Weiteren ist das Adressbuch interessant, in das wir ab Seite 282 einen Blick werfen. Den Rest ignorieren Sie, hier kommen wieder die kostenpflichtigen Office-Apps von Microsoft ins Spiel.
5. Linke Spalte: Hier werden alle verfügbaren Ordner, man könnte auch sagen »Postfächer«, Ihrer Mail-Adresse angezeigt (**Posteingang**, **Entwürfe**, **Gesendete Elemente**, **Archiv**, **Junk-E-Mail** etc.).
6. In der mittleren Spalte werden die einzelnen E-Mails des jeweils angewählten Ordners aufgelistet. Im Beispiel sehen Sie die E-Mails im markierten Ordner **Posteingang**. Hier kommen in der Standardeinstellung alle E-Mails an.
7. Ungelesene Mails erscheinen mit fett gedrucktem Absender und Betreff und einem blauen Balken links. Gelesene Mails werden normal dargestellt.
8. Eine ausgewählte Nachricht wird blau unterlegt. Hier sehen Sie eine Mail mit Text inklusive Anhang (im Beispiel mit einem Foto).

**MERKE**

Nutzen Sie diese Auflistung später, wenn Sie eine Funktion suchen.

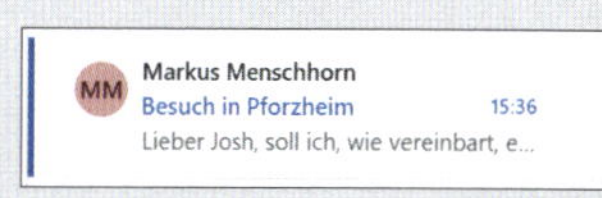

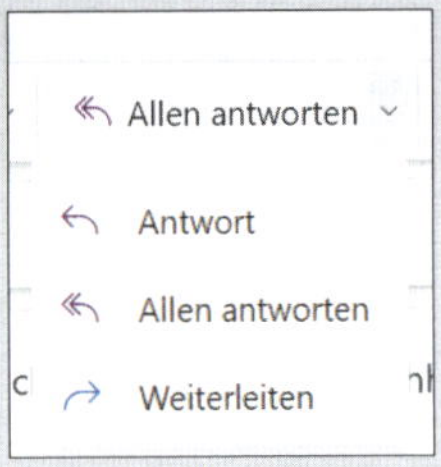


9 Hier können Sie eine Nachricht beantworten oder weiterleiten.

10 Das Antworten oder Weiterleiten geht übrigens auch direkt unter der Nachricht.

11 Auch das **Drucken** ist möglich. Auf kleineren Bildschirmen versteckt sich die Funktion auch gerne hinter den drei Punkten rechts daneben.

12 Mit dem Suchfeld können Sie nach einzelnen E-Mails und deren Inhalten suchen.

## Eine E-Mail öffnen

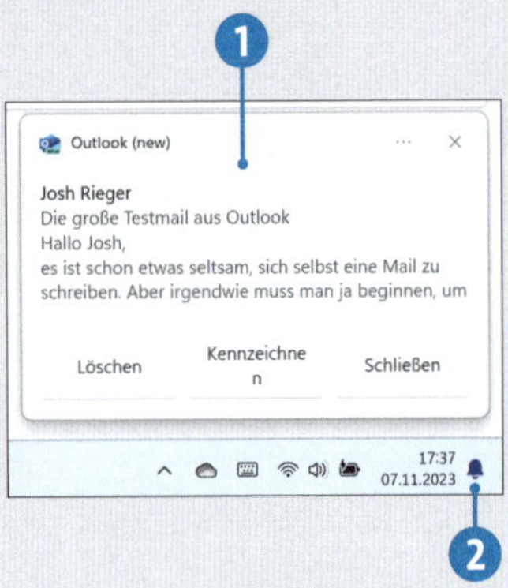


Wie erkennen Sie nun, dass Sie eine neue E-Mail erhalten haben? Im Moment des Eingangs einer neuen Nachricht wird diese rechts unten mit einer Vorschau 1 für mehrere Sekunden angezeigt. Klicken Sie direkt in den Nachrichtentext, um die Mail in Outlook anzusehen.

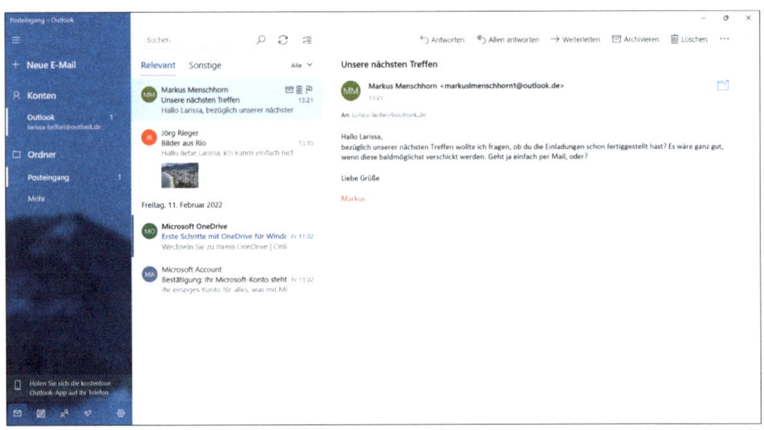


Das Info-Center rechts außen informiert Sie durch die dunkel markierte Glocke darüber, dass auch neue Mails vorliegen können 2.

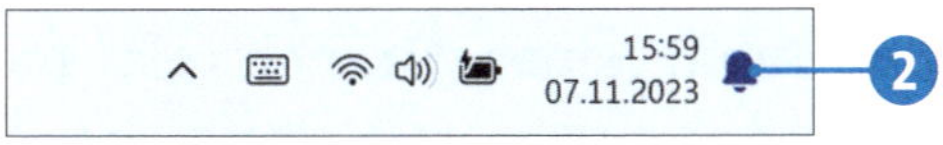


Klicken Sie darauf, sehen Sie in der großen Übersicht 3 die noch nicht gelesenen Nachrichten, und per Klick darauf landen Sie in Outlook. Sie sehen, Windows ist sehr darauf bedacht, dass Sie keine Nachricht verpassen.

Wenn Sie Outlook über das Startmenü öffnen, wie vorhin gezeigt, gelangen Sie direkt in den Posteingangsordner 4.

In dieser Spalte sehen Sie nun die eingegangenen E-Mails. E-Mails, die Sie noch nicht gelesen haben, sind mit einem blauen Balken sowie fett markiertem Titel und Absender 5 nicht zu übersehen.

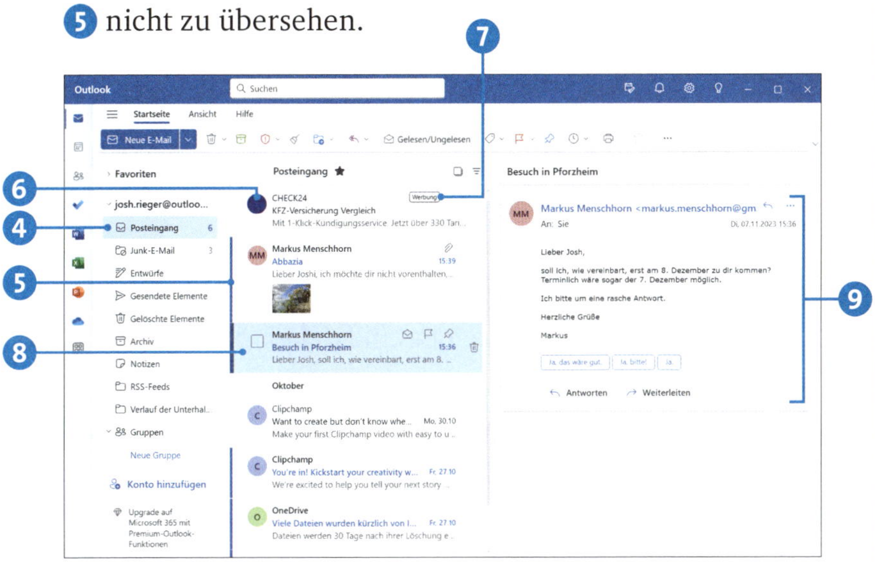


Eine Falle lauert ganz oben: Das kostenlose E-Mail-Konto von Microsoft wird durch Werbung finanziert. Und daher ist die oberste Nachricht immer eine Werbe-Mail 6. Diese ist auch entsprechend gekennzeichnet 7. Sie müssen diese nicht wirklich anschauen oder anklicken. Wie sie diese und andere Mails löschen, zeigen wir auf Seite 267.

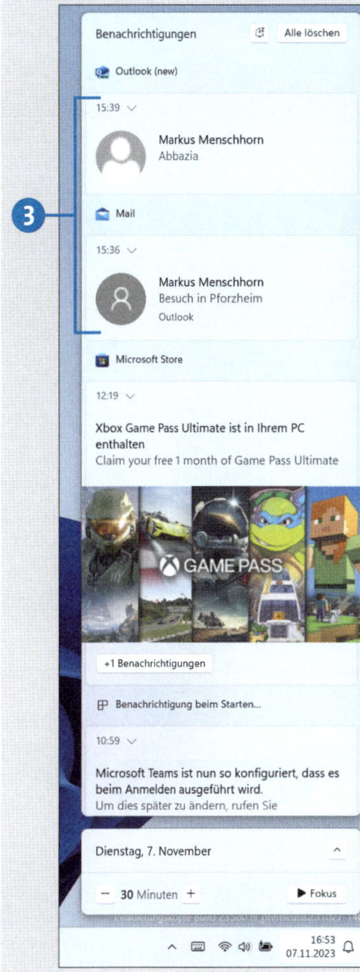

Um nun den Inhalt einer wirklich relevanten E-Mail zu lesen, fahren Sie mit dem Mauszeiger darauf ❽ und klicken sie an; sie wird dann blau unterlegt. Nun können Sie den Inhalt rechts im Programmfenster ❾ lesen. Nach diesem Prinzip öffnen Sie übrigens jede E-Mail im Posteingang, egal, ob diese ganz neu oder schon gelesen und älter ist.

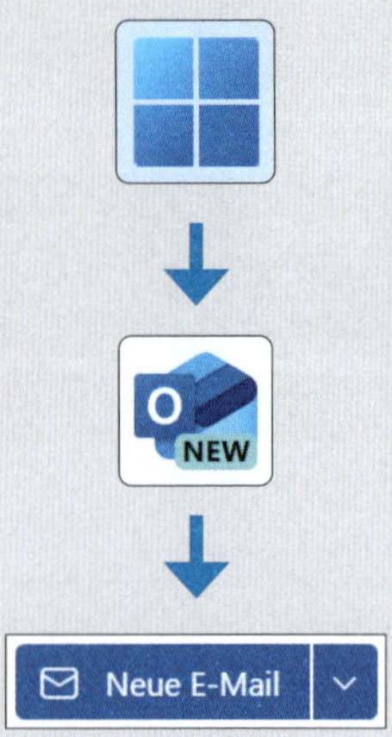


## Eine E-Mail schreiben und beantworten

Gehen wir nun dazu über, eine eigene E-Mail zu verfassen:

1. Öffnen Sie zunächst die Outlook-App über das Startmenü oder die Liste **Alle**, sofern die App noch nicht geöffnet ist.

2. Klicken Sie im Programmfenster auf die Schaltfläche **Neue E-Mail** in der oberen Leiste.

Im rechten Bereich der App öffnet sich die Vorlage für Ihre neue E-Mail. Folgende Bereiche sind dabei für Sie wichtig:

❶ In das Feld **An** geben Sie die Empfängeradresse ein.
❷ An dieser Stelle wird ein **Betreff** eingetragen.
❸ Das ist das Feld für Ihre Nachricht.
❹ Mit der Formatierungsleiste können Sie später, ganz wie in OpenOffice, Ihre Mail-Nachricht schick formatieren.
❺ **Anfügen** ermöglicht es Ihnen beispielsweise, Ihrem Text einen Anhang, z. B. ein Bild, anzufügen.
❻ Mithilfe des Papierkorbsymbols können Sie Ihre E-Mail wieder löschen.

**MERKE**

Der Betreff ist quasi der Titel Ihrer E-Mail. Das ist, was der Empfänger zuallererst sieht. Der Titel darf daher gerne aussagekräftig sein.

7 Mit dem Klick auf **Senden** schicken Sie Ihre E-Mail auf die Reise.

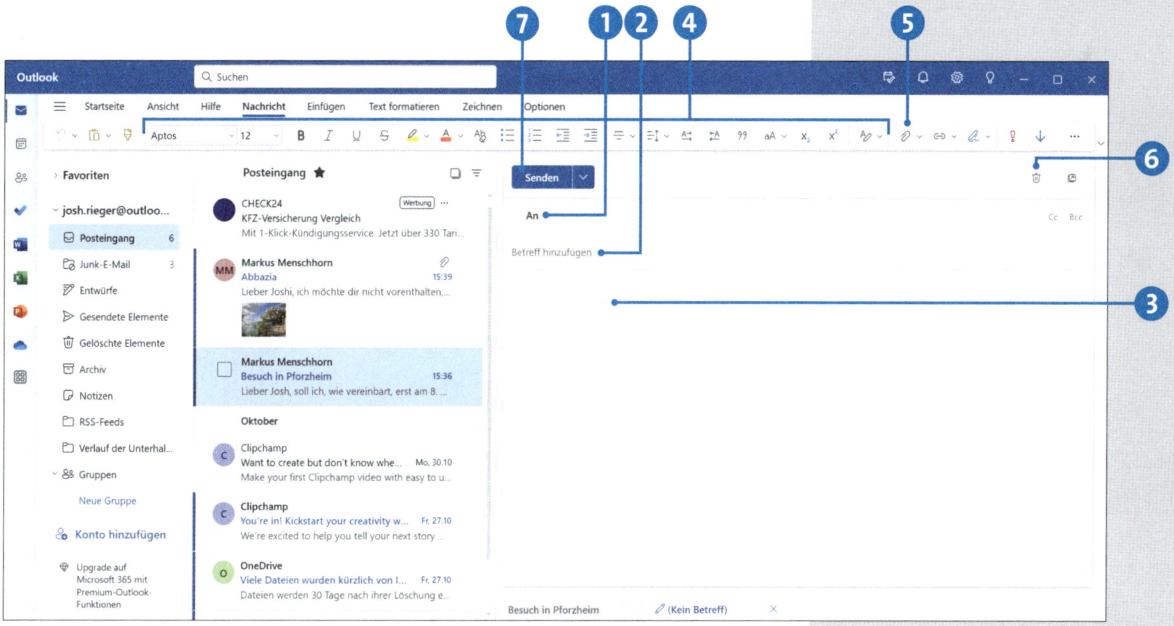

Nun zum praktischen Teil: Wir versuchen zunächst, eine E-Mail an uns selbst zu schicken, um zu testen, wie dieser Vorgang funktioniert:

**1.** Die Vorlage für Ihre erste E-Mail haben Sie bereits mithilfe der Schaltfläche **Neue E-Mail** geöffnet.

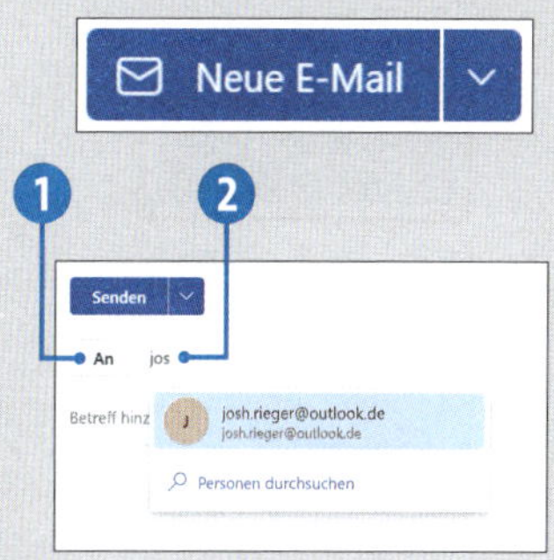


Tippen Sie den Empfänger in die Zeile **An** 1 ein. Für unseren ersten praktischen Versuch tragen Sie also nochmals Ihre eigene Adresse ein. In unserem Fall lautet sie *josh.rieger@outlook.de*. Bei Ihnen lautet sie natürlich anders.

Sobald man einen Buchstaben 2 ins Empfängerfeld eingibt, schlägt Outlook bereits gespeicherte Adressen vor.

(Wie Sie solche Adressen erstellen, lesen Sie im Abschnitt »Kontakte anlegen – das digitale Adressbuch Personen« ab Seite 282.)

2. Nun füllen Sie die Betreffzeile 3 aus. Das ist sozusagen die große Überschrift für Ihre E-Mail. Der Empfänger sieht diese Zeile zuallererst. Sie sollte daher aussagekräftig formuliert sein.

3. Geben Sie in das Textfeld 4 darunter die gewünschte Nachricht ein. Wir belassen es aktuell bei einem kleinen Text; später können Sie sogar Dateien, Bilder und vieles mehr verschicken und den Text gestalten.

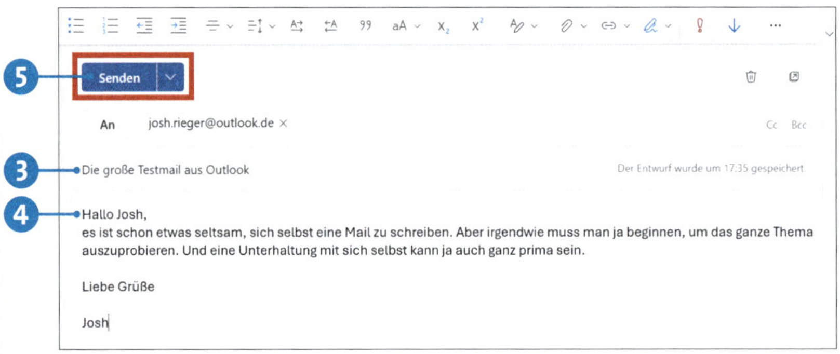


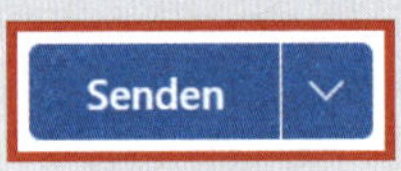


4. Damit ist Ihre erste E-Mail fertig verfasst und kann auf die Reise geschickt werden. Das geht einfach mithilfe der Schaltfläche **Senden** links oben 5.

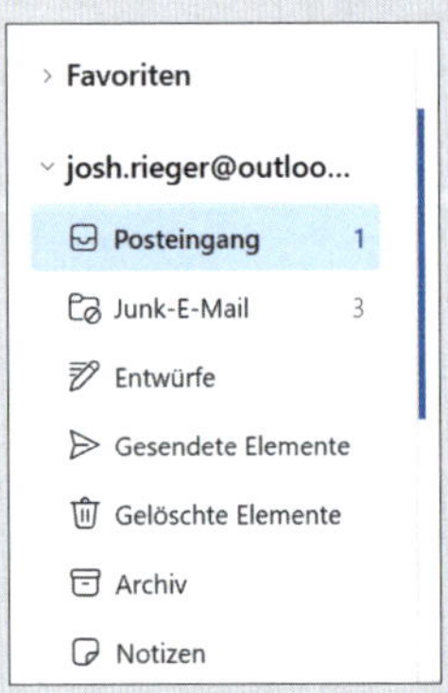


Wenige Sekunden später erscheint neben dem Ordner **Posteingang** eine **1** – oder eben eine andere Zahl, wenn schon mehrere ungelesene Mails vorhanden sind. Dies bedeutet, dass Sie Ihre soeben geschickte E-Mail erhalten haben. Wenn Sie auf den Ordner **Posteingang** klicken, erscheint sie auch gleich im mittleren Bereich als ungelesene E-Mail, was Sie, wie gesagt, an dem senkrechten blauen Balken neben der E-Mail erkennen. Wenn Sie diese E-Mail dort nun anklicken, erscheint sie sofort im Lesefeld rechts.

Viele Mails erfordern eine Reaktion, also eine Antwort, entweder, um sich zu bedanken oder um z. B. der Einladung zum Kegelabend zuzusagen. Das Antworten funktioniert ganz einfach:

**1.** Wählen Sie im Ordner **Posteingang** in der mittleren Spalte eine E-Mail aus. Wie bereits bekannt, erscheint sie daraufhin im Lesefeld rechts.

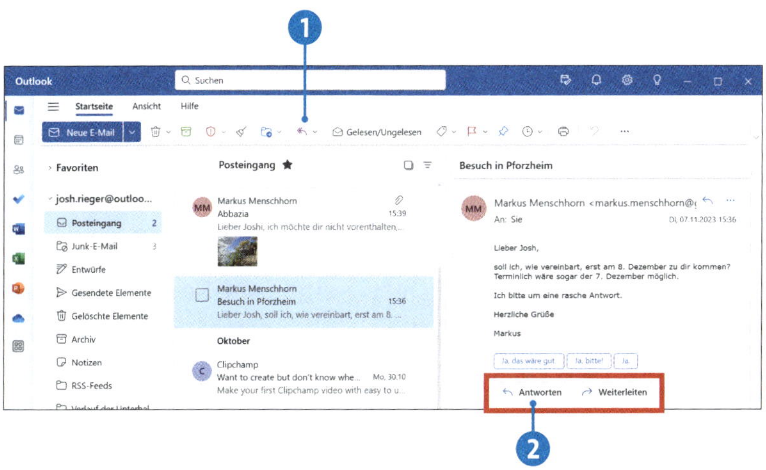


**2.** Klicken Sie nun auf **Antworten** ❶ in der oberen Leiste oder direkt unter der Nachricht ❷. Es öffnet sich unter der ursprünglichen Mail ein leeres Feld. Überschrift und Empfänger trägt Outlook für Sie automatisch ein, und dank der Aufteilung haben Sie immer im Blick, was in der ersten Mail geschrieben wurde.

Sie sehen außerdem, dass die betreffende E-Mail links mit dem roten Schriftzug **Entwurf** ❸ versehen ist.

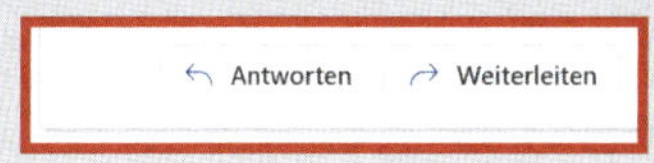


Eine E-Mail beantworten

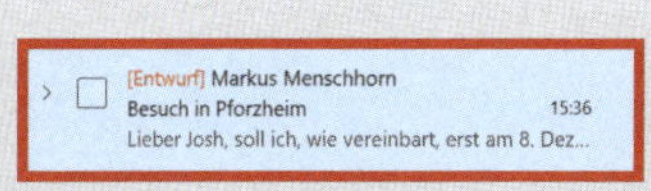

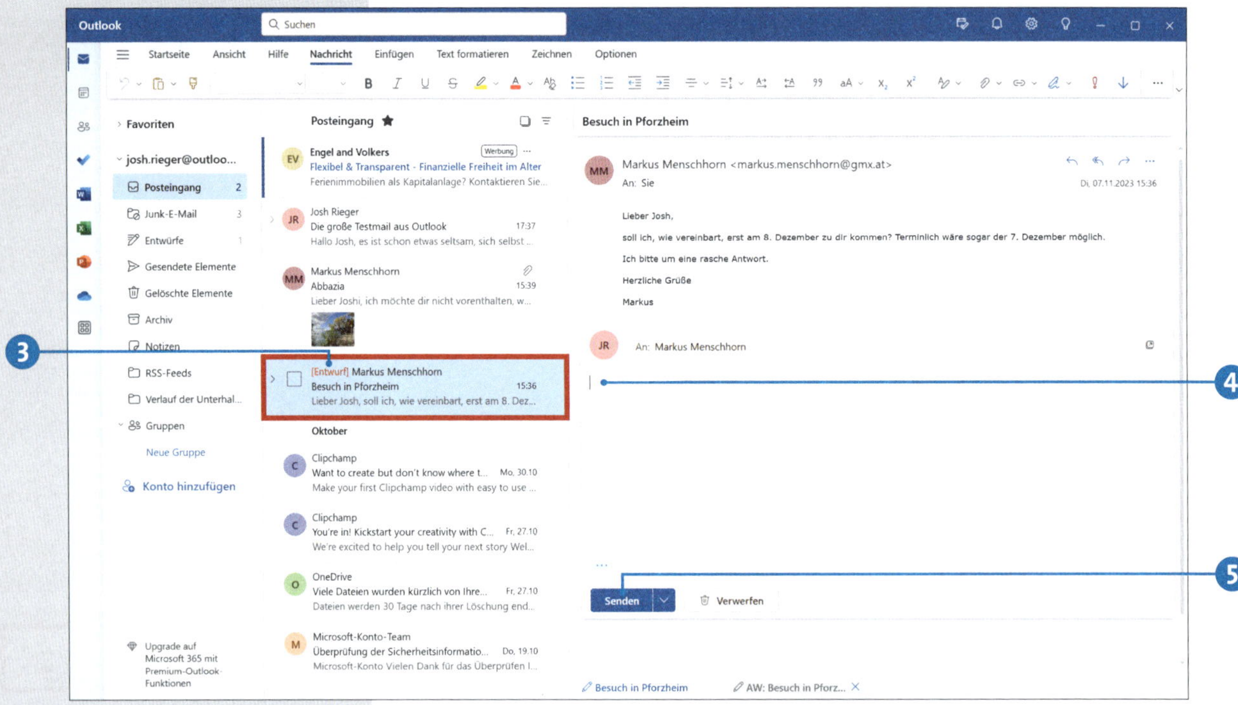

## WAS TUN?

Ihre angefangene E-Mail ist nach einer Pause vermeintlich verschwunden? Sie finden sie dann in aller Regel im Ordner **Entwürfe** in der linken Leiste von Outlook.

**3.** Schreiben Sie Ihre Nachricht nun in das leere Textfeld unterhalb der ursprünglichen Nachricht **4**, und klicken Sie, wenn Sie damit fertig sind, auf **Senden** **5**. Die soeben gesendete E-Mail-Antwort wird grundsätzlich unterhalb der zuvor erhaltenen E-Mail abgelegt **6**. So haben Sie die gesamte Kommunikation im Blick.

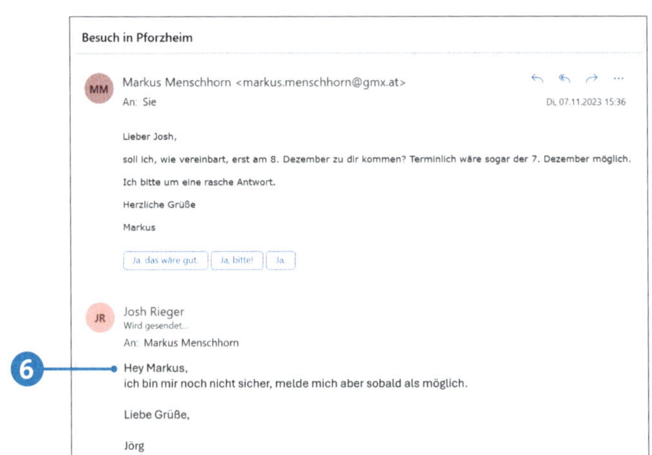

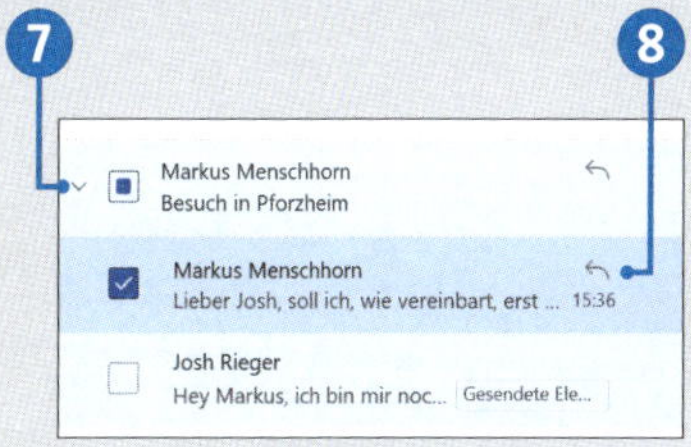


Im Ordner **Posteingang** zeigt ein Pfeil vor dem Betreff einer E-Mail an, dass es sich dabei um einen solchen E-Mail-Austausch zwischen zwei Kommunikationspartnern handelt. Wenn Sie auf diesen Pfeil 7 klicken, klappt der gesamte Dialog mit allen dazugehörigen E-Mails auf. Ein weiterer Service des E-Mail-Programms zeigt Ihnen jeweils an, ob Sie auf eine bestimmte E-Mail schon reagiert haben. Das erkennen Sie an dem gebogenen Pfeil 8 hinter einer E-Mail.

**ACHTUNG!**

Der digitale Briefkasten ist wie im normalen Leben nicht vor Werbung geschützt. Immerhin – am Haus wird der Hinweis »Keine Werbung« meistens befolgt, beim E-Mail-Postfach ist das aber leider nicht der Fall. Auch Windows selbst müllt Sie ungefragt mit Werbung zu – auch dann, wenn Sie sie gar nicht angefordert haben. Da hilft nur eifriges Löschen.

## E-Mails löschen

Ordnung muss sein, und tatsächlich bekommt man im Laufe der Zeit auch Nachrichten in den digitalen Postkasten, die man löschen kann. Das können Werbe-E-Mails sein oder Nachrichten, die Sie einfach nicht aufbewahren wollen. Hier zeigen wir Ihnen die ganz schnelle Löschmethode:

1. Wählen Sie per Klick den gewünschten Ordner, z. B. **Posteingang**, und fahren Sie mit der Maus in der mittleren Spalte auf jene E-Mail, die Sie löschen wollen.

2. Sofort wird sie grau unterlegt. Wenn Sie nun mit der Maus auf das Mülleimersymbol 1 fahren, erscheint der Hinweis **Entfernen** 2. Mit einem linken Mausklick oder (beim Touchscreen) einem beherzten Fingertipp auf dieses Symbol löschen Sie die Nachricht.

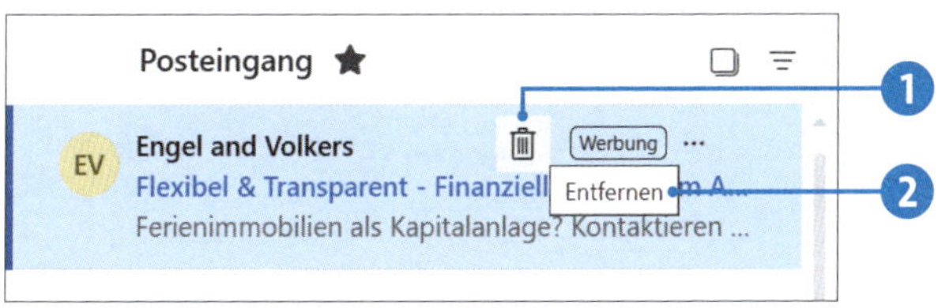

Eine weitere Möglichkeit zum Löschen einer E-Mail wird Ihnen im oberen Bereich angeboten. Das ist dann praktisch, wenn Sie vor dem Löschen vielleicht doch noch den Inhalt prüfen wollen:

**MERKE**

Je nach Größe Ihres Displays kann es sein, dass Sie nur das Papierkorbsymbol ohne **Löschen** sehen.

1. Klicken Sie die gewünschte E-Mail im Posteingang an, damit sie im Lesebereich erscheint.

2. Anschließend klicken Sie direkt auf **Löschen** in der oberen Menüleiste, und schon wandert auch hier die E-Mail in den Ordner **Gelöschte Elemente**.

## Eine E-Mail mit Anhang verschicken

Stellen Sie sich vor, Ihre beste Freundin, die 500 Kilometer entfernt von Ihnen wohnt, möchte einige Eindrücke von Ihrem letzten Urlaub bekommen. Kein Problem, Sie können ihr Fotos per E-Mail schicken. So gehen Sie vor:

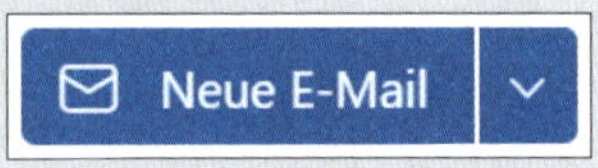


1. Öffnen Sie die App **Outlook** im Startmenü, und klicken Sie auf das Feld **Neue E-Mail**. Geben Sie in das E-Mail-Formular, das sich daraufhin öffnet, wie gewohnt die E-Mail-Adresse Ihrer Freundin in die Empfängerzeile ein, finden Sie einen netten **Betreff**, und schreiben Sie ihr einige Zeilen im Textfeld darunter.

2. Wählen Sie dann per Klick das Feld **Anfügen** (1) im oberen Bereich. Hier klappt ein Feld mit verschiedenen Optionen auf. Wir wählen **Diesen Computer durchsuchen** (2) per Klick an.

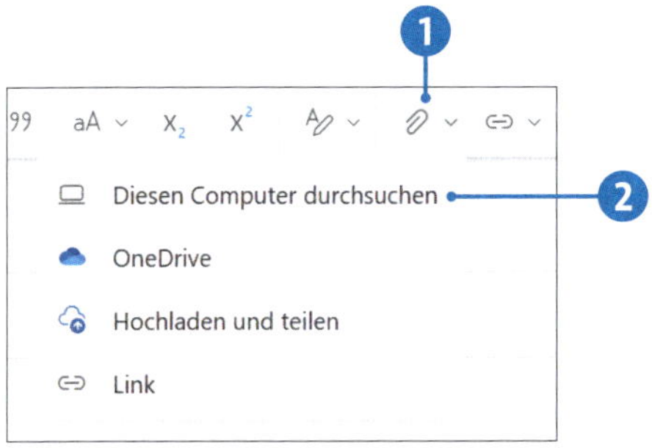


**3.** Suchen Sie nun die Fotos; diese liegen bei uns im Ordner **Bilder** ❸. Hier markieren Sie die gewünschten Bilder mit einem Mausklick in die kleinen Kästchen ❹ und klicken dann auf **Öffnen** ❺.

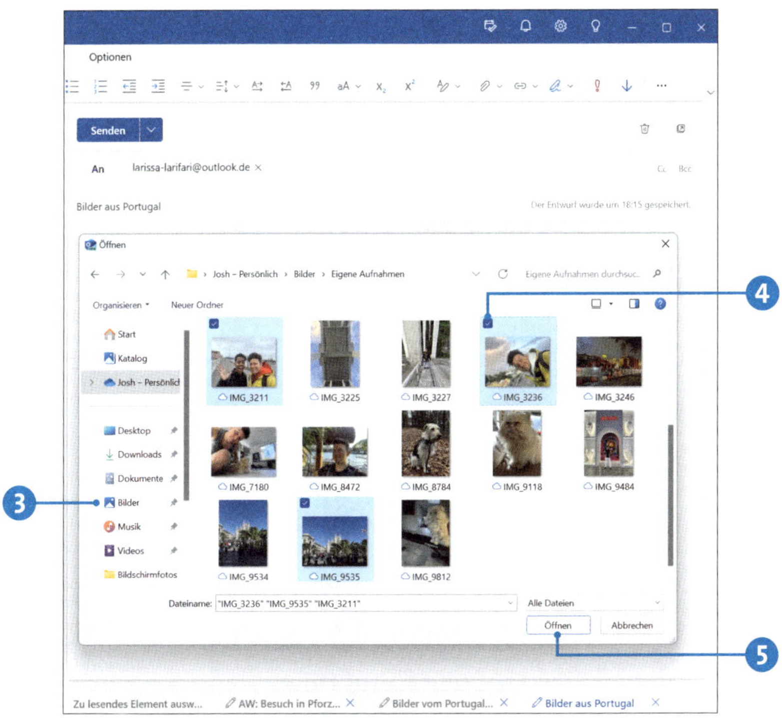


In unserem Fall sind die Bilder schon ordentlich groß. Outlook merkt das direkt und bietet in einem Fenster einige Optionen an. Wir entscheiden uns für **Bild einfügen** ❻. Hier werden die Bilder in Originalgröße verschickt. Beachten Sie aber die Gesamtgröße ❼ der Mail (siehe die Hinweise in der Infobox auf Seite 270).

**MERKE**

Sie wissen nicht mehr so genau, wie das mit dem Navigieren und Einfügen funktioniert? Schlagen Sie im OpenOffice-Kapitel auf Seite 125 nach, da zeigen wir das Prinzip nochmal ausführlicher.

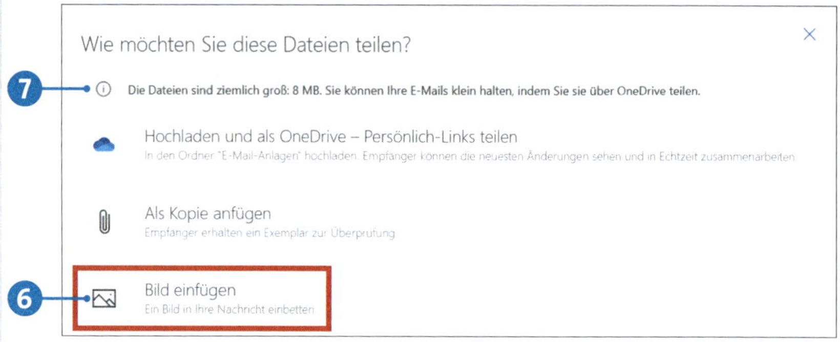


**Achten Sie auf die Größe Ihrer Dateianhänge!**

Hier ist es wichtig, zu wissen, dass die Datenmenge insgesamt nicht mehr als 10 Megabyte (MB) betragen sollte, damit die E-Mail auch sicher ankommt. Mehr als 10 MB sind für die meisten Postfächer einfach zu viel auf einmal. Das wäre ungefähr so, als wenn Sie dem Paketdienst ein 100-Kilo-Paket hinstellen würden.

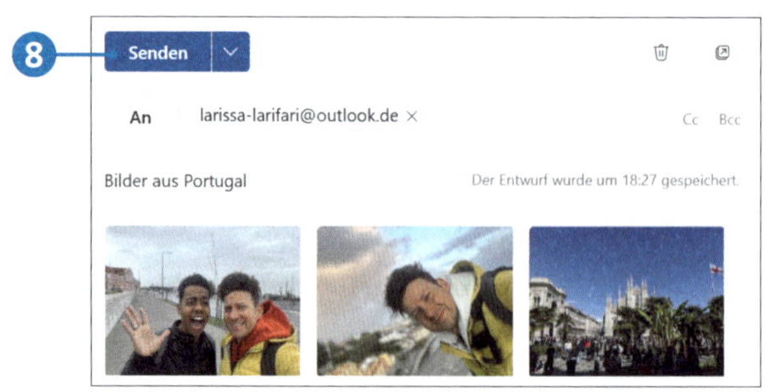


4. Ein Klick auf **Senden** 8 verschickt Ihre Bilder-E-Mail dann direkt an den Empfänger.

## Einen Anhang öffnen und abspeichern

Wir sehen uns jetzt noch die Möglichkeit an, wie Sie selbst Anhänge in E-Mails öffnen und abspeichern können, wenn Sie diese erhalten. Anhänge können Bilder, Textdokumente, PDFs oder andere Dateien sein – also alles, was sich nicht als Nachricht schreiben lässt. Sollte der Fall eintreten, dass Ihr bester Freund oder Ihre beste Freundin Ihnen eine E-Mail mit einem solchen Anhang schickt und Sie ihn speichern wollen, gibt es einige Dinge zu beachten. Prinzipiell müssen Sie wissen, dass E-Mails, die einen Anhang haben, mit einem Büroklammersymbol (1) gekennzeichnet sind.

Um einen Anhang lokal auf Ihrem Computer zu sichern, gehen Sie wie folgt vor:

1. Klicken Sie zunächst auf die gewünschte E-Mail, damit der Inhalt im Lesebereich erscheint.

2. Dann gehen Sie mit der Maus auf das gewünschte Bild bzw. Textdokument (2) und klicken es mit der rechten Maustaste an. Nun erscheint ein kleines Fenster (Kontextmenü) mit den Optionen **Vorschau**, **Auf OneDrive Speichern** und **Herunterladen**.

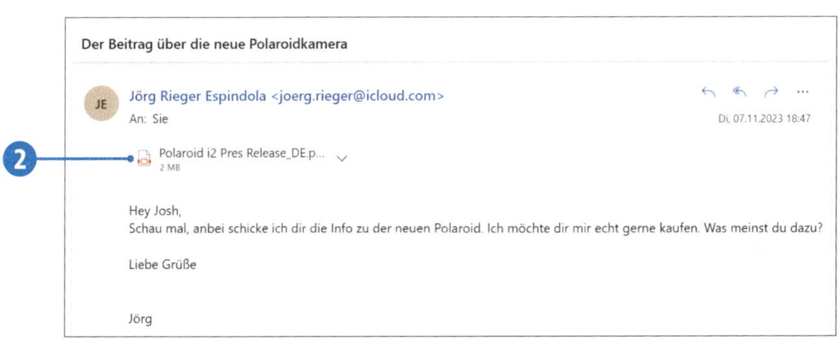


**MERKE**

Der Anhang einer E-Mail kann ein Bild, ein Textdokument oder auch andere Dateien, wie z. B. eine Excel-Tabelle oder eine PDF-Datei, enthalten. An der Büroklammer erkennen Sie, dass ein Anhang in der Mail steckt.

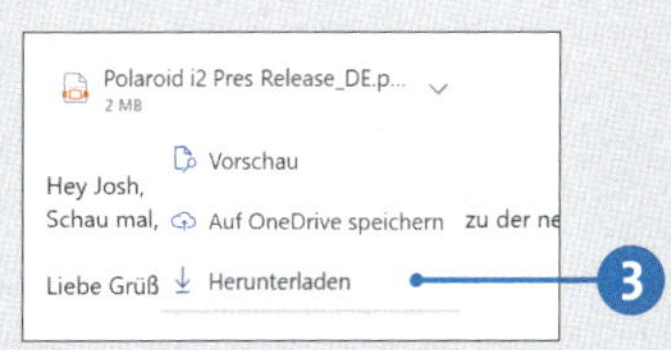

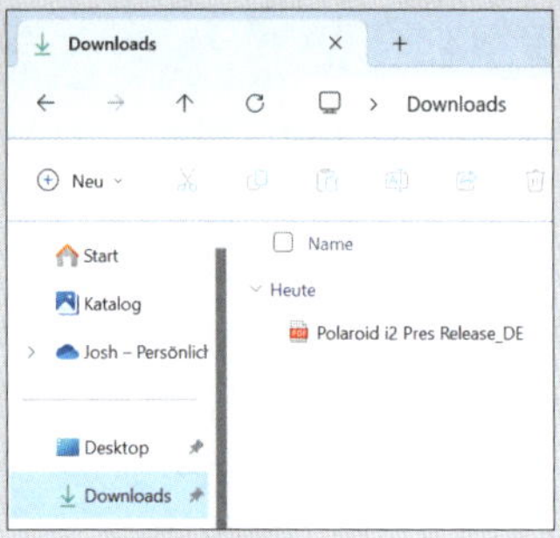


Alles, was Sie in Outlook herunterladen, wird im **Downloads**-Ordner abgelegt. Mehr dazu in Kapitel 7, »Das Internet entdecken«, auf Seite 165.

3. Da Sie das PDF-Dokument (hier mit Rezepten) abspeichern möchten, wählen Sie nun **Herunterladen** ③ aus. Die Datei wird dann einfach in den **Downloads**-Ordner im Explorer abgelegt. Outlook bietet Ihnen aber direkt an, die Datei zu öffnen ④.

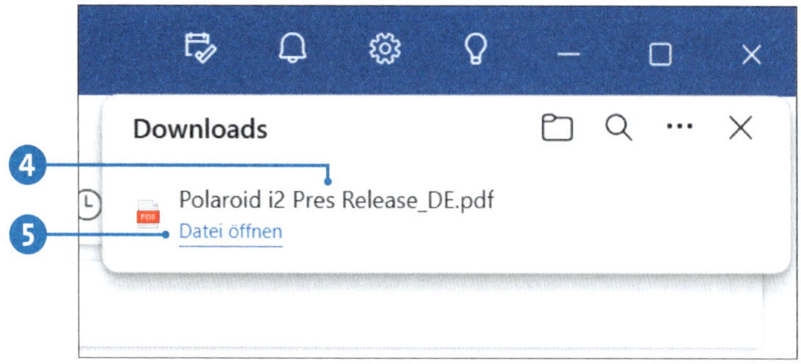


4. Klicken Sie auf **Datei öffnen** ⑤, wird diese direkt im passenden Programm aufgerufen.

**Vorsicht beim Speichern unbekannter Anhänge!**

Sichern und öffnen Sie nur Dateien, bei denen Sie absolut sicher sind, dass sie von einem vertrauenswürdigen Absender stammen. Es werden auch viele sogenannte *Spam-Mails* versandt, die Anhänge mit schädlichen Dateien mitführen – mehr dazu erfahren Sie im folgenden Abschnitt.

## Werbe-Mails und Spam-Mails – so reagieren Sie richtig

Werbe-Mails sind ein lästiges Übel, das im digitalen Briefverkehr unvermeidbar ist. Noch nerviger sind bösartige E-Mails, die einen Virus mit sich tragen oder Ihre Kennwörter und Bankdaten herausfinden wollen. Diese E-Mails werden millionenfach nach dem Zufallsprinzip versendet und landen daher auch früher oder später in Ihrem Postfach. Dagegen wehren kann man sich nicht. Die Versender dieser sogenannten Spam-Mails sind häufig im Ausland zu finden und damit auch durch den Verbraucherschutz nicht zu belangen.

Der Begriff *Spam* hat seine Wurzeln im Englischen. Spam war ein billiges Dosenfleisch, das besonders in den kargen Kriegszeiten allgegenwärtig war. Die Comedy-Truppe Monty Python parodierte dies in einem Sketch, in dem fast jedes Wort »Spam« lautet – eine ziemlich lästige Angelegenheit für alle Beteiligten, und Jahrzehnte später wurde daher Spam zum Inbegriff für ausgesprochen lästige, unerwünschte Werbe-Mails. Microsoft geht aber natürlich wieder einen anderen Weg und versucht, den Begriff *Junk-E-Mail* zu prägen. Der Begriff wird kaum verwendet, ist aber in Outlook die Bezeichnung für Werbe-Mails.

### Kleiner Exkurs ins Internet

Wollen Sie den Spam-Sketch sehen? Starten Sie das Internetprogramm **Microsoft Edge** (siehe Kapitel 7, »Das Internet entdecken«, ab Seite 165), und geben Sie in die Adresszeile »www.youtube.de« ein. In das Suchfeld des kostenlosen Videoportals geben Sie »Monty Python Spam« ein, und schon können Sie den Sketch in voller Länge genießen und darüber lachen.

Hier nun unsere Regeln für den Umgang mit dieser Art von E-Mails:

**Nicht vertrauenswürdige E-Mails löschen, Anhänge nicht öffnen und nicht auf Links klicken!**

Wenn Sie sich nicht sicher sind, ob eine E-Mail vertrauenswürdig ist, ab in den Papierkorb damit! Solange Sie keinen Anhang öffnen und auch keinen enthaltenen Link anklicken, kann nichts passieren. Das bloße Lesen einer E-Mail kann keinerlei Schaden anrichten.

**ACHTUNG!**

E-Mails, deren Absender Sie nicht kennen, die seltsame Inhalte haben oder zur »Verifizierung« Ihres Bankkontos auffordern, löschen Sie immer sofort und klicken weder den Dateianhang noch enthaltene Links an!

Werbe-Mails erkennen Sie an typischen Merkmalen:

- Sie erhalten eine E-Mail, deren Absender Sie nicht kennen, die eine seltsame Betreffzeile hat oder die nach dem Öffnen einen merkwürdigen Inhalt aufweist? Hier gilt: direkt löschen!
- Sie erhalten eine E-Mail, die zwar von Freunden oder Bekannten stammt, die aber einen merkwürdigen Inhalt oder eine Aufforderung wie »Hier klicken, um meine Mail zu lesen« hat? Löschen Sie diese sofort, und klicken Sie keinesfalls den Link an! Auch eventuelle Anhänge öffnen Sie bitte niemals! Hier wurde meist die E-Mail-Adresse Ihres Bekannten von einem sogenannten *Hacker*, einem Internetkriminellen, geklaut, der dann den guten Namen Ihres Bekannten nutzt, um Werbe-Mails zu verschicken.
- Auch wenn Sie eine E-Mail bekommen, die angeblich von Ihrer Bank stammt: Ab in den Papierkorb damit, wenn Sie aufgefordert werden, auf einen Link zu klicken und dort Ihr Konto zu verifizieren. Ihre Bank wird Sie nie zur Preisgabe Ihrer geheimen Daten in dieser Form auffordern. Hier versuchen Kriminelle mit dem sogenannten *Password-Phishing*, sich Ihre Zugangsdaten zu angeln. Diese Art von Angel-Mails werden auch häufig

im Namen von Amazon, PayPal oder anderen bekannten Webseiten verschickt. Oft erkennt man schon am schlechten Deutsch, dass etwas nicht stimmt, aber leider nicht immer. Also, klicken Sie niemals auf einen Link in solch einer E-Mail, sondern löschen Sie die E-Mail sofort!

- Sie erhalten eine »anwaltliche« Mahnung per E-Mail über Waren? Oder eine Rechnung, die angemahnt wird, von der Sie aber gar nichts wissen? Das ist eine besonders raffinierte Taktik. Versender dieser E-Mails setzen auf den Schockeffekt, denn eine Mahnung über Telefongebühren von 200 € lässt schnell mal die übliche Vorsicht vergessen. Bitte bewahren Sie Ruhe: Solche E-Mails sind schlicht Bauernfängerei. Im Anhang ist meist eine als Dokument getarnte Datei, die von Ihrem Computer Daten abgreifen möchte. Daher – weg damit. Sollten Sie wirklich vergessen haben, eine Rechnung zu bezahlen, kommt eine Mahnung immer per Post und nicht per E-Mail.
- Versuchen Sie niemals, sich von einer der unerwünschten Werbe-Mails »abzumelden«, denn dann gehen Sie erst recht in die Falle. Häufig findet sich ein Hinweis in diesen Mails: »Klicken Sie, um sich vom Newsletter abzumelden« – das hat bei den unseriösen Spam-E-Mails aber genau die gegenteilige Wirkung. Denn damit bestätigen Sie, dass es Ihre E-Mail-Adresse gibt – das freut den Versender, und Sie werden noch viel, viel mehr Spam erhalten. Daher: Finger weg von der Abmeldung. Das gilt natürlich nicht für Newsletter von seriösen News-Portalen oder Versendern, bei denen Sie sich selbst angemeldet haben. Hier können Sie die Abmeldung, wenn Sie nicht länger an den Informationen interessiert sind, natürlich getrost vornehmen.

**Gesundes Misstrauen schützt**

Sie sehen: Mit ein wenig Vorsicht und Misstrauen kann gar nichts schiefgehen in der digitalen E-Mail-Welt.

Ihr E-Mail-Programm in Windows 11 beherrscht es ganz gut, solche bösartigen E-Mails herauszufiltern. Verdächtige oder schlicht lästige Mails landen direkt im Bereich **Junk-E-Mail** (1). Hier lohnt es sich, von Zeit zu Zeit reinzuschauen und zu kontrollieren, ob nichts Wichtiges darin gelandet ist. Sie rufen diesen Ordner in der Leiste links mit einem weiteren Klick auf.

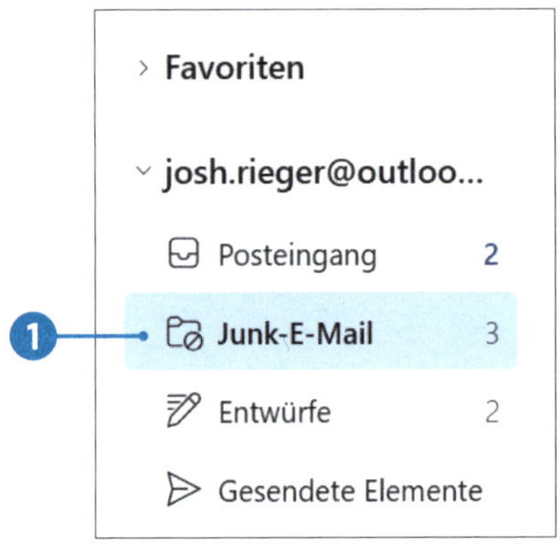


Steckt hier mal versehentlich eine Mail drin, die kein Spam ist, dann ziehen Sie sie mit gedrückter Maustaste einfach in den **Posteingang** (2):

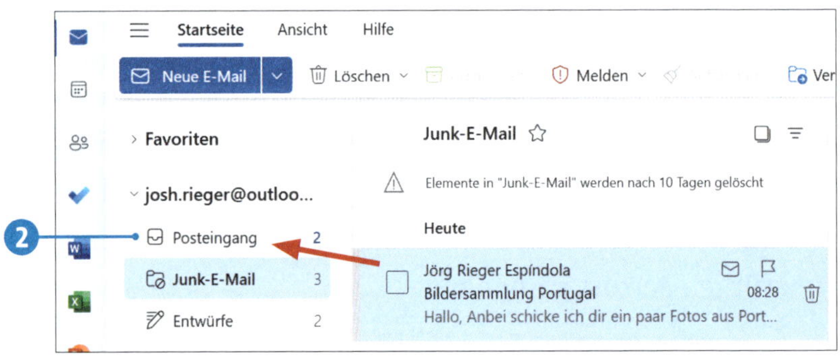

Outlook blendet dann einen etwas missverständlichen Hinweis ein:

Mit dieser Botschaft und dem blauen Haken 3 will Outlook mitteilen, dass künftig Mails von diesem Absender nicht mehr im Ordner **Junk-E-Mail** landen. Und das will man ja auch. Klicken Sie daher auf **OK** 4.

Zudem versucht Windows im Hintergrund ganz automatisch, das Ausführen von schädlichen E-Mail-Anhängen zu verhindern, und wird Sie warnen, wenn so etwas erkannt wird. Mehr über die Sicherheit in Windows erfahren Sie im Abschnitt »Schutz nach außen: die Windows-Sicherheit« ab Seite 392.

## Eine E-Mail-Signatur anlegen oder ändern

Sie können jeder E-Mail automatisch eine sogenannte Signatur zuweisen. Das ist quasi wie der Stempel auf dem Briefumschlag. Sie müssen damit, wenn Sie Adresse und Telefonnummer mitteilen wollen, solche Daten nicht jedes Mal wieder von Hand eintippen. Zudem können Sie bei jeder Mail entscheiden, ob Sie diese Information preisgeben wollen.

So erstellen Sie Ihre persönliche Signatur:

1. Gehen Sie auf **Neue E-Mail** in der Outlook-App 1.

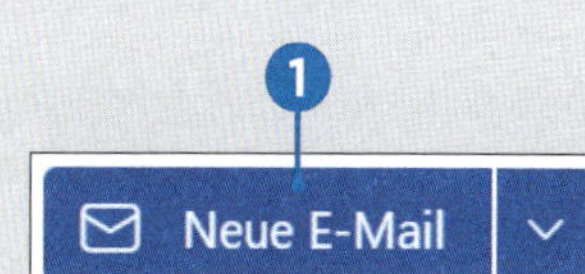

2. Klicken Sie in der Symbolleiste oben auf das Signatur-Symbol **2**, und wählen Sie den entsprechenden Eintrag **Signaturen... 3**.

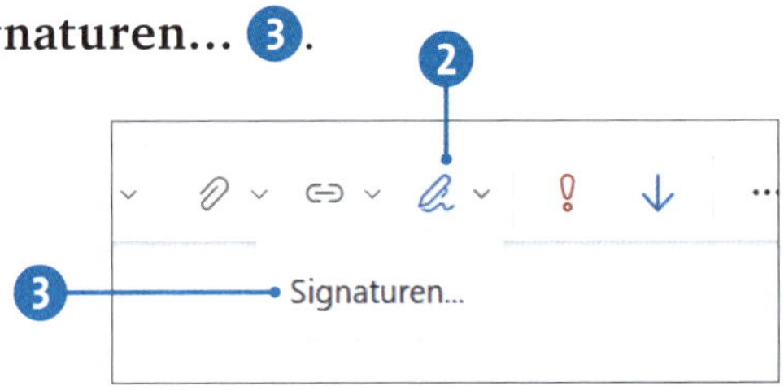


3. Sie gelangen direkt in den passenden Bereich zur Erstellung der neuen Signatur:

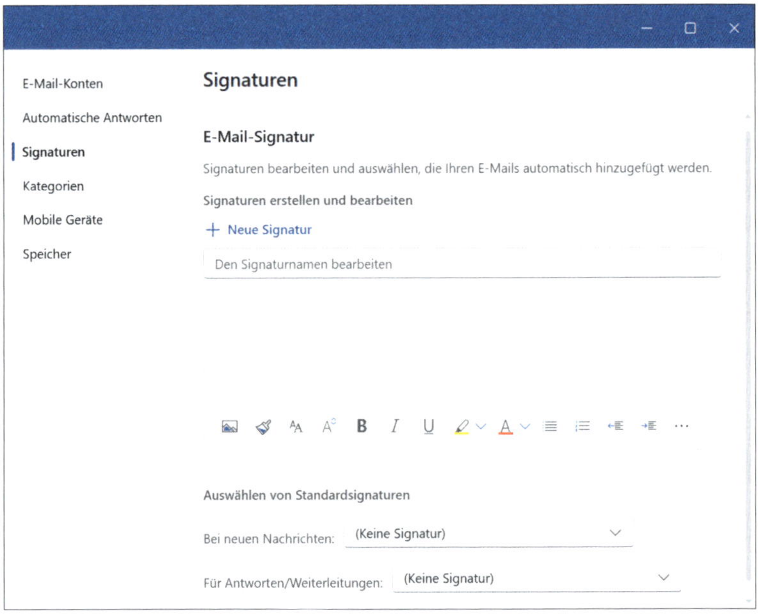


4. Definieren Sie nun zunächst den Namen der Signatur **4**. Da Sie in Outlook beliebig viele Signaturen, beispielsweise formell, privat oder geschäftlich, definieren können, lohnt hier eine eindeutige Angabe.

5. Schreiben Sie in das Feld darunter **5** nun all jene Daten, die später in die E-Mail als Signatur eingefügt werden.

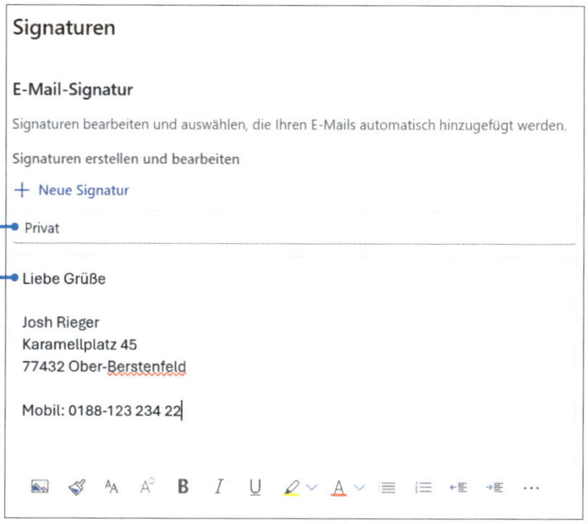


**6.** Werfen Sie noch einen Blick in die darunter stehenden Einstellungen. Standardmäßig wird die Signatur nicht eingefügt **6**. Das ist auch in der Regel perfekt, denn Sie wollen sicher nicht jedem Ihre Adresse preisgeben. Klicken Sie dann auf **Speichern** **7**.

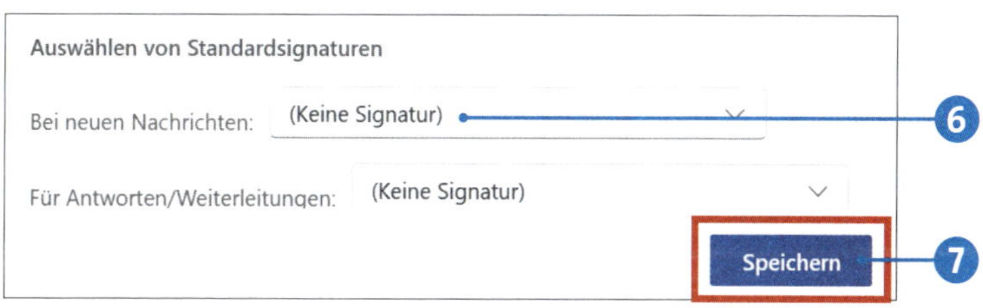

**7.** Schließen Sie dieses Fenster über das × rechts oben, und Sie gelangen zu Ihrer E-Mail zurück.

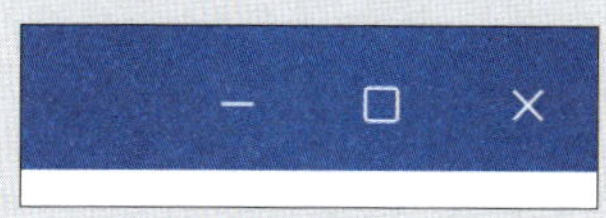

**8.** Jetzt klicken Sie wieder auf das Signatur-Symbol . Hier steht nun Ihre neu erstellte Signatur (bei uns **Privat**) bereit und wird per Klick in die Mail eingesetzt.

Und für die kommenden E-Mails müssen Sie lediglich immer Schritt 8 ausführen. Sollten Sie weitere Signaturen benötigen, wiederholen Sie einfach nochmal die Schritte 1 bis 7.

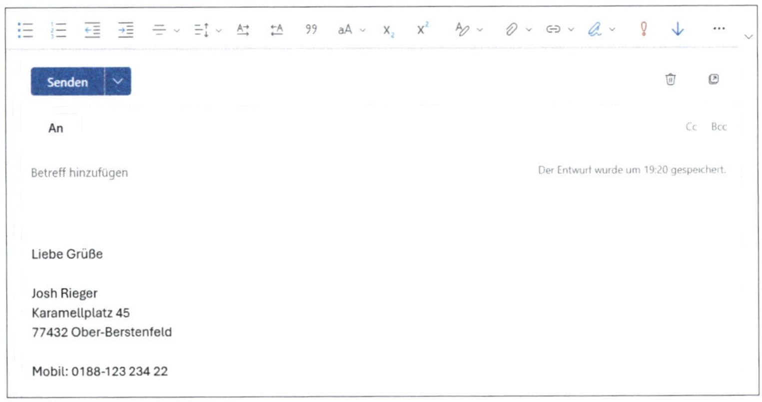


## E-Mails zu Papier bringen

Man könnte ja meinen, mit einem Computer und E-Mails braucht man keine Ausdrucke auf Papier mehr. Fakt ist jedoch, nie wurde so gern Papier bedruckt wie mit dem Computer. Auch in Outlook können Sie Nachrichten ausdrucken, manchmal ist das ja auch schlichtweg notwendig. Die Vorgehensweise ist ähnlich wie bei OpenOffice, so wie im Abschnitt »Ein Dokument ausdrucken« ab Seite 152 dargestellt.

So drucken Sie eine E-Mail aus:

1. Klicken Sie die gewünschte Nachricht im Posteingang an, sodass sie im Lesebereich erscheint. Gehen Sie dann auf die drei Punkte rechts außen, es öffnet sich ein Menü mit vielen Optionen.

**2.** Hier klicken Sie auf das **Drucken**-Symbol ❶.

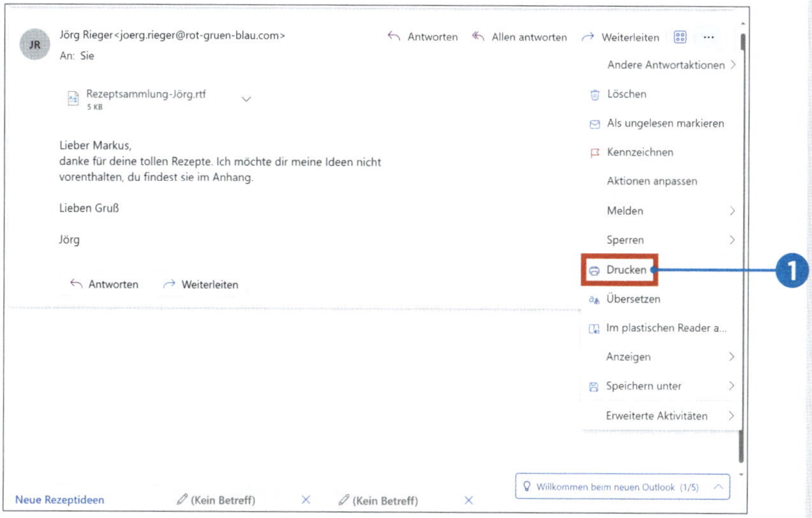


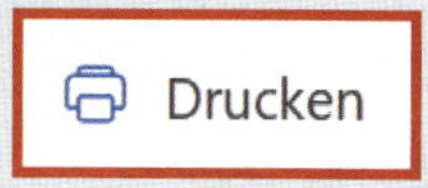


**3.** Nun startet der Druckdialog von Windows. Er sieht ein wenig anders aus als in OpenOffice, die Funktionsweise ist aber identisch. Mit einem Klick auf **Drucken** ❷ wird der Ausdruck dann gestartet.

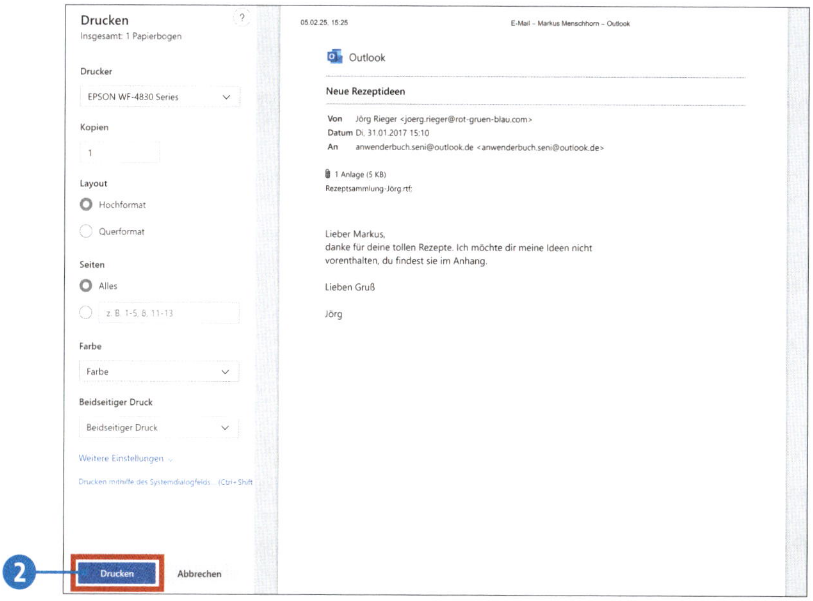

**Richtig drucken leicht gemacht**

Welche Einstellungen bei einem Ausdruck möglich und überhaupt sinnvoll sind, erfahren Sie ausführlich in Kapitel 6, »Mit OpenOffice einen Brief schreiben und Dokumente gestalten«, ab Seite 125.

## Kontakte anlegen – das digitale Adressbuch Personen

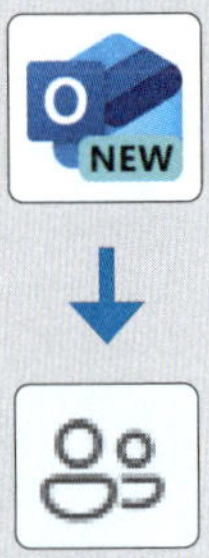


Windows 11 verfügt, im engen Zusammenspiel mit Outlook, auch über das Adressbuch Personen, das Ihr herkömmliches Adressbuch komplett ersetzen kann und dazu noch jede Menge Zusatzfunktionen bietet. Außerdem kann sich kein Mensch jede E-Mail-Adresse merken.

Sie rufen den Bereich Personen in Outlook auf, indem Sie auf das Personen-Symbol links klicken.

Anschließend erscheint der folgende Bildschirm.

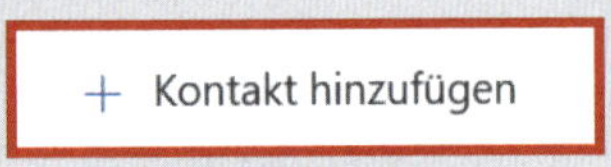


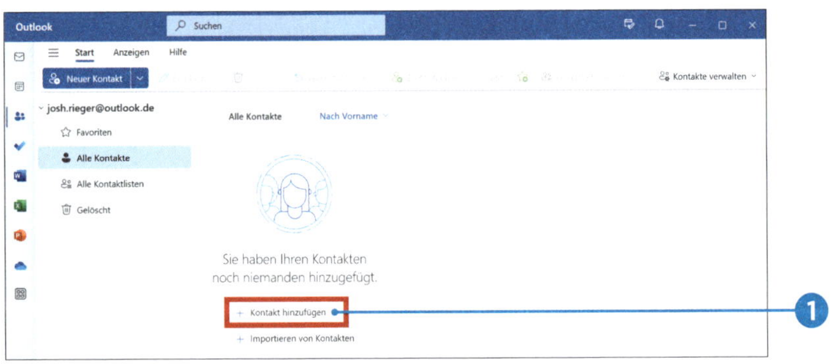


Das **Personen**-Fenster ist aktuell noch leer (siehe dazu die obere Abbildung). Ein neuer Kontakt wird folgendermaßen angelegt:

**1.** Über **Kontakt hinzufügen** ① öffnen Sie eine neue leere Karteikarte. Tragen Sie auf ihr Schritt für Schritt die Daten der gewünschten Person ein, also Name ②, Telefon- bzw. Handynummer ③ und die E-Mail-Adresse ④.

**2.** Über die weiteren +-Symbole ⑤ können Sie jederzeit weitere Daten hinzufügen, beispielsweise eine zweite E-Mail-Adresse oder die postalische Anschrift.

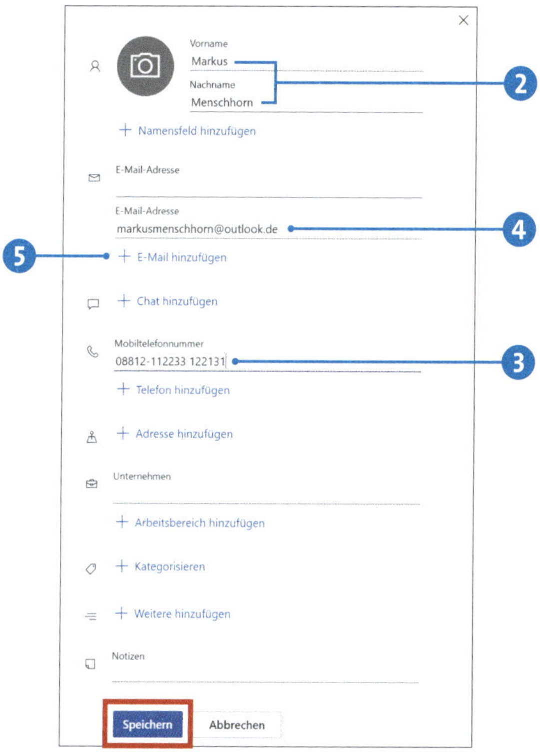


Reichen Ihnen diese Angaben, können Sie direkt **Speichern**.

**3.** Klicken Sie nun auf **Weitere hinzufügen** (steht für Sonstiges) ⑥. Dadurch erscheint ein Auswahlfeld, in dem Sie weitere Details, wie beispielsweise den **Geburtstag**, ⑦ hinzufügen können. Und das machen wir auch direkt, denn Windows erinnert Sie dann rechtzeitig an diese Feierlichkeiten. Wie das genau geht, verraten wir ab Seite 288. Tippen oder klicken Sie daher die Schaltfläche **Geburtstag** an.

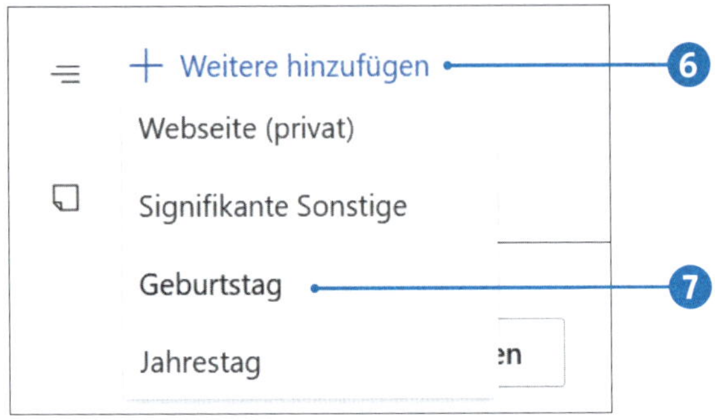


**4.** Bei Ihrem Kontakt wird das Feld **Geburtstag** 8 hinzugefügt. Klicken Sie in die Felder für Tag, Jahr und Monat, und wählen Sie die passenden Daten aus.

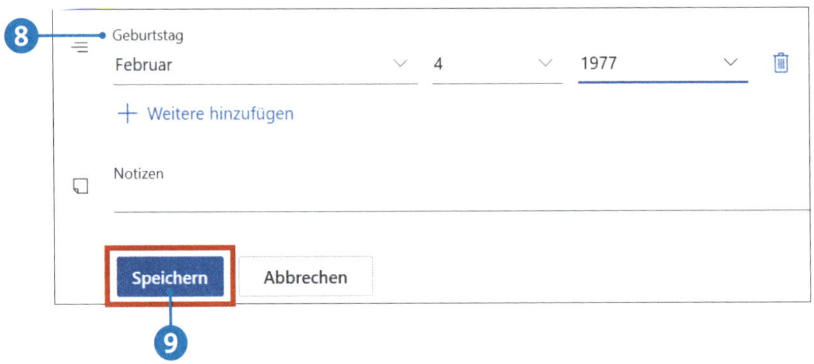


**5.** Mit einem Klick auf **Speichern** 9 sichern Sie Ihren neuen Kontakt mit allen Angaben und gelangen zur Übersicht des Bereichs Personen zurück. Ihr erster Eintrag ist auch schon gelistet 10.

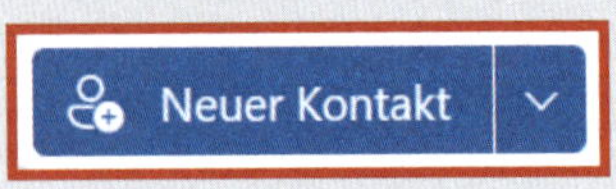


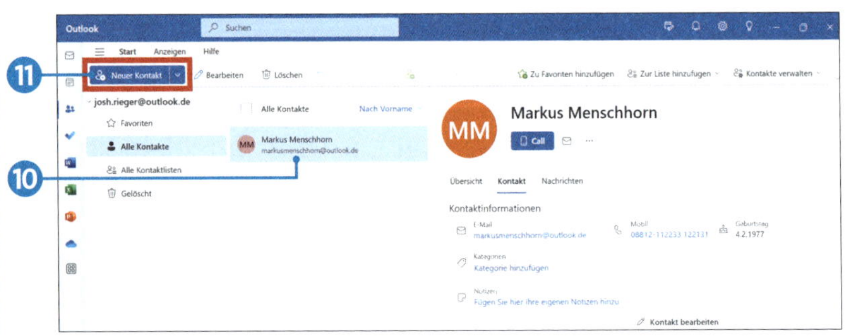

Auf diesem Weg können Sie sich ein praktisches Adressbuch aufbauen. Wiederholen Sie einfach die gezeigten Schritte. Lediglich bei Schritt 1 wählen Sie künftig das blaue Symbol **Neuer Kontakt** (11) in der Symbolleiste, alles andere ist identisch. Da das Adressbuch automatisch online in **OneDrive** gesichert und mit Ihrem Microsoft-Konto verbunden ist, brauchen Sie sich um eine Datensicherung keine Sorgen zu machen. Sie erstellen hiermit quasi ein ewiges Adressbuch.

## Mit dem Outlook-Kalender keinen Termin mehr vergessen

Zettelwirtschaft war gestern – der Outlook-Kalender ist ein wirklich praktischer Ersatz für einen Kalender aus Papier oder den sprichwörtlichen Knoten im Taschentuch. Die Erinnerungsfunktion ist Gold wert; Sie werden dieses kleine Werkzeug bald nicht mehr missen wollen. Konkret kann der Kalender:

- Sie an wichtige Termine erinnern
- wiederkehrende Ereignisse automatisch listen
- Sie an Geburtstage erinnern

Öffnen Sie das Startmenü mit einem Klick auf , und scrollen Sie in der Liste der Apps links bis zum Buchstaben **O**. Starten Sie das richtige Outlook mit dem »NEW« am Symbol .

In Outlook klicken Sie links auf das Kalender-Symbol  (1) – die digitale Terminübersicht wird geöffnet, und diese ist logischerweise noch etwas leer.

**ACHTUNG!**

Wir gehen davon aus, dass Sie Outlook bereits eingerichtet haben, wie ab Seite 253 beschrieben.

Kalender öffnen:

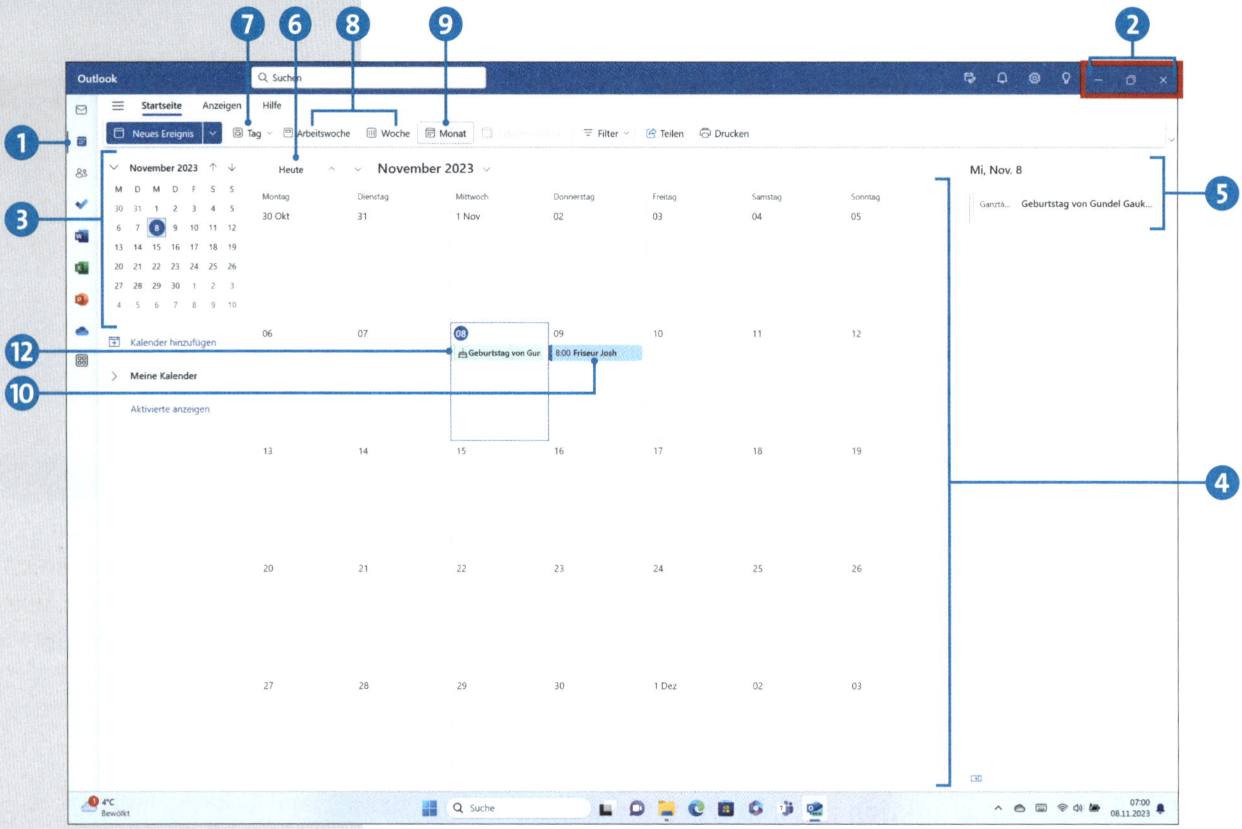

Rechts oben finden Sie auch hier die üblichen Schaltflächen, um das Programmfenster zu minimieren, zu verkleinern bzw. zu maximieren oder auch das Fenster und damit die App ganz zu schließen ❷. Jetzt wollen wir aber die App natürlich nicht gleich wieder schließen, sondern uns näher anschauen.

Folgende Ansichten und weitere Elemente bzw. Schaltflächen stehen Ihnen zur Verfügung und können mit einem einfachen Klick gewechselt werden:

❸ Links sehen Sie die Monatsübersicht mit allen Tagen. Diese können Sie per linkem Mausklick direkt anwählen.

4. In der Mitte ist immer die aktuelle Kalenderansicht zu sehen.
5. Rechts sehen Sie immer die am gewählten Tag anstehenden Termine in einer Liste.
6. Ein Klick auf **Heute** führt immer zur Ansicht des aktuellen Datums.

7. Hier rufen Sie die **Tagesansicht** auf. Diese zeigt für jeden Tag eine Liste mit sämtlichen Terminen, stundenweise unterteilt.

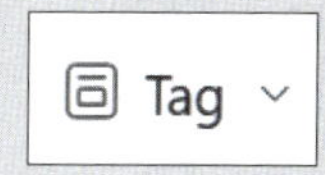


8. Damit rufen Sie die **Wochenansicht** auf, entweder als Arbeitswoche mit fünf Tagen oder komplett mit sieben Tagen.

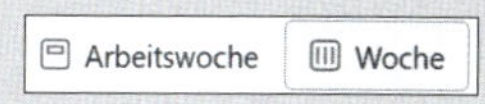


9. Hier geht es zur **Monatsansicht**, die beim ersten Start des Programms immer aktiv ist.

10. Ein normaler Kalendereintrag wird farbig angezeigt. Sie können einen solchen Eintrag entweder selbst im Kalender vornehmen, oder die App hat das Ereignis bereits für Sie eingetragen (wie das funktioniert, erfahren Sie gleich noch). Klicken Sie einmal mit der Maus auf den Termin, öffnet sich automatisch die Detailinfo dazu.

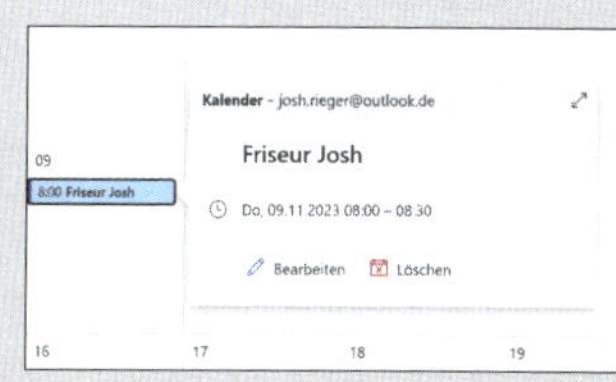


11. Feiertage sind rot markiert und werden passend zu Ihrer Ländereinstellung von Windows gelistet. Sie müssen aber separat eingeblendet werden. Siehe dazu Seite 290.

12. Ein Geburtstag wird vollautomatisch angezeigt, Sie müssen ihn nicht, wie im Papierkalender, jedes Jahr neu eintragen. Dazu sind allerdings ein paar Mausklicks notwendig. Welche, das zeigen wir auf Seite 288.

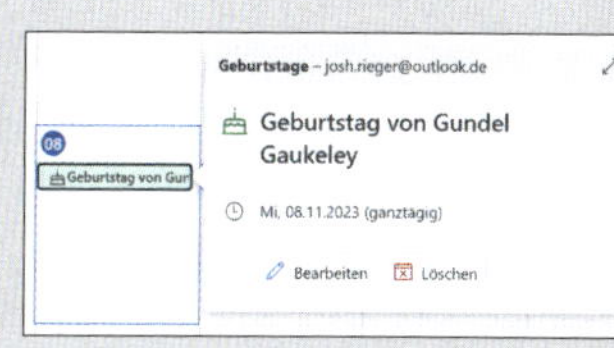


Klicken Sie beispielsweise auf **Woche**, wechseln Sie in die Wochenansicht, und nun ist die aktuelle Woche im linken

Bereich der App blau unterlegt. Wechseln Sie mit einem Klick auf **Monat** nun wieder zurück in die Monatsansicht.

**WAS TUN?**

**Meine Kalender**

**Feiertage**

## Kalender ganz automatisch – Geburtstage und Feiertage ohne Stress

Wir haben in der Übersicht ja ein »Kalenderblatt« mit Feiertagen und Geburtstagen angezeigt. Diese Einträge fehlen allerdings, wenn Sie den Kalender erstmalig aufrufen. Daher folgen zwei Schnellanleitungen.

Feiertage einblenden:

1. Starten Sie den Kalenderbereich in Outlook, falls noch nicht geschehen, wie wir es vorhin gezeigt haben.

2. Links finden Sie den Menüpunkt **Meine Kalender** (1). Klicken Sie diesen einmal an.

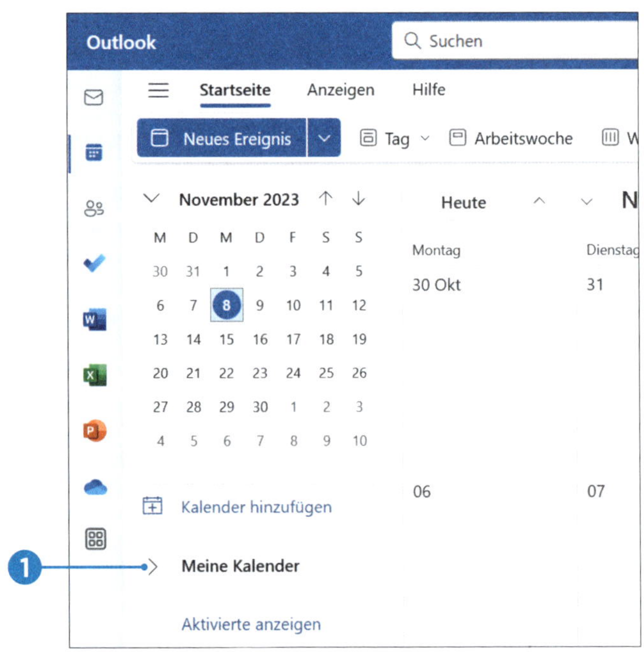

**3.** Hier sehen Sie praktischerweise schon einen passenden Kalender **2**. Dieser wird immer zu Ihrer Ländereinstellung gewählt, die Sie bei der Windows-Installation vergeben haben. Bei uns ist das Deutschland. Klicken Sie nun einfach in das Kästchen bei **Feiertage in…**, das direkt seine Farbe ändert **3**.

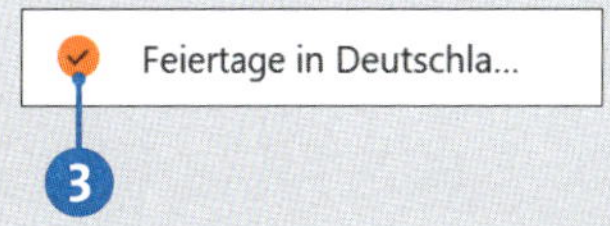


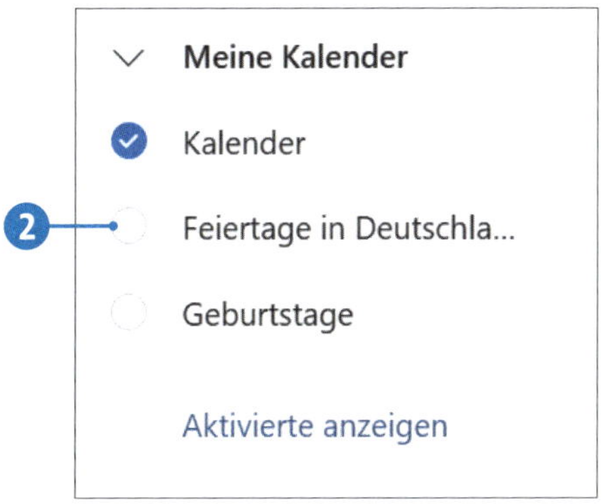


**4.** Damit sind sämtliche Feiertage künftig im Kalender farbig markiert und bestens sichtbar.

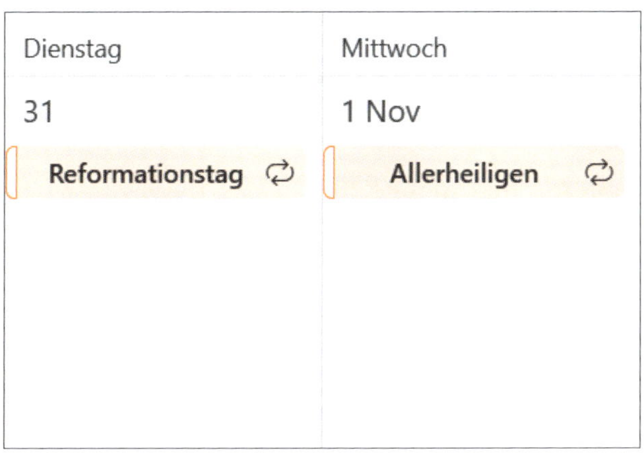


Wie Sie in unserer Kalenderübersicht vielleicht bemerkt haben, war dort bereits ein Geburtstag eingetragen. Tatsächlich passiert so etwas auf Wunsch vollautomatisch. Sie müssen dazu nur im Adressbuch zwingend die Geburts-

**MERKE**

Sparen Sie sich die Mühe, Geburtstage manuell in den Kalender einzutragen. Machen Sie das immer über die Kontakte – Outlook wiederholt den Geburtstag dann nämlich automatisch Jahr für Jahr. Siehe Seite 283.

tage Ihrer Kontakte hinzufügen, wie auf Seite 283 gezeigt. Dann werden diese Daten direkt in Ihren Kalender übertragen, und Sie vergessen kein Geburtstagskind mehr.

Den Geburtstagskalender müssen Sie aber, wie die Feiertage, separat einblenden. Gehen Sie vor wie gerade bei den Feiertagen gezeigt. Setzen Sie aber den Haken bei **Geburtstage** 4. Und schon sehen Sie alle Geburtstage in Ihrem Kalender.

## Einen Termin im Outlook-Kalender eintragen

Einen Termin mit allen Details im Kalender eintragen

Wie geben Sie nun aber selbst einen Termin ein? Am besten zeigen wir Ihnen das an einem praktischen Beispiel: Wir lassen uns an einen Opernbesuch erinnern. (Sie können bei Ihren Eingaben selbstverständlich etwas für Sie Wichtiges, etwa eine Verabredung fürs Kino oder einen Friseurtermin, eingeben.)

**1.** Klicken Sie zunächst jenes Datum im Kalender an, für das Sie einen Termin erstellen wollen.

**2.** Das Feld **Titel hinzufügen** 1 ist bereits aktiv. Benennen Sie den Termin nach Wunsch; in unserem Fall geben wir »Jörg Oper« 2 über die Tastatur ein.

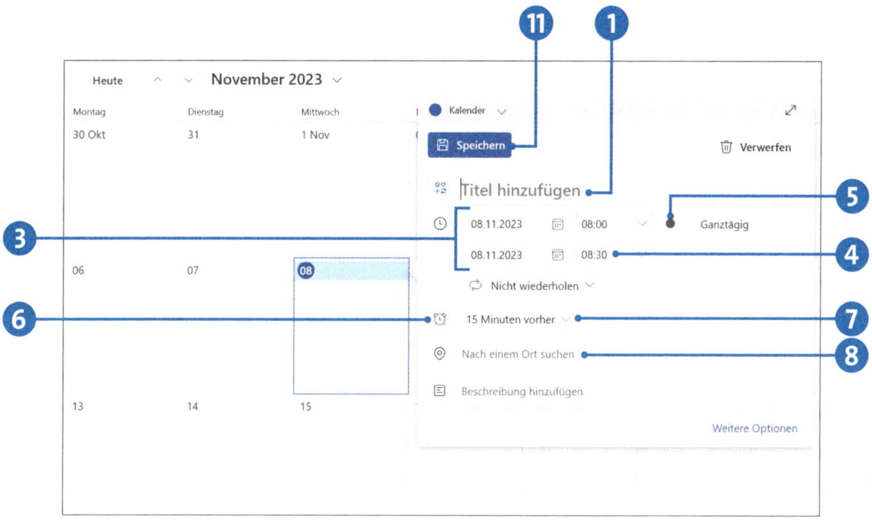


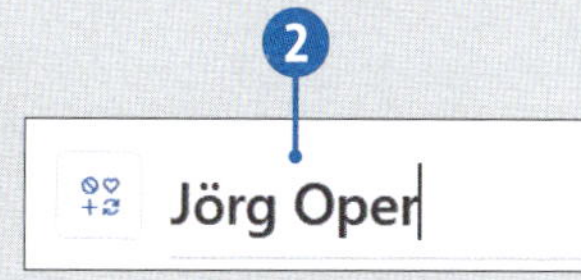


Bestimmen Sie nun in den Feldern darunter die Dauer des Termins, sofern er nicht ganztägig angesetzt wird. In den Feldern für Start und Ende 3 ist bereits eine Zeit vorgeschlagen. Natürlich können Sie diese ändern, indem Sie in die Felder zur Uhrzeit 4 klicken und eine passende Zeit wählen.

## WAS TUN?

Die Felder zur Bestimmung der Termindauer lassen sich nicht auswählen? Schauen Sie doch einmal nach, ob der Regler vor **Ganztägig** 5 versehentlich nach rechts geschoben wurde.

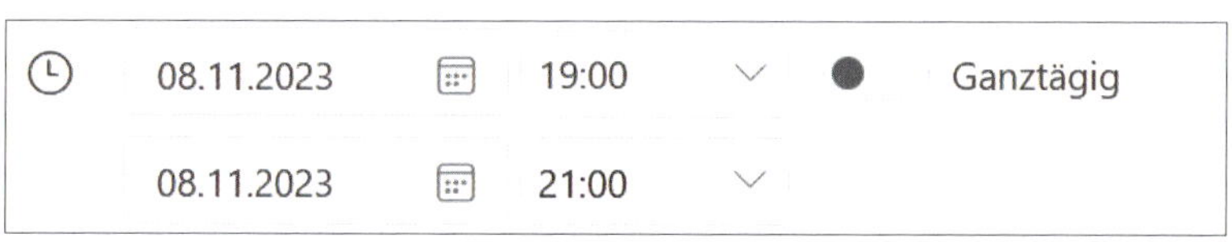


**3.** Das Wecker-Symbol 6 ist wichtig, denn damit wird festgelegt, wann der Kalender »Alarm« schlagen soll. 15 Minuten reichen nicht, um sich fein zu machen und zum Opernhaus zu gelangen. Daher klicken wir auf den Pfeil neben dem Feld 7 und ändern diesen Vorschlag ab, beispielsweise in **1 Stunde vorher**.

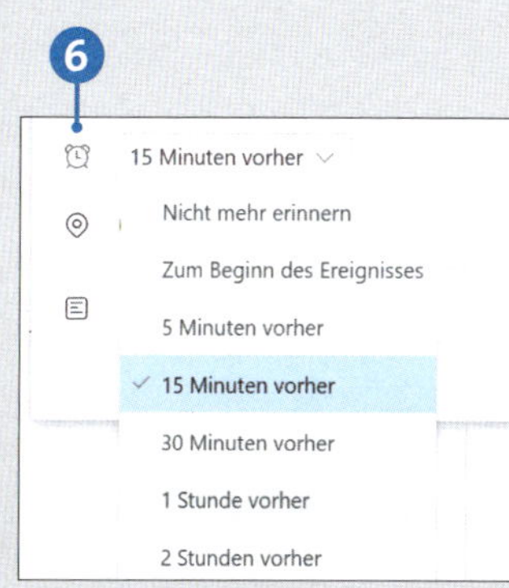

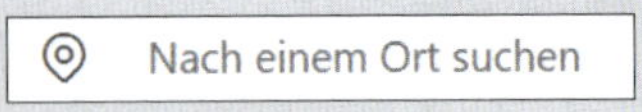


4. Bei **Nach einem Ort suchen** 8 tragen wir in unserem Beispiel »Wiener Staatsoper« 9 ein. Falls eine Internetverbindung besteht, erhalten Sie schon während der Eingabe Vorschläge 10 unterhalb des Eingabefeldes. Wird der passende Vorschlag angezeigt, wählen Sie ihn mit einem Mausklick aus.

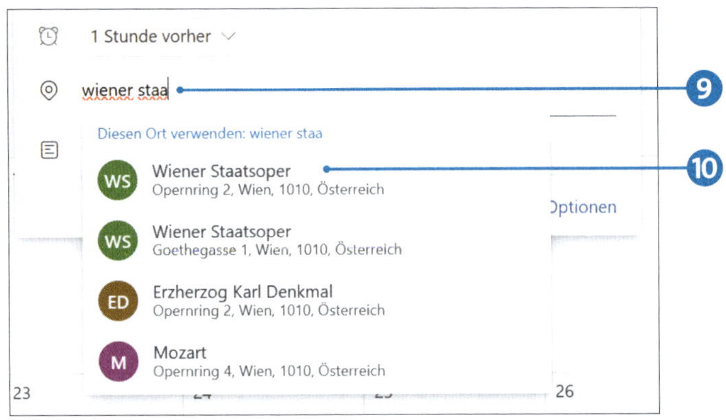

5. Mit einem weiteren Klick auf **Speichern** 11 wird der Termin gespeichert und das kleine Fenster zur Termineingabe wieder geschlossen. Und in Ihrem Kalender wird der Eintrag nun ebenfalls angezeigt. Per einfachem Klick darauf sehen Sie entsprechende Details.

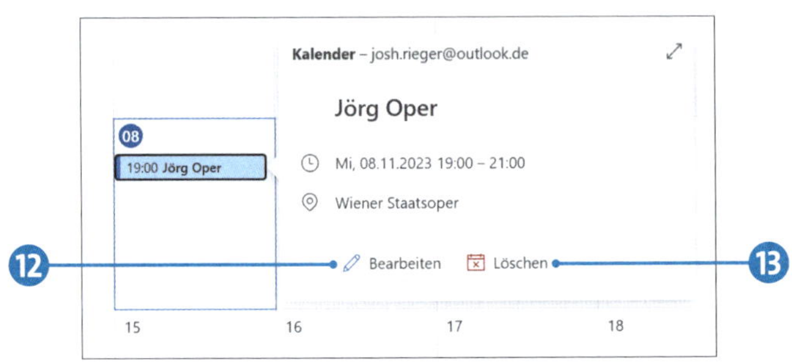


6. Möchten Sie etwas ändern, nutzen Sie die Schaltfläche **Bearbeiten** 12 oder **Löschen** 13. Um diese Detailansicht ohne Änderung zu schließen, klicken Sie einfach nochmals auf den Termineintrag.

**7.** Naht der Termin, erscheint zusätzlich rechts im Bildschirm ein Hinweis mit Signalton (14). Übrigens auch dann, wenn die Outlook-App gar nicht gestartet wurde.

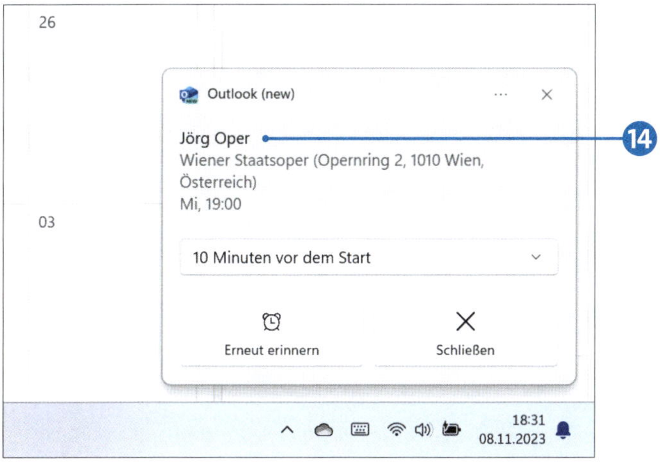


Sie sehen – mit Kalender, dem digitalen Adressbuch und E-Mail sind Sie bestens ausgestattet, um künftig vieles digital zu regeln und sich von Windows 11 einiges an Arbeit abnehmen zu lassen.

KAPITEL 11

# Dateien, Ordner und der Explorer

Beginnen wir an dieser Stelle wieder mit einem Blick darauf, dass Ihr Computer eigentlich eine kleine Firma ist. Und mittlerweile haben Sie diese ja schon ziemlich gut im Griff, oder? Mit einer Abteilung haben wir uns aber noch nicht wirklich befasst, und zwar mit dem Datenarchiv auf Ihrem Computer. In diesem sogenannten *Explorer* sind alle Ihre wichtigen Dokumente, sprich Ihre Dateien, abgelegt. In diesem Kapitel lernen Sie, mit diesen ganz souverän zu »jonglieren«.

## Die Datei im Detail

Grundsätzlich wird alles, was auf dem Computer abgelegt wird, als *Datei* gespeichert. Dateien sind digitale Karteikarten, die jede Menge unterschiedlicher Informationen beinhalten. Eine Datei kann daher Text, ein Foto, ein Video, Musik oder sogar ein Programm sein. Vor allem bei einer Datei, die Text enthält, spricht man häufig auch von einem *Dokument*.

Alle Dateien werden auf dem Computer in Ordnern abgelegt. *Ordner* haben dieselbe Funktion wie reale Aktenordner: Sie halten Platz für unzählige Dateien bereit und sorgen für Übersicht. Diese Ordner wiederum liegen auf der *Festplatte*, dem Gehirn und Archiv Ihres Computers.

In den vorangegangenen Kapiteln haben Sie beim Absichern von Dateien bereits ein paar dieser Ordner besucht – und zwar jene, die Windows schon angelegt hat und je nach Programm auch direkt vorschlägt **1**.

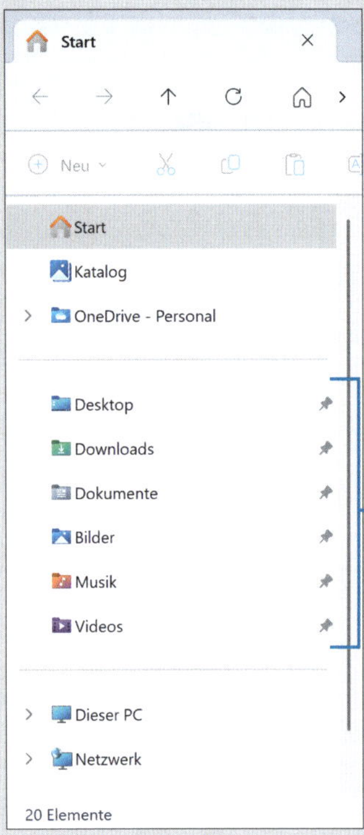


Alle Dateien auf einem Windows-Computer haben übrigens eine Gemeinsamkeit: Sie sind, was ihren Namen betrifft, immer gleich aufgebaut. Jeder *Dateiname* besteht aus zwei Bestandteilen: dem eigentlichen Namen der Datei und der Endung. Die Bezeichnung des ersten Bestandteils können Sie frei wählen. Der zweite Bestandteil ist von Windows vorgegeben und zeigt an, um welche Art von Datei es sich handelt. Man spricht hier auch vom *Dateiformat*. Beide Bestandteile sind mit einem Punkt voneinander getrennt. Schauen wir uns das konkret an.

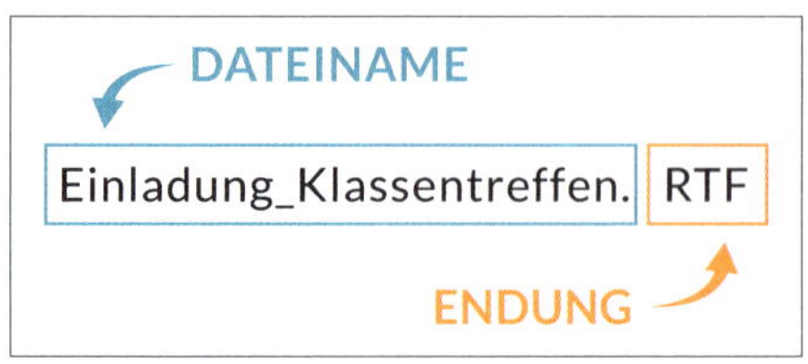


## MERKE

Ein *Dateiname* besteht immer aus der eigentlichen Bezeichnung und einem Kürzel am Ende, das das *Dateiformat* angibt.

Das Dateiformat wird immer dann relevant, wenn ein Dokument abgespeichert wird. Werfen wir einen Blick zurück: Als Sie in Kapitel 6, »Mit OpenOffice einen Brief schreiben und Dokumente gestalten«, ab Seite 125 ein neues Dokument in OpenOffice speichern wollten, sind Sie auf folgenden Dialog gestoßen: Im Feld hinter **Dateiname** konnten Sie eine Benennung **2** frei wählen, und im Feld darunter hat Windows schon einen **Dateityp** (das Dateiformat) **3** vorgegeben.

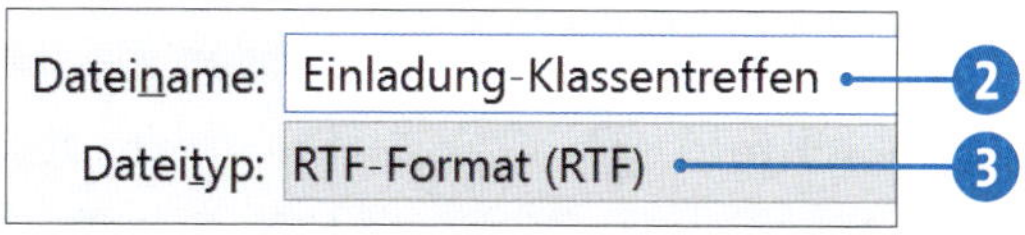


## Der Explorer – der Meister aller Dateien

Sie haben mit dem Programm *Explorer* unter Windows einen fleißigen Archivar, der für Sie sucht, was Sie benötigen, und in Sekundenschnelle neue Regale und Ordner auf der Festplatte erstellt. Er ist immer dann zur Stelle, wenn es um Dateien geht, und kann diese auch an andere Orte kopieren wie beispielsweise einen USB-Stick, kann Dateien umbenennen oder auch löschen. Den Explorer finden Sie als separat zu öffnendes Programm unten in der Taskleiste; außerdem tritt er automatisch immer dann in Erscheinung, wenn Sie ein Dokument abspeichern.

Ordnung halten müssen Sie in Ihrem Datenarchiv allerdings selbst, sonst gibt es ein digitales Durcheinander – ganz wie im richtigen Leben, wenn man nicht aufräumt. Sprich, Windows schlägt Ihnen zwar stets einen Speicherort für Ihre Dokumente vor, Sie können (und sollten) ihn aber individuell einrichten. Der Explorer bietet übrigens auch eine intelligente Suche, sollte mal eine Datei »verlegt« worden sein. Wenn es so etwas doch bloß auch für den Schlüsselbund oder die Brille gäbe!

Werfen wir zunächst einen ersten Blick auf den Explorer und seine verschiedenen Bereiche. Mit einem Klick auf das gelbe Ordnersymbol ❶, das Sie unten in der Taskleiste finden, starten Sie den Explorer. Über das Startmenü im Bereich **Alle Apps** ist er ebenfalls gelistet, aber doch recht kompliziert zu erreichen.

**MERKE**

Im Feld **Dateityp** ist das Format einer Datei angegeben. Das könnten Sie zwar theoretisch ändern, eine Änderung ist aber nicht empfehlenswert, weil jedes Programm automatisch das jeweils am besten geeignete Format vorgibt.

**MERKE**

Im Explorer können Sie Dateien umbenennen, an andere Orte kopieren oder auch löschen.

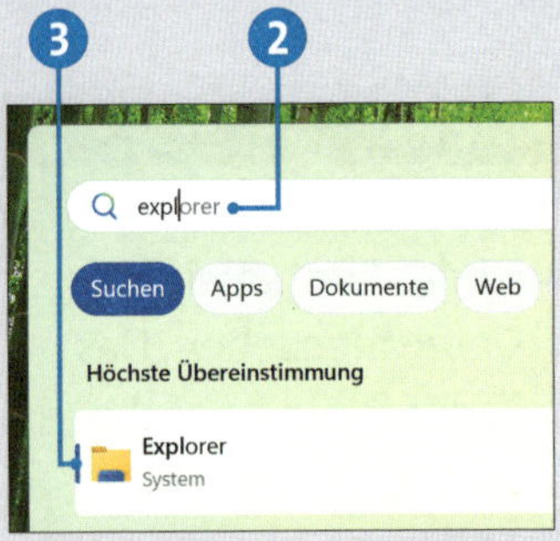


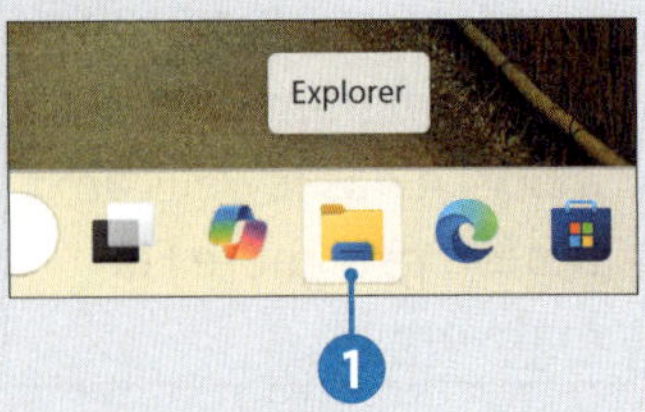


Eine dritte Möglichkeit, den Explorer zu starten, bietet Ihnen das Suchfeld 2. Geben Sie dort »Explorer« ein, können Sie ihn oben in den Ergebnissen 3 ebenfalls per Mausklick starten.

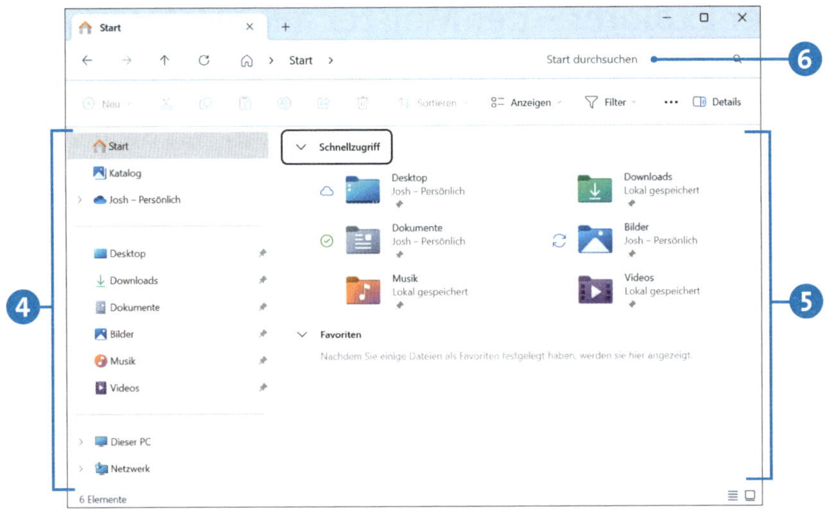


Der Explorer ist grundsätzlich in zwei Bereiche unterteilt: Die linke Spalte nennt man *Navigationsbereich* 4, denn hier klicken Sie sich von den übergeordneten Ordnern über die darin befindlichen Unterordner bis hin zu einer einzelnen Datei. Der rechte Bereich heißt *Inhaltsbereich* 5, weil hier immer das angezeigt wird, was Sie links ausgewählt haben. Oben rechts sehen Sie ein Suchfeld 6. Mit seiner Hilfe können Sie den Explorer nach Ihren Dateien durchsuchen.

Ähnlich wie beim Suchfeld in der Taskleiste geben Sie auch hier einen Dateinamen oder Begriffe aus dem Inhalt einer Datei ein. Der Suchvorgang startet umgehend.

Außerdem finden Sie in dieser Zeile einige Symbole zur Navigation in den Ordnern:

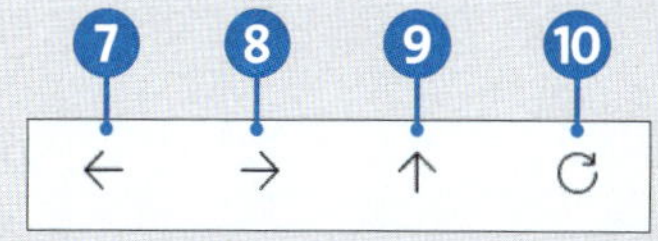


- Mit den beiden Pfeilen links navigieren Sie im Explorer. Der Pfeil nach links 7 führt an den zuvor besuchten Ort, der Pfeil nach rechts 8 leitet Sie wieder zurück. Der Pfeil nach oben 9 führt Sie in der Hierarchie der Ordnerstruktur immer eine Ebene nach oben. Mit dem Drehpfeil 10 aktualisieren Sie die aktuelle Ansicht.
- In der Adressleiste daneben sehen Sie, wo Sie sich aktuell befinden. Diese Angabe nennt man *Dateipfad*, und sie verdeutlicht den Weg, den Sie beim Klicken durch die Ordner und Unterordner bis zu einer Datei genommen haben. Sehr praktisch: Mit einem Klick auf einen der Bestandteile, wie z. B. **OneDrive** 11, wechseln Sie direkt in diesen Ordner.

**MERKE**

In der Adressleiste sehen Sie den Dateipfad. Mit einem Klick auf einen Pfadbestandteil, wie z. B. **OneDrive**, wechseln Sie direkt zu diesem Ordner.

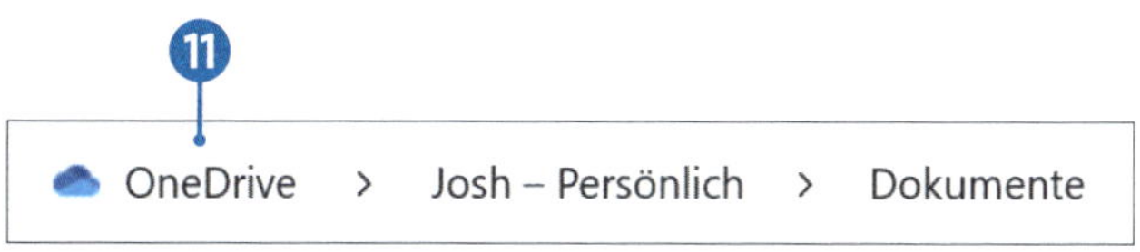


Direkt unter dieser Zeile rund um die Ordnernavigation verfügt der Explorer über eine Symbolleiste. Hier sind alle Funktionen untergebracht, die man für Dateien in Windows 11 braucht: vom Umbenennen bis hin zum Löschen oder Erstellen neuer Ordner. Es sind nicht immer alle Funktionen verfügbar, und je nachdem, was Sie gerade im Inhaltsbereich angeklickt oder angezeigt haben, variieren die Menüpunkte deutlich.

Hier sehen Sie die Symbole, wenn Sie ein Bild ausgewählt haben 12:

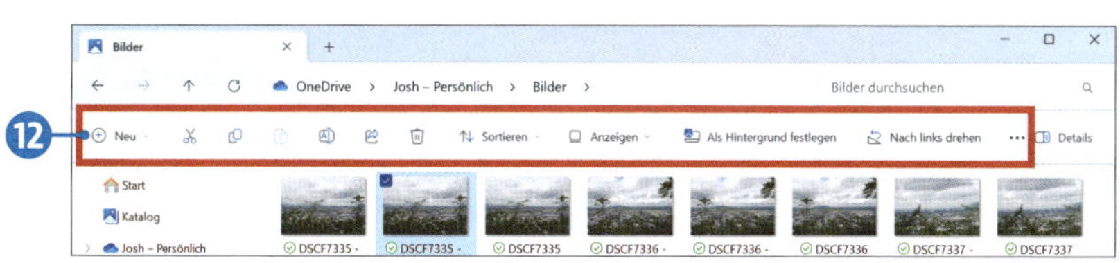

Bei der Anwahl eines Dokuments gibt es weit weniger Optionen 13:

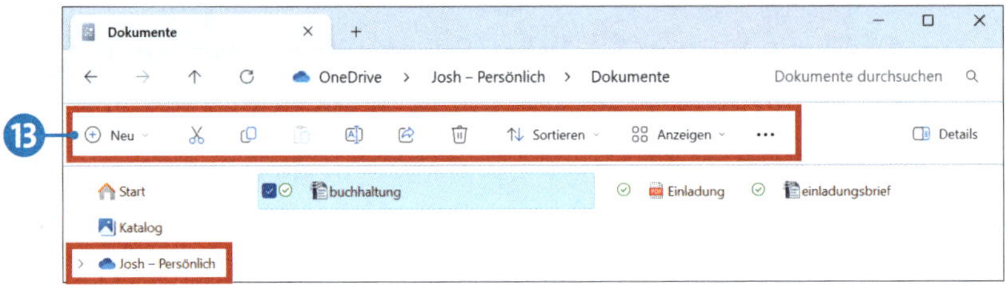

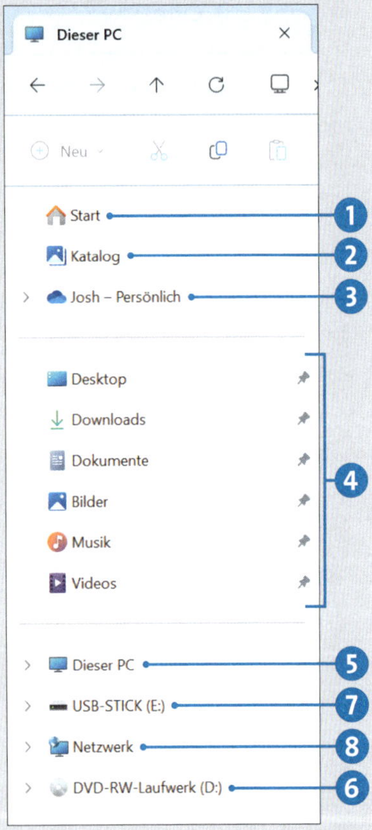

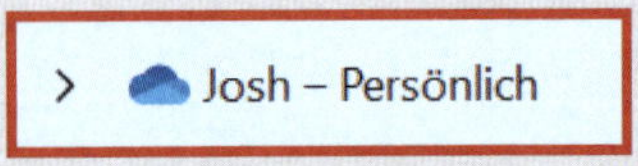

Wir schauen uns später einige der Symbole noch im Detail an. Werfen wir nun einen Blick in den Navigationsbereich in der linken Spalte:

1. Mit einem Klick auf den **Start**-Button erreichen Sie per Klick seltsamerweise ziemlich genau jene Bereiche, die sowieso links aufgelistet sind, den Klick können Sie sich sparen.
2. Auch die Schaltfläche **Katalog** macht gar keinen Sinn, sie ist eine stark eingeschränkte Foto-Anzeige; mit der in Kapitel 9 vorgestellten Windows-Fotoanzeige fahren Sie deutlich besser. Auch hier: einfach ignorieren.
3. Das Wolkensymbol mit Ihrem Namen und der Endung **Persönlich** ist der Cloud-Speicher von Windows 11. Also das, was online gespeichert wird. Da Windows dies automatisch macht, müssen Sie auch hier nichts anklicken. Über die Vor- und Nachteile von OneDrive sprechen wir ab Seite 333.
4. Im *Schnellzugriff* hat Windows für Sie bereits einige häufig benötigte Ordner für Ablageorte wie **Desktop**, **Downloads**, **Dokumente** und **Bilder** angeheftet, was Sie an dem Pin bzw. der Nadel dahinter erkennen. Je nach Einstellung werden hier auch von Ihnen zuletzt oder häufig benutzte Ordner angezeigt. Daran sollten Sie möglichst auch nichts ändern, auch wenn es (geüb-

ten Anwendern) möglich ist, Ordner dort auszublenden oder selbst Ordner dort anzuheften. Wichtig für Sie zu wissen ist, dass es sich mit den Ordnern unter dem Schnellzugriff so ähnlich verhält wie mit den Kacheln im Startmenü: Es sind nur Verknüpfungen zu den eigentlichen Ordnern, die Sie daher alle noch einmal in Ihrem Verzeichnis **Dieser PC** (5) finden.

(5) **Dieser PC** lässt Sie auf Wunsch in die »Innereien« Ihres Computers steigen. Mit einem Klick darauf werden die Laufwerke Ihres Computers, also Ihre Festplatte, Ihr USB-Stick und das CD-Laufwerk, mit Detailinformationen angezeigt, und Sie könnten hier alle »Schubladen«, inklusive der Windows-Systemordner, erkunden. Auch die Ordner aus dem Schnellzugriff sind hier nochmals zu finden. In der Regel benötigen Sie diesen Bereich bei der täglichen Arbeit eher selten.

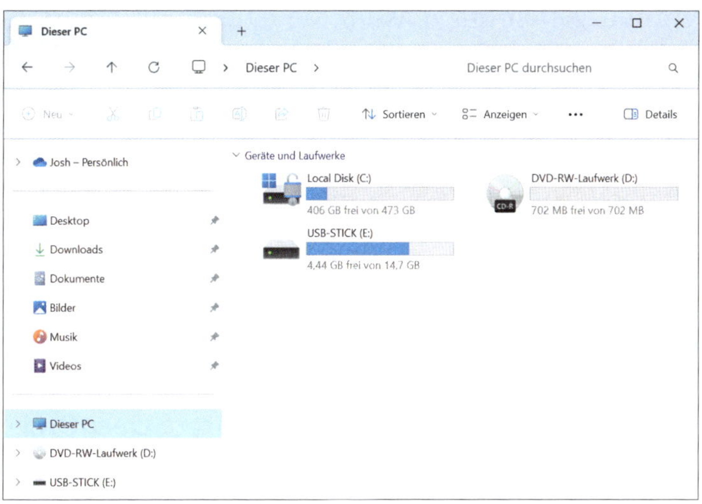


(6) Haben Sie ein CD- oder DVD-Laufwerk an Ihrem Computer angeschlossen, dann wird es hier angezeigt, vorausgesetzt, Sie haben eine CD eingelegt.

**ACHTUNG!**

Bei allen Ordnern, die Sie im **Schnellzugriff** vorfinden, handelt es sich nur um Verknüpfungen. Das heißt, die Ordner befinden sich alle noch einmal unter **Dieser PC**. Wenn Sie einen Ordner dort, an seinem eigentlichen Ablageort, löschen, dann verschwindet er bzw. seine Verknüpfung auch aus dem **Schnellzugriff**. Wird dagegen ein verknüpfter Ordner aus dem **Schnellzugriff** entfernt bzw. von ihm gelöst, ist der Ordner nach wie vor auf Ihrem Computer unter **Dieser PC** abgespeichert.

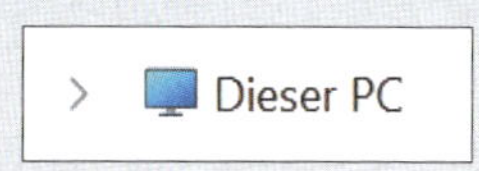

7 Auch ein USB-Stick zählt zu diesen sogenannten *externen Laufwerken* und wird daher ebenfalls separat aufgelistet.

8 Das **Netzwerk** ist nur dann von Interesse, wenn Sie beispielsweise in einer Firma mit vielen Computern arbeiten oder Dateien auf einem Zentralcomputer, dem sogenannten *Server*, speichern.

## Dateien im Explorer öffnen

Explorer öffnen

↓

Den Ordner **Dokumente** öffnen

↓

Ein OpenOffice-Dokument per Doppelklick laden

Die Grundlagen zum Explorer sind Ihnen nun bekannt. Jetzt unternehmen wir den ersten richtigen Ausflug in dieses Archiv. Im Explorer können Sie beliebige Dateien direkt öffnen. Es ist also nicht notwendig, erst Ihr gewünschtes Programm zu starten und dann auf **Datei ▸ Öffnen** zu gehen, denn der Explorer startet das notwendige Programm gleich mit. Lassen Sie es uns mit einem OpenOffice-Dokument versuchen:

1. Öffnen Sie den Explorer über einen Klick auf das Symbol in der Taskleiste.

2. Klicken Sie nun auf den Bereich **Dokumente** 1 unter **Schnellzugriff**.

3. Bei uns sind dort bereits mehrere OpenOffice-Dateien abgelegt und werden als Liste angezeigt 2.

4. Nun geht alles ganz schnell: Ein Doppelklick auf eines der OpenOffice-Dokumente 2 öffnet es direkt im entsprechenden Programm. Am Tablet und Touchscreen »doppeltippen« Sie zu diesem Zweck, am Notebook nutzen Sie für den Doppelklick die linke Taste des Touchpads.

**WAS TUN?**

Bei Ihnen sind keine Dokumente zu sehen? Dann gehen Sie zu Kapitel 6, »Mit OpenOffice einen Brief schreiben und Dokumente gestalten«, ab Seite 125 und erstellen schnell eine OpenOffice-Datei, damit Sie diese Schritte nachvollziehen können.

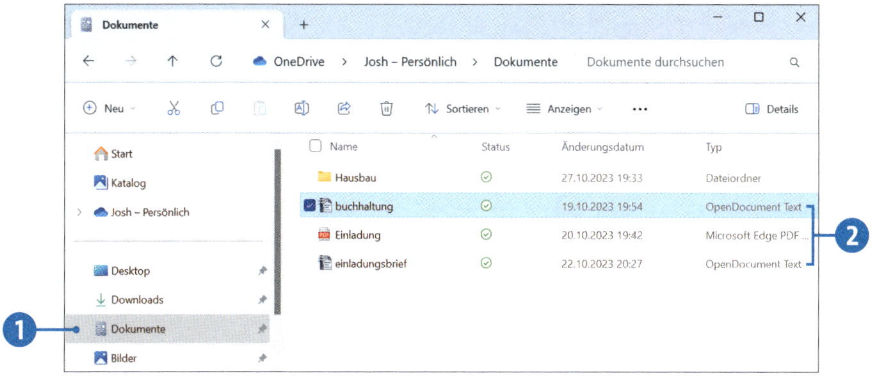


**5.** Um die Übung abzuschließen, beenden Sie OpenOffice, indem Sie im Menü **Datei** ganz unten **Beenden** anklicken. Das ist eine andere Methode zum Schließen eines Programms. Zum selben Ergebnis kommen Sie natürlich auch, wenn Sie wie üblich das Schließen-Kreuz × rechts oben im Programmfenster anklicken.

## Ansichtssache – Darstellung von Dateien im Explorer

Sie haben gerade gesehen, dass Windows 11 die Dokumente als Liste angezeigt hat. Es gibt aber noch weitere Möglichkeiten, Dateien im Explorer anzuzeigen. Sie werden gleich sehen, welche Vorteile das bieten kann. Übrigens wechselt Windows teilweise schon automatisch die Ansichten für Sie. Manuell funktioniert es jederzeit auf diesem Weg:

**1.** Öffnen Sie, wie zuvor beschrieben, einfach noch mal im Explorer unseren **Dokumente**-Ordner. Hier sehen Sie alle Dateien brav als Liste mit einem kleinen Icon für das zugehörige Programm, bei uns OpenOffice (1) sowie PDF (2).

Mit einem Doppelklick oder durch Doppeltippen öffnen Sie ein Programm aus dem Explorer heraus.

**MERKE**

Ein Programm schließen Sie nicht nur über das × rechts oben im Fenster. Das funktioniert auch über **Datei ▸ Beenden**.

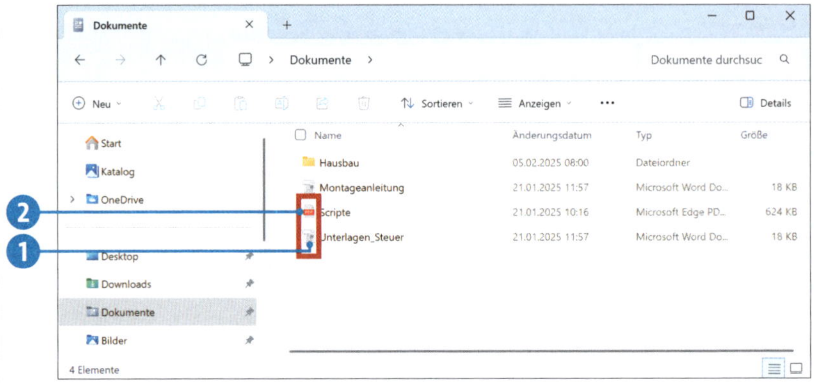


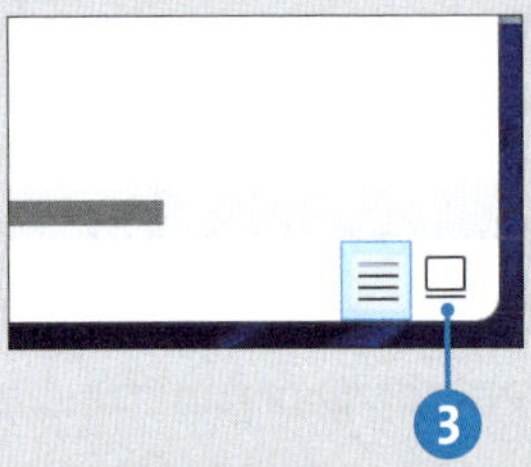


**2.** Rechts unten im Fenster finden Sie zwei kleine Symbole – klicken Sie mit der linken Maustaste auf das Rechteck **3**. Sie erhalten nun die Dateien als größere Vorschaubilder angezeigt. Und Sie sehen tatsächlich statt eines Programm-Icons eine kleine Vorschau vom Inhalt des jeweiligen Dokuments **4**. Ist das nicht praktisch?

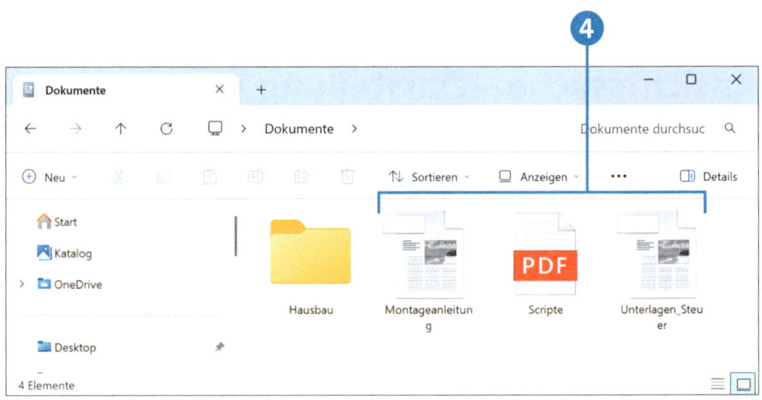


**3.** Jetzt gehen wir noch einen Schritt weiter – Sie finden im oberen Bereich Ihres Explorer-Fensters die Schaltfläche **Anzeigen** **5**. Ein linker Klick darauf öffnet noch viele weitere Ansichtsmöglichkeiten **6**.

## MERKE

Die Anzeigen-Einstellung wirkt sich immer nur auf den aktuell angezeigten Inhalt aus. Sie können für jeden Ordner ganz unterschiedliche Ansichten definieren. Windows 11 merkt sich diese auch nach einem Neustart des Computers oder nach dem Schließen des Explorers.

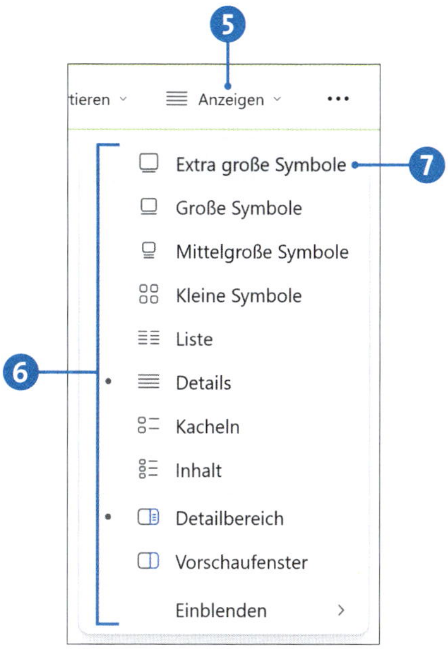


**4.** Wir entscheiden uns für **Extra große Symbole** 7, und Sie sehen die Auswirkungen sofort: Jetzt kann man sogar schon die Texte in den Dateien lesen, ganz ohne das Programm geöffnet zu haben. Probieren Sie gerne in diesem Menü andere Einstellungen aus. Die Vorgehensweise ist identisch wie in Schritt 3 beschrieben.

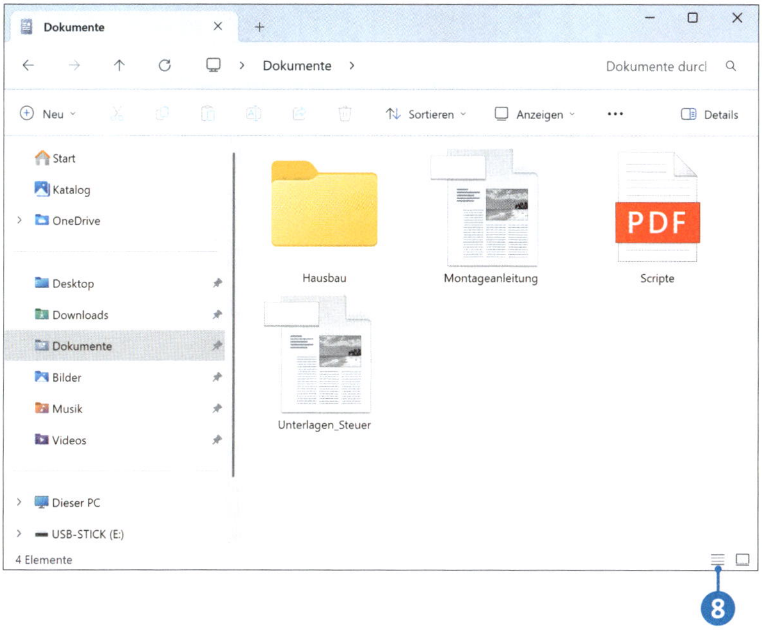

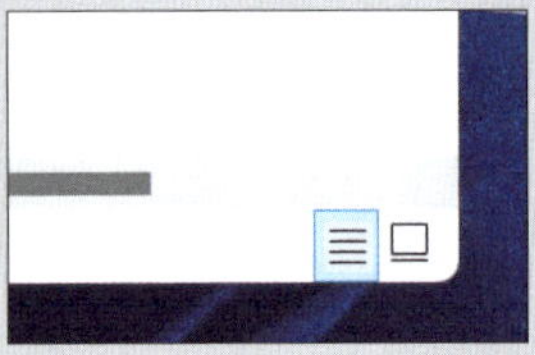

**5.** Die Auswahl von **Details** im **Anzeigen**-Menü bringt Sie wieder zurück zur allerersten Ansicht Ihres **Dokumente**-Ordners, alternativ geht das auch über das Symbol rechts unten im Explorer-Fenster **8**.

## Ordner anlegen und umbenennen

Nachdem Sie nun wissen, wie Sie vorhandene Ordner öffnen und die Ansichten der Inhalte ändern, lernen Sie jetzt, wie Sie selbst einen neuen Ordner anlegen.

### Warum überhaupt Ordner?

Wie auch im Büro sind Ordner am Computer perfekt, um Inhalte passend abzulegen. Beispielsweise macht es Sinn, sich im Bereich **Dokumente** entsprechende Ordner anzulegen, denn ist alles gemischt abgespeichert, wird es mit der Zeit einfach unübersichtlich.

Wir benötigen zum Ausprobieren den **Dokumente**-Ordner. Den können wir übrigens auch noch viel schneller öffnen als vorhin gezeigt. Denn alles, was in der linken Navigationsleiste »angeheftet« ist, steht auch in der Windows-

**MERKE**

Alternativ erreichen Sie den **Dokumente**-Ordner, indem Sie das Explorer-Symbol in der Taskleiste mit der linken Maustaste anklicken und dann in der linken Leiste auf **Dokumente** klicken.

Taskleiste bereit. Klicken Sie mit der rechten Maustaste (beim Touchscreen drücken Sie länger) auf das Explorer-Symbol **1** in der Taskleiste und voilà, hier öffnet sich ein Menü mit allen Ordnern aus dem Schnellzugriff **2**. Klicken Sie den **Dokumente**-Ordner **3** an, und das passende Explorer-Fenster wird sofort geöffnet.

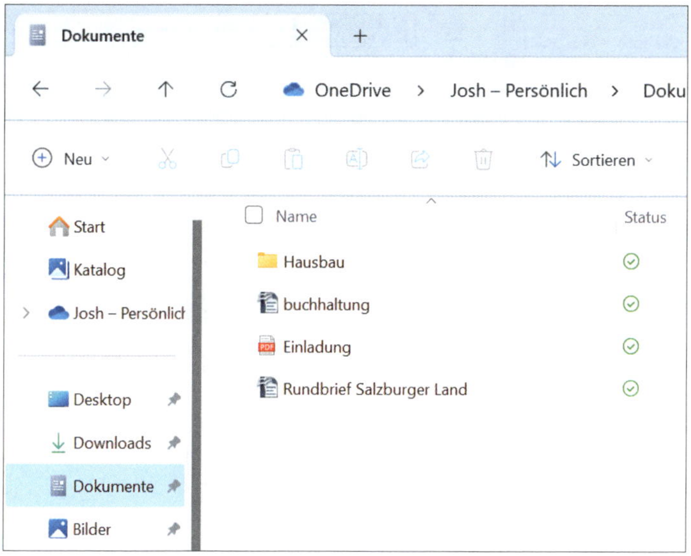


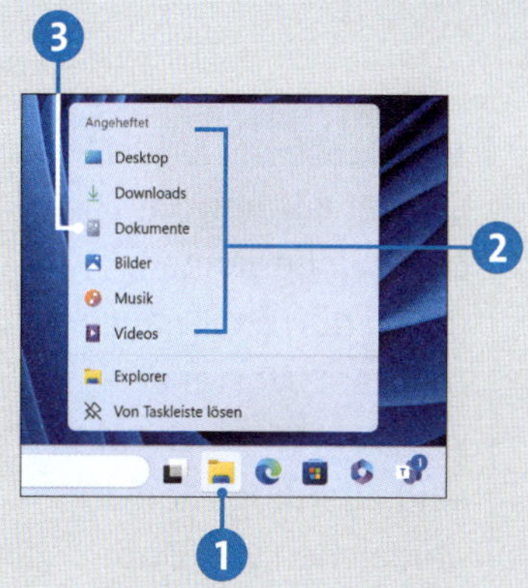

**1.** Jetzt legen Sie einen neuen Ordner an, indem Sie auf die Schaltfläche **Neu** **4** oben links im Explorer-Fenster im Menüband klicken und dann auf **Ordner** **5**.

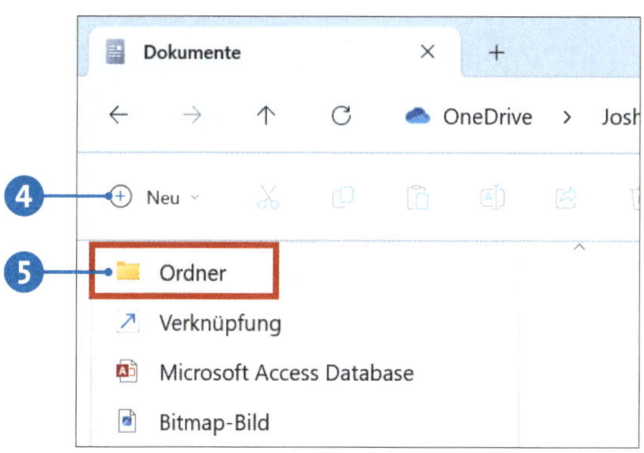


**Neu**

↓

**Ordner**

↓

Neuen Ordner benennen

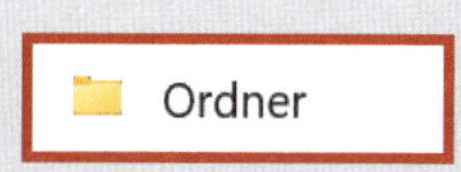

**MERKE**

Ordner können Sie beliebig benennen. Dabei dürfen Sie auch mehrere Wörter verwenden. Nicht erlaubt sind allerdings Sonderzeichen wie Doppelpunkt, Plus-Symbol oder Semikolon.

**2.** Sofort erscheint im Dateifenster ein neuer Ordner, dessen gleichlautender Name blau unterlegt ist **6**.

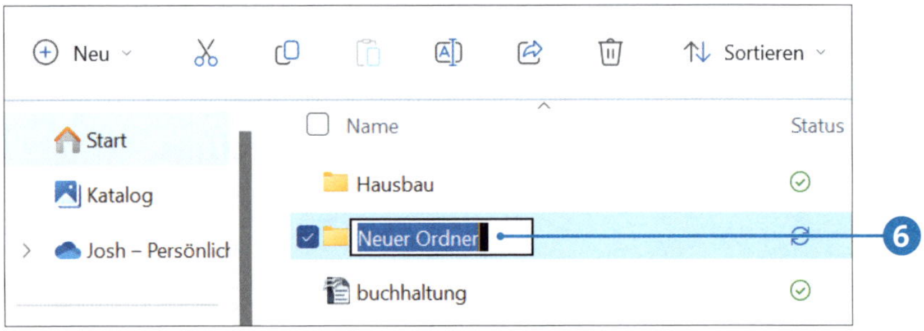


Das bedeutet: Sie können sofort mit der Tastatur einen passenden Namen eintippen, es muss nichts separat ausgewählt werden. Touchscreen-Anwender müssen an dieser Stelle gegebenenfalls über das Tastatursymbol [Tastatursymbol] in der Taskleiste die Bildschirmtastatur einblenden.

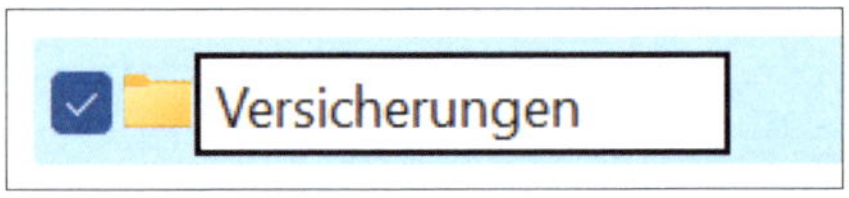


**3.** Bestätigen Sie die Eingabe mit der Taste [↵] – die Namensänderung ist vollbracht und der erste Ordner perfekt angelegt.

**4.** Zur Übung: Legen Sie gleich noch einen weiteren Ordner an, und benennen Sie ihn nach Wunsch.

Einen Ordner nachträglich umbenennen

Wenn man einen Ordner einfach so benennen kann, dann stellt sich natürlich die Frage, ob und wie man einen Ordner nachträglich umbenennen kann – sei es, dass sich ein Schreibfehler eingeschlichen hat oder dass man einen besseren Namen vergeben will. Das geht in drei Schritten:

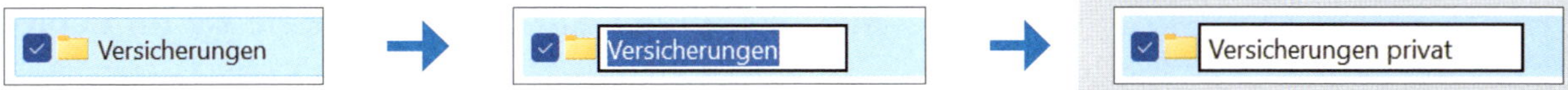


**1.** Fahren Sie mit dem Mauszeiger auf jenen Ordner, den Sie umbenennen wollen. Er wird hellblau markiert.

**2.** Klicken Sie mit der linken Maustaste einmal auf den Ordner, wird er mit einem Haken versehen und damit ausgewählt.

**3.** Klicken oder tippen Sie ein zweites Mal darauf, wird der Name selbst dunkelblau markiert. Jetzt können Sie die bisherige Bezeichnung mit dem neuen Namen überschreiben. Sie klicken bei diesem Vorgang zwar zweimal, das ist aber kein klassischer, schnell nacheinander durchgeführter Doppelklick, denn damit würde der Ordner geöffnet.

**4.** Beenden Sie die Eingabe mit der Taste [↵].

**ACHTUNG!**

Zum Umbenennen zweimal nacheinander mit einer kleinen Pause auf den Ordnernamen klicken – keinesfalls einen klassischen Doppelklick ausführen! Ist das zu kompliziert? Im Menüband finden Sie ein Symbol [A], das Ihnen die »Klickarbeit« abnimmt und die gewählte Datei direkt blau zum Umbenennen einfärbt.

Navigieren in der Ordnerstruktur des Explorers

Sie haben gerade einen neuen Ordner im Ordner **Dokumente** erstellt. Doch wie gelangen Sie vom einen zum anderen? Das Thema Navigation haben wir oben schon theoretisch erklärt. Nun üben wir es noch einmal ganz praktisch:

**1.** Wechseln Sie im Navigationsbereich des Explorers mit dem Mauszeiger auf den Ordner **Dokumente** ①.

**2.** Öffnen Sie nun den vorhin angelegten Unterordner, bei uns heißt er **Versicherungen privat** ②, mit einem beherzten Doppelklick.

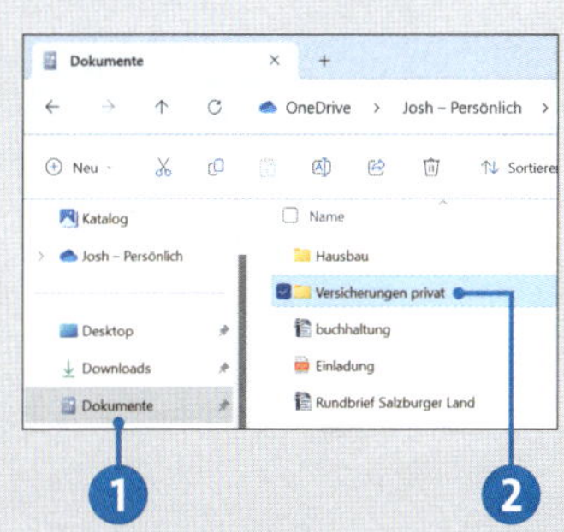

**WAS TUN?**

Sie möchten den Ordner **Dokumente** unter **Dieser PC** öffnen, sehen ihn aber dort nicht? Wenn Sie mit der Maus auf **Dieser PC** zeigen, erscheint davor ein Pfeil. Mit einem Klick darauf klappen Sie alle Unterverzeichnisse auf.

Dieser Ordner ist leer.

**3.** Mit einem Blick auf die Adressleiste **3** im Explorer-Fenster sehen Sie sofort, wo Sie sich befinden.

**4.** Im Inhaltsbereich rechts müsste nun der Inhalt des geöffneten Ordners angezeigt werden. Hier ist aber nichts zu sehen, außer einem Hinweis. Logischerweise ist unser Ordner leer **4**, da wir ihn vorhin erst angelegt haben.

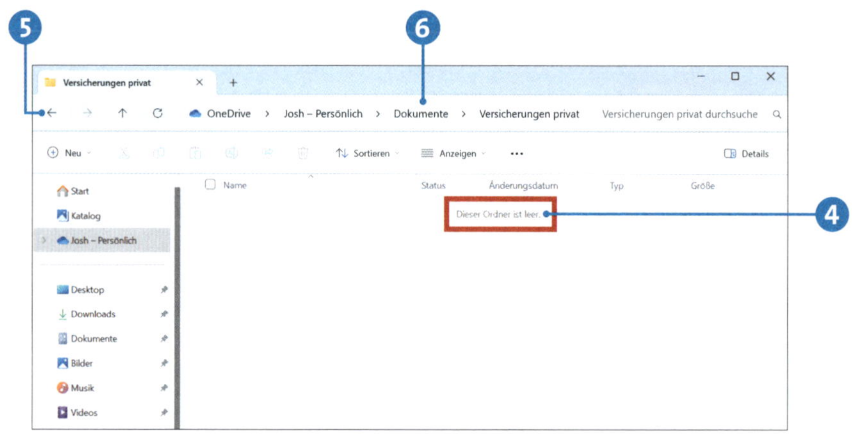


**5.** Klicken Sie auf die Pfeiltaste oben links **5**, um zurück auf die Ebene **Dokumente** zu gelangen. Alternativ funktioniert das auch mit einem Mausklick auf den Begriff **Dokumente** **6** in der Adressleiste.

Die frisch angelegten Ordner können Sie nun im Explorer und in jedem anderen Programm mit Dateien füllen – seien es Textdokumente, Bilder oder auch andere Dateien. Wie Sie dazu vorgehen, erfahren Sie im nächsten Abschnitt.

## Dateien aus einem Programm in einem Ordner im Explorer abspeichern

So sichern Sie ein neues Dokument in einem der Ordner, die Sie im vorigen Abschnitt angelegt haben:.

**1.** Starten Sie OpenOffice wie gewohnt über das Startmenü und gegebenenfalls über die Suchfunktion, wie in Kapitel 6 auf Seite 126 beschrieben.

**2.** Erstellen Sie in dem neuen Dokument, das automatisch geöffnet wurde, einen kleinen Text.

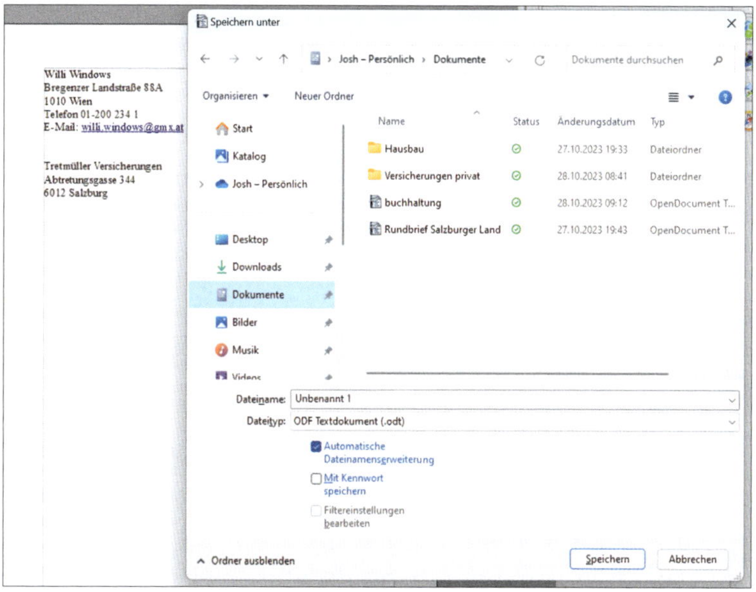


**3.** Wählen Sie anschließend oben links **Datei ▶ Speichern unter...** (1).

**4.** Klicken Sie in der linken Spalte des Explorers unter **Dieser PC** auf **Dokumente** (2).

**MERKE**

Schlagen Sie in Kapitel 6, »Mit OpenOffice einen Brief schreiben und Dokumente gestalten«, ab Seite 125 nach, wenn Ihnen OpenOffice noch nicht geläufig ist.

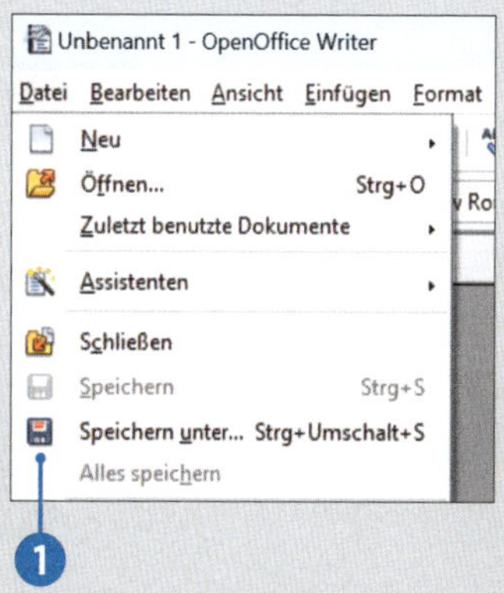

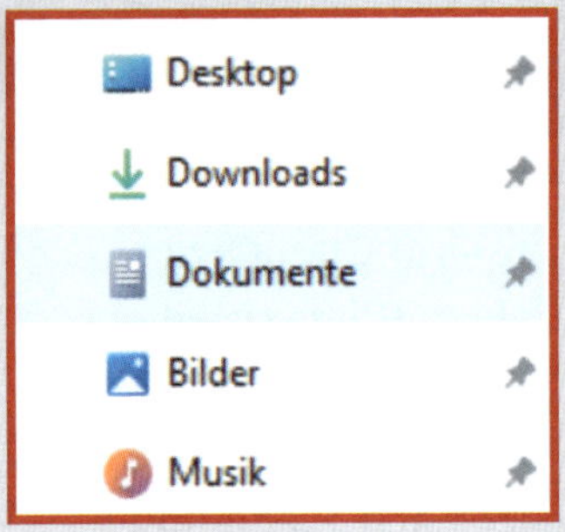


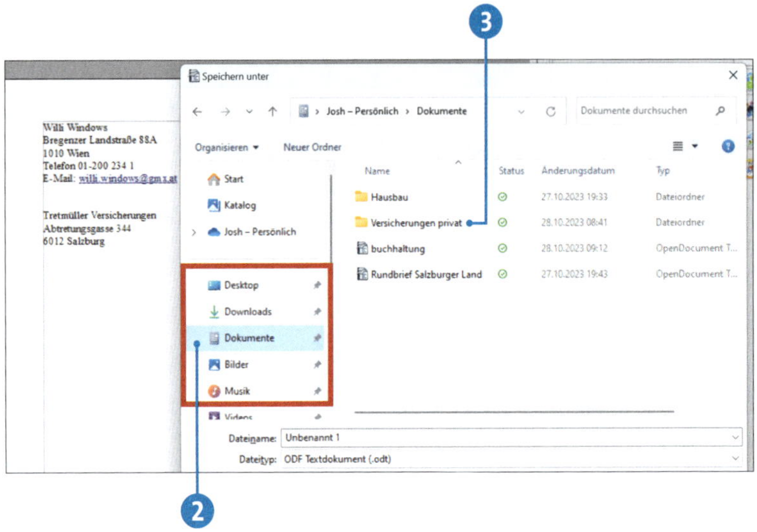


**5.** Nach einem einfachen Mausklick auf den Ordner **Dokumente** (Schritt 4) sehen Sie bereits rechts im Inhaltsbereich alle Unterordner bzw. Dateien, die sich in diesem Ordner befinden. Wählen Sie nun den Unterordner **Versicherungen privat** (3) im Inhaltsbereich mit einem doppelten Mausklick aus – oder einen vergleichbaren Ordner, den Sie in der Übung im letzten Abschnitt (siehe ab Seite 306) angelegt haben –, um ihn zu öffnen und dort Ihr Dokument abzulegen.

**6.** In dem Dialogfeld vergeben Sie jetzt einen Dateinamen für Ihr OpenOffice-Dokument (4) und klicken auf die **Speichern**-Schaltfläche (5).

**7.** Schließen Sie OpenOffice mit einem Klick auf das × rechts oben im Programmfenster.

**8.** Öffnen Sie nun zur Kontrolle den Explorer mit einem Klick auf das Symbol in der Taskleiste.

**WAS TUN?**

Einfach oder doppelt klicken? Wenn Sie im Inhaltsbereich beim Abspeichern einer Datei nur einmal auf einen Unterordner klicken, wird die Datei nicht wie beabsichtigt in dem Unterordner selbst, sondern daneben, also auf derselben Ebene, gespeichert – in unserem Fall unter **Dokumente**.

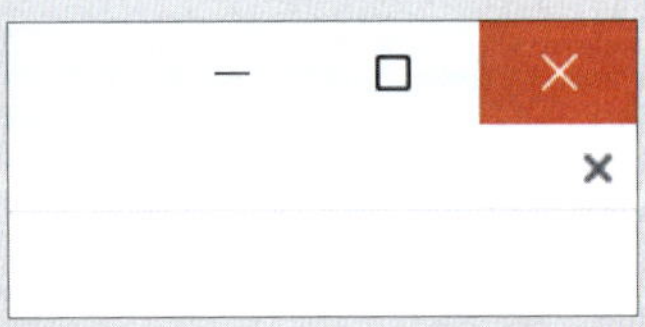

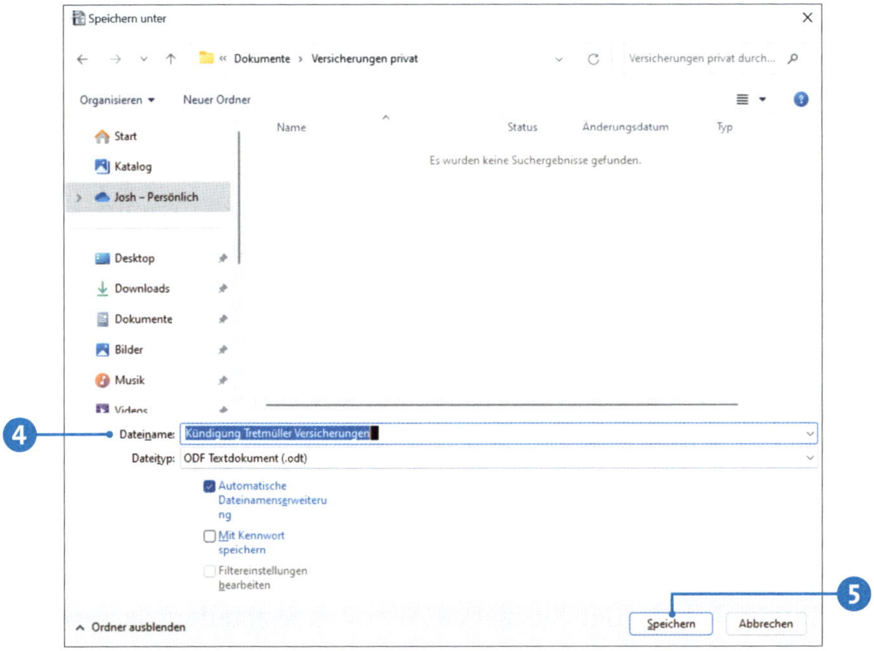


**9.** Wechseln Sie zu Ihrer Datei. Dazu klicken Sie links auf **Dokumente** 6 und doppelklicken anschließend im Inhaltsbereich auf jenen Unterordner, in dem Sie gerade das OpenOffice-Dokument abgelegt haben. Hat es geklappt? Dann sollte das Dokument hier sichtbar sein 7. Anhand des Dateipfades oben 8 können Sie stets überprüfen, ob Sie sich auch im richtigen Unterverzeichnis befinden.

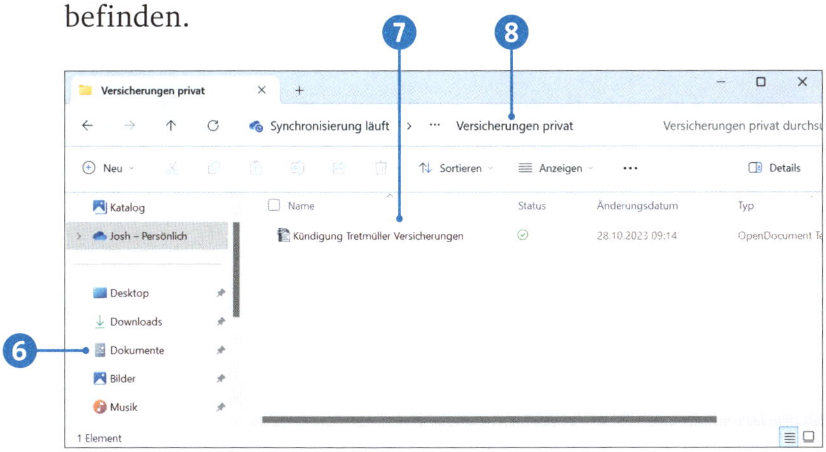

**MERKE**

Im Explorer kann man sämtliche Dateien bewegen, kopieren oder umbenennen, ohne die zugehörige App öffnen zu müssen.

## Dateien verschieben, kopieren oder löschen

Bisher haben wir mit Dateien einfach drauflosgearbeitet – Fotos in der Fotos-App geöffnet oder Textdokumente in OpenOffice abgespeichert. Diese Dateien liegen, wie Sie gerade gelernt haben, alle im Explorer in verschiedenen Ordnern. An dieser Stelle können Sie selbst tätig werden und Dateien an andere Orte umsortieren, sie kopieren oder umbenennen – ganz ohne Beteiligung der zugehörigen App. Denn mit dem Explorer ändern Sie niemals den Inhalt einer Datei, sondern nur deren Ablageort oder Benennung.

Tatsächlich werden Sie im Laufe der Zeit feststellen, dass es gerade im **Bilder**- oder **Dokumente**-Ordner doch sinnvoll ist, eine neue Sortierung durchzuführen, sei es, dass alle Briefe in einen separaten Ordner eingeordnet werden oder die Bilder des letzten Urlaubs einen neuen Platz bekommen sollen. Neue Ordner haben Sie im vorangegangenen Abschnitt bereits angelegt, und nun zeigen wir Ihnen, wie Sie im Explorer dort auch Dateien platzieren können. Das funktioniert in Windows 11 mit diesen zwei Möglichkeiten:

- Sie schneiden an einer Stelle sprichwörtlich die Datei aus und setzen diese an einer anderen Stelle ein. Damit wird die gewählte Datei an einen anderen Ort versetzt.
- Sie kopieren die Datei und setzen sie an anderer Stelle ein. Dann ist sie allerdings zweimal vorhanden, einmal am Ursprungsort und einmal am Zielort.

Beginnen wir damit, eine Datei in einen neuen Unterordner zu platzieren. Das funktioniert zwar auch einfach, indem Sie eine markierte Datei oder einen Ordner mit gedrückter Maustaste ziehen, doch verrutscht man dabei leicht – zumal ohne Übung. Daher starten wir erstmal den etwas langsameren, aber dafür sicheren Weg:

**1.** Wie immer starten Sie zunächst den Explorer über die Taskleiste.

**2.** Wechseln Sie für diese Lektion in den Ordner **Bilder** ❶. Aber natürlich funktionieren die hier gezeigten Schritte auch im Ordner **Dokumente** sowie in allen anderen Ordnern. Sollten Sie direkt im **Bilder**-Ordner noch keine Fotos sehen, wählen Sie per Doppelklick einen Unterordner aus.

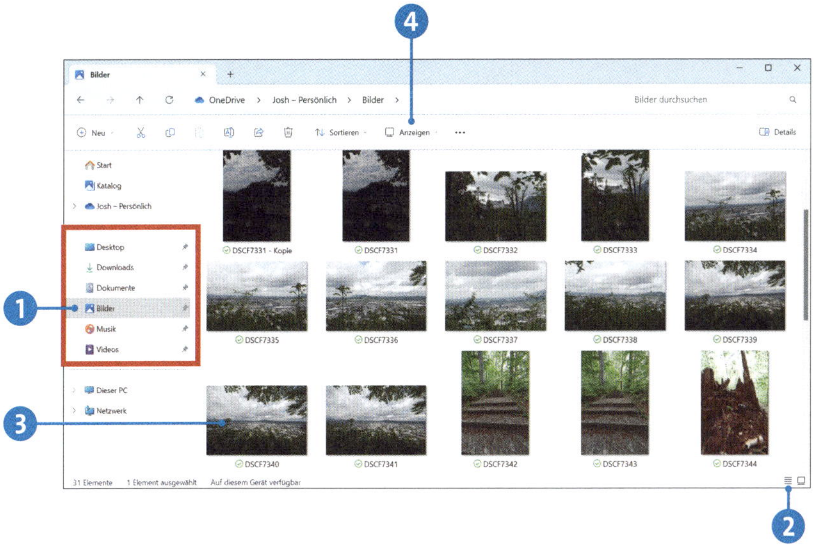

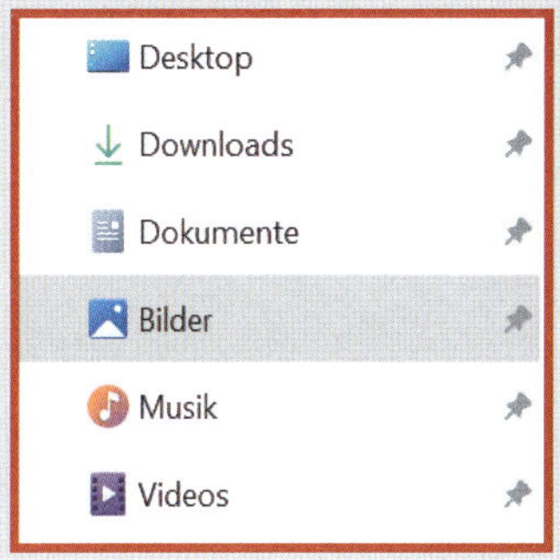


**3.** Sehen Sie hier statt einer Vorschau Ihrer schönsten Bilder nur eine Liste? Mit einem Klick rechts unten im Explorer-Fenster wechseln Sie schnell von dieser **Details** ❷ genannten Ansicht zur Ansicht **Große Symbole** ❸ (mit Vorschaubildern). Weitere Ansichten finden Sie übrigens in der Symbolleiste im Menü **Anzeigen** ❹.

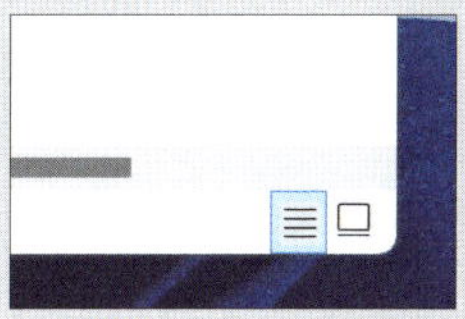

Von der Ansicht **Details** zur Ansicht **Große Symbole** wechseln

Wählen Sie per Mausklick nun ein Bild aus, das in einen anderen Ordner gelegt werden soll. Das Bild wird dann hellblau markiert **5**.

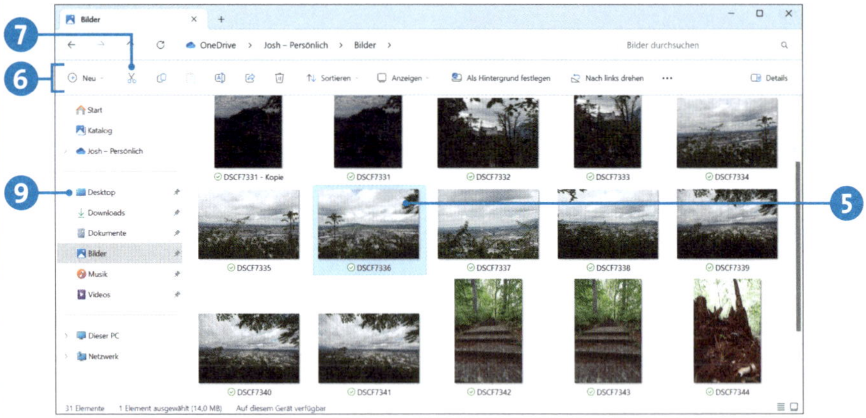


**4.** Im Menüband oben sehen Sie einige Symbole **6**. Hier finden Sie das Scherensymbol **7**, das ganz plakativ für das **Ausschneiden** einer Datei steht. Aktivieren Sie diese Schaltfläche mit einem linken Mausklick. Ihr gewählte Datei wird nun komplett grau verblasst erscheinen **8**.

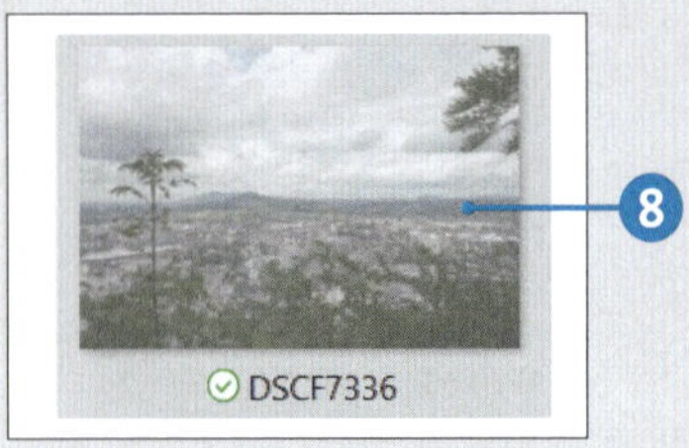


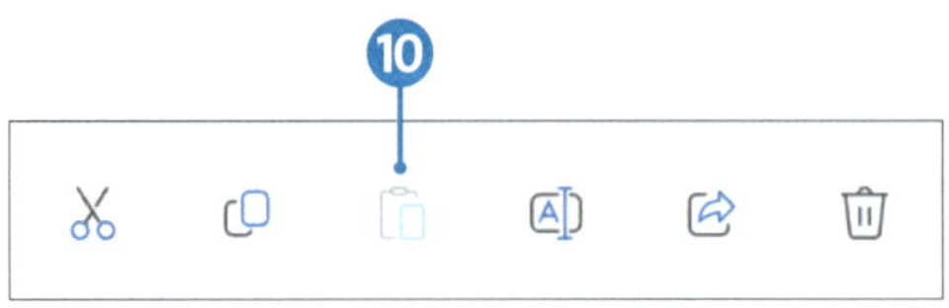

**5.** Wählen Sie nun im Explorer über die linke Seitenleiste den Zielort aus. Wir nehmen hier der Einfachheit halber und zum Üben den **Desktop** **9**, also die Arbeitsoberfläche, den Sie per linken Mausklick erreichen. Sie können aber jeden beliebigen Ordner als Ziel wählen.

**6.** Im Menüband des Explorers finden Sie nun die Schaltfläche für das **Einfügen** einer Datei am gewählten Speicherort **10**. Klicken Sie sie einmal links an, und schon landet die Datei direkt im Ordner **11**.

## ACHTUNG!

Sie wollen doch nicht ausschneiden? Kein Problem, denn der Druck auf die Scheren-Schaltfläche ist nur eine Art Vormerkung für Windows 11. Solange Sie sie nirgendwo einfügen, bleiben Ihre Dateien, wo sie sind.

**7.** Werfen Sie einen Blick auf Ihren Desktop – da sehen Sie das Bild **12** natürlich auch, da Ihre Arbeitsoberfläche eins zu eins vom Explorer gespiegelt wird.

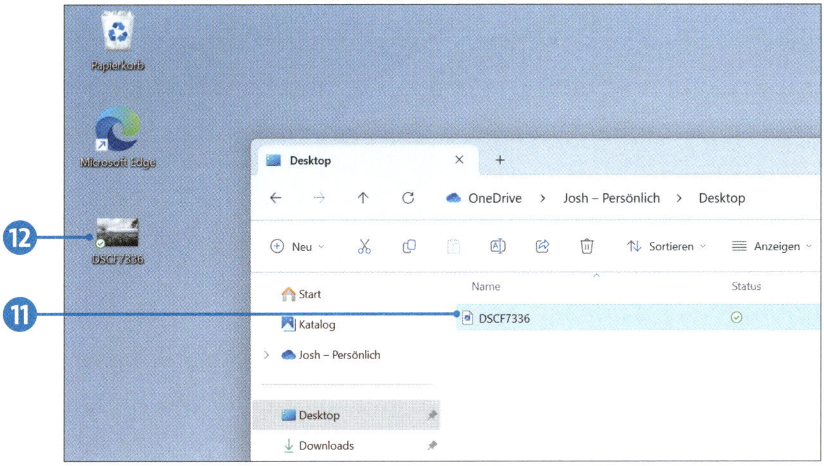


**8.** Praktisch – Sie können, wenn Sie das möchten, diesen Vorgang gleich rückgängig machen. Das funktioniert aber nur mit einer Tastenkombination, nicht etwa durch Betätigung eines Pfeils. Drücken Sie [Strg], halten Sie die Taste gedrückt, und drücken Sie nun zusätzlich [Z] – und schon ist das Bild wieder an seinem ursprünglichen Ort, als ob nichts geschehen wäre.

**MERKE**

Im Explorer kann man alle Vorgänge über die Tastenkombination [Strg] + [Z] rückgängig machen.

### Kopieren und Löschen im Explorer

Beim Anklicken einer Datei finden Sie im Menüband neben der Schere noch weitere Symbole. Direkt daneben können Sie kopieren **1**. Wie das funktioniert, zeigen wir Ihnen im Detail im folgenden Abschnitt. Wichtig ist hier noch die Schaltfläche **Löschen** **2** – die funktioniert ganz intuitiv: Markieren Sie die zu entfernende Datei, und klicken Sie dann auf **Löschen**. Die Datei wandert dann aber erst einmal in den Papierkorb und kann wiederhergestellt werden, es ist also nichts verloren! Den Papierkorb lernen Sie übrigens ab Seite 327 kennen.

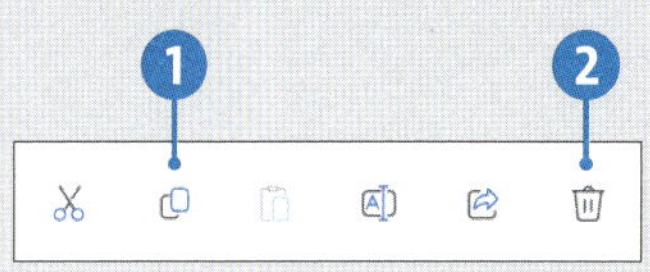

**ACHTUNG!**

Für diesen Workshop benötigen Sie einen USB-Stick. Den gibt es im Fachhandel für kleines Geld zu kaufen. Fragen Sie im Zweifel nach, welcher »Typ« für Ihren Computer passt.

*Bild: Sandisk*

## Dateien auf einen USB-Stick kopieren

USB-Sticks sind praktische Datenbehälter, um unzählige Fotos, Dokumente, Musikstücke oder Videos zu speichern. USB-Sticks eignen sich wirklich hervorragend, um mit Freunden schnell Dateien auszutauschen. Gerade bei großen Datenmengen ist das deutlich praktischer als der Versand per E-Mail.

Wichtig, es gibt zwei verschiedene Arten von USB-Sticks mit unterschiedlichen Anschlüssen.

- USB-Sticks mit USB-C-Anschluss (1): Der Stecker passt, egal wie Sie ihn drehen, in den dafür vorgesehenen Steckplatz am Computer. Ältere Computer haben aber dafür meist keinen Steckplatz.
- USB-Sticks mit Standard-USB-Anschluss (2): Der Stecker bei einem herkömmlichen USB-Stick passt nur in eine Richtung in den Steckplatz Ihres Computers. Und hier ist es umgekehrt: Viele kompakte, neue Computer haben diesen Steckplatz aus Platzgründen gar nicht mehr.

Üben wir hier das Kopieren von Daten mit einem USB-Stick – so einen benötigen Sie, um alle Schritte nachvollziehen zu können:

1. Stecken Sie den USB-Stick in einen USB-Anschluss an Ihrem Computer. Welchen Anschluss Sie wählen, spielt keine Rolle, die Steckplätze funktionieren alle gleich.

2. Windows signalisiert durch einen Signalton, dass ein neues Gerät gefunden wurde. Den Hinweis oberhalb des Infobereichs der Taskleiste (1) benötigen wir aktuell nur für den sogenannten Laufwerksbuchstaben: Hier ist es

*E:* ②, auf Ihrem Computer kann es aber auch ein anderer Buchstabe sein. Das hängt von der Anzahl der Laufwerke in und an Ihrem Computer ab. Und wieder so eine fiese Sache: Beim nächsten Mal kann es ein ganz anderer Buchstabe sein, da diese Buchstaben nach jedem Neustart neu vergeben werden.

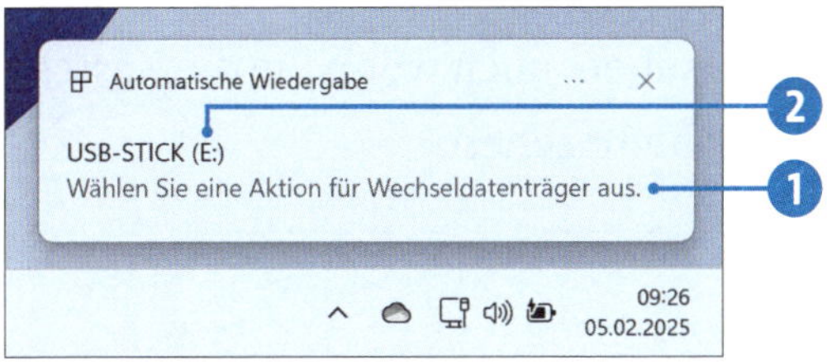


**3.** Anstatt nun auf diesen Hinweis zu klicken (was prinzipiell auch möglich ist), starten Sie den Explorer über einen Klick auf das Symbol in der Taskleiste und wechseln per Mausklick im Navigationsbereich links in Ihren **Bilder**-Ordner. Sie sollten hier einige Bilder zur Auswahl haben. Falls nicht, wählen Sie rechts mit einem Doppelklick einen Unterordner aus. Wenn Sie Kapitel 9, »Windows 11 als digitales Fotoalbum«, ab Seite 235 durchgearbeitet haben, sollten dort einige Schnappschüsse vorhanden sein. Wenn nicht, dann nehmen Sie alternativ Ihren Ordner **Dokumente** zum Ausprobieren.

**4.** Wir wollen nun **mehrere** Bilder markieren und auf den USB-Stick kopieren. Die einfachste Möglichkeit ist folgende: Fahren Sie mit dem Mauszeiger auf das gewünschte Bild, und klicken Sie einmal mit der linken Maustaste. Um weitere Bilder auszuwählen, halten Sie nun die Strg-Taste gedrückt und klicken nach Wunsch weitere Bilder an, die Reihenfolge spielt keine Rolle. So können Sie beliebig viele Fotos auswählen, was Sie an einem blauen Hintergrund erkennen. Am Touchscreen erledigen Sie das

**ACHTUNG!**

Die Laufwerksbuchstaben werden nach jedem Neustart des Computers von Windows neu vergeben. Ihr USB-Stick kann also jederzeit einen neuen Buchstaben erhalten.

**MERKE**

Mit gedrückter Strg-Taste und jeweils einem Mausklick werden weitere Dateien ausgewählt. Die Reihenfolge spielt dabei keine Rolle.

Auswählen per Fingertipp. Da Sie hier keine Strg-Taste halten können, müssen Sie zwingend in die kleinen, nur dann eingeblendeten Kästchen über den Bildern tippen **1**, um sie auf diesem Weg mit einem Häkchen zu markieren. Tippen Sie **nicht** in die Bilder – damit markieren Sie immer nur eines. Inkonsequenterweise werden auch am Desktop-Computer markierte Bilder mit diesem blauen Haken **2** versehen, auch wenn Sie die Kästchen vorher zur Auswahl gar nicht sehen.

Am Tablet oder Touchscreen werden zur Auswahl kleine Kästchen eingeblendet.

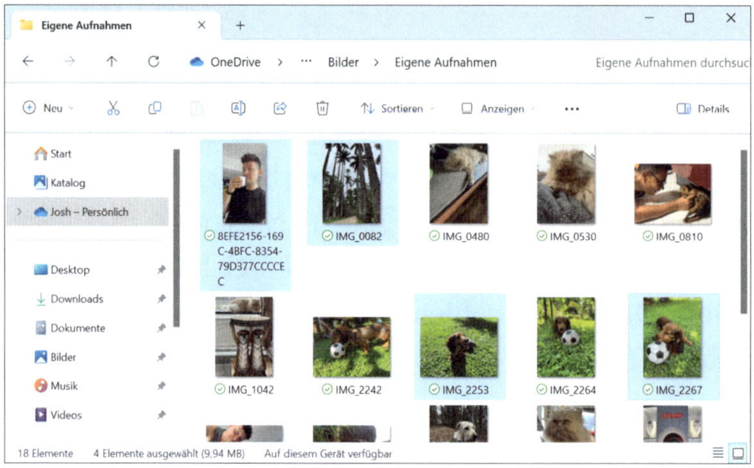


**5.** Aktivieren Sie die Schaltfläche **Kopieren** **3** mit einem Linksklick im Menüband oben. Windows 11 merkt sich vor, welche Daten Sie kopieren möchten.

Bei einem Kopiervorgang in Windows 11 werden die Daten immer dupliziert.

**6.** Jetzt schauen Sie links im Navigationsbereich nach unserem USB-Stick. Klicken Sie ihn einmal per Mausklick oder Fingertipp an **4**.

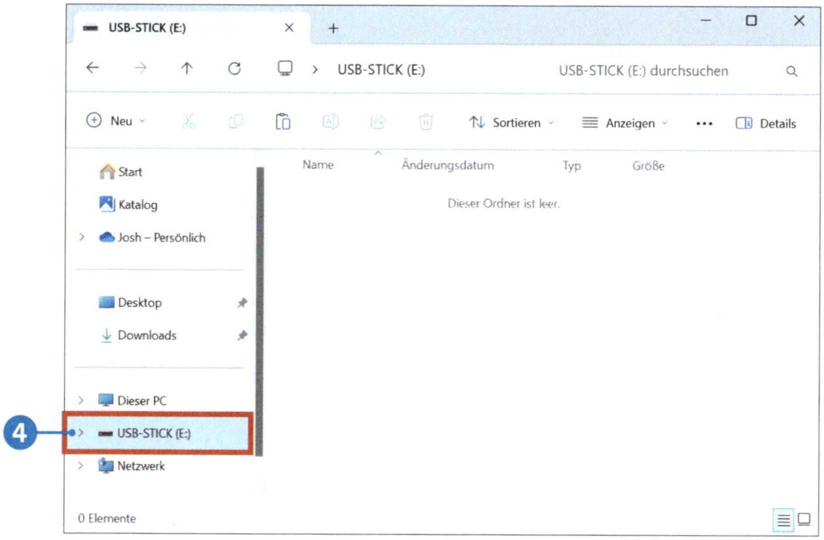

**7.** Jetzt verwenden Sie, wie vorher schon kennengelernt, die Schaltfläche **Einfügen** aus dem Menüband oben. Sofort startet der Kopiervorgang.

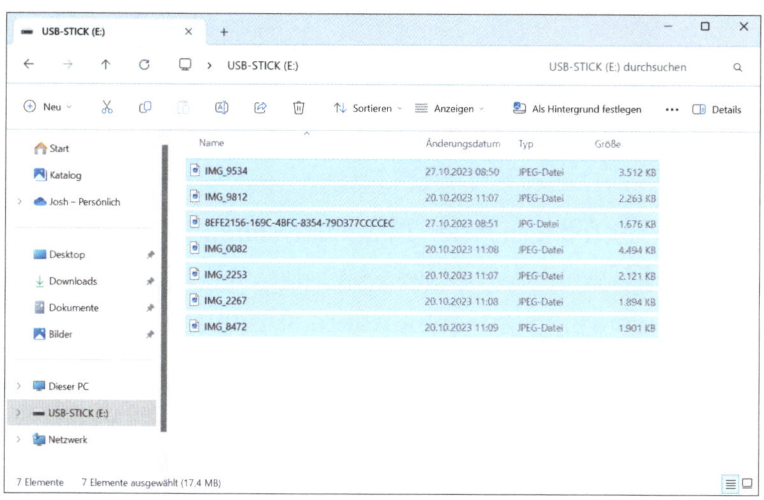


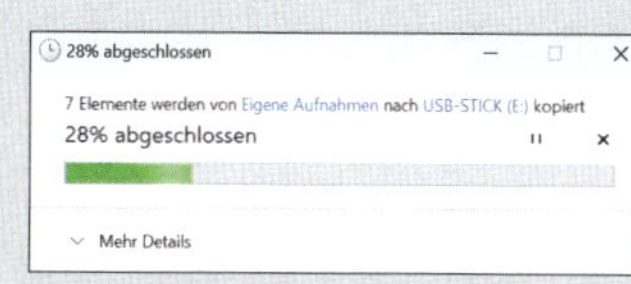


**8.** Sie sehen nun im Inhaltsbereich des USB-Sticks alle kopierten Dateien. Und damit haben Sie Dateien erfolgreich von Ihrem Computer auf einen USB-Stick kopiert.

**ACHTUNG!**

Egal, ob Speicherkarte der Kamera, USB-Stick oder externe Festplatte – alles, was per USB an den Computer angeschlossen wird, darf nicht einfach wieder herausgezogen werden, sondern muss in Windows 11 ordnungsgemäß und »sicher entfernt« werden.

### USB-Stick sicher entfernen

Abschließend ist Folgendes ganz wichtig: Ziehen Sie den USB-Stick nicht einfach aus dem Computer, wenn Sie mit dem Kopieren fertig sind! Das hat einen guten Grund: Möglicherweise ist Windows 11 mit dem USB-Stick noch beschäftigt, und Daten könnten verloren gehen. Wir zeigen Ihnen, wie Sie das vermeiden. Die im Folgenden gezeigte Vorgehensweise gilt übrigens für alle externen Speichergeräte, also z. B. für die Speicherkarten einer Digitalkamera oder auch für eine externe Festplatte.

Einen USB-Stick sicher entfernen

Um einen USB-Stick oder auch eine Speicherkarte sicher aus dem Computer zu entfernen, gehen Sie wie folgt vor:

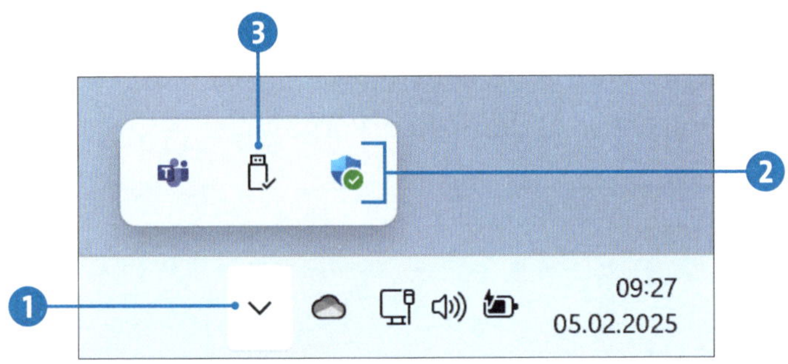


**1.** Im Infobereich der Taskleiste sehen Sie ein kleines Dreieck (1). Wenn Sie mit der Maus darauf zeigen, erscheint seine Bedeutung: **Ausgeblendete Symbole einblenden**. Klicken Sie also einmal darauf, um weitere Symbole anzuzeigen (2). Bei größeren Bildschirmen sind diese Symbole meistens direkt in der Taskleiste dargestellt, weil mehr Platz vorhanden ist.

**2.** Im aufklappbaren Menüfenster klicken Sie auf das Symbol, das wie ein USB-Stick aussieht (3).

**3.** Jetzt klappt ein weiteres Fenster auf, das in unserem Beispiel den USB-Stick als *DISK* bezeichnet. Diese Bezeichnung kann von USB-Stick zu USB-Stick variieren und hat nicht unbedingt etwas mit seinem Namen im Explorer zu tun. Diesen sehen Sie nämlich darunter als die von vorhin bekannte Laufwerksbezeichnung *E:* (4). Klicken Sie nun auf **... auswerfen** (5), damit der USB-Stick sicher von Windows abgemeldet wird.

**4.** Windows 11 blendet Ihnen bei Erfolg die Meldung ein, dass es nun sicher ist, den USB-Stick aus dem Computer zu ziehen, was Sie nun auch tun können. Wundern Sie sich nicht, dass an dieser Stelle weder von einem USB-Stick noch von einem Laufwerksnamen die Rede ist. Windows liebt es kompliziert und redet hier von **Massenspeichergerät**.

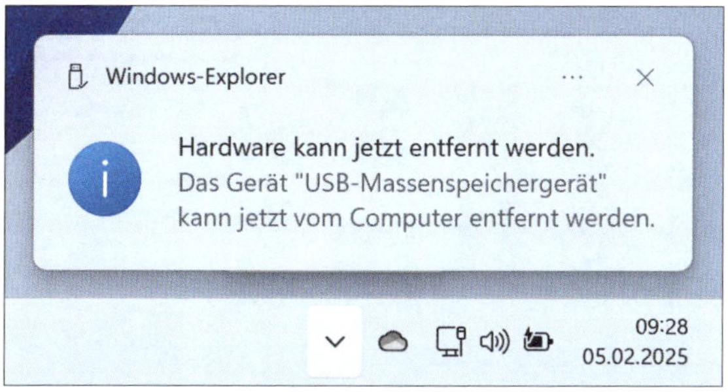

## Eine CD oder DVD brennen

Noch immer sind CDs oder DVDs als Datenträger beliebt. Auf eine CD oder DVD lassen sich nicht nur Musikstücke »schreiben« bzw. »brennen«, sondern Daten jeder Art. Man sagt hier nicht »speichern«, weil tatsächlich früher die Dateien fest auf der Silberscheibe fixiert wurden. Man konnte sie später nicht, anders als beim USB-Stick, löschen. CD und DVD unterscheiden sich ganz vereinfacht gesagt durch die Speicherkapazität. Eine DVD kann rund achtmal so viele Daten speichern wie eine CD.

**ACHTUNG!**

Um diese Schritte nachvollziehen zu können, benötigen Sie ein CD-Laufwerk und einen leeren CD-Rohling. Hat Ihr Computer kein CD-Laufwerk, kann ein externes Gerät im Fachhandel gekauft werden, das per USB-Anschluss angesteckt wird. Die Kosten liegen bei etwa 30 bis 40 €.

Und so brennen Sie Ihre Daten auf die silbernen Scheiben:

1. Öffnen Sie den Explorer über das Symbol in der Taskleiste, und wechseln Sie dann zu Ihrem Ordner **Bilder**.

2. Markieren Sie, wie im vorigen Abschnitt beschrieben, per Mausklick alle Bilder oder auch Ordner, die Sie auf CD brennen möchten.

Auf Datenträger brennen

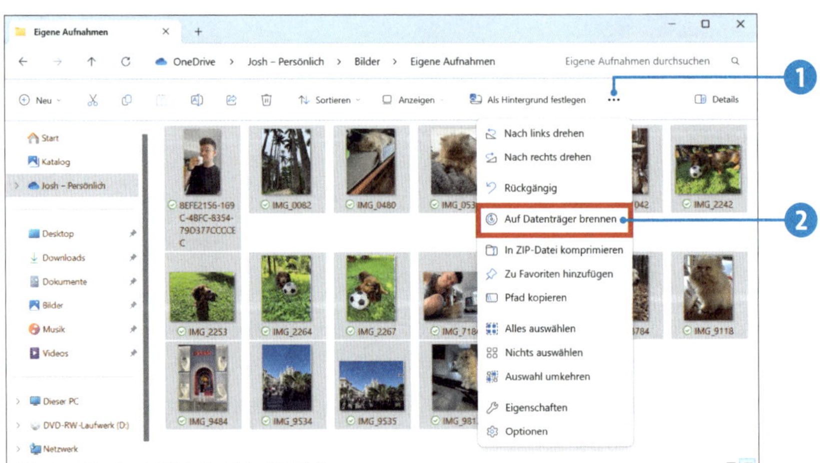

**3.** Im Menüband klicken Sie auf die drei kleinen Punkte (1) und im aufklappenden Menü auf **Auf Datenträger brennen** (2). Sie werden nun aufgefordert, eine CD in das CD-Laufwerk einzulegen. Dieser Aufforderung kommen Sie natürlich nach.

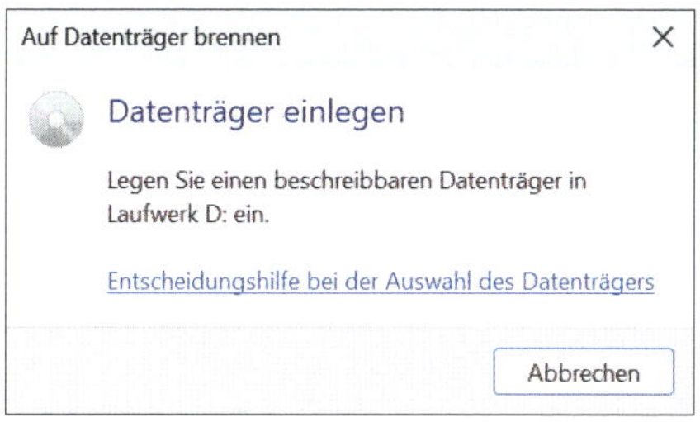


**4.** Im Anschluss erscheint ein neues Fenster. Hier geben Sie zunächst einen Namen (3) für Ihre Silberscheibe ein. Dieser darf allerdings nicht mehr als 16 Zeichen beinhalten.

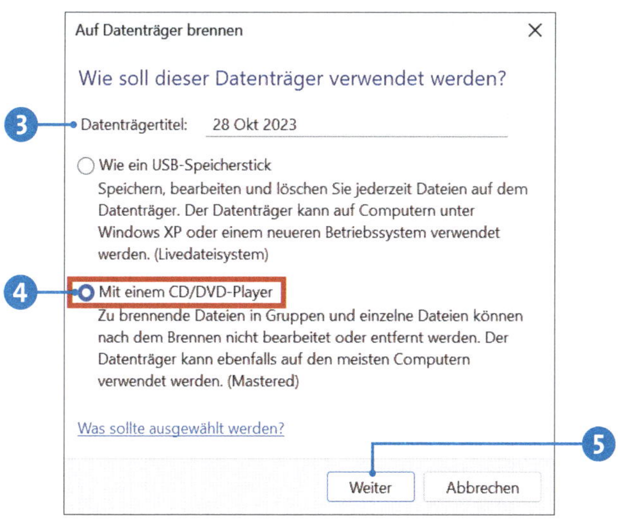

**5.** Direkt darunter überrascht Windows mit weiteren Abfragen. Klicken Sie **Mit einem CD/DVD-Player** (4) an. Das ist perfekt, wenn die CD an Freunde oder Verwandte weitergegeben wird.

**6.** Ein Klick auf **Weiter** ❺ kopiert die Bilder zunächst in einen Zwischenspeicher. Es wird noch nichts auf die CD gebrannt.

**7.** Stattdessen öffnet sich ein Fenster mit allen Daten, die auf CD gebrannt werden sollen. Um die Daten endgültig auf die Silberscheibe zu brennen, klicken Sie wieder auf die drei Punkte im Menüband ❻ und wählen nun **Brennvorgang abschließen** ❼.

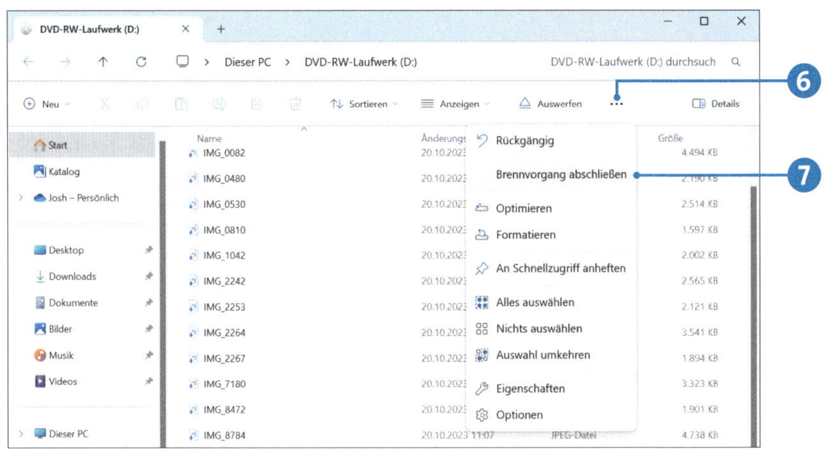


**8.** Wieder will Windows wissen, ob die Bezeichnung der CD korrekt ist. Klicken Sie hier einfach auf **Weiter** ❽.

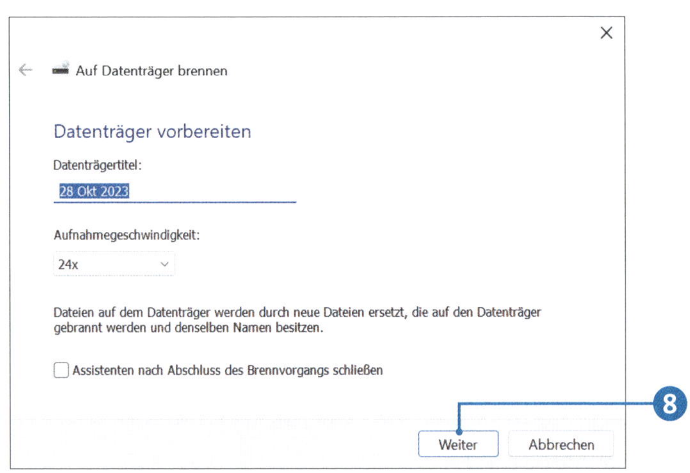

**9.** Die CD wird nun endlich gebrannt, ersichtlich an der Fortschrittsleiste. Nach Abschluss des Brennvorgangs erscheint ein Bestätigungsfenster, und die CD wird automatisch aus dem Laufwerk ausgeworfen.

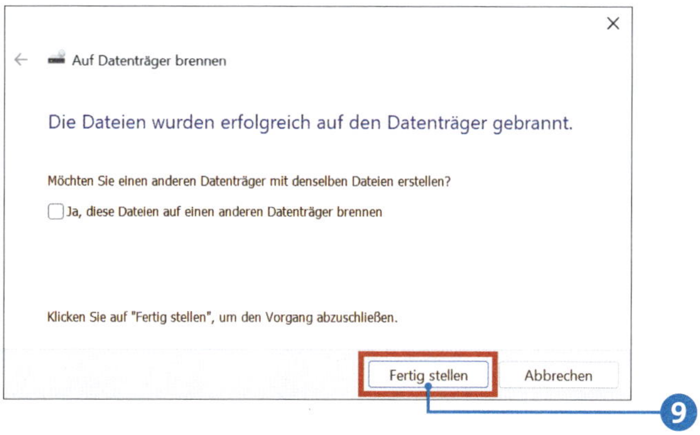


Mit einem Klick auf **Fertig stellen** 9 haben Sie es geschafft!

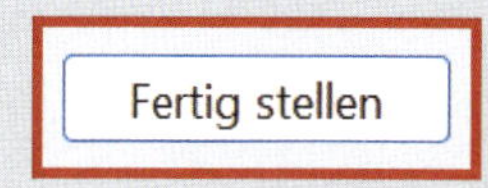


## Der Papierkorb – Dateien löschen

Im Laufe der Zeit sammelt sich auf dem Computer sicherlich das eine oder andere Dokument, Bild oder Video an, das Sie wieder entfernen möchten. Natürlich funktioniert auch das über den Explorer. Windows 11 hat diesem Programm einen virtuellen Papierkorb bereitgestellt, der für die Entsorgung zuständig ist. Ein wenig Vorsicht ist angebracht, wenn man anfängt auszumisten. Aber im ersten Schritt ist noch nichts verloren, und mit ein wenig Umsicht und dieser Anleitung kann nichts schiefgehen.

Bitte führen Sie die folgenden Schritte ausschließlich mit Dokumenten oder Bildern durch, die auch wirklich gelöscht werden können. Verwenden Sie dafür keinesfalls wichtige Dateien!

**Achtung!**

In diesem Training wird eine Datei tatsächlich komplett von Ihrem Computer entfernt. Führen Sie die folgenden Schritte wirklich nur mit einem Dokument durch, das Sie nicht mehr benötigen. Legen Sie sich ansonsten, wie in Kapitel 6, »Mit OpenOffice einen Brief schreiben und Dokumente gestalten«, ab Seite 128 beschrieben, ein Dokument zu Übungszwecken an.

1. Starten Sie den Explorer mit einem Klick auf das Symbol in der Taskleiste, und wechseln Sie in den **Dokumente**-Ordner.

2. Hier markieren Sie ein Dokument, das gelöscht werden kann, mit einem linken Mausklick. Es wird dann farbig unterlegt 1.

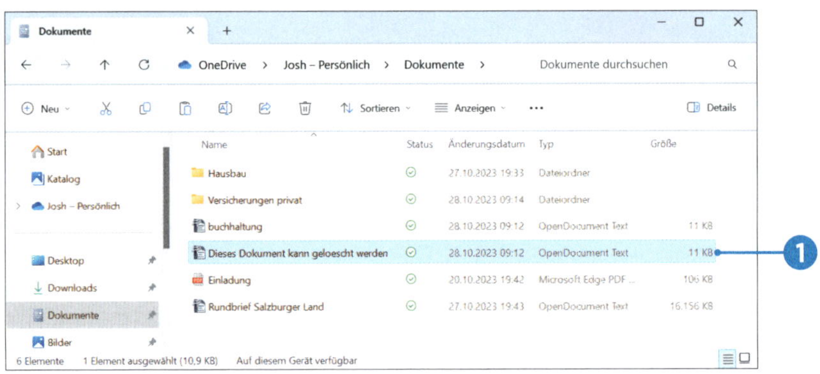


3. Im Menüband oben sehen Sie wieder mehrere Symbole. Dieses Mal klicken Sie einmal den Papierkorb 2 an, um das Dokument direkt in den Papierkorb zu befördern. Keine Sorge – noch kann das Dokument daraus problemlos wieder hervorgeholt werden.

**MERKE**

Ein gelöschtes Dokument ist nicht einfach weg – es landet zunächst im *Papierkorb* des Computers, aus dem man es wieder herausholen kann, so wie bei einem »echten« Papierkorb.

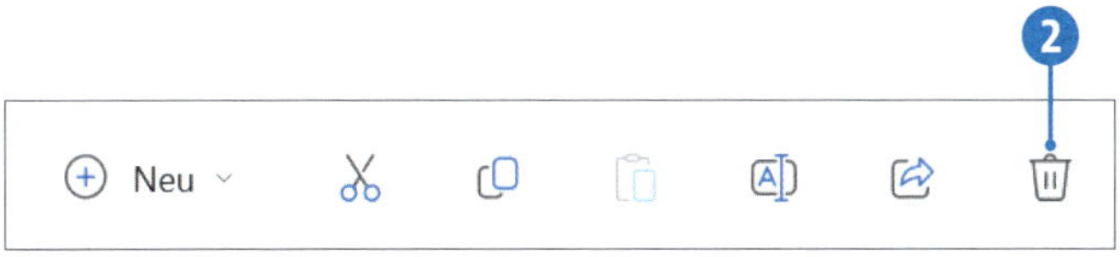


Wie gerade gezeigt, ist ein Dokument oder jede andere Datei schnell gelöscht. Zu diesem Zeitpunkt sind die Daten aber noch nicht wirklich vom Computer entfernt, sondern lediglich in seinem Papierkorb abgelegt. Sie müssen, wie im wahren Leben, tatsächlich den Papierkorb ausleeren, damit der Löschvorgang endgültig ist.

Testen wir also zunächst den Fall, dass Sie eine Datei doch noch einmal wiederhaben wollen:

**1.** Sollten Ihnen Fenster und Programme die Sicht auf den Papierkorb versperren, fahren Sie mit dem Mauszeiger ganz rechts unten auf den Bildschirm und klicken dort mit der linken Maustaste auf den kleinen Streifen **1**. Damit werden alle Programmfenster minimiert, und die Sicht auf den Desktop ist frei.

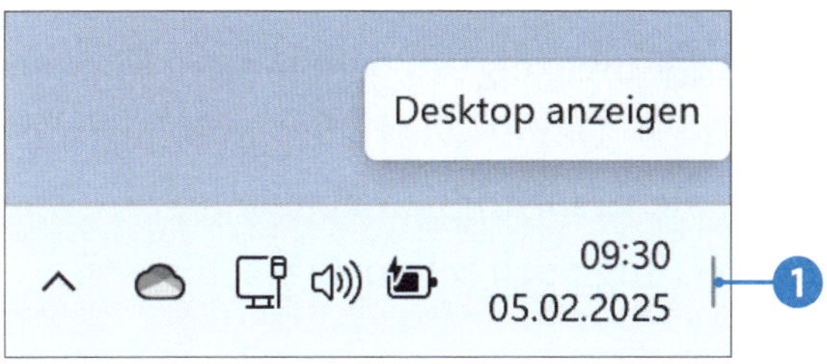


**2.** Doppelklicken Sie nun auf das Symbol des (gefüllten) Papierkorbs **2**, der sich links oben auf dem Bildschirm befindet. Dann öffnet sich ein Explorer-Fenster, das den Inhalt des Papierkorbs anzeigt.

**MERKE**

Um den Desktop ganz ohne Programme oder Fenster anzuzeigen, klicken Sie auf den schmalen Rand rechts unten – alle Fenster und Programme werden auf einmal minimiert. Ein erneuter Klick bringt alle Fenster wieder zum Vorschein.

**WAS TUN?**

Sie haben Probleme, den schmalen Rand mit der Maus zu treffen? Mit der Tastenkombination [Windows] + [D] kommen Sie genauso zum Ziel.

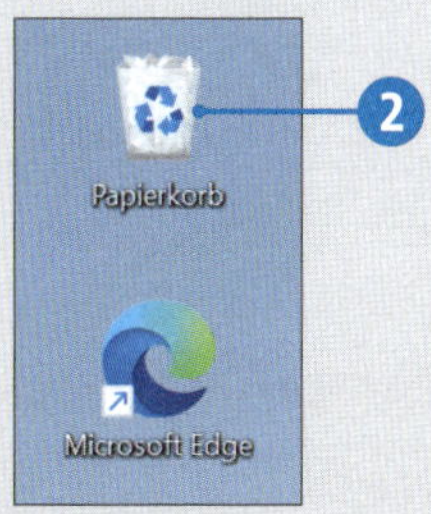

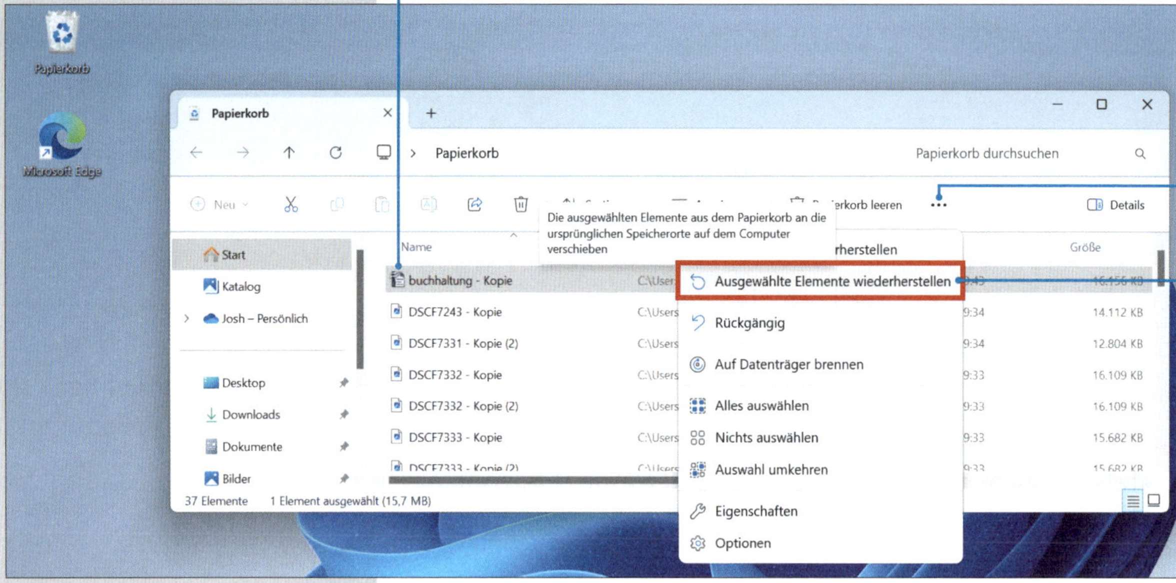


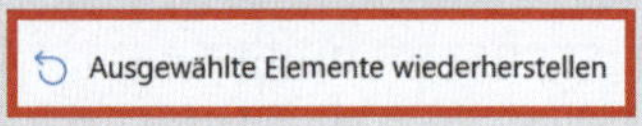


3. Wählen Sie mit einem Klick jene Datei aus, die Sie wiederherstellen möchten **3**. Am Touchscreen klappt das wie immer per Fingertipp.

4. Je nach Computer müssen Sie nun auf die drei Punkte **4** klicken, um **Ausgewählte Elemente wiederherstellen** **5** angezeigt zu bekommen. Klicken Sie diesen Menüpunkt an. Damit wird die Datei dorthin zurückgebracht, wo sie ursprünglich abgelegt war. Und damit ist die Datenrettung auch schon abgeschlossen.

## Daten endgültig löschen

So, nun wollen wir den Papierkorb aber endgültig ausleeren. Damit auch wirklich etwas in ihm liegt, nehmen Sie noch einmal Ihre Testdatei und löschen diese, wie vorhin beschrieben.

1. Wieder führt uns der Weg zum gefüllten Papierkorb auf dem Desktop. Räumen Sie also die Sicht auf den Desktop frei (mit einem Klick auf den Rand neben dem

Infobereich rechts unten oder mithilfe der Tastenkombination [Windows] + [D]), und doppelklicken Sie dann auf den **Papierkorb**. Hier sehen Sie noch einmal alle Dateien, die Sie gelöscht haben.

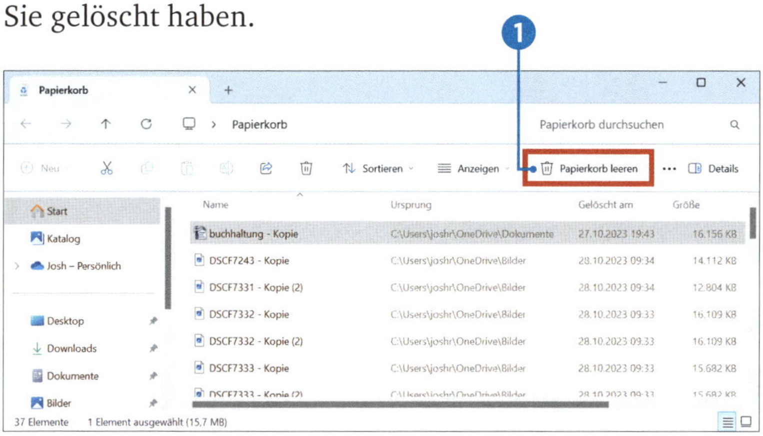


Desktop einblenden

Doppelklick auf

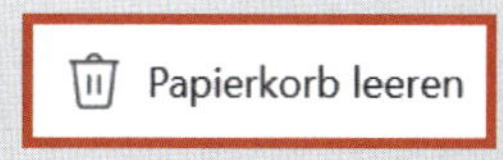


**2.** Wählen Sie nun im Menüband die Schaltfläche **Papierkorb leeren** (1) aus.

**3.** Nun erscheint eine Warnmeldung, die darauf hinweist, dass jetzt alle Dateien im Papierkorb gelöscht werden. Klicken Sie auf **Ja** (2). Dadurch wird der Papierkorb geleert, und die Daten werden tatsächlich endgültig gelöscht.

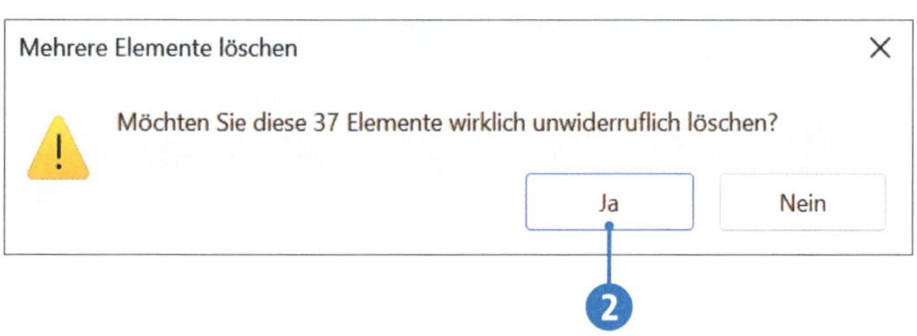


Der Papierkorb-Ordner (3) ist nun logischerweise komplett leer, und auch das Papierkorbsymbol (4) auf dem Desktop ist »sauber«. Sie können das Fenster über das ×-Symbol (5) schließen.

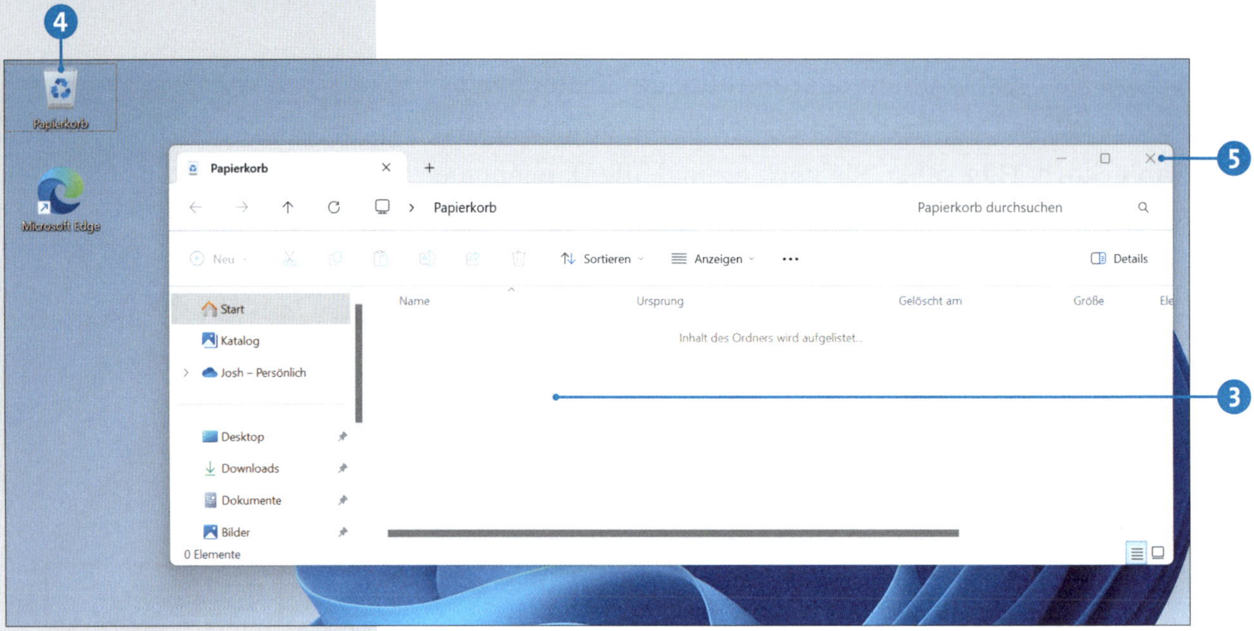


Sie sehen, Ordnung halten am Computer ist kein Hexenwerk. Und mit ein wenig Umsicht ist auch das Löschen von Dateien gar kein Problem.

KAPITEL 12

# OneDrive und Datensicherung

Schon bei der Einrichtung Ihres Computers hat Microsoft *OneDrive* erwähnt. Doch was ist das eigentlich? OneDrive ist ein Datenspeicher in der sogenannten Cloud. Das bedeutet, dort gespeicherte Daten liegen, natürlich verschlüsselt, auf einem Server von Microsoft. Alle Ihre wichtigen Dateien werden dort automatisch gespiegelt. Der Vorteil: Ist Ihr Computer defekt, sind Fotos, Videos, Dokumente und Briefe nicht verloren, sondern extern gesichert; sobald Sie sich an einem neuen Computer einrichten, werden Ihre wertvollen Daten wieder übertragen. Auch ohne Hardwaredefekt hat OneDrive viele Vorteile:

- Sie können auf Wunsch von jedem Computer der Welt und von Ihrem Smartphone aus auf Ihre Dateien zugreifen. Das kann durchaus praktisch sein, ein Beispiel liefern wir in diesem Kapitel. Und last, but not least:
- Haben Sie versehentlich ein wichtiges Dokument überschrieben, hilft auch hier OneDrive, denn es behält alle Versionen einer Datei im Hinterkopf, und Sie können diese jederzeit wiederherstellen.
- In Sachen Datenschutz und Sicherheit dürfen wir Ihnen eventuelle Bedenken nehmen. Die Wahrscheinlichkeit, dass Ihr OneDrive ausspioniert wird, ist äußerst gering.

- Auch ohne Internetverbindung arbeiten Sie an Ihrem Computer einfach in OneDrive. Sobald eine Internetverbindung wiederhergestellt ist, erledigt OneDrive den Datenabgleich im Hintergrund für Sie.

Allerdings sollen auch die kleinen Nachteile nicht verschwiegen werden:

- Damit OneDrive funktionieren kann, ist eine Internetverbindung erforderlich.
- Ihre Daten werden auf einem externen Server von Microsoft irgendwo auf der Welt gespeichert.
- OneDrive ist kein Backup für Daten, die Sie gelöscht haben. Sprich, was Sie im Papierkorb entsorgt haben, ist auch in OneDrive verschwunden.

Doch schauen wir uns einmal an, wie smart OneDrive in Windows 11 integriert ist und Sie eigentlich fast gar nichts tun müssen, um immer auf der sicheren Seite zu sein.

**Fast unendlicher Speicherplatz**

Wichtig zu wissen: OneDrive bietet Ihnen kostenlos 5.000 Megabyte Speicherplatz, das entspricht ungefähr 2.000 hochaufgelösten Fotos oder 10.000 Briefen. Sollte dieser Platz irgendwann knapp werden, benachrichtigt Microsoft Sie rechtzeitig (1), und das sogar ziemlich penetrant, und bietet preiswerte Möglichkeiten an, um diesen Speicher zu vergrößern.

## OneDrive, Explorer und Microsoft-Konto

OneDrive ist, wenn Sie unseren Empfehlungen in Kapitel 2, »Den Computer mit Windows 11 starten«, auf Seite 66 gefolgt sind, von Anfang an eingerichtet und aktiviert. Ist das auch bei Ihnen der Fall? Hier hilft ein kleiner Blick in den Infobereich rechts in der Taskleiste. Sehen Sie das Wolkensymbol 1, ist alles in Ordnung.

OneDrive ist in den Explorer nahtlos integriert. Zum Verständnis schauen wir uns einige Dinge rund um diesen Cloud-Speicher an. In dem Fall ist leider ein wenig Theorie notwendig.

Starten Sie den Explorer direkt mit einem linken Mausklick auf das entsprechende Symbol in der Taskleiste.

1. **Ihr Name – Persönlich** ist der Onlinespeicher für Ihre Daten, da OneDrive alles, was auf Ihrem **Desktop**, in **Dokumente** und **Bilder** liegt, automatisch in die Cloud kopiert. Wollen Sie die Ordnerstruktur sehen, dann klicken Sie auf den kleinen Pfeil vor dem Wolkensymbol.
2. Im Schnellzugriff sind die identischen Ordnerbezeichnungen zu finden – diese verweisen immer in OneDrive und sind als eine Art Abkürzung zu verstehen.

**MERKE**

Ziemlich verrückt – egal, ob Sie ein Dokument im **Dokumente**-Ordner auf OneDrive speichern oder auf Ihrer Festplatte – es wird nach kurzer Zeit an beiden Speicherorten verfügbar sein. OneDrive synchronisiert und gleicht permanent den Datenbestand ab.

Lassen Sie sich nicht verwirren von dieser Darstellung. Sie merken sich bitte: *Alles*, was Sie auf Ihrem Computer in den Bereichen **Dokumente**, **Desktop** oder **Bilder** abspeichern, sichert Windows 11 direkt als Kopie in OneDrive. Und auch umgekehrt – sollten Sie versehentlich Ihre Daten in OneDrive ablegen statt auf Ihrem Computer, dann wird in kurzer Zeit eine Kopie davon lokal auf Ihrer Festplatte bereitgestellt.

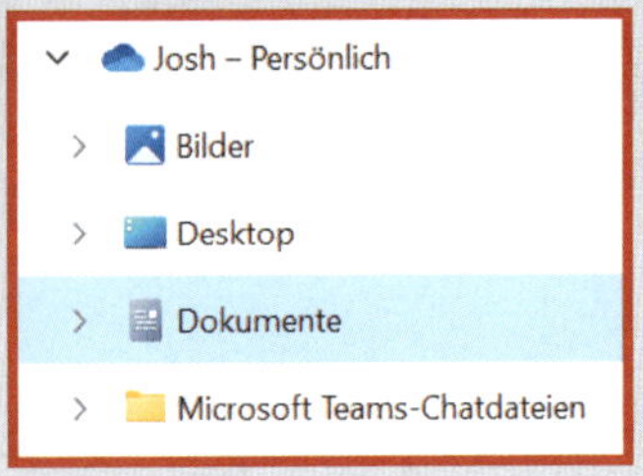


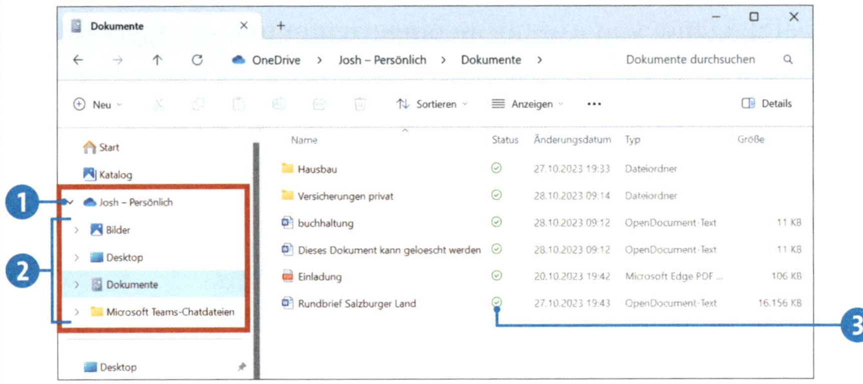


Sie sehen im Explorer zudem zu jeder Datei den aktuellen Status **3**, also ob sie bereits gesichert wurde und vieles mehr. Öffnen Sie dazu erneut den Explorer und beispielsweise den **Dokumente**- oder **Bilder**-Ordner im Bereich **Dieser PC**.

Die Symbolik von OneDrive hinter dem jeweiligen Dateinamen weist Sie auf Folgendes hin:

1. Der komplett ausgefüllte, grüne Kreis mit Haken bedeutet, dass die Datei in jedem Fall auf diesem Computer zur Verfügung steht, selbst wenn keine Internetverbindung verfügbar ist.
2. Der grüne Haken im Kringel bedeutet, dass die Datei sicher auf OneDrive abgelegt ist.
3. Das Pfeilsymbol im Kreis zeigt an, dass diese Datei darauf wartet, auf OneDrive geladen zu werden. Das kann beispielsweise dann der Fall sein, wenn gerade kein Internet zur Verfügung steht.

Auch hier gilt – das ist lediglich ein wenig Hintergrundwissen, wenn man diesen Symbolen bei der täglichen Arbeit begegnet. Aber lassen wir es nun mal richtig praktisch werden.

## Datensicherung mit OneDrive

Wie im richtigen Leben kann man auch am Computer Dinge verlegen. Sie rutschen dann bildlich gesprochen unter den Tisch. Hier besteht mit etwas Geduld und Fleiß noch immer die Möglichkeit, die Sachen wiederzufinden.

Etwas problematischer ist es, wenn Daten versehentlich in den Papierkorb wandern oder gar in den Aktenvernichter. Ganz zu schweigen davon, wenn in Ihrer »Firma« in einer Abteilung ein Feuer ausbricht.

Am Computer ist solch ein Datenverlust durch versehentliches Löschen möglich. Aber auch Teile des Computers, wie die Festplatte für die Datenspeicherung, können kaputtgehen und Ihre Daten damit vernichten. Man sollte sich daher bewusst sein, dass Fotos, Dokumente und alle anderen Daten am Computer nicht »für ewig« gesichert sind. Zudem ist ein echter »Klassiker« des Datenverlusts, dass die Datei noch vorhanden ist, aber in einem völlig falschen Ordner abgelegt wurde – wie Sie hier schnell zum Ziel kommen, zeigen wir Ihnen ab Seite 341.

**ACHTUNG!**

Die Festplatte mit Ihren Daten ist ein Verschleißteil, das irgendwann einmal kaputtgehen kann.

Mit OneDrive haben Sie einen vollautomatischen, externen Datenspeicher an der Hand, um immer auf der sicheren Seite zu sein. Sprich, um Ihre selbst an- und abgelegten Dateien brauchen Sie sich nicht zu sorgen, diese werden automatisch gesichert. Wie Sie eine versehentlich über-

**MERKE**

Keine Sorge – die Datensicherung erledigt Windows 11 fast komplett ohne Ihr Zutun!

schriebene Datei wiederherstellen, zeigen wir Ihnen im nächsten Abschnitt.

**ACHTUNG!**

OneDrive kann nur Daten sichern, die sich auf dem **Desktop** oder in Ihren Ordnern **Dokumente** bzw. **Bilder** befinden. Haben Sie Dateien an anderen Orten abgelegt, werden diese *nicht* automatisch gesichert.

Und was ist mit Ihrer E-Mail-Korrespondenz? Diese wird in aller Regel für einen längeren Zeitraum zusätzlich auf einem externen Computer Ihres Mail-Anbieters gesichert. Allerdings kommen Sie an diese E-Mails natürlich auch nicht mehr ohne Weiteres heran, wenn Sie diese in Ihrem Postfach erst einmal gelöscht haben.

Und für Ihre Kontakte und Termine springt Ihr Microsoft-Konto ein. All diese Daten sind dort abgelegt und, ganz wie bei OneDrive, im Internet gesichert.

## Datei überschrieben? Der Versionsverlauf von OneDrive hilft

**MERKE**

OneDrive speichert von Ihren Dateien sogenannte Versionen – sprich, Sie können auch eine ältere, überschriebene Version wiederherstellen.

Sie können ältere Fassungen einer Datei dank OneDrive problemlos wieder reaktivieren. Ein versehentlich oder ursprünglich auch absichtlich überschriebenes Dokument oder Bild setzen Sie damit im Handumdrehen wieder auf den Originalzustand zurück.

Um das einmal zu üben, benötigen Sie ein Foto, das Sie in der Fotos-App schon ein- oder mehrfach bearbeitet haben (siehe Kapitel 9, »Windows 11 als digitales Fotoalbum«):

Versionen aufrufen
↓
gewünschte Version wiederherstellen

1. Öffnen Sie den Explorer mit einem Klick auf das Symbol in der Taskleiste, und navigieren Sie in jenen Ordner, in dem sich das Foto befindet, dessen Versionen wir anschauen wollen. Es wurde bearbeitet und erscheint schwarzweiß ①, wir wollen aber gerne die farbige Version wiederhaben.

**2.** Klicken Sie das Bild mit der rechten Maustaste an, öffnet sich direkt ein Kontextmenü **2**. Hier fahren Sie auf **OneDrive** **3** und klicken im Untermenü mit der linken Maustaste auf **Versionsverlauf** **4**.

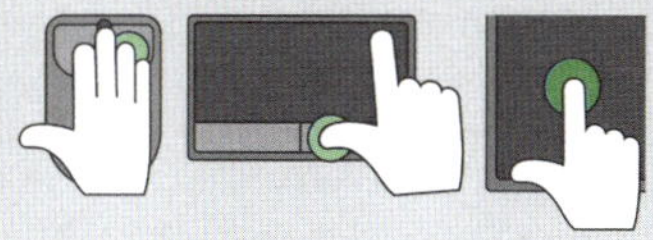

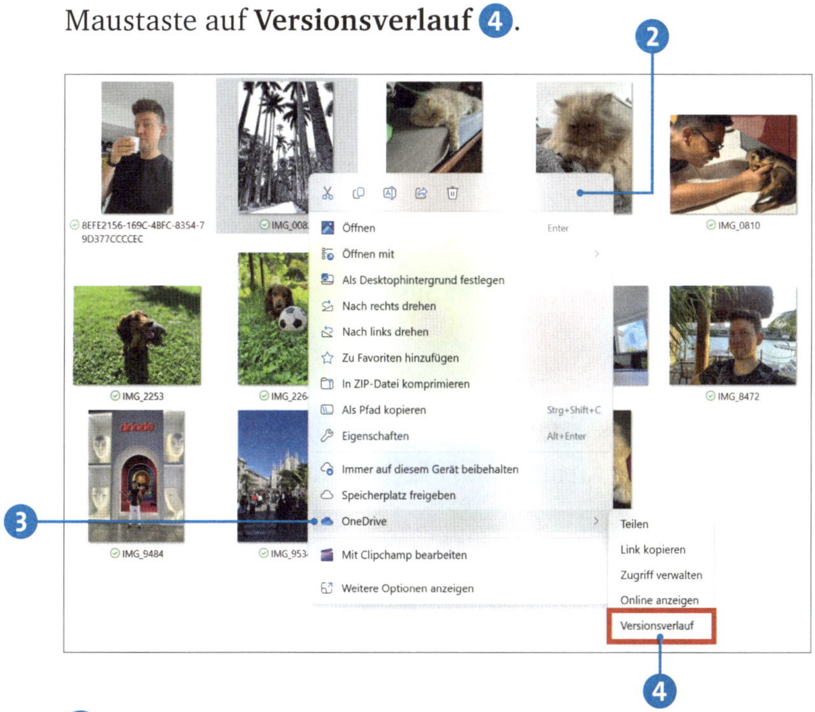


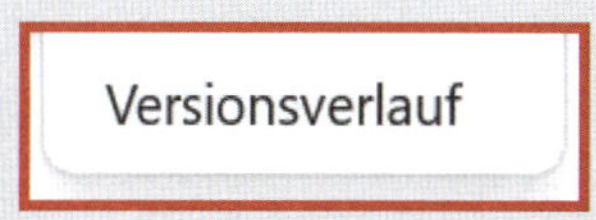


**3.** Sie erhalten jetzt in einem neuen Fenster eine Übersicht, wie häufig das Dokument seit Erstellung geändert wurde. In unserem Fall sind es genau vier unterschiedliche Versionen. Die oberste Version mit dem bunten Symbol **5** ist jene, die gerade aktuell ist.

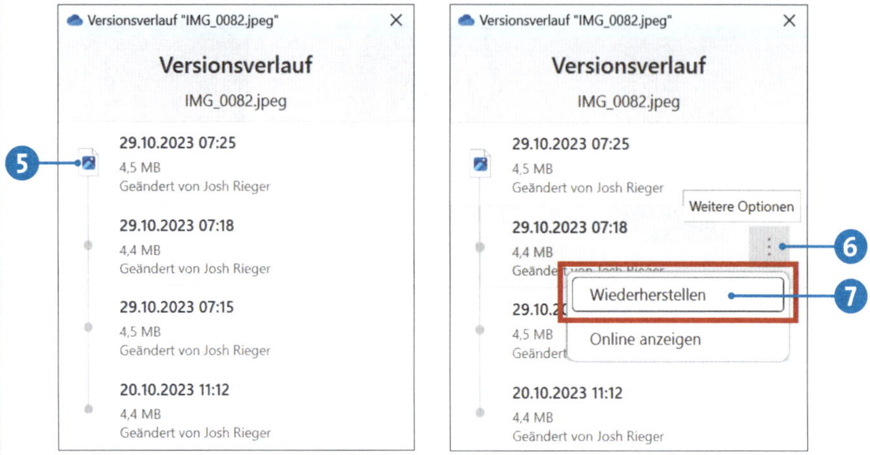


Leider gibt es keine Vorschau, Sie müssen also raten, welche Version die richtige ist.

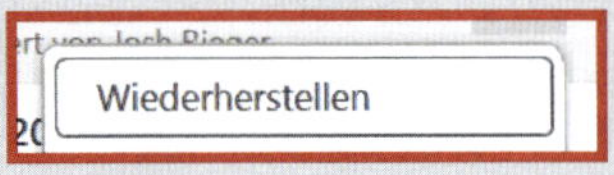


**4.** Fahren Sie mit der Maus auf eine der gelisteten Versionen, werden drei Punkte 6 eingeblendet. Klicken Sie hier einmal links. Um das Foto zum gewählten Status wiederherzustellen, klicken Sie **Wiederherstellen** 7 an.

**ACHTUNG!**

Beim Wiederherstellen wird die aktuell angezeigte Version überschrieben. Sollten Sie hier etwas falsch gemacht haben, ist aber auch diese Version dann noch im Versionsverlauf verfügbar. Wiederholen Sie dann einfach die Schritte 1 bis 4.

**5.** Sie können nun den Versionsverlauf mit einem Klick auf das × rechts oben schließen – und Sie sehen, dass das Bild nun wieder farbig, eben als Originalversion, erscheint.

Nach diesem Prinzip können Sie jede Datei auf dem Desktop, im **Dokumente**- und **Bilder**-Ordner, egal, ob OpenOffice-Dokument, Foto, Video oder Tabelle, nach verschiedenen Versionen durchsuchen und diese wiederherstellen.

Für andere Fälle, wenn Dateien komplett verloren scheinen, haben wir noch ein paar Tipps für Sie auf den folgenden Seiten bereitgestellt.

### Dateien löschen leicht gemacht

Wie man Dateien löscht und wiederherstellt, das haben Sie in Kapitel 11, »Dateien, Ordner und der Explorer«, auf Seite 317 bereits erfahren. Löschen Sie die Daten direkt über OneDrive, dann sollten Sie sich von der Warnmeldung zur Entfernung der Daten nicht irritieren lassen. OneDrive weist nur darauf hin, dass diese Daten logischerweise nach dem Entfernen sowohl auf Ihrem Computer als auch online gelöscht werden, aber immer noch im Papierkorb bleiben, wie gewohnt. Haken Sie **Diese Erinnerung nicht mehr anzeigen** an, und klicken Sie dann auf **Verstanden**.

## Verlorene Dateien wiederfinden

Sollten Sie eine Datei vermissen, egal, ob Foto, Dokument oder Video, dann gilt es erst einmal, Ruhe zu bewahren. Zunächst sollten Sie die Suchfunktion von Windows 11 bemühen – diese assistiert Ihnen auf verschiedene Weise dabei, versehentlich umbenannte oder verschobene Daten wieder aufzufinden. Was diese Suchfunktion alles kann,

**MERKE**

Sie finden eine Datei nicht an dem Ort, an dem Sie diese vermuten? Möglicherweise ist sie umbenannt oder unbeabsichtigt verschoben worden. Hier hilft die Suche weiter.

zeigen wir in der folgenden Anleitung. Vorbereitend wäre es wichtig, dass Sie das eine oder andere Textdokument mit OpenOffice schon angelegt haben und auch über den Inhalt Bescheid wissen. Denn wir wollen ja nun danach suchen.

1. Die Suchfunktion steht in der Taskleiste für Sie bereit (1). Klicken oder tippen Sie einfach hinein.

2. Auf der Tastatur (der echten oder der virtuellen) tippen Sie nun einen Suchbegriff (2) ein, also z. B. einen Teil des Dateinamens, an den Sie sich erinnern.

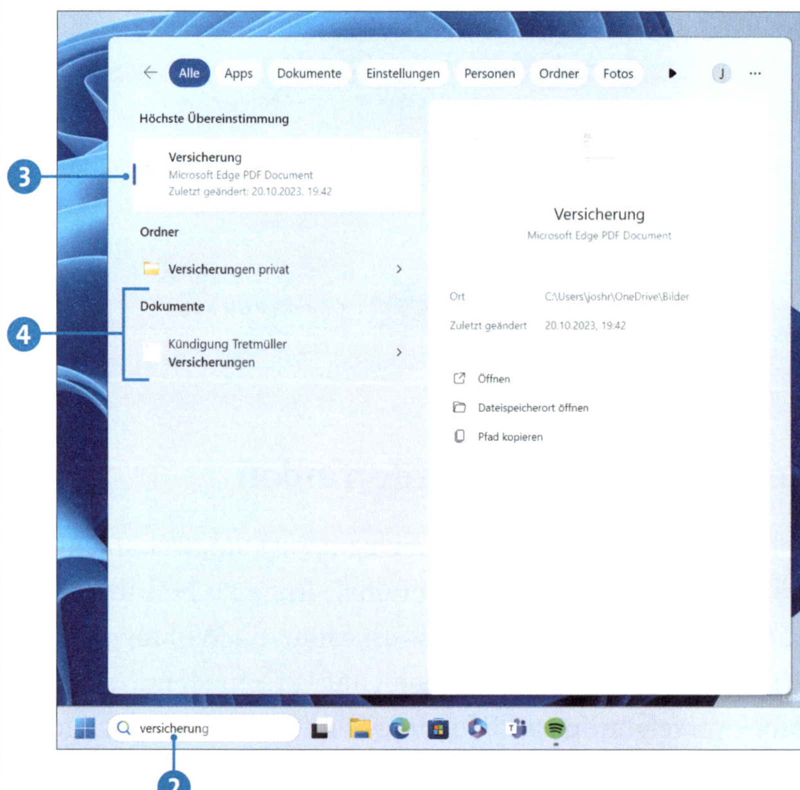

**3.** Schon während der Eingabe legt die Suche los und zeigt verschiedene Ergebnisse an: Unter **Höchste Übereinstimmung** befindet sich hier gleich das gesuchte Dokument **3**, was bei einer allgemeinen Suche und vielen Dateien aber keine Selbstverständlichkeit ist.

Außerdem schlägt Windows 11 noch einen Dateiordner mit ähnlichem Namen vor **4**. Je nach Suchbegriff erscheinen hier auch passende Webseiten oder App-Vorschläge.

**4.** Handelt es sich wie in unserem Beispiel um das gewünschte Dokument, dann bewegen Sie den Mauszeiger auf das Suchergebnis **3**. Hier wird nun der Dateipfad eingeblendet, an dem sich das Dokument befindet, und hier sehen Sie, dass es im Ordner *Bilder* liegt **5**.

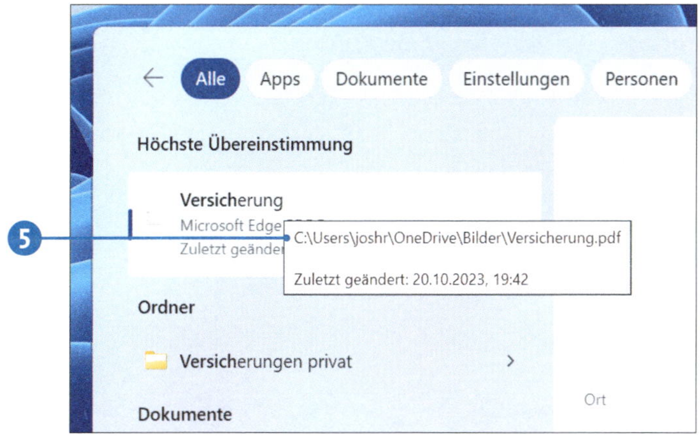


Mit dem Wissen aus Kapitel 11, »Dateien, Ordner und der Explorer«, ab Seite 295 können Sie die Datei im Explorer nun nach Wunsch an den richtigen Ort verschieben. Als kleiner Tipp: Öffnen Sie den Explorer, gehen Sie zum **Bilder**-Ordner, und ziehen Sie die Datei einfach in Ihren **Dokumente**-Ordner, während Sie die linke Maustaste gedrückt halten.

**MERKE**

Sie können mit einem linken Mausklick die gewünschte Datei direkt öffnen.

**WAS TUN?**

Wie man Dateien verschiebt, zeigen wir im Abschnitt »Dateien verschieben, kopieren oder löschen« ab Seite 314.

KAPITEL 13

# Der Copilot – Künstliche Intelligenz für alle Fälle

*Künstliche Intelligenz* ist gefühlt überall, auch in Windows 11. Und selbst, wenn man sich gar nicht für Technik interessiert, stolpert man zwangsläufig über diesen Begriff. Konkret hilft diese Technik dabei, Sie zu unterstützen, und zwar maximal unkompliziert. Wenn Sie bereits eine Suchmaschine aus dem Internet kennen, ist KI (die Abkürzung für Künstliche Intelligenz) die viel praktischere und intelligentere Weiterentwicklung. Denn Sie können einfach alles fragen und erhalten nicht einfach Webseitenlinks, sondern konkrete Antworten serviert.

Außerdem generiert die KI ganz individuelle Vorschläge oder sogar komplett neu geschriebene Gedichte, basierend auf Ihrer Idee. Klingt verrückt, kompliziert oder sogar beängstigend? Wir zeigen Ihnen daher praktisch, wie Sie die Künstliche Intelligenz in Windows 11 für sich nutzen:

- Wir werden die KI nach einem Programm für einen Wochenendtrip nach Rom fragen.
- Wir werden die KI bitten, einen Geburtstagsgruß für einen entfernten Verwandten zu schreiben.

Übrigens heißt die KI in Windows ganz einfach *Copilot*.

**MERKE**

Sie haben vielleicht schon von der KI *ChatGPT* gehört? Die ist tatsächlich von Microsoft und steckt auch hinter dem Copiloten in Windows 11.

Tatsächlich ist der Copilot brandneu. Zum Druckzeitpunkt dieses Buches war er in Deutschland noch nicht offiziell verfügbar. Hintergrund waren die strengen Datenschutzgesetze in Deutschland. So sehen Sie, ob der Copilot bereits funktioniert.

- Suchen Sie über das Suchfeld in der Taskleiste »Copilot« und starten Sie die App.
- Ist das bunte Icon (1) in Ihrer Taskleiste zu sehen? Klicken Sie darauf, sollte der Copilot starten.

## Eine Reise planen mit dem Copiloten

Der Copilot ist ein wirklich schlauer Mitarbeiter und wechselt munter die »Jobs«. Für die Reiseplanung eines Wochenendtrips in Rom wird der Copilot zum virtuellen Reiseführer:

**1.** Starten Sie den Copiloten wie gerade beschrieben über die Taskleiste oder das Startmenü. Beim ersten Start können Sie per Klick auf »Aktivieren« festlegen, dass der Copilot künftig per Tastenkürzel gestartet wird.

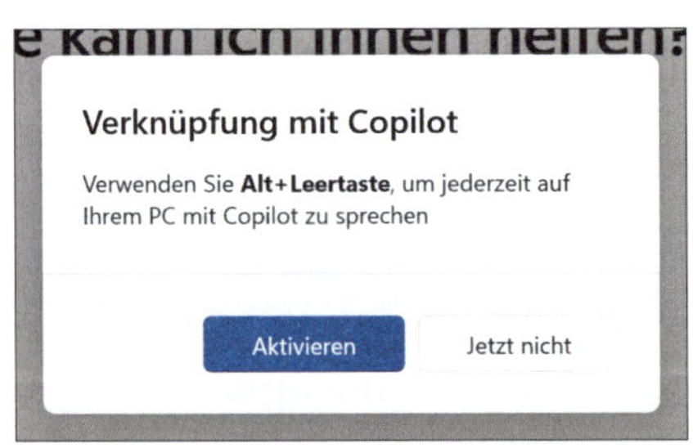


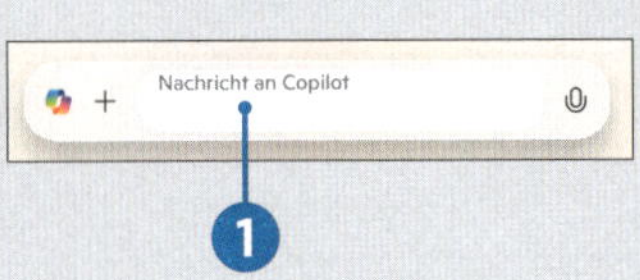


**2.** Im Eingabefeld **Nachricht an Copilot** (1) tippen Sie nun Ihren Wunsch ein. Sie müssen sich nicht an unsere Formulierung halten, schreiben Sie einfach drauflos. »Wir wollen drei Tage nach Rom. Kannst du uns bitte passende

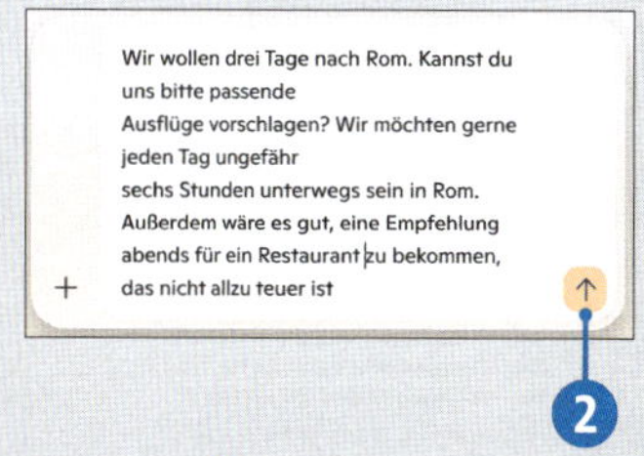


Ausflüge vorschlagen? Wir möchten gerne jeden Tag ungefähr sechs Stunden unterwegs sein in Rom. Außerdem wäre es gut, eine Empfehlung abends für ein Restaurant zu bekommen, das nicht allzu teuer ist.« Mit einem Klick auf **Senden** 2 ↑ geht die Frage auf die Reise, und eine Antwort kommt in Kürze. Und die ist wirklich ausführlich und bietet einen minutiös getakteten Plan. Ist das nicht verrückt gut?

**3.** Nachfragen sind jederzeit erlaubt. Passt etwas nicht, formulieren Sie einfach einen Änderungswunsch.

## Um Worte verlegen? Der Copilot formuliert es.

Der Copilot ist eine echte Hilfe, wenn man um die richtigen Worte ringt. Egal ob das Kündigungsschreiben für eine Versicherung oder das Gedicht für einen Geburtstag. Versuchen wir uns an einem Geburtstagsgruß für einen entfernten Verwandten, den wir eigentlich nicht so richtig kennen und für den wir auch keine Stunden für eine originelle Botschaft aufwenden wollen.

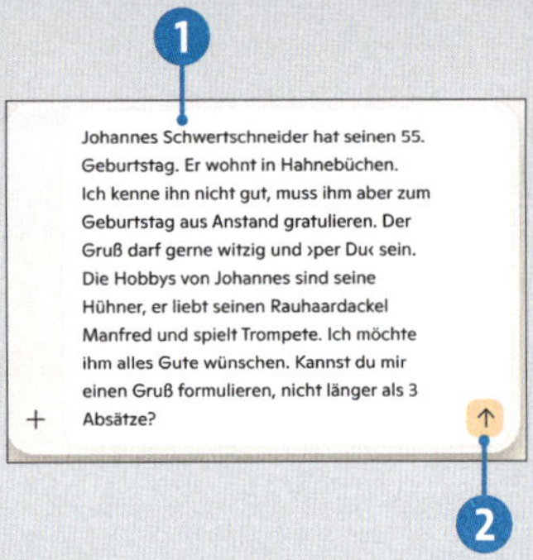


1. Starten Sie den Copiloten mit [Windows] + [C].

2. Im Eingabefeld **Fragen Sie mich etwas** (1) tippen Sie nun eine passende Anfrage ein: »Johannes Schwertschneider hat seinen 55. Geburtstag. Er wohnt in Hahnebüchen. Ich kenne ihn nicht gut, muss ihm aber zum Geburtstag aus Anstand gratulieren. Der Gruß darf gerne witzig und ›per Du‹ sein. Die Hobbys von Johannes sind seine Hühner, er liebt seinen Rauhaardackel Manfred und spielt Trompete. Ich möchte ihm alles Gute wünschen. Kannst du mir einen Gruß formulieren, nicht länger als 3 Absätze?« Mit einem Klick auf **Senden** (2) geht die Frage auf die Reise, und eine Antwort kommt in Kürze. Wir haben, da die erste Version nicht so gelungen war, auf »Kannst du mir eine originellere Version erstellen?« geklickt und dann das folgende Ergebnis erhalten.

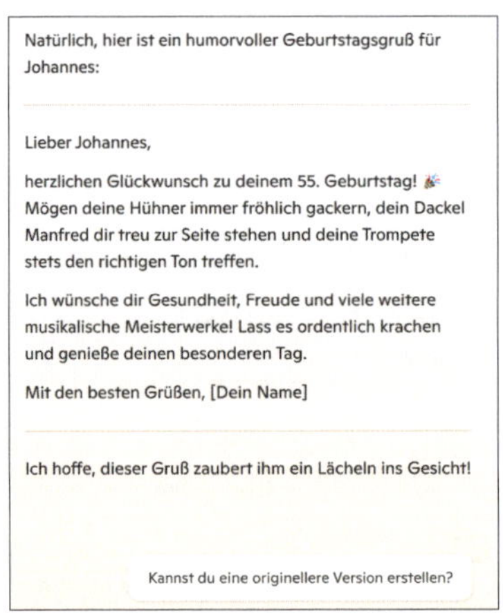


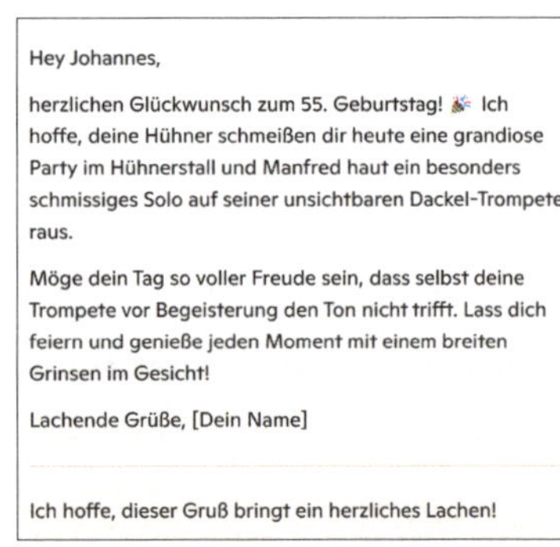


3. Hier gilt – passt die Antwort nicht, können Sie jederzeit den Copiloten per Nachfrage nacharbeiten lassen.

Es gibt unzählige Möglichkeiten, die Künstliche Intelligenz in Windows für Sie arbeiten zu lassen. Wir können nur sagen: Haben Sie keine Angst, sondern seien Sie neugierig, und probieren Sie einfach aus.

## Text zu Bild – jetzt wird es verrückt!

Den Geburtstagsgruß als Text haben wir im vorherigen Abschnitt erstellt. Fehlt nur noch das passende Motiv, um eine Karte zu gestalten (vielleicht in OpenOffice, siehe Kapitel 6). Auch das erledigt der Copilot souverän. Der Clou: Aus Ihren Texteingaben wird ein ganz individuelles Motiv generiert. Die generierten Bilder sind einzigartig und zu 100% aus Ihren Ideen entstanden. Vor der ersten Nutzung müssen Sie sich einmalig kostenlos registrieren und dann steht dem Bilderspaß nichts mehr im Wege.

**MERKE**

Copilot erstellt völlig neue Fotos, so unglaublich das klingt. Selbst abgebildete Personen existieren so nicht. Sie dürfen die so erstellen Bilder oder Illustrationen völlig frei verwenden.

**1.** Starten Sie den Copiloten über die Tastenkombination [Win] + [C].

**2.** Tippen Sie Ihren Bilderwunsch ein, lassen Sie Ihrer Kreativität freien Lauf (1). In unserem Fall brauchen wir noch ein Motiv für den Geburtstagsgruß und dementsprechend sieht die Eingabe aus. Wichtig ist, dass Sie der KI mitteilen, ob Sie ein Foto, einen Comic oder ein Gemälde haben möchten. Klicken Sie dann auf das Abschicken-Symbol (2).

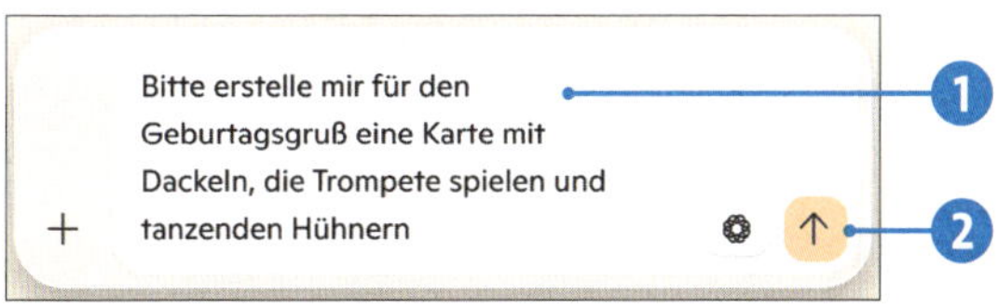


**3.** Bei der Nutzung wird der Copilot um eine Anmeldung beim Bilderservice bitten. Das ist völlig gratis.

**WAS TUN?**

Copilot

↓

Texteingabe für Bilderstellung

↓

Fotos verwenden

**MERKE**

Schritt 3 und 4 müssen Sie nur bei der ersten Verwendung durchlaufen.

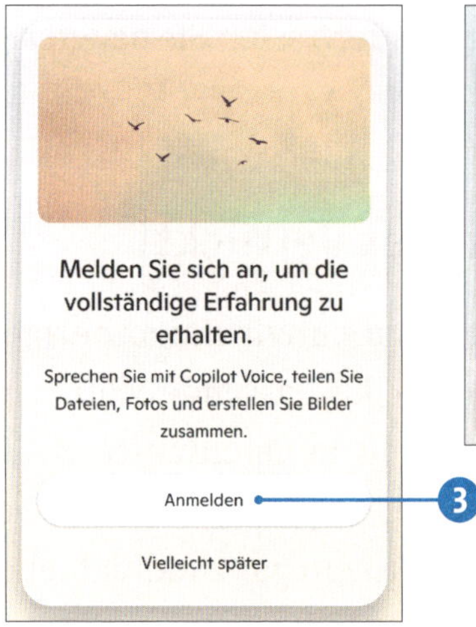


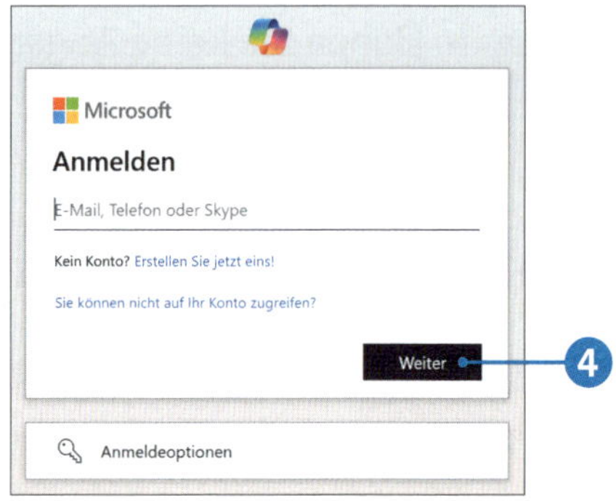

4. Melden Sie sich per Klick auf **Anmelden** 3 mit Ihren Daten für das Microsoft-Konto an. Klicken Sie auf **Weiter** 4. Danach können Sie dieses Fenster mit einem Klick auf × rechts oben schließen.

5. Zurück im Copilot müssen Sie die Abfrage nach dem Bild eventuell nochmals eintippen. Nun erhalten Sie einen passenden Bildvorschlag 5 serviert.

6. Per Mausklick werden die Motive im Display in einem separaten Fenster vergrößert. Ist schon was Passendes dabei? Dann klicken Sie auf **Herunterladen** 6, das Motiv wird in Ihren Downloads-Ordner abgelegt. Sie können es von dort aus in Ihren Bilder-Ordner verschieben und in OpenOffice einfügen oder in die Windows-Fotoanzeige integrieren.

Sie können auch bei den Bildern Varianten nachfordern, hier haben wir zur Geburtstagskarte die KI noch ein wenig arbeiten lassen. Und wie Sie sehen: Copilot ist ziemlich menschlich, um nicht zu sagen: vergesslich. Es ist völlig normal, dass etwas nicht ganz korrekt ausgeführt wird. Wir wollten hier zwei neue Bilder, generiert wurde nur eines. Aber Copilot behauptet stolz, Ihnen zwei präsentiert zu haben. Mit Nachdruck und einer Nachfrage gibt es dann aber meist doch das richtige Ergebnis.

Es gibt unzählige Möglichkeiten, die künstliche Intelligenz in Windows für sich arbeiten zu lassen. Wir können nur sagen: Keine Angst, seien Sie neugierig und probieren Sie es einfach aus. Aber ganz wichtig für den Beginn: Copilot und alle anderen KI-Systeme machen Fehler. Wenn Sie Fragen stellen, prüfen Sie die Ergebnisse immer genau.

KAPITEL 14

# Musik hören mit Windows 11

Sie können mit Ihrem Computer natürlich auch Ihre Lieblingsmusik genießen, voll digital und ohne lästiges Wechseln einer CD. Dazu stellt Ihnen Windows 11 zwei passende Apps zur Verfügung:

- *Windows Medienwiedergabe* ist schon seit Jahrzehnten Bestandteil von Windows und kann CDs abspielen sowie einzelne Musiktitel von Audio-CDs auf Ihren Rechner kopieren und somit digitalisieren. Auch das Abspielen vorhandener digitaler Musik und Videos ist möglich.
- *Spotify* ist keine Windows-App, aber eng mit Windows verbunden. Dieses Programm ermöglicht Ihnen, unbegrenzt Musik Ihrer Lieblingsinterpreten zu hören, entweder kostenlos mit Werbeunterbrechung oder im Monatsabo ganz ohne lästige Unterbrechung.

Beide Apps sind bereits auf Ihrem Computer vorinstalliert. Aufgrund der Möglichkeiten, die sie bieten, wird Ihre CD-Sammlung bestimmt ganz schnell zum alten Eisen gehören. Wir schauen uns die *Windows Medienwiedergabe* und *Spotify* in diesem Kapitel kurz an.

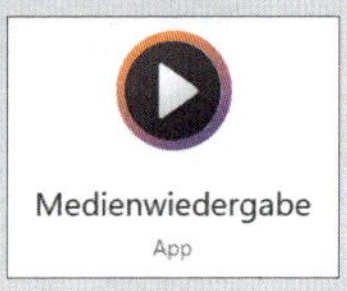


Zum Abspielen von Musik-CDs gibt es in Windows 11 die Medienwiedergabe.

**WAS TUN?**

Sie haben an Ihrem Computer gar kein CD-Laufwerk mehr? Keine Sorge, man kann für kleines Geld ein sogenanntes externes CD-Laufwerk im Computerfachhandel nachkaufen, das dann einfach über ein USB-Kabel angeschlossen wird. Jeder Computer erkennt ein CD-Laufwerk, Sie müssen also nichts weiter installieren.

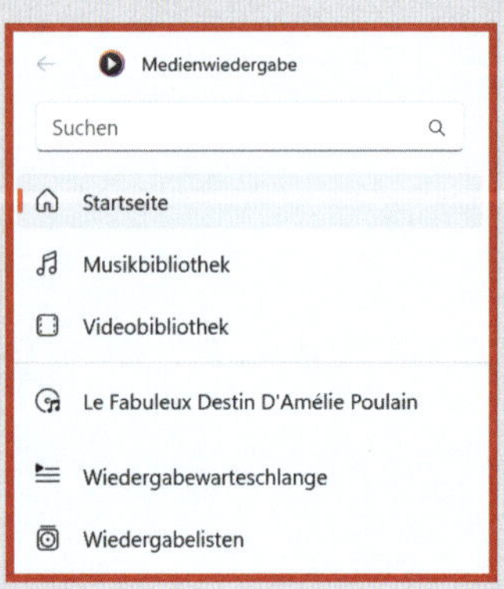


# Eine CD abspielen und auf den Computer kopieren

Wahrscheinlich haben Sie auf Ihrem nagelneuen Computer noch gar keine Musik abgelegt. Das ändern wir nun und starten damit, die Audio-CD-Sammlung zu digitalisieren. Das macht Spaß, und künftig haben Sie alle Lieblingstitel auch auf Ihrem Computer, perfekte Verwaltung, Suchfunktion und vieles mehr inklusive.

**1.** Starten Sie die Windows Medienwiedergabe aus dem Startmenü, die App wird direkt geöffnet.

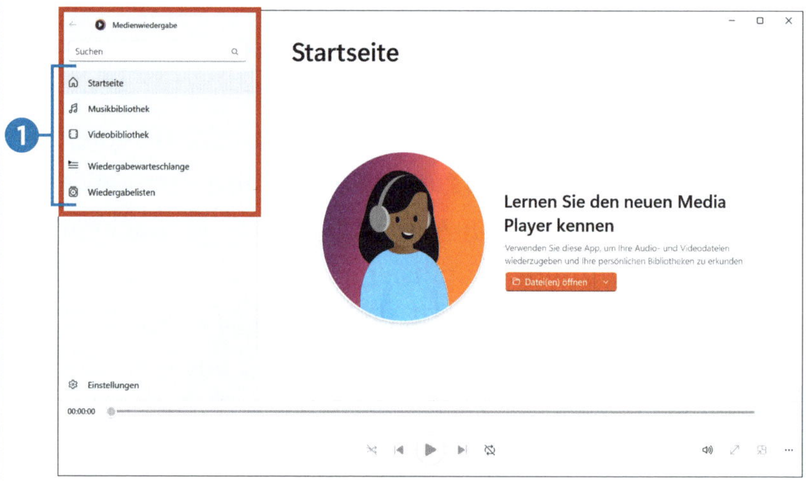


**2.** Legen Sie eine beliebige Audio-CD in das CD-Laufwerk ein. Sobald die CD von Windows 11 erkannt wird, wird sie in der Liste links **1** angezeigt. Klicken Sie einmal darauf, erscheint dann rechts der gesamte Inhalt der Audio-CD **2**. Die Titel werden in der Regel automatisch erkannt **3**.

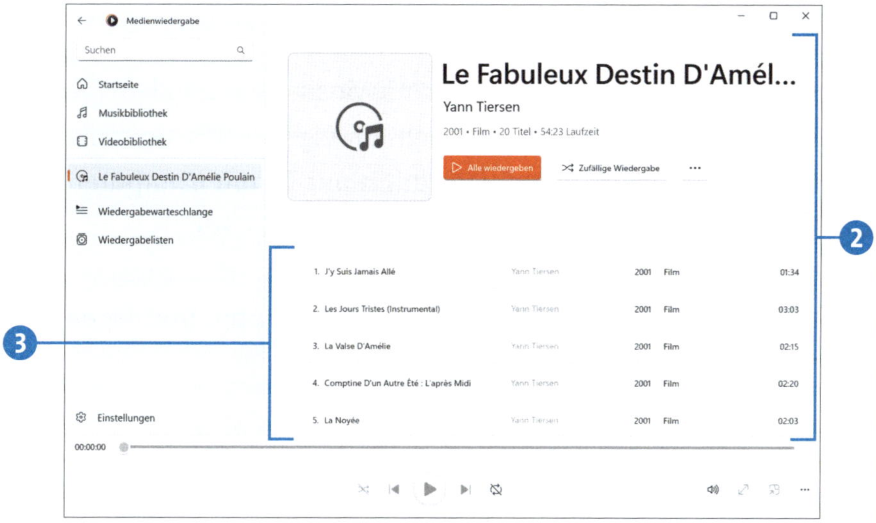

Um einfach loszulegen, doppelklicken Sie auf einen der Titel Ihrer CD, und in der unteren Leiste sehen Sie Funktionstasten, mit denen Sie die Wiedergabe steuern:

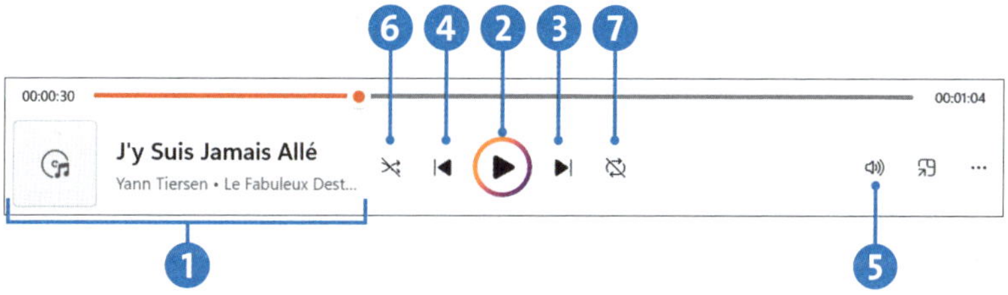


1. Anzeige des aktuell abgespielten Titels
2. Wiedergabe- bzw. Pause-Taste
3. Zum nächsten Titel auf der CD springen
4. Zum vorigen Titel wechseln
5. Lautstärke
6. Wiedergabe aller Musikstücke der CD in einer zufälligen Reihenfolge
7. Wiederholung eines gerade abgespielten Musikstücks

**MERKE**

Sie wissen nicht, wie man Fenster vergrößert oder verkleinert? Schauen Sie in Kapitel 3, »Windows 11 entdecken – die ersten Schritte«, auf Seite 82 schnell nach.

## CDs digitalisieren und als MP3 verwenden

Sie können die Mediathek nun mit Musik füllen, indem Sie Ihre CDs digitalisieren und sich ein eigenes Musikarchiv aufbauen. Sprich, alles liegt dann auf Ihrem Computer, CD-Einlegen ist unnötig. So gehen Sie dafür vor:

**1.** Starten Sie die Medienwiedergabe-App, und legen Sie eine CD ein, wie vorhin beschrieben.

**2.** Sie finden in der Übersicht eine Schaltfläche mit drei Punkten **1** [···]. Klicken Sie einmal darauf – es öffnet sich ein kleines Menü. Hier ist **CD kopieren** interessant, bitte einmal anklicken.

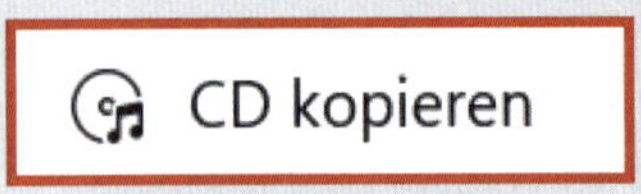

Der Kopiervorgang wird Ihnen angezeigt.

**3.** Das Umwandeln der CD in digitale Musik startet umgehend und nimmt nur kurze Zeit in Anspruch. Sie sehen den Fortschritt in der Titelliste.

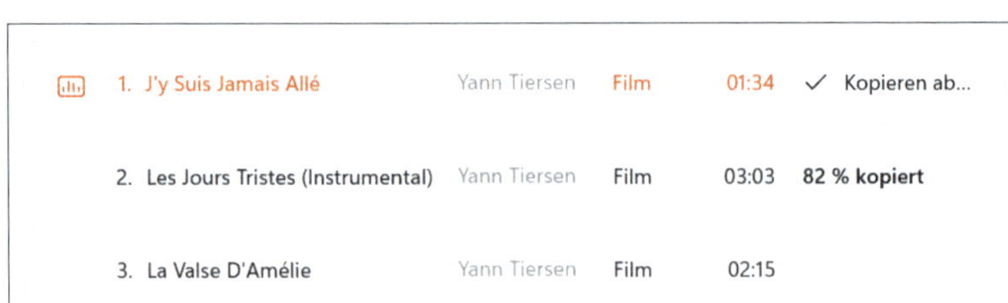

**4.** Ist der Kopiervorgang abgeschlossen, erscheint Ihre kopierte CD mit allen Titeln im Bereich **Musikbibliothek**. Sie benötigen die CD zur Wiedergabe nicht mehr und können diese aus dem Laufwerk entnehmen.

Musikbibliothek

Je mehr CDs Sie digitalisieren, desto mehr Spaß macht es natürlich, die Windows Medienwiedergabe zu verwenden. Gehen Sie selbst auf Erkundungstour, erstellen Sie eigene Wiedergabelisten, oder haben Sie einfach mit Ihren schönsten Liedern eine gute Zeit, ganz ohne CDs wechseln zu müssen.

## Spotify – Musik im Abonnement

Musik im Abo? Tatsächlich hat das Musikstreaming die klassische CD bereits abgelöst, und auch Radiostationen haben ein ordentliches Problem mit dem unbegrenzten, individuellen Musikgenuss. Unter Windows 11 steht dazu die App *Spotify* bereit. Doch wo liegen die Vorteile und wo die Nachteile? Das wollen wir Ihnen kurz aufzeigen:

**ACHTUNG!**

Spotify liegt der aktuellen Windows 11-Version nicht immer vorinstalliert bei. Sollten Sie Spotify im Startmenü nicht finden, installieren Sie die App über den Microsoft Store, wie auf Seite 119 beschrieben.

Die Vorteile:

- Mit Streaming haben Sie Zugriff auf Millionen Musiktitel.
- Für einen geringen Monatsbetrag können Sie unendlich viel Musik werbefrei anhören.
- Wenn Sie ein Smartphone besitzen, sind Ihre Musikbibliotheken auch dort direkt verfügbar.
- Sie sparen Geld, da Sie kein Musikalbum mehr kaufen müssen.
- Sie können tolle neue Musik entdecken, da dank des Streamings auch viele noch unbekannte Künstler ihre Musik veröffentlichen können.

Spotify starten

↓

bei Spotify anmelden

↓

Musik gratis erkunden und anhören

- Sie entdecken vielleicht Musik, die Sie schon ewig nicht mehr gehört haben.

Die Nachteile:

- Sie besitzen die Musik nicht mehr physisch wie eine CD.
- Sie haben ausschließlich über den gewählten Musikdienstleister Zugriff auf Ihre Musik.
- Wollen Sie die Streaming-App nicht mehr nutzen oder beenden Sie das kostenpflichtige Abo, dann sind auch Ihre eventuell angelegten Wiedergabelisten und gespeicherten Alben weg.
- Möchten Sie Ihre Musik auch ohne Internetverbindung anhören, z. B. am Notebook im Flugzeug, dann ist ein kostenpflichtiges Abo zwingend erforderlich. Das Offlinehören lassen sich die Anbieter immer bezahlen.

Unterm Strich: Die Vorteile überwiegen unserer Ansicht nach, wobei einer der Buchautoren überzeugter »Streamer« ist und der andere gerne auch noch mal eine Schallplatte auflegt. Aber das kann man auch perfekt kombinieren. Und daher probieren wir jetzt die App Spotify aus – das klappt sogar komplett gratis:

**1.** Starten Sie Spotify aus dem Startmenü. Je nach Windows-Installation ist Spotify direkt verfügbar, ansonsten klicken Sie dort auf **Alle** und scrollen bis zum Buchstaben **S**.

**2.** Wenn Spotify zum ersten Mal startet, ist eine Registrierung erforderlich. Klicken Sie den entsprechenden Punkt **REGISTRIEREN** (1) an.

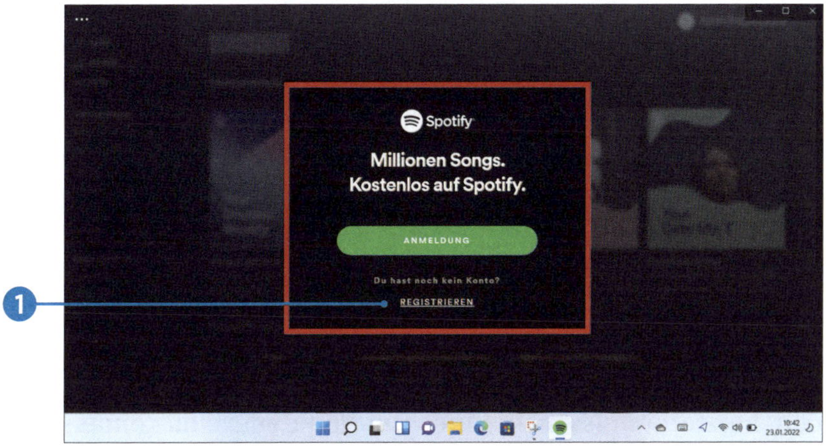


**3.** Im folgenden Fenster werden Sie nach Ihrer E-Mail-Adresse **2** gefragt. Tippen Sie diese ein, und klicken Sie dann auf **Weiter** **3**.

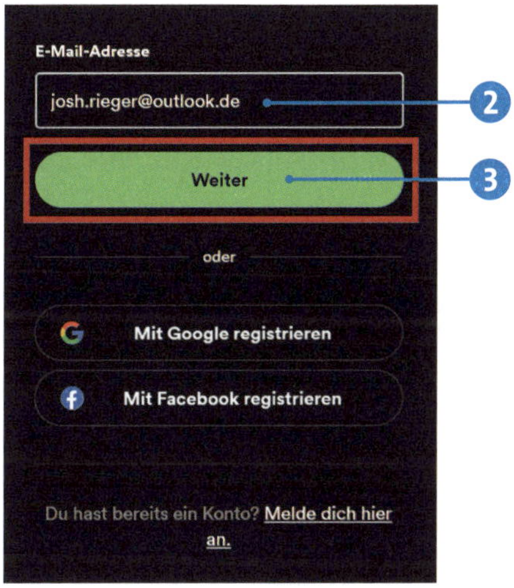


**4.** Nun erstellen Sie ein frei gewähltes Passwort. Tippen Sie es in das vorgesehene Feld ein. Auch hier geht es per Klick auf **Weiter** zur nächsten Abfrage.

## MERKE

Da Spotify ein eigenes Unternehmen ist und nicht zu Microsoft gehört, ist hier eine separate Registrierung notwendig. Diese ist absolut kostenlos. Sie können aber auch auf Wunsch später noch jederzeit ein Abo abschließen und werbefrei Musik genießen.

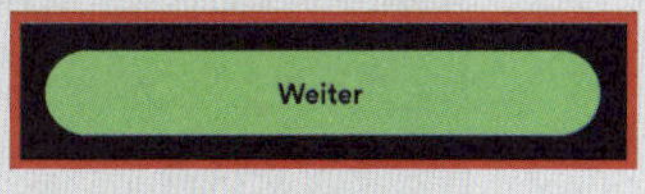

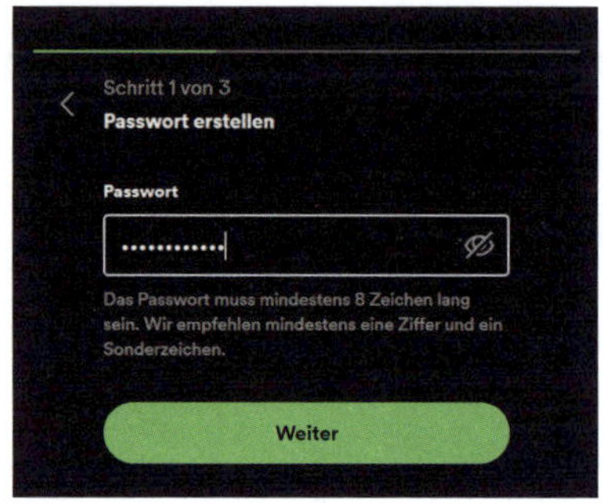


**5.** Nun dürfen Sie noch einen Spitznamen **4** vergeben. Letzterer muss nicht Ihr echter Name sein – da können Sie Ihrer Fantasie freien Lauf lassen. Jetzt haben Sie es fast geschafft, Sie müssen lediglich noch Ihr Geburtsdatum eintragen. Klicken Sie in das Feld für den Tag **5**, und tragen Sie die Zahl über die Tastatur ein. Den Monat suchen Sie per Klick in das Pulldown-Menü aus der Liste aus **6**, und das Jahr tragen Sie wieder mit einem Mausklick in das Feld **7** und Eingabe über die Tastatur ein. Per Mausklick wählen Sie bitte noch Ihr Geschlecht **8** aus. Klicken Sie dann auf **Weiter**.

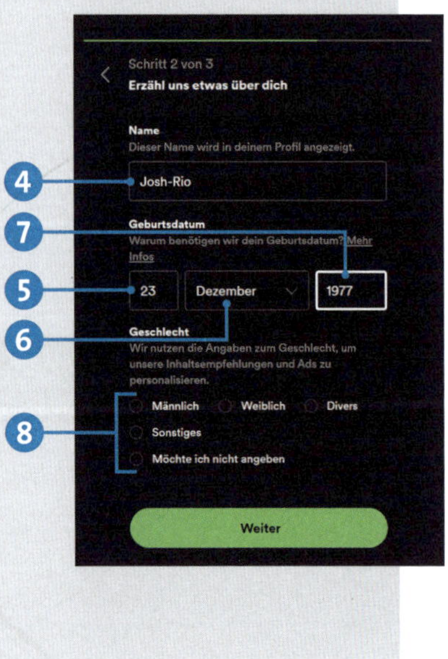


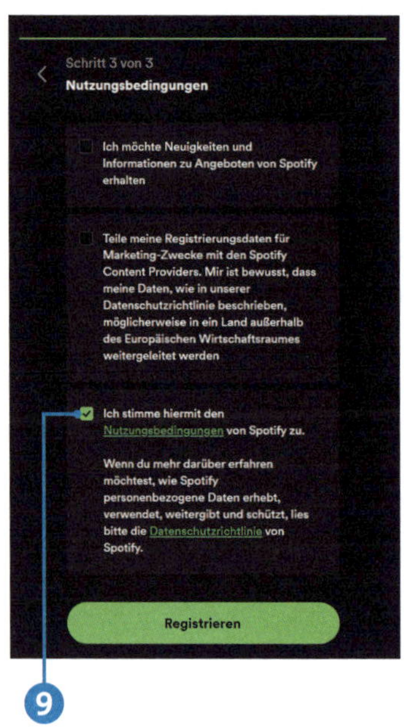


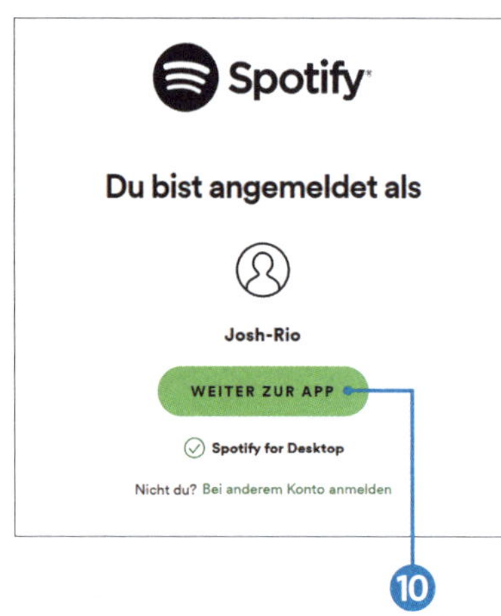

**6.** Abschließend setzen Sie ein Häkchen bei den *Nutzungsbedingungen* **9**. Bei den anderen Sachen lassen Sie den Haken einfach weg, das müssen Sie nicht aktivieren.

**7.** Abschließend genügt ein finaler Klick oder Fingertipp auf **Weiter zur App** **10**, und der Spaß eines unendlichen Musikgenusses kann beginnen.

So, damit haben Sie es geschafft, Spotify steht Ihnen in der kostenlosen Version bereit und startet mit der Benutzeroberfläche.

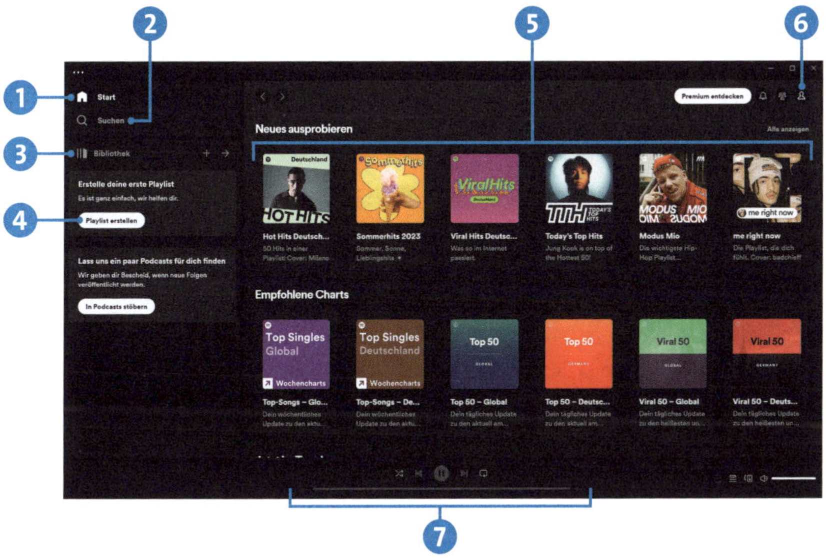


Wir schauen uns nun noch ganz fix an, wie Sie Ihre Lieblingsmusik finden und abspielen können. Bitte haben Sie Verständnis, dass wir Spotify hier nur ein wenig »ankratzen« können – eine Anleitung bis ins Detail würde den Seitenumfang dieses Buches sprengen.

Das sind die Elemente und Funktionen der Benutzeroberfläche:

1. Im Bereich **Start** stellt Spotify immer wieder neue Vorschläge für Musik zusammen, die Ihnen gefallen könnte. Je mehr Sie Spotify nutzen, desto treffsicherer werden die Inspirationen der App.
2. Die Lupe kennen Sie schon – ein Klick darauf öffnet die Tore für Millionen Musiktitel. Das schauen wir uns auch gleich im Detail noch an.
3. Die **Bibliothek** ist Ihr persönlicher Musikbereich. Hier werden alle Ihre zuletzt angehörten Titel abgelegt, auch Ihre Favoriten sind hier eingeordnet.
4. Eine *Playlist* ist eine Wiedergabeliste. Hier können Sie nach Lust und Laune Musiktitel kombinieren, beispielsweise für eine Feier, für den Weihnachtsabend, den Geburtstag oder einen gemütlichen Abend bei einem Glas Wein.
5. In diesem Bereich sehen Sie, je nach Menüpunkt, unterschiedliche Inhalte, beispielsweise das gesuchte Musikalbum, Suchergebnisse oder Ihre Lieblingshits.
6. Hier ist Ihr Benutzerkonto untergebracht und links davon ganz dezent der Hinweis, dass man Spotify auch über **Premium** kostenpflichtig abonnieren kann.
7. Ganz wichtig: Die Abspielleiste ist wie bei allen Geräten und Apps mit Musik aufgebaut.

So finden Sie nun Ihre schönste Musik:

**1.** Starten Sie Spotify, falls die App noch nicht geöffnet ist, aus dem Startmenü.

**2.** Der erste Weg führt Sie in die Suche. Daher klicken Sie einmal links auf die Schaltfläche **Suchen** (1). Direkt im oberen Bereich erscheint ein Eingabefeld (2).

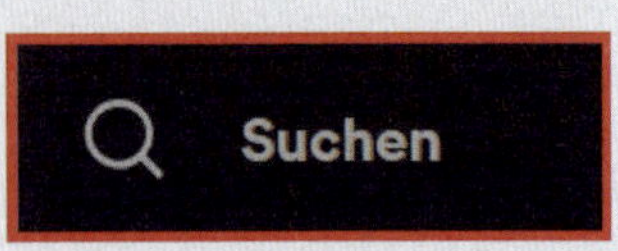

**3.** Klicken Sie in dieses Feld, und tippen Sie den gewünschten Künstler oder Musiktitel ein. Wir wollen etwas von *Anna R* finden. Schon nach Eingabe der ersten Buchstaben zeigt Spotify den richtigen Treffer an **3**. Klicken oder tippen Sie auf das Bild.

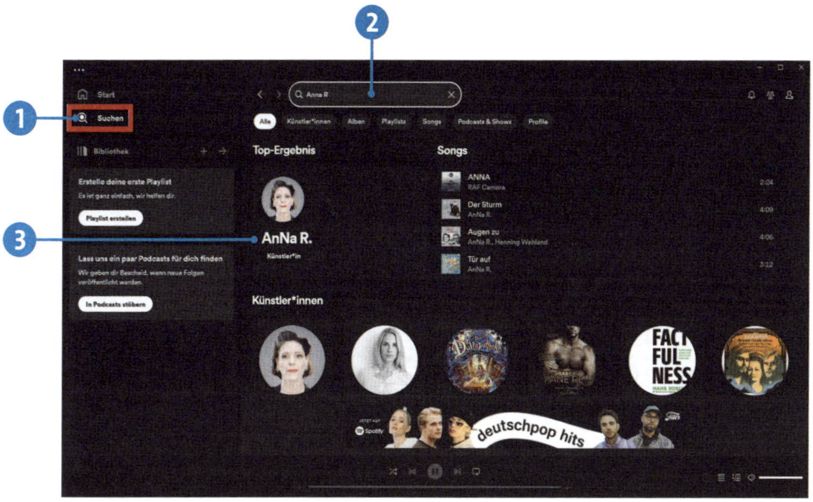


**4.** Sie gelangen auf das Künstlerprofil, und wenn Sie herunterscrollen, sehen Sie die Toptitel. Mit einem Klick auf das Bild vor dem jeweiligen Titel **4** startet auch schon die Wiedergabe.

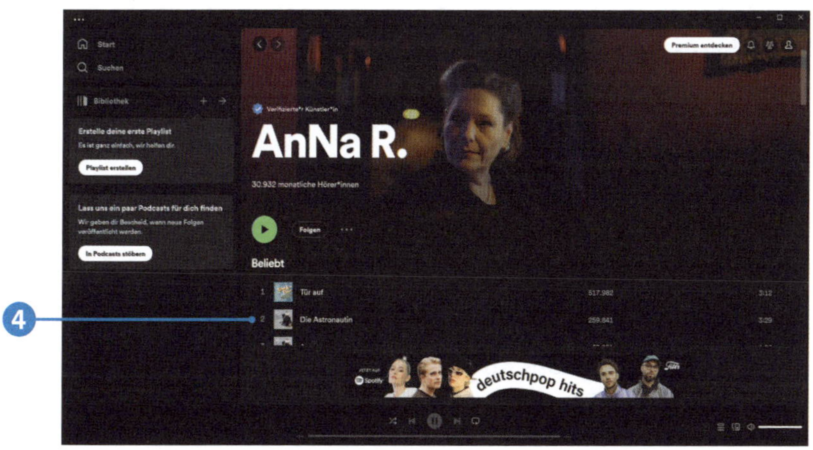


> **MERKE**
>
> Sie können auch in der Gratisversion von Spotify nach Herzenslust Musik hören. Die kleineren Einschränkungen im Vergleich zur Aboversion zeigen wir Ihnen auf Seite 365.

5. Ihnen gefällt der Titel gut? Dann sollten Sie ihn als Lieblingssong definieren und in Ihr virtuelles CD-Regal einsortieren. In Spotify sind das die **Lieblingssongs** 5. Im unteren Bereich finden Sie neben dem Titel ein Herz, wenn Sie mit der Maus darüberfahren 6. Klicken Sie es an, und schon ist der Titel abgelegt.

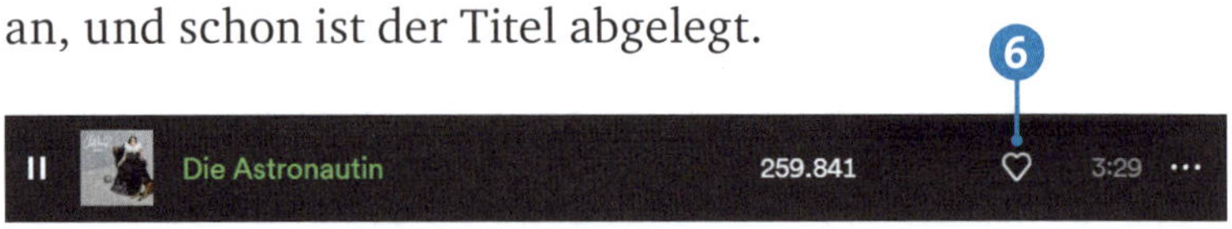

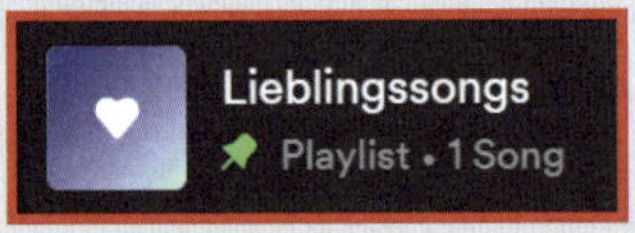


6. Alle Titel »mit Herz« finden Sie im Bereich **Lieblingssongs**. Klicken Sie auf diese Schaltfläche 5, sehen Sie die gesamte Liste Ihrer persönlichen Hits.

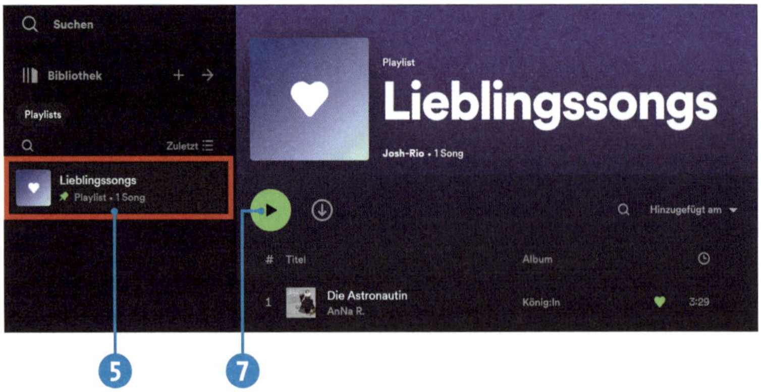


7. In dieser Ansicht können Sie mit einem Klick auf den grünen Button 7 Ihre gesamte Liste abspielen.

Sie sehen, dass Spotify eine spannende virtuelle Musikmaschine ist – gehen Sie einfach auf Entdeckungsreise, und probieren Sie die vielen Möglichkeiten aus.

## Werbung bei Spotify

Die kostenlose Version von Spotify ist werbefinanziert, folglich werden immer wieder Werbebanner eingeblendet 1. Möchten Sie das nicht, dann können Sie über den Button **Premium entdecken** im oberen Bereich jederzeit auf die kostenpflichtige Version wechseln. Diese kostet für Einzelpersonen aktuell 11 € im Monat, für mehrere Personen im Haushalt 18 € im Monat. Praktisch – Sie können jeweils zum Ende eines Monatszeitraums kündigen. Sie haben mit der Aboversion zudem ein paar mehr Möglichkeiten bei der Musikverwaltung. So können Sie eigene Wiedergabelisten erstellen oder auch ganze Alben am Stück hören.

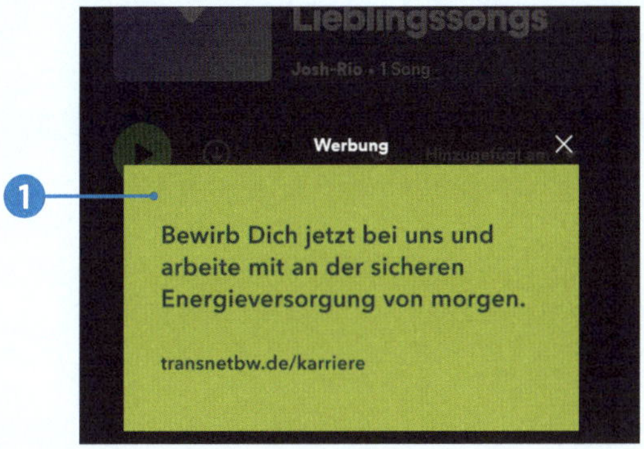


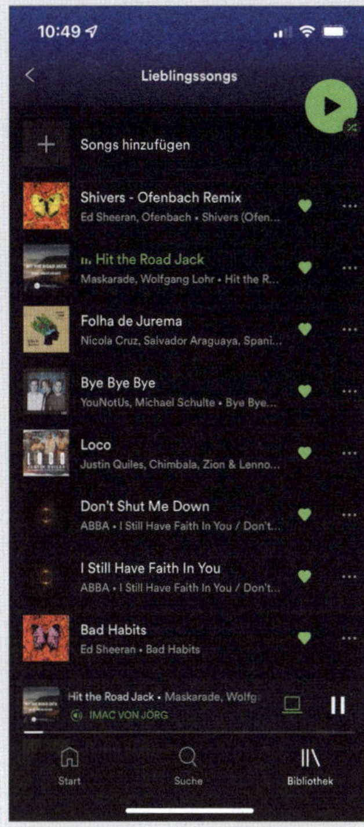


Ganz schön praktisch – Spotify folgt Ihnen auch aufs Smartphone. Wenn darauf die App installiert ist, haben Sie dort ebenfalls Zugriff auf Ihre gesamte Musikbibliothek.

KAPITEL 15

# Windows 11 anpassen

Wie wäre es mit einem Tapetenwechsel? Sie können tatsächlich Ihr Windows 11 ganz nach Wunsch ausdekorieren, Hintergrundbilder ändern und vieles mehr einstellen. Auch das Anheften Ihrer Lieblingsprogramme zum schnellen Wiederfinden ist fix erledigt. Doch viel wichtiger sind die vielen Möglichkeiten, das System so anzupassen, dass Sie es auch perfekt bedienen können – Schriftgröße, Mausgeschwindigkeit, Kontrast und sogar eine Vorlesefunktion von Menübefehlen unterstützen Sie im Alltag. Barrierefreiheit ist hier das Zauberwort, das Windows 11 für alle Menschen leichter bedienbar macht.

## Desktop-Hintergrund mit Fotos und Farben verändern

Das voreingestellte blaue Hintergrundbild des Desktops ist nicht unbedingt jedermanns Sache. Praktischerweise können Sie hier mit wenigen Handgriffen andere Motive oder sogar eigene Bilder laden:

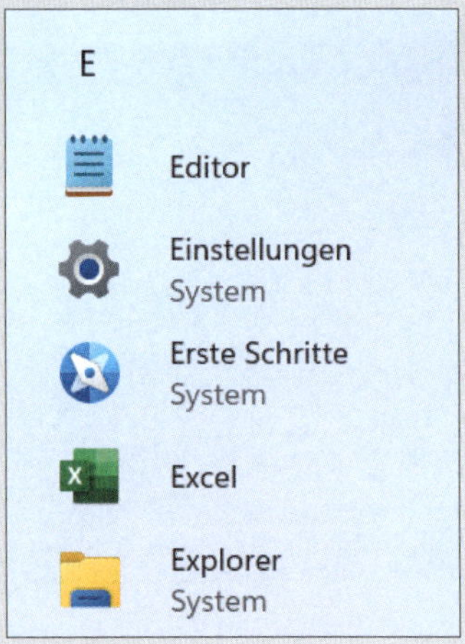


Fehlen die Einstellungen im Startmenü, dann finden Sie diese in der Liste **Alle** im Bereich **E**.

Windows 11 kann sich mit den Designs komplett verwandeln.

**1.** Öffnen Sie die Windows-Einstellungen im Startmenü mit einem Klick auf das Zahnradsymbol ❶, und wählen Sie die Kategorie **Personalisierung**. Gleich nach dem Öffnen der Einstellungen zu **Personalisierung** ❷ haben Sie bereits erste Gestaltungsmöglichkeiten.

**2.** Windows 11 stellt Ihnen komplette Designsets bereit, die die Oberfläche per Mausklick oder Fingertipp verwandeln. Suchen Sie sich im Bereich **Anzuwendendes Design auswählen** ❸ einen beliebigen neuen Look mit einem linken Mausklick aus.

**3.** Die Änderung wird sofort sichtbar. Sie können nach Wunsch ausprobieren, welches Design Ihnen am meisten zusagt; in der Seitenspalte zeigen wir Ihnen zwei davon.

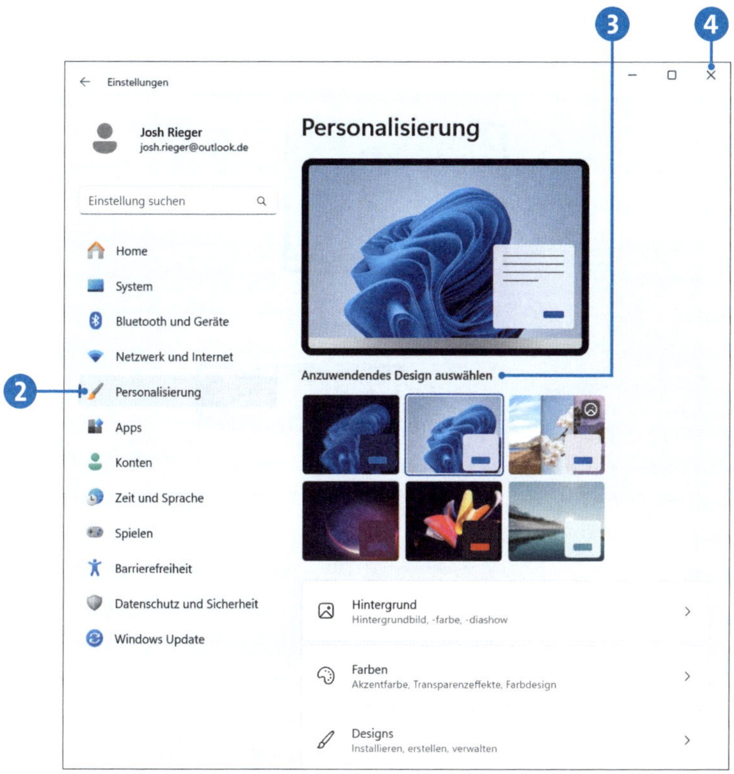


Einstellungen
↓
Personalisierung
↓
Hintergrund
↓
Fotos auswählen
↓
Fotos durchsuchen

**4.** Sie können dann das **Einstellungen**-Fenster mit einem Klick auf das × rechts oben **4** schließen und Windows 11 »mit neuem Anstrich« nutzen.

Natürlich können Sie Ihrem Windows-Arbeitsplatz eine ganz persönliche Note geben, indem Sie ein eigenes Digitalfoto als Hintergrundbild wählen:

**1.** Öffnen Sie dazu, wie gerade gezeigt, die **Einstellungen** für die **Personalisierung**. Hier scrollen Sie gegebenenfalls etwas nach unten, bis der **Hintergrund** **1** erscheint. Klicken Sie die Schaltfläche einmal an.

**2.** Dort klicken Sie unterhalb des Bilderangebots von Windows 11 nicht auf ein Bild, sondern im Abschnitt **Fotos auswählen** auf die Schaltfläche **Fotos durchsuchen** **2**.

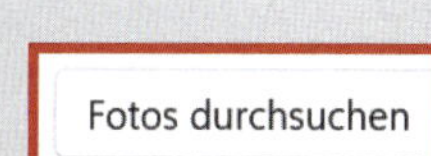

## ACHTUNG!

Sie sehen keine Bilder oder keine Möglichkeiten zur Bildauswahl? Dann steht das Ausklappmenü im Abschnitt **Hintergrund personalisieren** 3 wahrscheinlich nicht auf **Bild**, wie hier gezeigt. Klicken Sie beherzt auf den Auswahlpfeil im Auswählfeld, und stellen Sie es auf diese Option um.

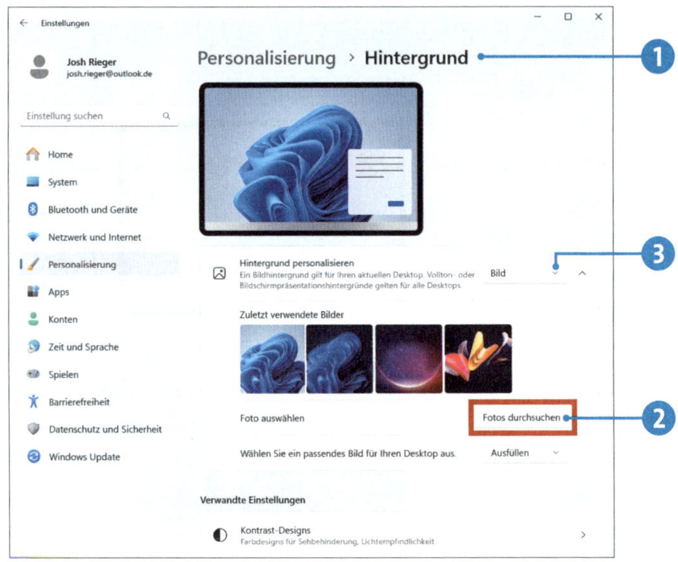


**3.** Damit gelangen Sie in den Explorer und in die Ordnerstruktur Ihres Computers. Der Ordner **Bilder** 4 ist links schon ausgewählt und wird im Inhaltsbereich rechts direkt angezeigt. Hier sieht es auf jedem Computer ein wenig anders aus, abhängig davon, wie viele Fotos Sie schon abgespeichert haben.

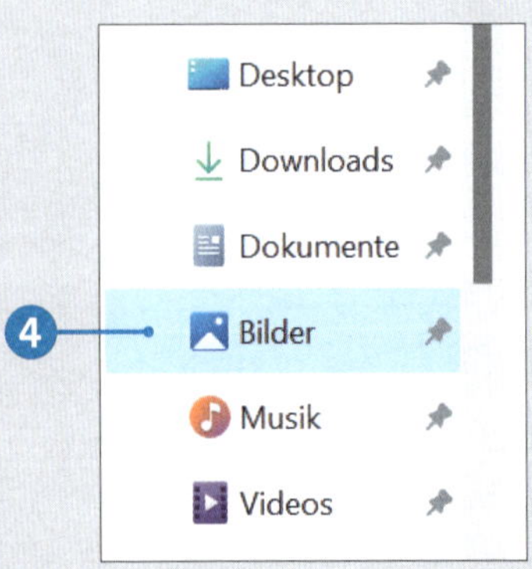


**4.** Doppelklicken Sie nun auf jenen Unterordner, in dem sich Ihre Lieblingsschnappschüsse befinden, und suchen Sie sich ein Foto aus. Wenn Sie Ihr Bild gefunden haben, klicken Sie es an. Es wird dadurch blau hervorgehoben 5.

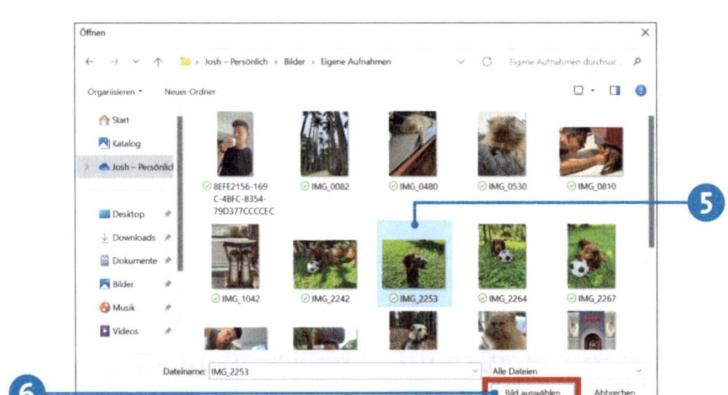

5. Anschließend klicken Sie auf die Schaltfläche **Bild auswählen** ⑥ unten rechts im Fenster des Explorers.

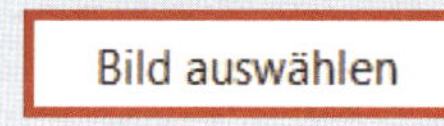


6. Damit ist es schon geschehen: Ihr gewünschtes Lieblingsbild erscheint als Hintergrundbild – in unserem Fall eine Aufnahme einer kleinen Zwergdackeldame.

Sie möchten lieber gar keine Fotos als Hintergrund haben? Dann geht es auch einfarbig:

Einen einfarbigen Hintergrund auswählen

1. Wir befinden uns noch immer im Bereich **Hintergrund** in den **Einstellungen**. Gleich unterhalb des Vorschaubereichs oben sehen Sie einen Bereich, der mit **Hintergrund personalisieren** überschrieben ist. Dort ist **Bild** ausgewählt. Um dies zu ändern, klicken Sie auf den Pfeil rechts im Feld ①.

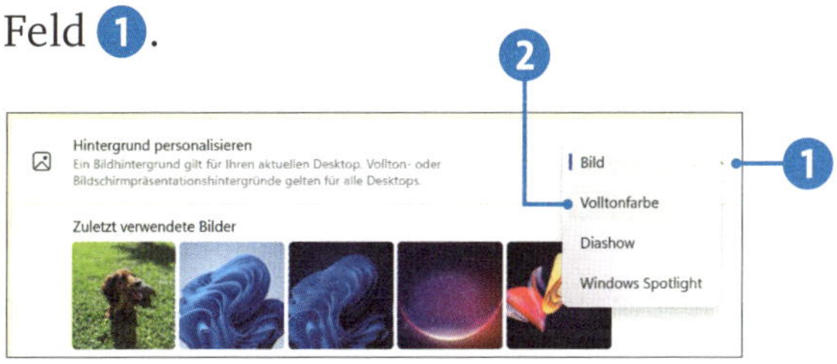


2. Damit öffnen Sie ein kleines Menü, in dem Sie **Volltonfarbe** ② mit einem Klick auswählen.

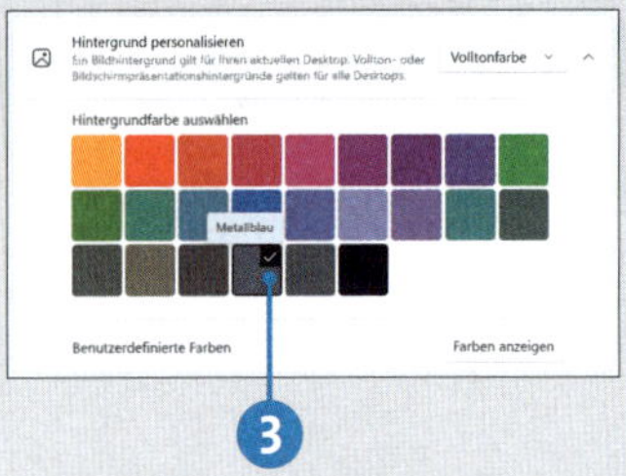

3. Nun öffnet sich eine Farbpalette, mit der Sie den Hintergrund des Bildschirms einfärben können. Voreingestellt ist Schwarz. Suchen Sie sich Ihre Wunschfarbe aus, klicken Sie diese wie gewohnt mit der linken Maustaste an, und schon erscheint Ihr Bildschirm in der gewünschten Farbe. Wir entscheiden uns für einen grauen Farbton 3.

Das Ergebnis ist zwar zugegebenermaßen nicht spektakulär, aber der Versuch, die Farbe zu ändern, ist geglückt.

Wenn Sie doch lieber wieder ein Foto als Hintergrund haben möchten, schauen Sie einfach noch mal kurz in den Anleitungsschritten zu Beginn dieses Abschnitts nach.

**ACHTUNG!**

Achtung, Verwirrungsalarm – Windows 11 behandelt das Touchpad am Notebook wie eine Computermaus. Sprich, alles rund um diese Tasten stellen Sie wie gezeigt ein, auch wenn hier immer von der Maus gesprochen wird.

## Maustasten und Mausklick einstellen

Nun zeigen wir Ihnen, wie Sie die Geschwindigkeit Ihrer Maus einstellen und das Doppelklickintervall sowie die Größe des Mauszeigers verändern können.

Zunächst schauen wir uns an, wie man die Tasten der Computermaus oder des Touchpads den eigenen Bedürfnissen anpasst:

**1.** Gehen Sie wieder, wie zuvor bereits beschrieben, in die Windows-**Einstellungen** und dort in den Bereich **Personalisierung**.

**2.** Klicken Sie nun unten in der Liste **Designs** an und anschließend rechts oben auf die zugegebenermaßen sehr komische Bezeichnung **Mauszeiger Windows**.

**3.** Im Dialog **Eigenschaften von Maus** landen Sie zunächst in der **Zeiger**-Darstellung. Klicken Sie hier bitte auf den Registerkartenreiter **Tasten** ❶.

**MERKE**

Linkshänder können im **Einstellungen**-Dialog **Designs** die Option zum Umstellen der Maustasten aufrufen.

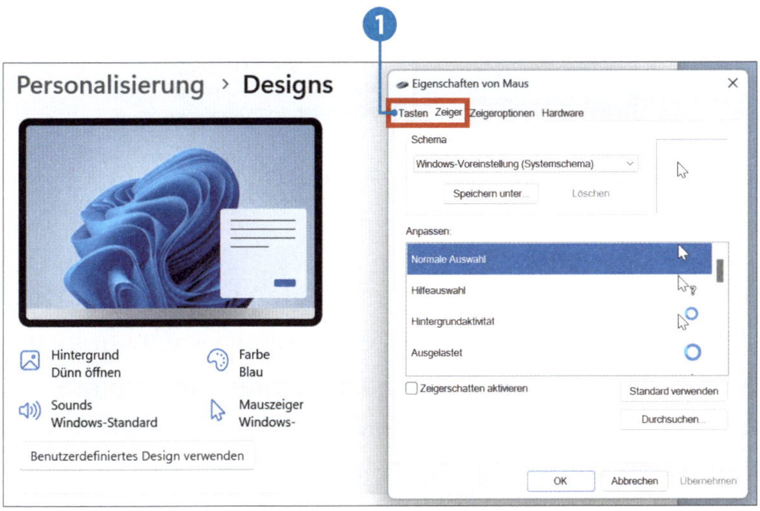


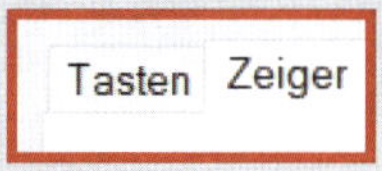


**4.** Hier stellen Sie die Maus oder das Touchpad auf Linkshänderbetrieb um. Etwas umständlich wird das **Primäre und sekundäre Taste umschalten** ❷ genannt. Wenn Sie in das leere Kästchen vor dieser Bezeichnung klicken und somit ein Häkchen setzen, werden die Funktionen der rechten und der linken Maustaste vertauscht. Nun können Sie also bei Standardaktionen immer mit rechts klicken und etwa ein Kontextmenü mit der linken Maustaste aufrufen.

**ACHTUNG!**

Sobald Sie diese Funktion anhaken, sind auch die Maustasten vertauscht. Sprich, um das Häkchen wieder zu entfernen, müssen Sie unbedingt die **rechte** Maustaste verwenden.

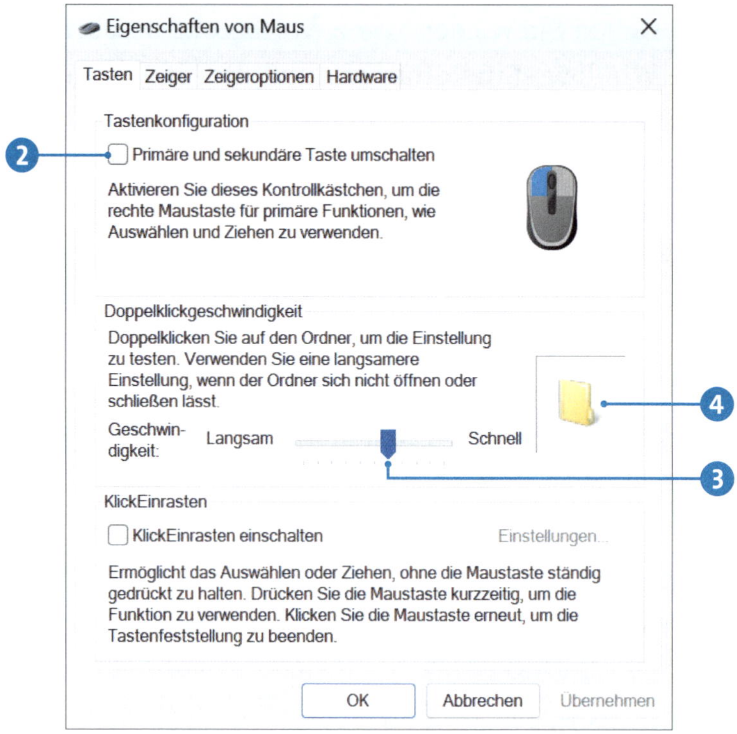


**MERKE**

Auch die Doppelklickgeschwindigkeit kann individuell angepasst werden.

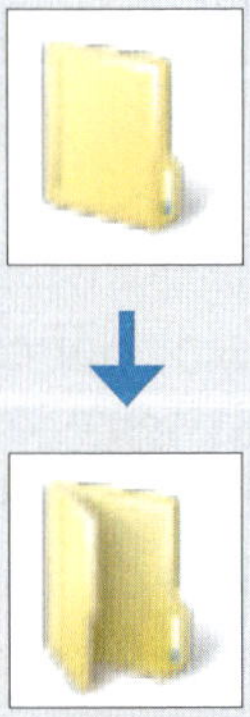

5. Wenn es Ihnen Schwierigkeiten bereitet, den Doppelklick in der von Windows erwarteten Geschwindigkeit zu schaffen, beispielsweise um Ordner im Explorer zu öffnen, können Sie das Tempo ebenfalls im Dialog **Eigenschaften von Maus** anpassen. Bewegen Sie dazu den Schieberegler unter **Doppelklickgeschwindigkeit** 3 mit gedrückter Maustaste nach links, um die geforderte Geschwindigkeit herabzusetzen, oder nach rechts, um sie zu erhöhen.

6. Direkt testen können Sie Ihre neue Einstellung an dem rechts daneben im Dialog abgebildeten Ordner 4. Probieren Sie hier den Doppelklick aus. Öffnet sich der Ordner, ist alles prima.

## Mausgeschwindigkeit einstellen

Jetzt geht es darum, selbst zu bestimmen, wie schnell der Mauszeiger über den Bildschirm huscht. Wenn Sie Schwierigkeiten damit haben, den Mauszeiger an einer Stelle des Bildschirms exakt zu positionieren, dann wäre eine langsamere Einstellung ratsam. Auch hier gilt – diese Anpassung funktioniert auch direkt mit dem Touchpad Ihres Notebooks.

1. Öffnen Sie, wie oben gezeigt, erneut den Dialog **Eigenschaften von Maus**.

2. Wechseln Sie hier zur Registerkarte **Zeigeroptionen** ❶. Direkt oben sehen Sie den Bereich **Zeigergeschwindigkeit auswählen** ❷.

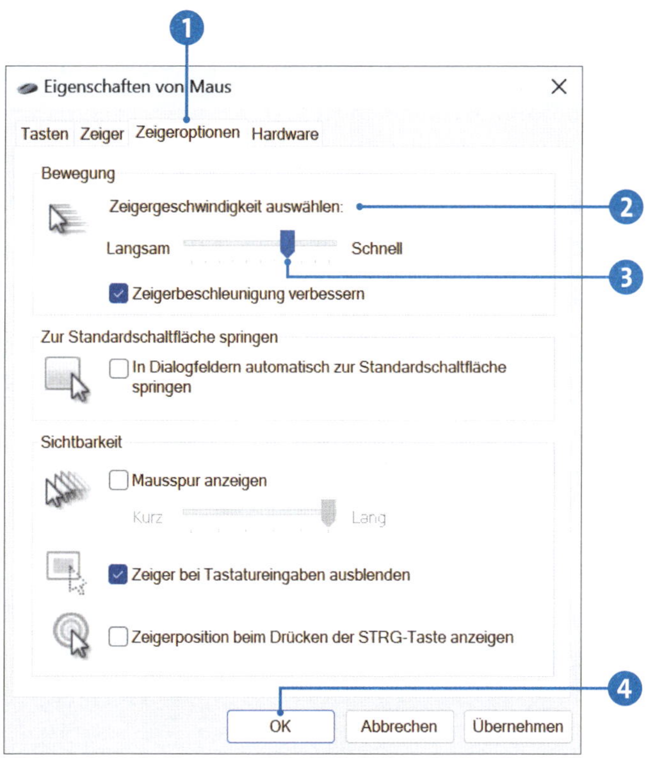


Einstellungen
↓
Personalisierung
↓
Mauszeiger Windows
↓
Eigenschaften von Maus
↓
Zeigeroptionen

**MERKE**

Die Geschwindigkeit des Mauszeigers kann ganz nach Wunsch eingestellt werden.

**3.** Ziehen Sie nun den Schieberegler **3** mit gedrückter linker Maustaste nach links, um die Bewegung des Mauszeigers auf dem Bildschirm zu verlangsamen, bzw. wieder nach rechts, um sie zu beschleunigen. Ihre Einstellung bestätigen Sie mit einem Klick auf **OK** **4**.

## Mauszeiger größer darstellen und Touch anzeigen

Gerade sehr gute Computerbildschirme haben eine unangenehme Eigenschaft: Der Mauszeiger ist geradezu winzig dargestellt. Bei einem Touchscreen wiederum stellt sich die Frage: Habe ich nun getippt oder nicht? Für beide Probleme gibt es eine Lösung, eleganterweise sogar im gleichen Menü:

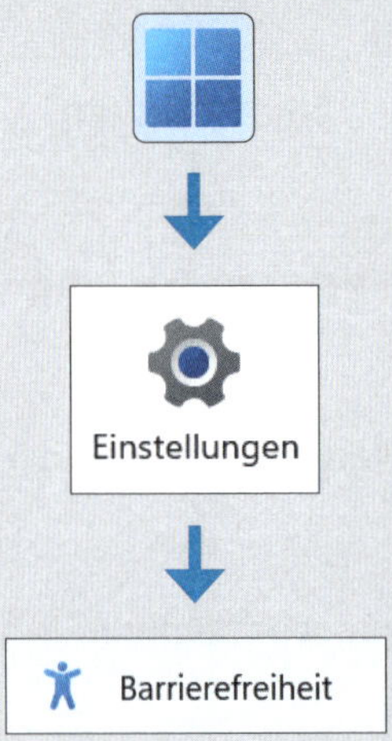


**1.** Sie starten wieder in den Windows-**Einstellungen**. Jetzt wählen Sie aber die Kategorie **Barrierefreiheit** **1** per Mausklick aus.

**2.** Klicken Sie auf den Menüpunkt **Mauszeiger und Toucheingabe** **2**, und blenden Sie damit den hier gezeigten Bildschirm ein.

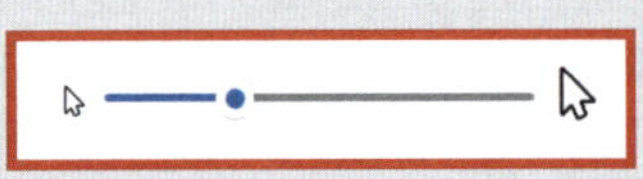

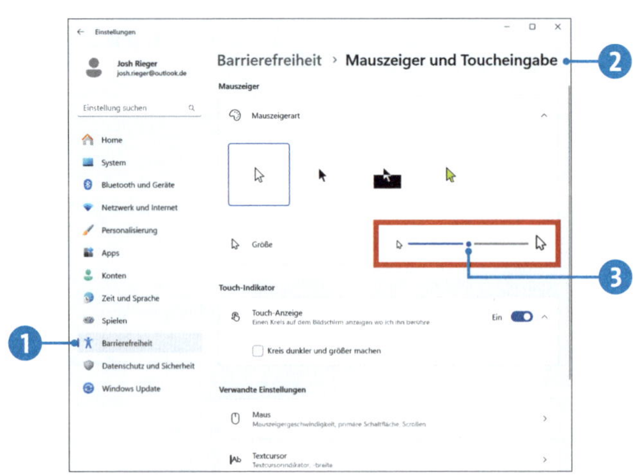

**3.** Unter **Größe** ❸ können Sie nun die Größe Ihres Mauszeigers mithilfe des Schiebereglers stufenlos nach Wunsch einstellen. Die Wirkung Ihrer jeweiligen Einstellung sehen Sie sofort am Bildschirm: Durch Verschieben nach rechts vergrößert sich der Mauszeiger deutlich, durch Verschieben nach links wird er wieder kleiner dargestellt.

**4.** Sind Sie mit Ihrer Einstellung zufrieden, schließen Sie einfach den **Einstellungen**-Dialog über das ×-Symbol rechts oben – wie bei vielen Einstellungen in diesem Bereich ist ein Speichern nicht nötig.

## Barrierefreiheit – Windows besonderen Bedürfnissen anpassen

Windows 11 ist gerade dann ein guter Begleiter, wenn man eine Einschränkung hat. Egal, ob Seh- oder Hörschwäche, das Betriebssystem kann so eingerichtet werden, dass es in beiden Fällen problemlos zu bedienen ist und Sie auch im Alltag unterstützen kann. Hier zeigen wir Ihnen ein paar der unzähligen Optionen, um Windows 11 barrierefrei zu machen. Legen wir los!

Für alle jetzt gezeigten Lektionen gilt – Sie brauchen dafür den Bereich **Barrierefreiheit** in den **Einstellungen**. So finden Sie ihn:

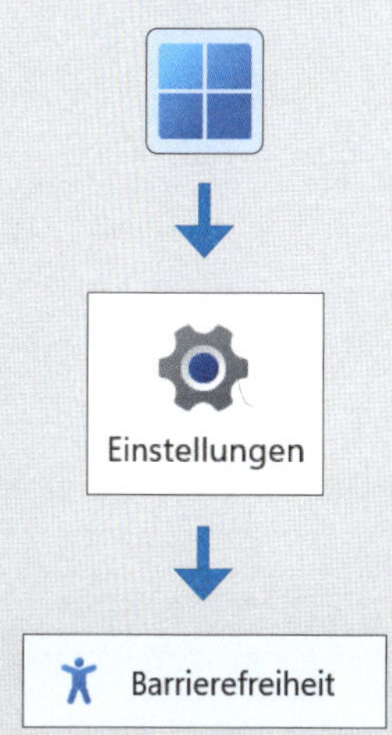


**1.** Klicken Sie auf das Windows-Symbol in der Taskleiste, um das Startmenü aufzurufen. Hier wählen Sie **Einstellungen** wie immer mit einem linken Mausklick aus.

**2.** Wählen Sie nun aus dem linken Bereich die **Barrierefreiheit** aus. Das hier gezeigte Fenster mit vielen Einstellungsmöglichkeiten wird geladen – und Sie sind startklar für unsere weiteren Lektionen.

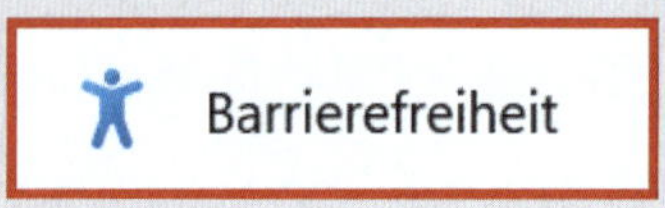


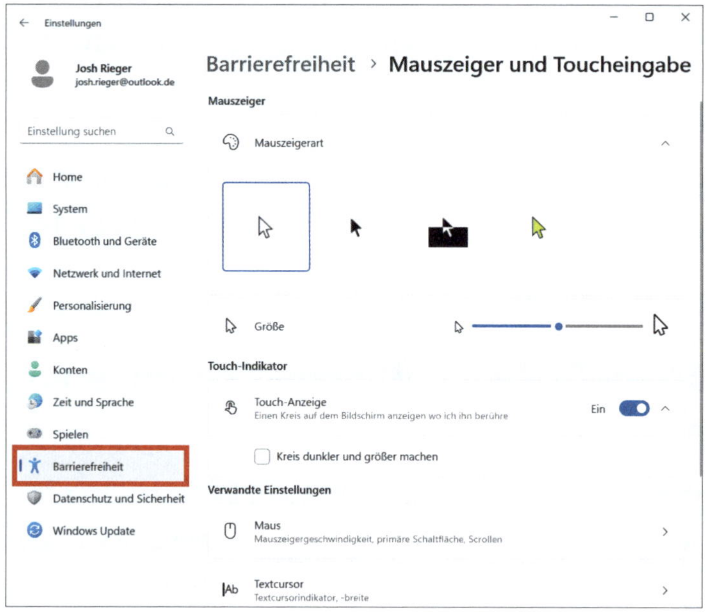


## Die Größe von Schrift und Bildschirmelementen einstellen

Leider ist die Schrift am Computer manchmal recht klein. Viele Menschen, gerade im höheren Alter, haben daher Schwierigkeiten, alles zu erkennen. Windows schafft hier Abhilfe. Sie können die Größe der Schrift von Menüs und Programmen ganz nach Ihren Bedürfnissen einstellen:

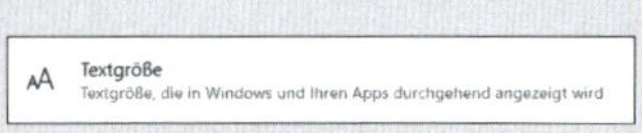


**1.** Laden Sie den Bereich **Barrierefreiheit**, wie gerade gezeigt, und klicken Sie auf die Schaltfläche **Textgröße**. Es öffnen sich die passenden Einstellungen zum Anpassen der Schriftgröße.

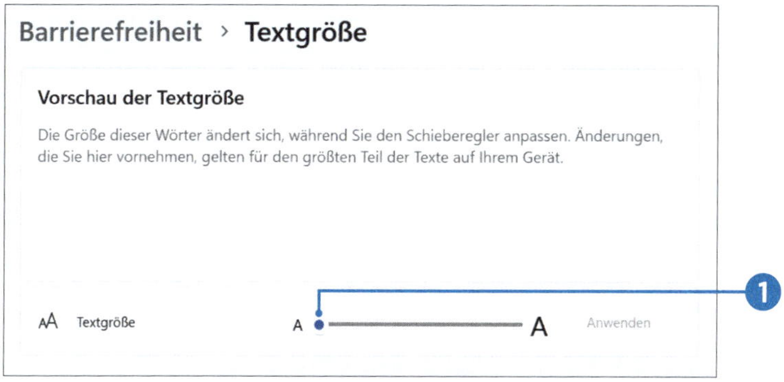


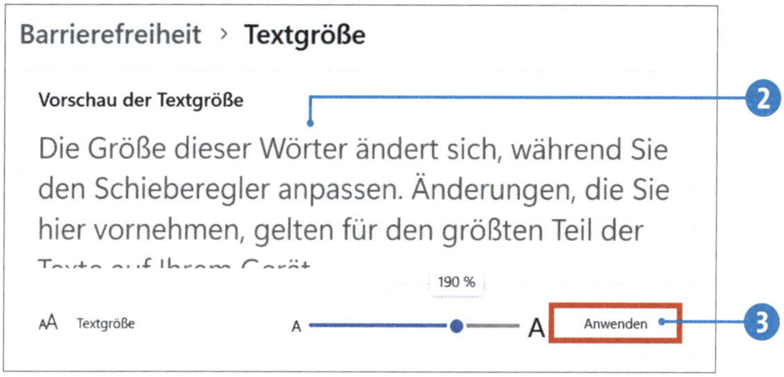

2. Mit dem Schieberegler 1, den Sie mit gedrückter linker Maustaste bewegen, sehen Sie eine Vorschau 2. Sobald die Einstellung für Sie passt, klicken Sie auf **Anwenden** 3, und sofort ist die Schrift im gesamten Windows-System umgestellt.

3. Sie können die **Einstellungen** dann über das × rechts oben im Programmfenster schließen.

## Vorlesefunktion und Sprachausgabe für Menüs und Optionen nutzen

Man spricht nicht gern darüber, aber Krankheiten, die das Sehvermögen einschränken, sind häufig anzutreffen. »Wie kann man damit noch einen Computer bedienen?«, fragen Sie sich vielleicht. Man kann, denn Windows 11

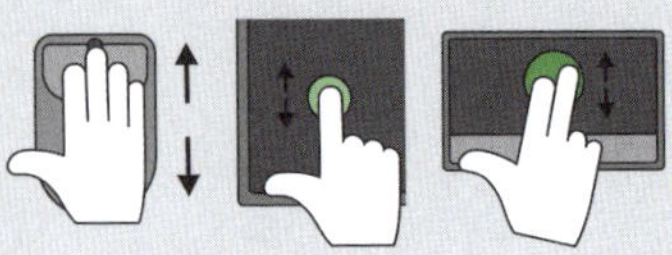

liest auf Wunsch Menüs, Optionen und Schaltflächen vor. Das klappt mit ein wenig Übung auch ganz hervorragend – und so wird die Sprachausgabe aktiviert:

1. Laden Sie den Bereich **Barrierefreiheit**, wie gerade gezeigt, und klicken Sie auf die Schaltfläche **Sprachausgabe** (1). Eventuell müssen Sie in der Liste ein wenig nach unten scrollen, bis sie sichtbar wird.

2. Nun erscheint ein komplexes Menü, doch hier genügt es, den kleinen Regler (2) bei **Sprachausgabe** nach rechts zu schieben, damit diese eingeschaltet wird.

3. Es wird noch ein Infofenster eingeblendet, wie die Sprachausgabe funktioniert. Dies können Sie **Minimieren**.

### Tasten vorlesen lassen

Ist die Sprachausgabe aktiviert, können Sie sich auch die Tasten auf Ihrem Keyboard vorlesen lassen. Das klappt einfach, indem Sie erst die [⇧]-Taste drücken, diese gedrückt halten und dann die vorzulesende Taste drücken.

**4.** Das **Einstellungen**-Fenster ist noch geöffnet. Klicken Sie hier mit links noch mal auf **Barrierefreiheit**. Nun können Sie mit den Tasten [↑] und [↓] auf Ihrer Tastatur durch alle Menübefehle gehen (blau markiert 3), während Windows 11 alles vorliest. Erst wenn Sie einen Menübefehl wie gewohnt anklicken, wird er auch aktiviert.

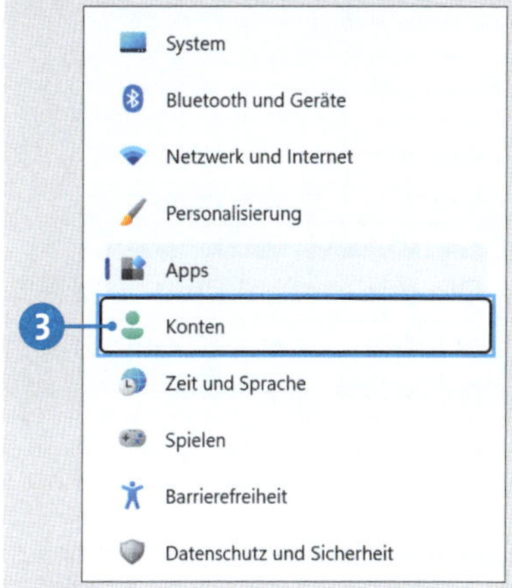


**5.** Schließen Sie die **Einstellungen** über einen Klick auf das × rechts oben im Programmfenster. Um die Sprachausgabe zu beenden, öffnen Sie diese Einstellungen wieder, wie beschrieben, und schieben Sie den Regler im Bereich **Sprachausgabe** nach links.

### Sprachausgabe per Tastenkombination

Alternativ klappt das Aktivieren und Deaktivieren auch über eine Tastenkombination: Drücken Sie [⊞] + [Strg] + [↵] zum Deaktivieren und erneut, um sie zu aktivieren. Das geht in der Praxis deutlich schneller.

Machen wir noch einen kurzen Ausflug ins Internet und schauen, wie Windows 11 auch ganze Webseiten vorlesen kann:

**1.** Aktivieren Sie die **Sprachausgabe**, wie gerade gezeigt.

**MERKE**

Sie wissen nicht mehr, wie man mit Tastenkombinationen arbeitet? Schlagen Sie kurz auf Seite 90 nach, da erklären wir es noch mal ganz ausführlich.

2. Starten Sie das Internetprogramm **Microsoft Edge** direkt aus der Taskleiste oder aus dem Startmenü heraus.

3. Öffnen Sie eine beliebige Internetseite – wie das geht, haben wir Ihnen in Kapitel 7, »Das Internet entdecken«, gezeigt. Wir schauen uns daher hier noch mal ein Rezept als Beispiel an, das Vorlesen funktioniert aber mit jedem Text ganz identisch.

4. Klicken Sie einfach auf die Textstelle, und schon wird Windows 11 diese vorlesen. Ein weiterer Mausklick stoppt die Wiedergabe. Einfacher geht es nicht, oder?

**Wegen eines Triebwerk-Problems beim amerikanischen Partner Pratt & Whitney muss MTU Hunderte von Exemplaren vorzeitig aus dem Verkehr ziehen. Dafür stellt der Münchener Hersteller eine Milliarde Euro zurück. Airline-Kunden müssen mit erheblichen Ausfallzeiten rechnen.**

**ACHTUNG!**

Die Vorlesefunktion erfordert etwas Übung, lassen Sie sich dabei gerne helfen. Wir können in diesem Buch diese hilfreiche Funktion nur kurz streifen.

Sie sehen, dass Windows 11 einiges parat hält, um Ihnen die Bedienung zu erleichtern. Wir haben den Bereich Barrierefreiheit nur kurz angerissen. Es gibt unzählige Möglichkeiten, um auch bei Hörschädigung oder Blindheit sowie motorischen Einschränkungen das System anzupassen. Lassen Sie sich hier gegebenenfalls helfen. Uns ist nur wichtig, aufzuzeigen, dass Windows diese Möglichkeiten bietet, um an der Computerwelt teilzunehmen.

## Programme im Startmenü einsortieren

Wie wir oben schon gezeigt haben, bestimmen Sie in Windows 11 mit, wie Ihr System aussieht. Sie können daher auch das Startmenü nach Ihren Wünschen neu einrichten.

Wir zeigen Ihnen jetzt, wie Sie ein Programm direkt im Startmenü im Bereich *Angeheftet* platzieren, damit Sie sich den Umweg über **Alle** und die alphabetische Programmliste sparen. Als Beispiel verwenden wir die App OpenOffice, die Sie aus Kapitel 6, »Mit OpenOffice einen Brief schreiben und Dokumente gestalten«, ab Seite 125 kennen. So haben Sie die App immer griffbereit. Wie Sie sich vielleicht erinnern, ist OpenOffice ja sogar nur über die Suchfunktion aufzuspüren. So geht es künftig viel komfortabler:

1. Klicken Sie in das Suchen-Feld **1** in der Taskleiste, und tippen Sie in das Suchfeld »OpenOffice« ein. Sofort erscheint rechts der passende Vorschlag für unser Schreibprogramm **2** im Startmenü.

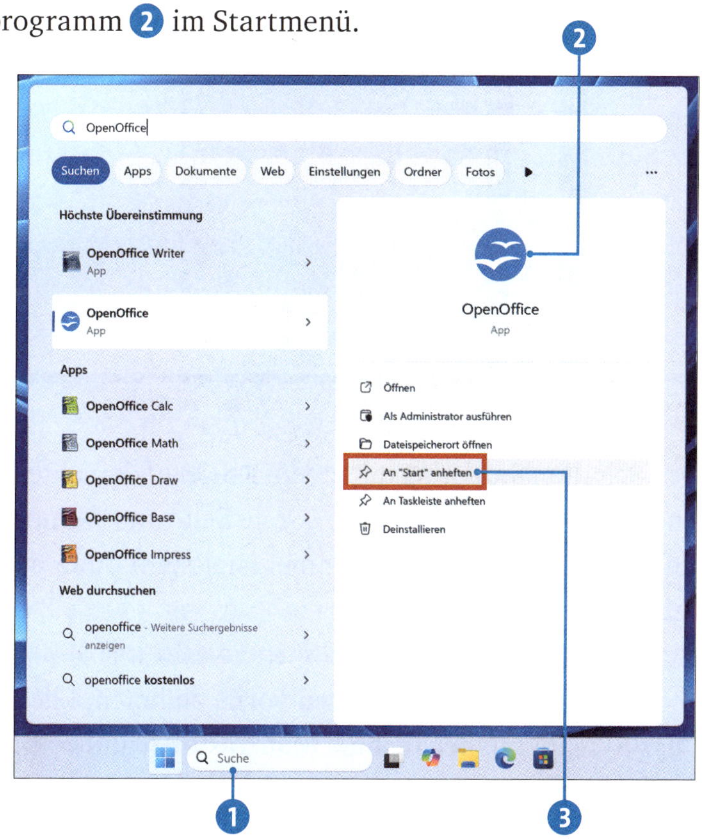

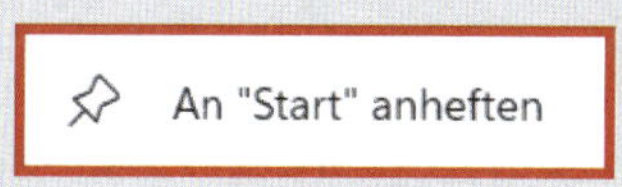

**2.** Klicken Sie mit der linken Maustaste auf **An "Start" anheften** ❸. Und dann passiert erst einmal gar nichts, aber der Befehl wurde ausgeführt.

**3.** Daher öffnen Sie das Startmenü mit einem Klick auf das entsprechende Symbol in der Taskleiste. Im Bereich **Angeheftet** ❹ wird OpenOffice auf den ersten Blick nicht erscheinen. Denn Windows setzt neue Symbole immer ganz nach hinten in diese Liste.

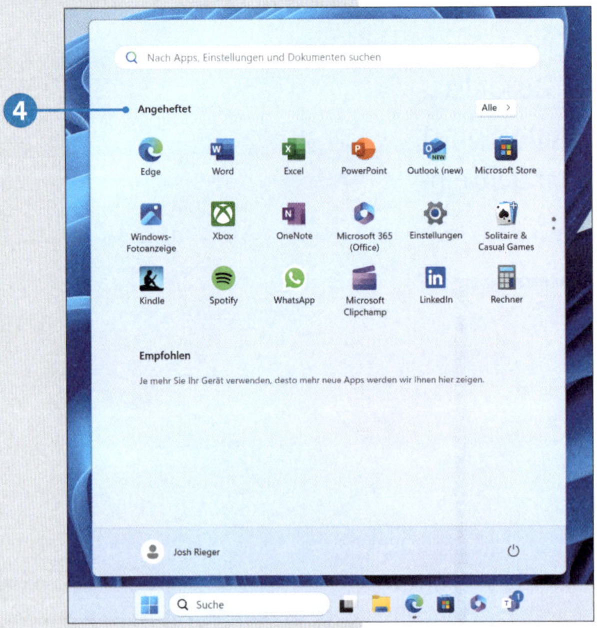


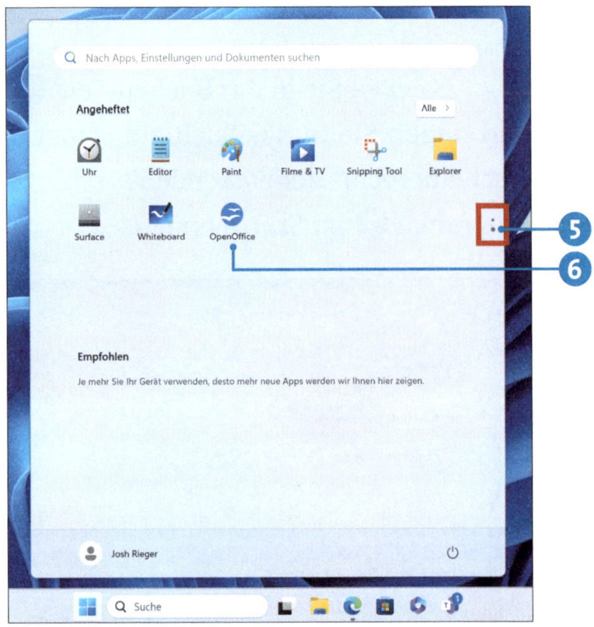


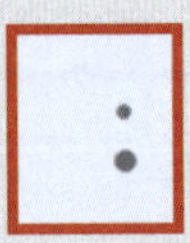

**4.** Schalten Sie rechts mit einem Klick auf den unteren kleinen blauen Punkt ❺ auf die zweite Seite und damit das Ende der angepinnten Programme. Hier steht dann auch **OpenOffice** ❻.

**5.** Um OpenOffice ganz nach vorne zu holen, klicken Sie das Symbol mit der rechten Maustaste an und wählen mit einem linken Mausklick **Nach vorne verschieben** ❼ aus.

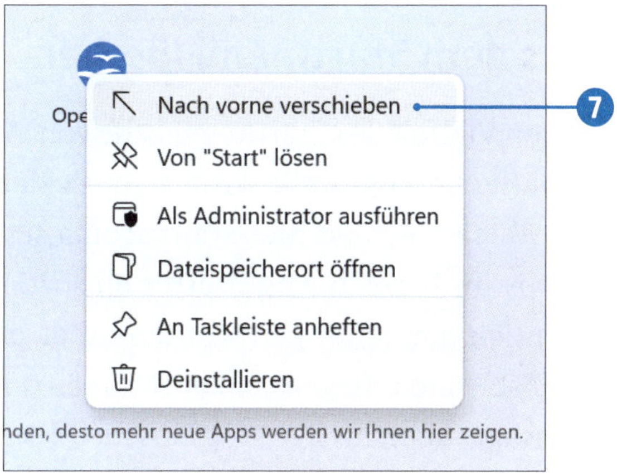


6. Klicken Sie das Startmenü erneut in der Taskleiste an – endlich ist **OpenOffice** ganz vorne zu sehen 8 und kann nun künftig ohne umständliche Suche gestartet werden.

Mit jeder Ihrer Lieblings-Apps können Sie nach diesem Schema verfahren und das Startmenü befüllen.

Wie Sie das Startmenü aufräumen und die zahllosen, teils von Microsoft abgelegten und unnötigen Apps entfernen, zeigen wir Ihnen im folgenden Abschnitt. Denn klar ist: Irgendwann muss Platz geschaffen werden.

**ACHTUNG!**

Mit den Symbolen wird nicht das Programm selbst, sondern nur die Verknüpfung gelöscht. Es kann beim Ausprobieren und »Umarrangieren« nichts passieren. Sie finden die Programme nach wie vor in der alphabetischen Liste der Apps.

## Apps aus dem Startmenü löschen

In der bunten Vielfalt des Startmenüs, die von Windows 11 standardmäßig bereitgestellt wird, sieht es ziemlich wild aus, oder? Tatsächlich ist hier standardmäßig eine Vielzahl an Apps im Bereich **Angeheftet** einsortiert, die Sie wahrscheinlich nie benötigen werden. Aber prima, dass Sie hier selbst Hand anlegen und aufräumen oder, auf gut Deutsch gesagt, überflüssige Apps löschen können. Ganz wichtig hierbei: Sie löschen damit lediglich einen »Wegweiser« (eine sogenannte *Verknüpfung*) zu der jeweiligen App, nicht aber die App selbst. Die App können Sie also jederzeit wieder auf die vorhin gezeigte Weise im Startmenü anheften.

Und so löschen Sie eine App aus dem **Angeheftet**-Bereich im Startmenü:

1. Öffnen Sie das Startmenü wie gewohnt über einen Klick auf [Start-Symbol] in der Taskleiste oder über die Taste [Windows-Taste] auf Ihrer Tastatur.

2. Suchen Sie sich nun eine unerwünschte App (1) aus. Ein rechter Klick darauf öffnet auch hier ein Kontextmenü. Wählen Sie dort mit einem linken Mausklick den Befehl **Von "Start" lösen** (2).

**MERKE**

Verwirrung à la Windows 11: Um eine App im Bereich **Angeheftet** zu entfernen, müssen Sie sie **Von "Start" lösen** ...

Damit verschwindet die Kachel und lässt Freiraum für Ihre eigenen Symbole.

Wie vorhin am Beispiel von OpenOffice gezeigt, können Sie jedes beliebige Programm zum schnellen Aufruf in den

**Angeheftet**-Bereich einfügen und somit auch entfernte Programme dort jederzeit wieder platzieren.

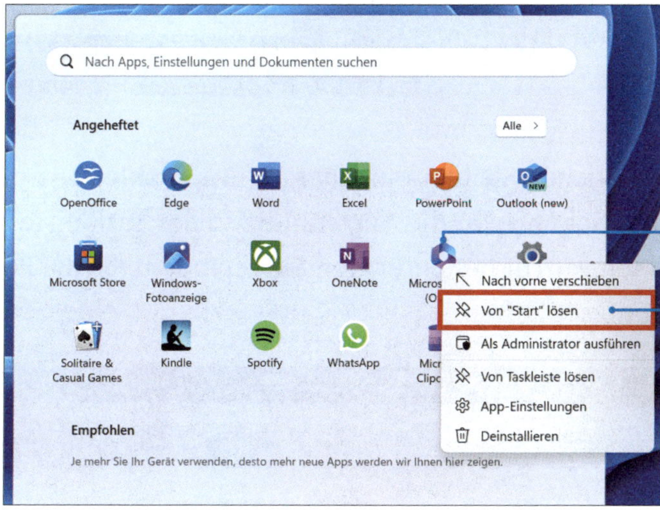


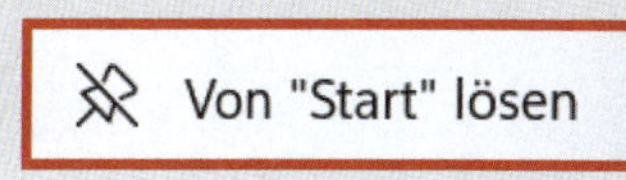


## Programme an die Taskleiste anheften

Sie können OpenOffice und jede andere App auch in der Taskleiste, also am unteren Rand des Bildschirms, verankern und diese damit ohne den Klick ins Startmenü ausführen. Wir machen das exemplarisch mit dem Programm für digitale Bilder, der Windows-Fotoanzeige:

**MERKE**

In der Taskleiste können beliebige Programme zum Schnellstart angeheftet werden.

1. Öffnen Sie die gewünschte App über das Startmenü . Sofort wird das Programm geladen, und das Symbol erscheint wie gewohnt in der Taskleiste ❶.

2. Klicken Sie mit der rechten Maustaste darauf, und es öffnet sich ein Kontextmenü.

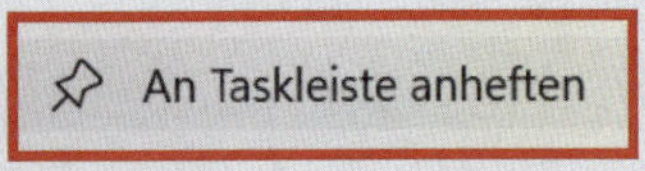


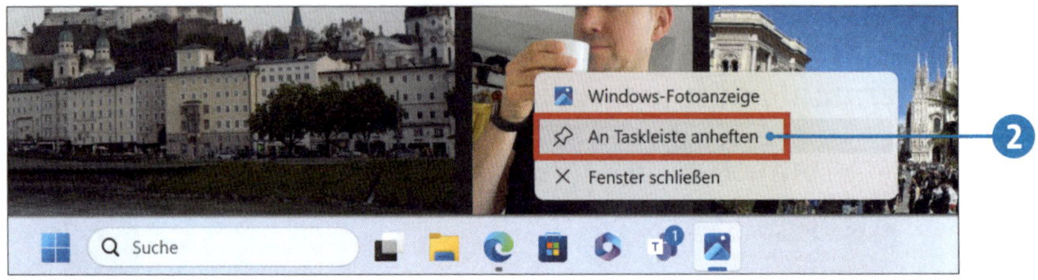


**3.** Klicken Sie hier nun aber auf **An Taskleiste anheften** ②. Schon steht die App ständig in der Taskleiste zum direkten Aufruf bereit. Prüfen Sie es, indem Sie die Fotos-App nun schließen.

**4.** Haben Sie in der Taskleiste nach und nach sehr viele Apps angeheftet, wird es unübersichtlich. Wenn Sie eine App nicht mehr alltäglich benötigen, klicken Sie mit einem rechten Mausklick auf das Symbol ③, um das Kontextmenü zu öffnen, und klicken Sie dort mit der linken Maustaste auf **Von Taskleiste lösen** ④. Auf diese Art verschwindet die entsprechende App wieder aus der Taskleiste. Auch hier steht Ihnen das Programm natürlich weiterhin im Startmenü in der Liste aller Apps zur Verfügung.

KAPITEL 16

# Daten schützen und Sicherheit am Computer

Sicherheit am Computer ist ein wichtiges Thema. Sicher haben Sie schon von ihnen gehört: von sogenannten *Hackern*, die sich Zugriff auf fremde Systeme verschaffen und Daten stehlen, von *Trojanern*, mit denen Inhalte unter Windows ausspioniert werden, und *Viren*, die einen Computer komplett lahmlegen können. All das ist zwar Realität in der Computerwelt, aber noch lange kein Grund zur Panik. Denn was in einem Unternehmen zum Schutz ganz normal ist – Türen abschließen, Alarmanlage scharf schalten, eine Empfangsdame an den Eingang setzen und einen Hausmeister für die Wartungsarbeiten engagieren –, das wird für Sie bald auch am Computer zur Routine. Wir zeigen Ihnen, wie Sie ein zusätzliches Benutzerkonto für Ihre Partnerin oder Ihren Partner anlegen, Ihr Passwort ändern und die Bordmittel von Windows 11 nutzen, um gegen die Bedrohungen aus dem Internet bestmöglich gewappnet zu sein. Und natürlich lernen Sie, wie Sie Ihren Computer auf dem neuesten Stand in Sachen Software (also Apps und Programme) halten.

## Von Viren, Hackern und Datenspionen

Ein Computer mit Internetanschluss öffnet sprichwörtlich das Tor zur Welt, aber damit auch Schlupflöcher für zwielichtige bzw. kriminelle Aktivitäten von außen. Sprich, ohne ausreichenden Schutz von Windows 11 können sich theoretisch Hacker und Datenspione Zugriff auf Ihren Rechner und Ihre Daten verschaffen. Doch auch das sei gesagt: Die Wahrscheinlichkeit, dass dies passiert, ist auf den Einzelfall bezogen immer noch ausgesprochen gering. Eher spielt die eigene Unvorsichtigkeit eine Rolle, wenn Sie also einem Internetbetrüger Ihre sensiblen Daten selbst aktiv preisgeben. Die echten »Angriffe« werden nämlich gar nicht von einzelnen Betrügern, sondern meist von einer ganzen Armada an Computersystemen durchgeführt. Sie sind also dabei niemals persönlich im Visier, sondern wären aus purem Zufall davon betroffen. Daher unsere große Bitte: Lassen Sie sich nicht in Panik versetzen, sondern treffen Sie einfach alle nötigen Vorkehrungen, um auf der sicheren Seite zu bleiben.

**ACHTUNG!**

Auch wenn es die Hersteller von Sicherheitssoftware propagieren – Sie brauchen keine zusätzliche Virenschutzsoftware, die Lösung von Microsoft schützt Sie ausreichend und sicher. Teilweise sind bei Computern von Haus aus Testversionen von Antivirenprogrammen installiert, die Sie lautstark zum Kauf überreden wollen. Ignorieren Sie das einfach.

Im Folgenden erklären wir Ihnen kurz, was tatsächlich hinter den Begriffen steckt, mit denen – fernab von sachlichen Hintergrundinformationen – oft unnötig Angst und Schrecken verbreitet wird:

- **Viren – die digitalen Schädlinge**
  Seit es Computer gibt, gibt es wohl auch Viren. Das sind kleine Programme, die sich auf Ihrem System einnisten und, ganz wie im richtigen Leben, größere oder kleinere »Krankheiten« verursachen könnten. Viren, die auf einen Computer gelangen, können dort entweder Daten zerstören oder einfach nur lästig sein und beispielsweise

die Tastatur sperren oder Programme abstürzen lassen. Viren stehlen in der Regel keine Daten, sondern sind nur darauf bedacht, Schaden anzurichten. Sie kommen häufig per E-Mail-Anhang und gut getarnt als Präsentation oder Dokument zu Ihnen. Die gute Nachricht lautet: Windows 11 hat einen perfekten Infektionsschutz parat, der Virenangriffe automatisch abwehrt. Mehr dazu lesen Sie ab Seite 392.

- **Hacker – die flexiblen Datendiebe**
  Wir können Sie beruhigen: Es gibt keine Hacker, die sich genau auf Ihren PC eingeschossen haben und hier gezielt Daten oder Bankverbindungen stehlen. Vielmehr stecken dahinter ausgefuchste Kriminelle, die mit hochgerüsteten Computerservern durchs Internet jagen und schauen, auf welchen PC sie unkompliziert Zugriff erlangen. Im Grunde genommen handeln Datendiebe wie eine organisierte Einbrecherbande, die durchs Wohngebiet zieht und unverschlossene Verandatüren ausspäht. Ist die Tür verschlossen, verlieren die Hacker direkt das Interesse. In jedem Fall sind Sie mit Windows 11 schon bestens ausgerüstet – mit der sogenannten *Firewall* verfügen Sie sogar über eine meterhohe Mauer um Ihren Computer herum, die Sie genau vor solchen Hackerangriffen schützt. Mehr dazu erfahren Sie ab Seite 392.
- **Phishing – die Passwortfischer auf krimineller Fahrt**
  Das Kunstwort *Phishing* kommt vom englischen *password fishing*. Damit ist der Vorgang gemeint, dass Kriminelle Ihre Zugangsdaten im Internet stehlen wollen, z. B. beim Onlinebanking oder in Onlineshops. Die Masche läuft häufig per E-Mail ab – Sie bekommen falsche Mahnungen oder E-Mails, die angeblich von Ihrer Bank stammen, aber letztlich auf völlig andere Internetseiten leiten. Hier sind Sie nun selbst gefordert, nicht darauf zu

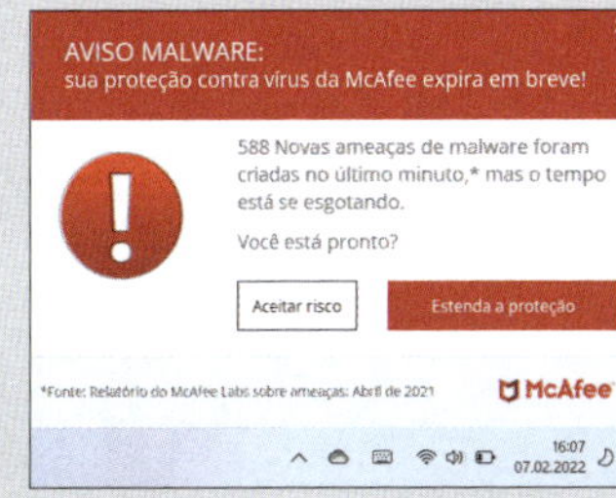


Dieser Hinweis eines Virensoftwareherstellers sieht selbst wie ein Virus aus und versucht, Ihnen Angst zu machen.

reagieren. Wir haben Ihnen dazu in Kapitel 10, »Mit Outlook E-Mails versenden und Termine planen«, ab Seite 272 erklärt, woran Sie solche E-Mails erkennen können.

- **Ausspionieren durch Microsoft und andere Softwarehersteller**
  Wir als Autoren hören immer wieder, dass Menschen Angst davor haben, von Microsoft, Facebook, Google und anderen Softwareherstellern ausspioniert zu werden. Klar ist, jedes Unternehmen versucht, möglichst viele Daten von Ihnen zu sammeln. Google nutzt sie beispielsweise, um Ihnen gezielte Werbeangebote im Internet zu unterbreiten. Dagegen interessiert es wirklich keines der Unternehmen, wo Sie im Internet unterwegs waren. Fakt ist: Dank der *Datenschutz-Grundverordnung* (DSGVO) können Sie die Preisgabe von Daten schon bei der Installation einschränken. So hatten Sie bei der Einrichtung von Windows 11 in vielen Fällen die Wahl, zuzustimmen oder eben auch abzulehnen. Noch wichtiger ist, dass auch hier Panik fehl am Platz ist, denn seriöse Unternehmen sammeln zwar Ihre Daten und nutzen diese meist für maßgeschneiderte Angebote oder den Bedienungskomfort am Computer, machen damit aber nichts Illegales. Wir wollen das der Vollständigkeit halber erwähnen, da die »Datensammelwut« vieler Unternehmen gerne in einem Atemzug mit den vorher genannten Bedrohungen am Computer erwähnt wird.

## Schutz nach außen – die Windows-Sicherheit

Windows 11 hat mit der *Windows-Sicherheit* einen wackeren Kämpfer an Bord, der sich um das Thema Sicherheit kümmert. Die Funktion ist standardmäßig auf Ihrem

Computer installiert und aktiviert. Wir werfen einen Blick hinein, um uns anzuschauen, worum sich die Windows-Sicherheit so alles kümmert:

1. Öffnen Sie im Startmenü die Einstellungen, und wählen Sie dort die Kategorie **Datenschutz und Sicherheit**.

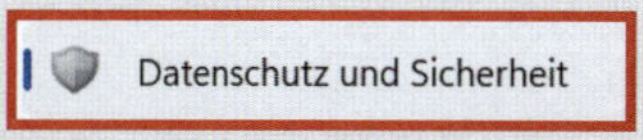

2. Klicken Sie dort auf die Schaltfläche **Windows-Sicherheit** 1, um den gleichnamigen Dialog zu öffnen.

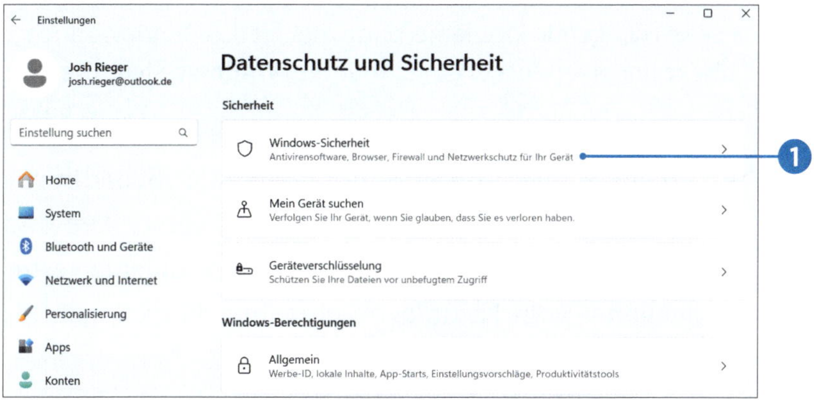

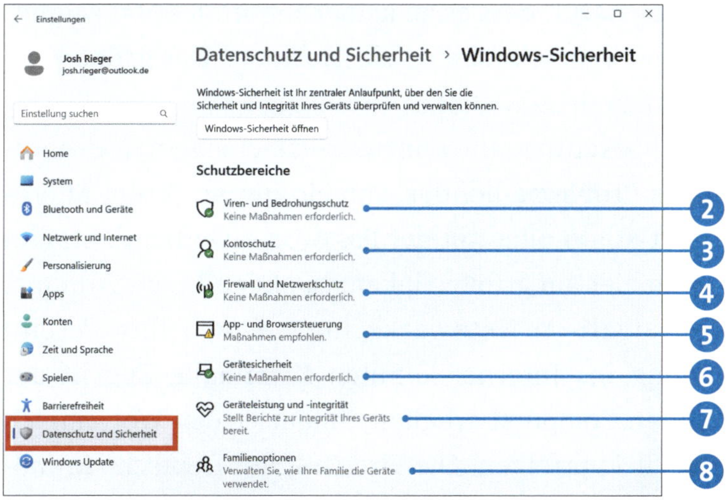

### Was ist bei Problemen zu tun?

Erscheint bei einem Symbol ein gelbes Ausrufezeichen, ist das ein Hinweis auf ein eventuelles Problem im entsprechenden Bereich. Normalerweise sind diese Probleme alle leicht zu beheben. Ist Ihr Computer z. B. mehrere Tage lang nicht mit dem Internet verbunden gewesen, könnte beim Virenschutz die Meldung erscheinen, dass dieser nicht aktualisiert werden konnte. Nach dem Anschließen des Computers ans Internet verschwindet die Meldung von selbst. In der Regel gilt: Sie können hier gerne auf den entsprechenden Bereich klicken und Lösungsvorschläge von Windows lesen. Meist sind diese direkt durchführbar. Aber seien Sie versichert: Gibt es wirklich schwerwiegende Probleme, dann meldet das Windows auch direkt und »versteckt« es nicht unter **Windows-Sicherheit**.

2 **Viren- & Bedrohungsschutz**: Digitale »Schädlinge« können sich in E-Mails und Dateien verstecken und auf Ihrem Computer verschiedenste Probleme verursachen – vom Lahmlegen einzelner Funktionen bis hin zum Totalausfall des Systems. Daher sorgt der **Viren- & Bedrohungsschutz** mit einer Früherkennung dafür, dass es zu keiner Vireninfektion kommt. Jeder Versuch wird direkt blockiert. Das grüne Häkchen bedeutet: alles in Ordnung.

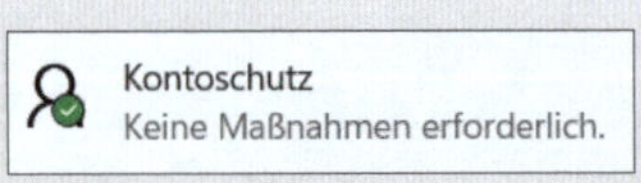


3 **Kontoschutz**: Im **Kontoschutz** erscheinen eventuelle Probleme bei der Anmeldung an Ihrem Microsoft-Konto oder mit der Passwortsicherheit. Befindet sich hier ein grüner Haken, ist aber alles in Ordnung.

4 **Firewall- & Netzwerkschutz**: Durch Ihre Verbindung ins Internet könnten Kriminelle Zugriff auf Ihren Computer erhalten, indem sie den Weg einfach zurückverfolgen. Die Firewall, auf Deutsch »Brandschutzmauer«, blockiert solche Angriffe effektiv und führt Kontrollen durch, damit nur autorisierte Daten,

wie von Ihnen gestartete Downloads, den Weg auf Ihren Computer finden.

5 **App- & Browsersteuerung**: Standardmäßig sind die Einstellungen hier so angelegt, dass unbekannte Programme vor einer Installation mit einer Warnmeldung aufwarten. Zudem werden Sie im Internetprogramm *Microsoft Edge*, Ihrem Windows-11-eigenen Browser, mit dessen Hilfe Sie im Netz surfen, ebenfalls gewarnt, wenn Sie versehentlich potenziell schädliche Daten herunterladen möchten oder gefährliche Webseiten besuchen. An unserem Computer ist dieser Service aktuell deaktiviert, und daher sehen Sie hier ein gelbes Ausrufezeichen. Falls das bei Ihnen auch der Fall ist, sollten Sie diese Funktion aktivieren. Im Kasten folgt die Erklärung dazu.

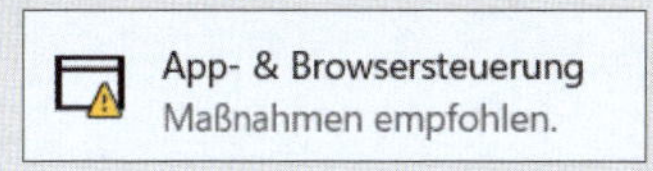


6 **Gerätesicherheit**: Hier wird es hochtechnisch, und selbst als IT-Profi kann man in diesem Bereich keine wirklich sinnvollen Einstellungen vornehmen. Wie gut, dass hier in aller Regel **Keine Maßnahmen erforderlich** sind.

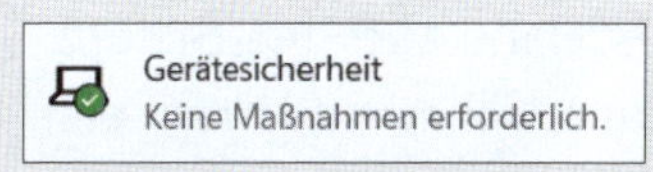


7 **Geräteleistung und -integrität**: Hier werden Probleme angezeigt, die Windows 11 selbst oder die Hardware betreffen, beispielsweise ein schwacher Akku am Notebook oder Ähnliches.

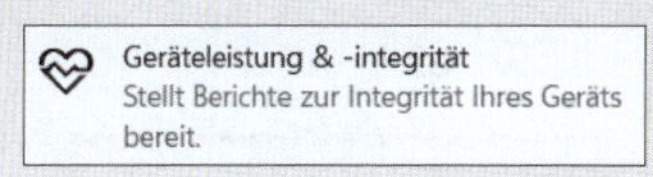


8 **Familienoptionen**: Windows 11 kann den Zugriff für die Enkel ziemlich effektiv einschränken. Gerade, was die Nutzung des Internets angeht, können Sie hier, sofern Sie ein Familienkonto eingerichtet haben, mit einer Art Kindersicherung dafür sorgen, dass die lieben Kleinen nur das anschauen können, was sie auch anschauen sollen, und das auch nur innerhalb der festgelegten Nutzungszeit.

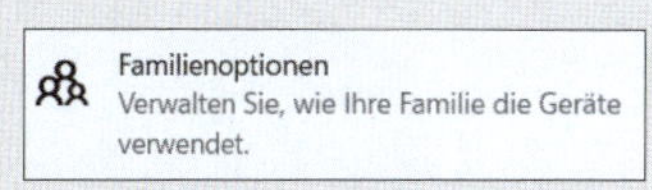

Tatsächlich gibt es hier, von einer kleinen Aktivierung abgesehen, aktuell nichts zu tun – daher schließen Sie über einen Klick rechts oben auf das × das Fenster **Windows-Sicherheit**, womit zugleich auch die Windows-Einstellungen selbst geschlossen werden.

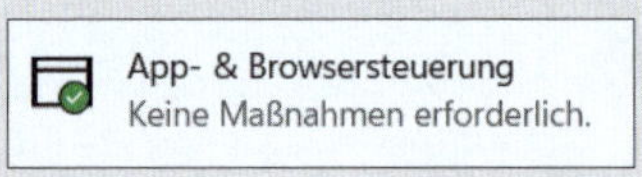


### Sicherheit »unter der Haube« aktivieren

Um das Problem mit der Sicherheit zu beheben, sind leider ein paar Schritte erforderlich: Klicken Sie auf den Bereich der **App- & Browsersteuerung**, der gleichzeitig als Schaltfläche fungiert. Es wird ein neues Fenster geladen. Hier suchen Sie die Schaltfläche **Aktivieren** 9 bei **Zuverlässigkeitsbasierter Schutz**. Schließen Sie dieses Fenster danach mit einem Klick auf das × rechts oben. Sie gelangen dann wieder zur Übersicht (siehe Seite 393). Noch immer steht hier aber das Ausrufezeichen bei der **App- & Browsersteuerung**. Das verschwindet erst, wenn Sie die **Einstellungen** schließen und nochmals in den Bereich **Datenschutz & Sicherheit** klicken.

Mit einem grünen Haken ist dann auch hier Schutz und Sicherheit garantiert.

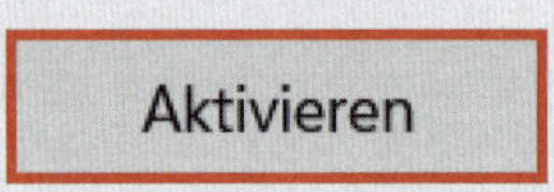


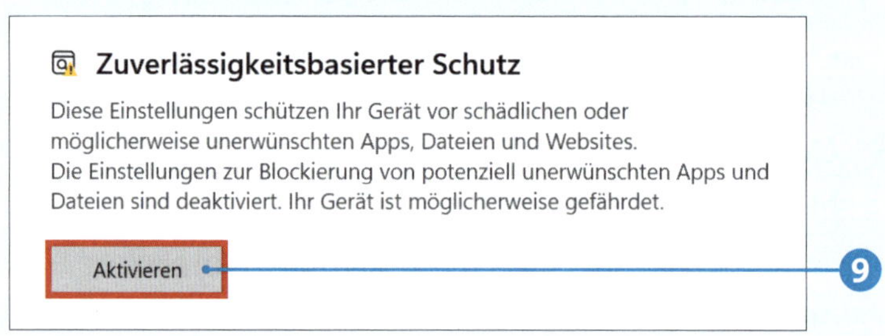


## Windows Update – immer aktuell

**MERKE**

Sie benötigen eine Internetverbindung, um die automatischen Updates von Windows 11 zu erhalten.

Kümmert man sich nicht um seine Firma, dann wird sie irgendwann baufällig – und genauso ist es auch bei Ihrem Windows 11, das regelmäßig erneuert wird. Darum kümmert sich aber Ihr Betriebsleiter Windows 11 ganz ohne Ihr Zutun – vorausgesetzt, Sie stellen ihm die dafür notwendigen Mittel zur Verfügung. Damit Ihr Windows 11 nämlich regelmäßig die sogenannten *Updates* erhält, die Systemfehler beheben, Programme aktualisieren und Sicherheitslücken stopfen, ist eine Internetverbindung Grundvoraussetzung. Ohne sie läuft nichts.

Sie können die automatischen Updates allenfalls etwas aufschieben, aber nicht abschalten. Und Sie sollten eines bitte beachten: Schalten Sie den Computer nicht einfach während seiner Renovierungsarbeiten ab! Da anstehende Aktualisierungen nicht nur meist beim Beenden bzw. Herunterfahren, sondern auch beim Systemstart von Windows ausgeführt werden, müssen Sie also manchmal ein wenig Geduld aufbringen.

**MERKE**

Sie können die Updates nicht deaktivieren.

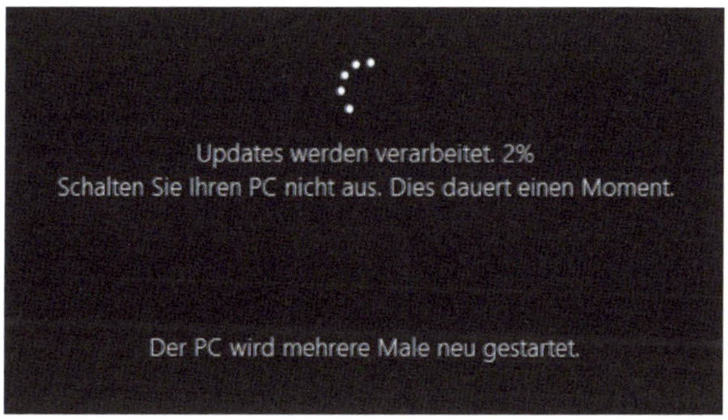


Wenn Sie selbst nachschauen möchten, ob Ihr Computer auf dem neuesten Stand ist, geht das folgendermaßen:

1. Öffnen Sie mit einem Klick auf das Startmenü, und klicken Sie auf das Symbol für die Einstellungen.

2. Wählen Sie in den **Windows-Einstellungen** den Bereich **Windows Update** ① aus. Rechts sehen Sie (zumindest in unserem Beispiel), dass Windows 11 tatsächlich ein Update bereithält und ein Neustart erforderlich ist ②.

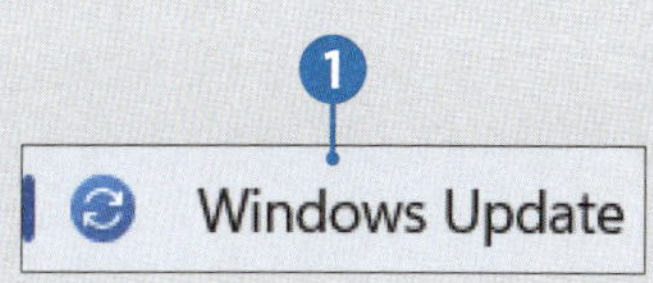

**MERKE**

Die Nutzungszeit ist jene Zeit, in der Sie am Computer arbeiten. Windows 11 lernt Ihr Verhalten kennen und wird die Updates daher nicht in diesem Zeitraum installieren. Voraussetzung für diesen Service ist allerdings, dass Ihr Computer nicht vollständig ausgeschaltet ist, sondern nur im Ruhemodus weilt.

3. Entweder wird Ihr Computer außerhalb Ihrer normalen *Nutzungszeit* automatisch aktualisiert, oder Sie veranlassen die Aktualisierung mit einem Klick auf **Jetzt neu starten** 3 sofort. Wenn Sie dies wählen, wird der Computer neu gestartet. Sie sollten zuvor alle noch geöffneten Dateien sichern und die Programme und Apps schließen. Wollen Sie das Update später aufspielen lassen, schließen Sie das Fenster wie gewohnt über das ×-Symbol rechts oben. Windows wird Sie dann bei der nächsten Computernutzung erneut nach der Aktualisierung fragen.

Liegen aktuell keine Updates vor oder haben Sie gerade erst den Computer aktualisiert, sehen Sie den folgenden Bildschirm, wenn Sie **Windows Update** in den Einstellungen aufrufen. Sie können nun entweder erneut **Nach Updates suchen** 4 oder das Fenster mit einem Klick auf das × rechts oben einfach schließen.

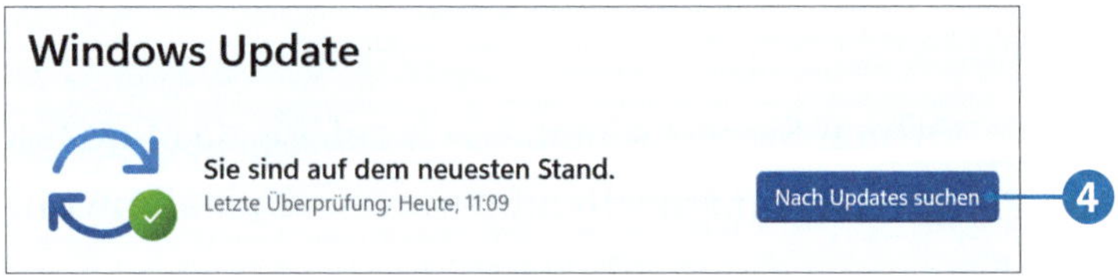

## Ein weiteres Benutzerkonto anlegen

In einem Großraumbüro wird es schnell ungemütlich: Der Locher fehlt, Stifte verschwinden, Ordner stehen nicht mehr am gewohnten Platz, und der Kollege hat seine schmutzige Tasse wieder auf anderer Leute Schreibtisch abgestellt. Daher ist ein eigenes, abschließbares Büro natürlich erstrebenswert. Auch am Computer zu Hause können Sie praktischerweise für jeden Benutzer eigene »Büros« anlegen. Dort kann jeder ungestört arbeiten.

Diese Bereiche sind strikt getrennt. Egal, ob Dokumente, E-Mails oder Bilder – es gibt keinen gleichzeitigen Zugriff. Hier zeigen wir Ihnen nun, wie Sie für Ihren Partner oder Ihre Partnerin in wenigen Schritten ein eigenes *lokales Benutzerkonto* auf Ihrem Computer einrichten:

1. Klicken Sie im geöffneten Startmenü in der Schnellstartleiste links unten auf das Symbol für die Einstellungen . Es öffnet sich die Übersicht **Windows-Einstellungen**.

2. Wählen Sie in der Übersicht über alle Einstellungen mit einem Klick die Kategorie **Konten** aus.

3. Dort wählen Sie mit einem Klick den Punkt **Weitere Benutzer** aus.

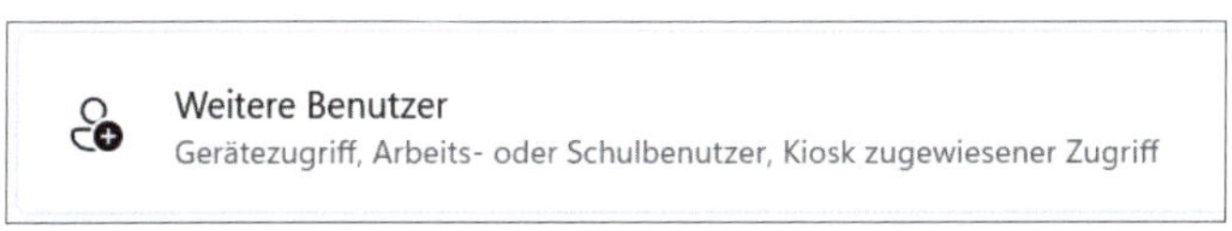


4. Klicken Sie bei **Weiteren Benutzer hinzufügen** ❶ auf **Konto hinzufügen** ❷.

**MERKE**

Wird der Computer von mehreren Personen genutzt, sollte für jede Person ein eigenes Benutzerkonto angelegt werden.

**MERKE**

Wir legen hier ein lokales Benutzerkonto an. Dazu benötigt der Benutzer kein Microsoft-Konto, die gesamten Onlinedienste wie OneDrive oder der Store sind daher auch nicht verfügbar.

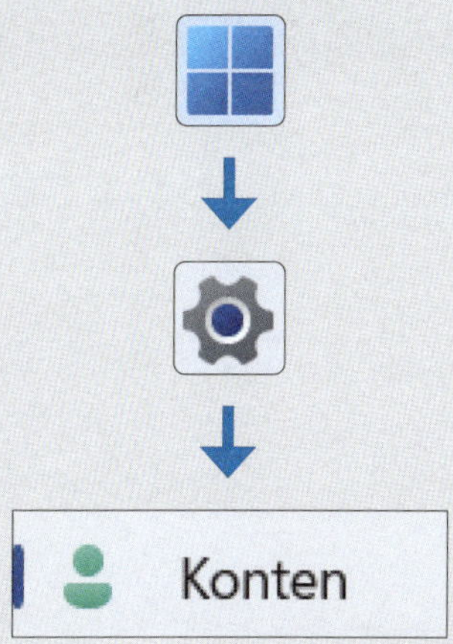

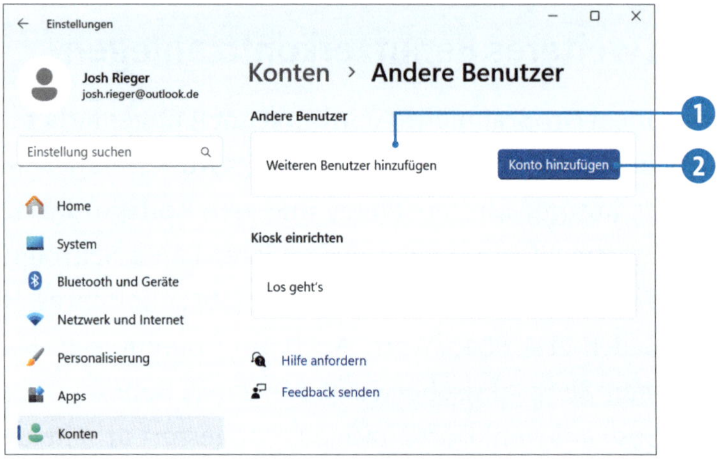


**5.** Jetzt sind dennoch einige Angaben zur Person erforderlich, und natürlich fordert Microsoft auch gleich wieder eine E-Mail-Adresse, sodass Sie auf diesem Weg ein Microsoft-Konto für den neuen Benutzer einrichten. Genau das wollen Sie aber vermeiden – und das können Sie auch: Klicken Sie einfach auf **Ich kenne die Anmeldeinformationen für diese Person nicht** 3.

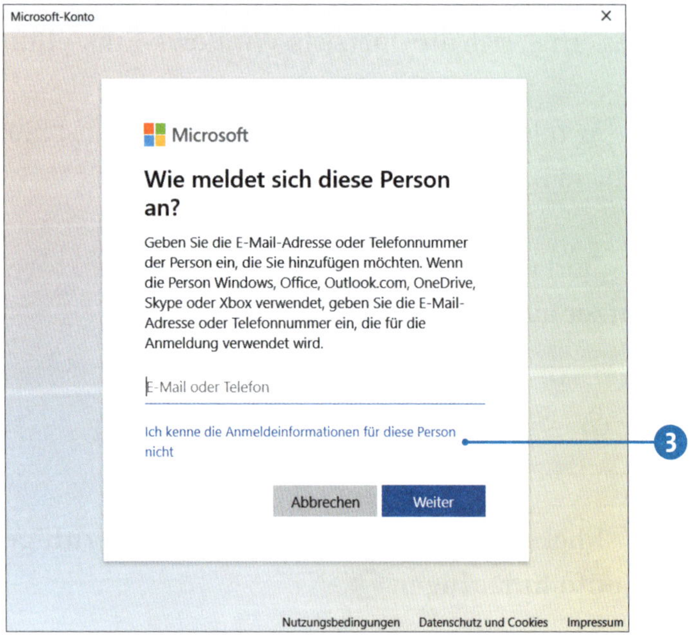

**6.** Windows 11 lässt aber immer noch nicht locker und will im folgenden Bildschirm für den neuen Benutzer direkt ein neues Microsoft-Konto anlegen **4**. Das wollen wir aber nicht. Daher klicken Sie hier auf den kleinen blauen Hinweis **Benutzer ohne Microsoft-Konto hinzufügen** **5**.

**7.** Jetzt endlich dürfen Sie ein normales lokales Benutzerkonto erstellen. Tippen Sie mit der Tastatur einen Benutzernamen in das entsprechende Feld ein **6**, und vergeben Sie ein Kennwort **7**. Zur Sicherheit müssen Sie es erneut eintippen **8**.

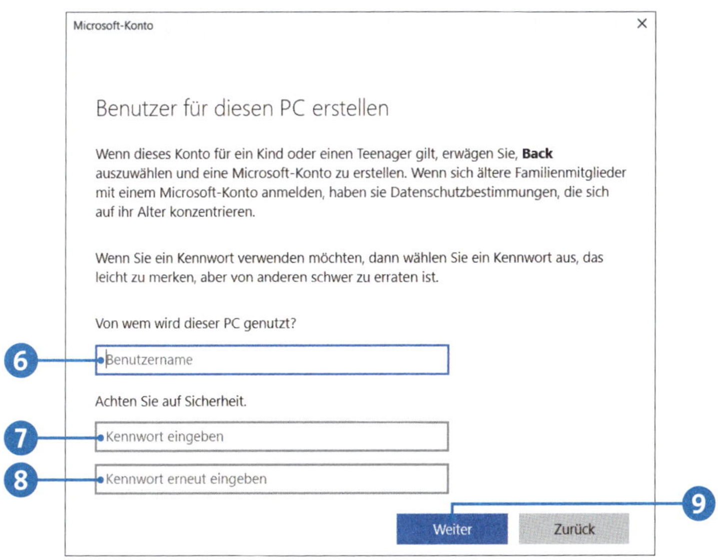


## MERKE

Microsoft ist sehr hartnäckig, was das Microsoft-Konto betrifft. Lassen Sie sich davon nicht irritieren. Letztlich versucht das Unternehmen natürlich, über das Microsoft-Konto Daten zu sammeln und Ihnen den Weg in den Microsoft Store und zu seinen anderen Diensten zu ebnen. Für einen weiteren Benutzer am Computer ist das aber meist gar nicht notwendig.

Benutzername
↓
Kennwort
↓
Kennwort wiederholen
↓
nacheinander drei Sicherheitsfragen auswählen und im Feld darunter beantworten
↓
**Weiter**

8. Aktuell bringt ein Klick auf **Weiter** (9) noch gar nichts, Sie müssen weiter nach unten scrollen. Denn hier müssen die folgenden *Sicherheitsfragen* (10) hinterlegt werden, falls Sie Ihr Kennwort bei der Anmeldung mehrfach falsch eingegeben oder vergessen haben. Mithilfe dieser Fragen können Sie sich dann trotzdem anmelden. Die Fragen wählen Sie nacheinander in den Feldern **Sicherheitsfrage 1**, **Sicherheitsfrage 2** und **Sicherheitsfrage 3**. Dazu klicken Sie auf den Pfeil am rechten Rand des Feldes (11). Dadurch öffnet sich ein Auswahlmenü. Sie müssen alle drei Fragen in den jeweiligen Antwortfeldern darunter beantworten, d. h. drei gut zu merkende Schlüsselbegriffe zu den Fragen über die Tastatur eingeben. Mit einem Klick auf **Weiter** (12) schließen Sie das Anlegen des neuen Benutzers ab.

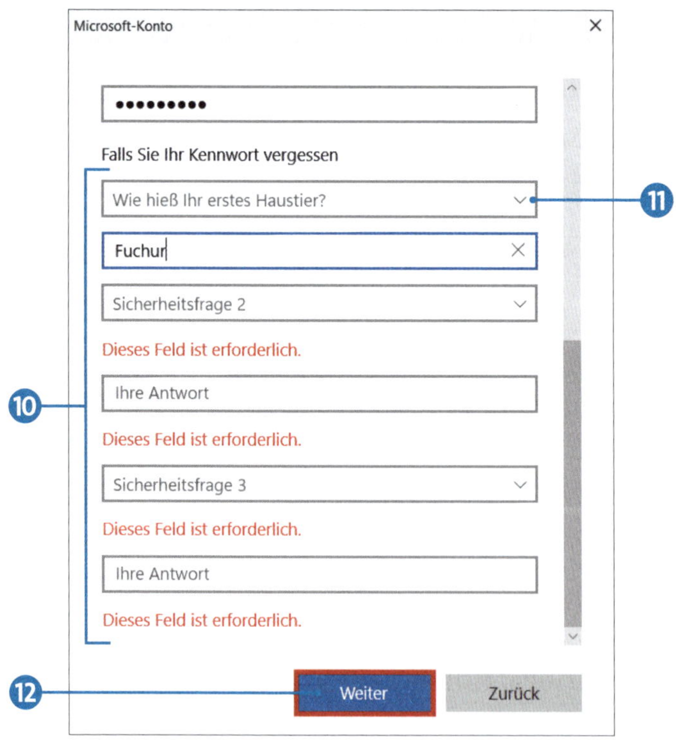

Sie werden direkt wieder in den Bereich **Familie & andere Benutzer** gebracht. Im unteren Bereich (gegebenenfalls müssen Sie ein wenig nach unten scrollen) befindet sich nun das neu angelegte Benutzerkonto ⑬.

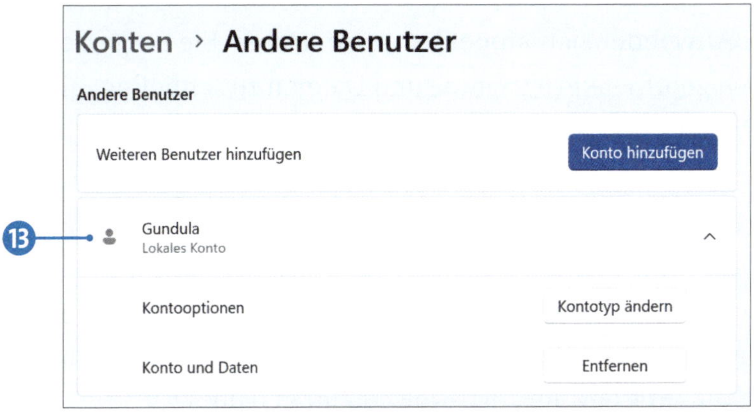


## Zwischen Benutzern wechseln

Nun stellt sich die Frage, wie sich unsere im vorigen Beispiel angelegte Gundula anmelden kann. Hier gibt es zwei Möglichkeiten:

- Anmelden, während ein weiterer Benutzer aktiv ist
- Anmelden beim Systemstart

Wir zeigen Ihnen die erste Methode, denn die zweite Möglichkeit ist ab Schritt 3 komplett identisch in der Durchführung. Und so können Sie direkt aus Windows 11 heraus den Benutzer wechseln:

1. Klicken Sie auf das Startmenü-Symbol und in der Schnellstartleiste links nun gleich auf das Symbol für den Benutzer.

**MERKE**

Im Bereich **Familie & andere Benutzer** werden alle Benutzer am Computer aufgelistet. Hier können Sie auch sehen, mit welcher Art von Benutzerkonto (lokal oder gegebenenfalls auch Microsoft-Konto) diese angemeldet sind.

**MERKE**

Je nachdem, ob Sie in Ihrem Konto ein Bild hinterlegt haben, kann das Icon für den Benutzer auch anders aussehen.

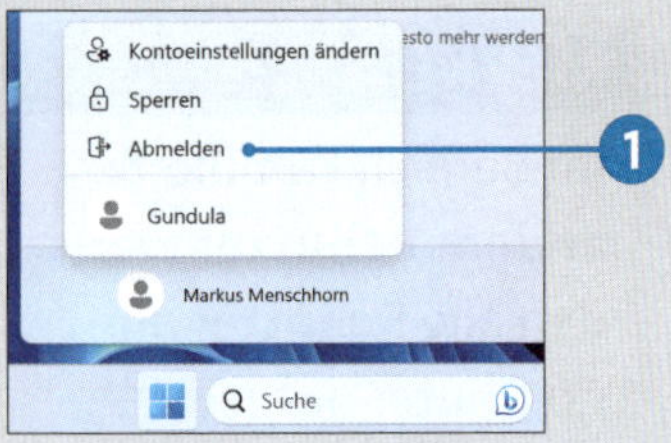


**ACHTUNG**

Beim Abmelden werden auch alle Programme geschlossen. Dateien in diesen Programmen sollten Sie also zuvor speichern und am besten auch selbst schließen.

2. In dem Menü, das nun erscheint, wählen Sie **Abmelden** 1. Das bedeutet, dass Windows mit all Ihren persönlichen Dateien und Anpassungen (z. B. im Startmenü oder auch beim Sperrbildschirm) sowie eventuell noch geöffneten Programmen komplett geschlossen wird und ein anderer Anwender sich anmelden kann. Haben Sie vergessen, noch geöffnete Programme und Dateien zu schließen, gibt Windows Ihnen einen Hinweis.

3. Jetzt erscheint der Anmeldebildschirm, in dem Sie unten links nicht nur Ihr eigenes Benutzerkonto 2, sondern auch die von Ihnen neu angelegten Konten für andere Benutzer 3 vorfinden. Wählen Sie das gewünschte Konto mit einem Klick aus, in unserem Fall Gundula 4.

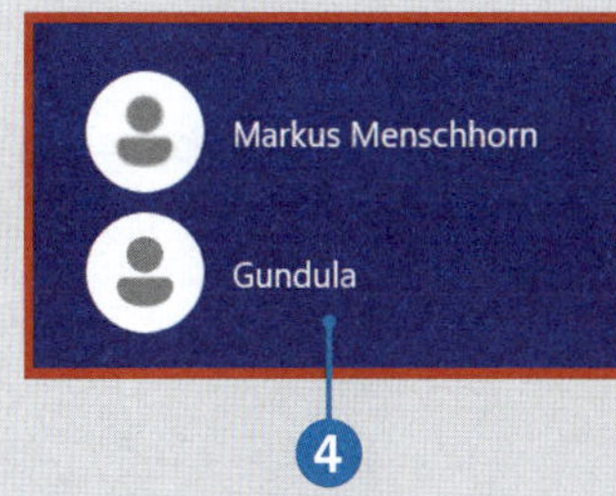


**4.** Sie gelangen nun zur Anmeldemaske für diesen neuen Benutzer, die in der Regel in einer anderen Farbe erscheint. Hier geben Sie das entsprechende Kennwort **5** ein und bestätigen mit der Taste [↵] oder klicken auf die Pfeil-Schaltfläche **6**, um die Anmeldung zu starten.

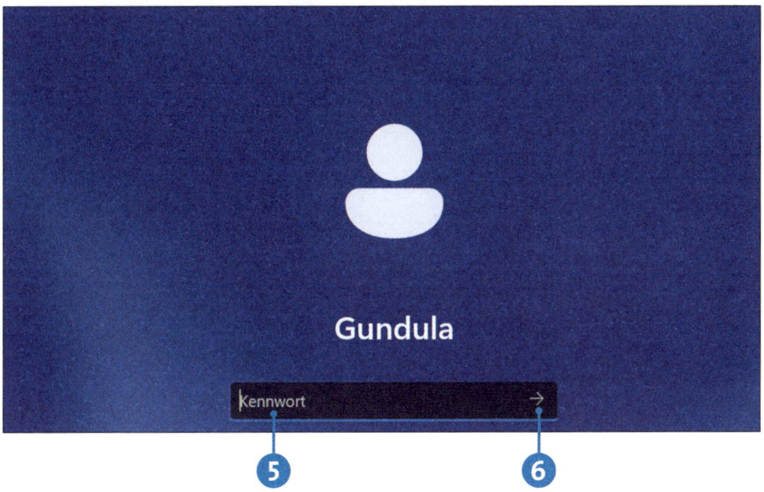


**5.** Beim ersten Start wird das Konto angelegt und eingerichtet, was einen kurzen Moment dauern kann. Der neue Benutzer muss dabei einige Abfragen absolvieren, denen Sie sich auch schon bei der Einrichtung von Windows 11 in Kapitel 2, »Den Computer mit Windows 11 starten«, ab Seite 57 stellen mussten. Allerdings entfällt bei einem *lokalen Benutzerkonto*, wie wir es jetzt angelegt haben, alles rund um das Microsoft-Konto. Nach Einrichtung des Kontos präsentiert sich dem neuen Benutzer ebenfalls ein neues Windows 11. Das heißt, es erscheint ohne die Programmsymbole, die Sie in der Taskleiste zwischenzeitlich hinzugefügt haben, und z. B. auch ohne Hintergrundbild, das Sie für Ihren Desktop alternativ ausgewählt haben. Lediglich die von Ihnen zusätzlich installierten Programme stehen auch dem neuen Benutzer zur Verfügung.

**6.** Um wieder zu Ihrem eigenen Benutzerkonto zu wechseln, wiederholen Sie einfach die gerade gezeigten Schritte.

KAPITEL 17

# Probleme beheben

Ihr Windows-11-Computer ist eigentlich ein zuverlässiges Gerät. Trotzdem kann es sein, dass er seinen Dienst verweigert. Das kann viele Ursachen haben, und ebenso vielfältig sind die Lösungen.

Um wieder das Bild Ihres Computers als Firma zu bemühen – von einem kaputten Dach über einen Aufstand aller Mitarbeiter bis hin zu einem Erdbeben ist alles möglich.

Wir haben in diesem Kapitel bewusst etwas »verrückte« Beispiele gewählt. Denn prinzipiell ist es eher unwahrscheinlich, dass Windows 11 den Dienst so versagt, dass gar nichts mehr zu retten ist. Auf den folgenden Seiten geben wir Ihnen für die gängigen Problemchen die passenden Lösungen an die Hand.

## Erste Hilfe mit Reset und dem Task-Manager

Vielleicht haben Sie schon einmal von Freunden und Verwandten gehört, meist in Verbindung mit kräftigem Fluchen, dass sich ein Programm »aufgehängt« hat. Damit wird, zugegebenermaßen nicht ganz fachmännisch, der Zustand bezeichnet, dass eine App auf dem Computer nicht mehr funktioniert, im laufenden Betrieb »einfriert« und keine Eingabe mehr möglich ist. Das kann aus den verschiedensten Gründen passieren, z. B. durch einen Fehler im Programm selbst oder durch einen Fehler in der Zusammenarbeit mit anderen Apps. Nicht immer ist nachvollziehbar, warum ein Programm nicht mehr arbeitet.

Ebenso unterschiedlich sind die »Symptome« – es kann sein, dass das Programm einfach gar nichts mehr macht oder dass sogar ein kleines Fenster erscheint, das auf ein Problem hinweist, aber meist keine befriedigende Lösung liefert. Auch ein Klick auf **Programm schließen** ① funktioniert hier nicht immer.

Dabei besteht erst einmal kein Grund zur Sorge, denn es gibt eine Möglichkeit, solch ein Programm mit einem Trick zu beenden, ohne Windows 11 und andere geöffnete Programme zu beeinträchtigen. Windows hält mit dem *Task-Manager* eine Art Erste-Hilfe-Koffer bereit, der Ihnen zur Seite steht. Bitte beachten Sie: Ist ein Programm während der Bearbeitung eines Dokuments oder Bildes »hängen geblieben«, gehen bei dieser Vorgehensweise noch nicht gesicherte Änderungen verloren. Der letzte Sicherungsstand Ihrer Arbeit bleibt aber erhalten.

**ACHTUNG!**

Wenn ein Programm über den *Task-Manager* zwangsweise beendet wird, gehen nicht gesicherte Änderungen an geöffneten Dateien verloren.

Und so aktivieren Sie den Task-Manager:

**1.** Drücken Sie die Tasten [Strg] + [⇧] + [ESC] gleichzeitig.

**2.** Nun öffnet sich der **Task-Manager**. Hier sind alle gerade aktiven Programme aufgelistet ❷.

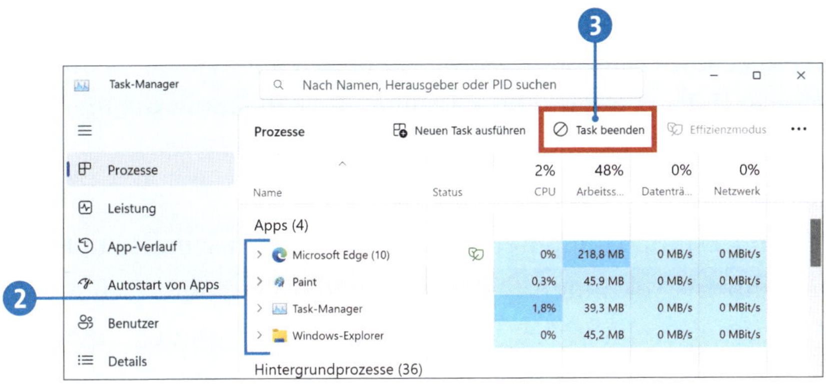


**3.** Wählen Sie mit einem Mausklick jenes Programm aus, das nicht mehr richtig funktioniert, und klicken Sie einmal auf **Task beenden** ❸.

**4.** Das gewählte Programm wird sofort und ohne Rückfrage zwangsweise beendet. Nicht gesicherte Dateien gehen dabei verloren.

Sie können nun das betroffene Programm im Anschluss wieder starten. Es sollte wieder einwandfrei funktionieren. Falls es erneut hängen bleibt, versuchen Sie es mit einem Neustart von Windows 11.

Öffnen Sie das Startmenü, klicken Sie links auf **Ein/Aus**, und wählen Sie in dem Menü, das sich jetzt öffnet, mit einem erneuten Mausklick **Neu starten** aus. Dieser Neustart wird auch *Warmstart* genannt.

## WAS TUN?

Drei Tasten auf einmal drücken? Das ist nicht wörtlich zu verstehen, denn Sie können die Tasten auch der Reihe nach betätigen, dürfen die zuerst gedrückten dabei aber nicht mehr loslassen: Also [Strg] drücken und halten, dann [⇧] dazu und gedrückt halten und dann noch [ESC] betätigen.

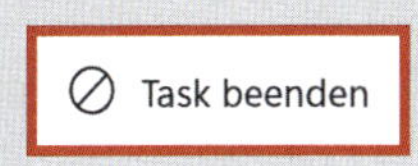


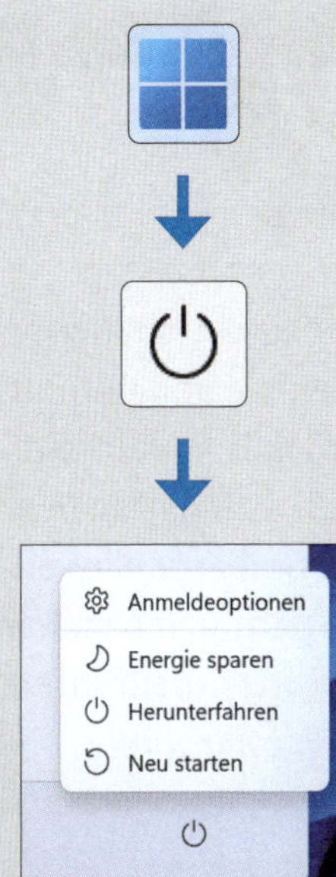

**MERKE**

Der sogenannte Warmstart, also der erneute Start bei laufendem Computer, hilft oft bei Problemen mit Programmen weiter.

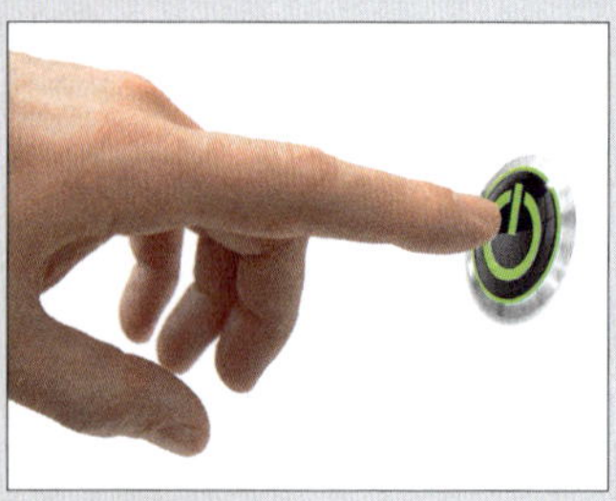

Über den Einschaltknopf können Sie den Computer notfalls im laufenden Betrieb abschalten (*Hard Reset*) und anschließend einen richtigen Neustart (Kaltstart) durchführen. *(Bild: Fotolia.com)*

Sollte weder die gezeigte Maßnahme im Task-Manager weiterhelfen (etwa auch, weil Sie erst gar nicht dorthin gelangen konnten) noch ein Neustart von Windows 11 eine Wirkung zeigen, gibt es ein letztes, recht effektives Wundermittel: den *Neustart* des Computers selbst, ein sogenanntes *Hard Reset*. Zwar wird dabei Windows 11 nicht ordnungsgemäß heruntergefahren, wie Sie das im Abschnitt »Praktische Übung im Startmenü – den Computer abschalten« ab Seite 74 gelernt haben und wie Sie es im Normalfall auch immer tun sollten, doch in einem solchen Ausnahmefall verzeiht der Computer Ihnen.

- Bei Desktop-Computern halten Sie den Einschaltknopf mehrere Sekunden gedrückt, bis der Computer wirklich ausgeschaltet ist. Warten Sie einige Sekunden, und schalten Sie den Computer wieder ein. Er sollte dann ganz normal starten und wieder funktionieren. Manche Desktop-Computer haben für diesen Neustart sogar einen separaten Knopf, der mit *Reset* beschriftet ist. Das bedeutet »zurücksetzen« und macht nichts anderes, als den Computer aus- und direkt wieder einzuschalten.
- Bei einem Notebook funktioniert es nach dem gleichen Prinzip: Halten Sie einfach den Einschaltknopf so lange gedrückt, bis das Display schwarz wird. Warten Sie mehrere Sekunden, und schalten Sie dann den Computer nochmals ein.
- Bei Tablets finden Sie den Einschaltknopf seitlich oder oben. Auch hier heißt es, ihn so lange gedrückt zu halten, bis das Display schwarz ist, um dann nach mehreren Sekunden das Gerät mit einem erneuten Druck wieder einzuschalten.

Wenn auch diese eher radikale Maßnahme nicht dazu führt, dass Ihr Computer im Anschluss wieder reibungslos und ohne Murren funktioniert, dann hilft der nächste Abschnitt weiter. Hier geht es darum, die Windows-Systemdateien durch das sogenannte *Auffrischen* zu reparieren.

**ACHTUNG!**

Die hier erläuterte Vorgehensweise ist mit unserer Schritt-für-Schritt-Anleitung zwar gut nachvollziehbar. Ziehen Sie jedoch, wenn möglich, zur Sicherheit jemanden zurate, der Ihnen dabei hilft.

## Wenn nichts mehr geht – Windows 11 auffrischen

Bleiben Programme oder sogar das gesamte Windows-System öfter hängen, dann macht das keine Freude mehr. In diesem Fall lohnt es sich, Windows 11 eine Frischzellenkur zu verpassen. Das geht erfreulicherweise mit wenigen Mausklicks und ein wenig Geduld. Sogar die persönlichen Daten aller Benutzer bleiben hierbei erhalten, wenn die richtige Option gewählt wird. Den Vorgang nennt man *PC zurücksetzen*. Wir zeigen Ihnen nun, wie Sie dafür vorgehen:

**MERKE**

Wird der PC zurückgesetzt, bleiben die persönlichen Daten erhalten.

1. Öffnen Sie das Startmenü, und klicken Sie in der Schnellstartleiste links auf das Zahnradsymbol.

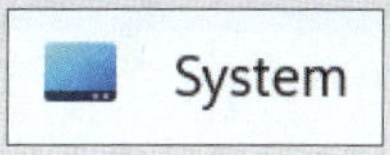


2. Klicken Sie auf die Kategorie **System**, und scrollen Sie ziemlich weit nach unten, bis **Wiederherstellung** ❶ erscheint. Klicken Sie bitte einmal darauf. Und wieder erscheint ein neues Fenster.

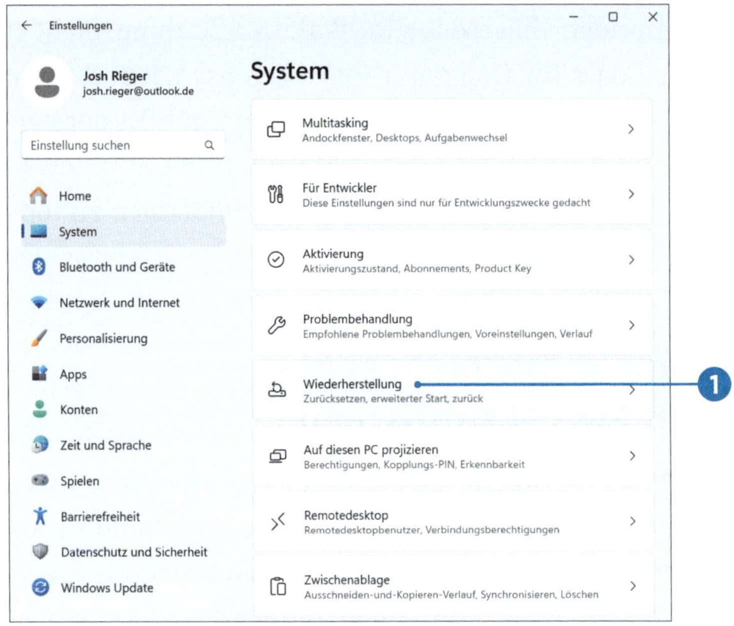


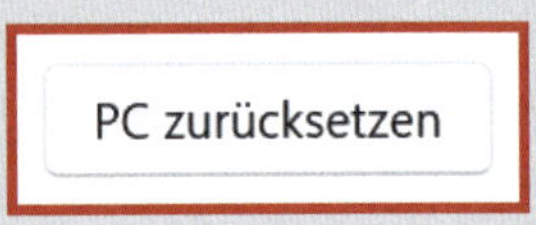


**3.** Hier klicken Sie rechts unten bei **Diesen PC zurücksetzen** auf **PC zurücksetzen** ❷.

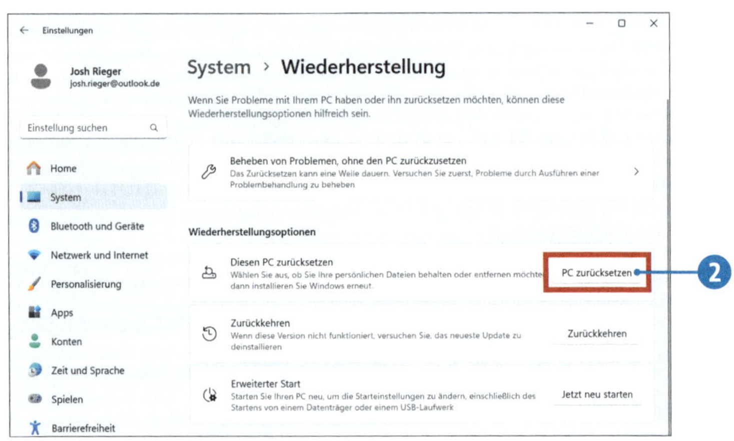


**4.** Jetzt wird es ernst – die folgende Auswahl bietet die Möglichkeit, dass Ihre Dateien erhalten bleiben oder aber dass alles gelöscht wird. Wir wollen ja nur Windows 11 auffrischen, also wählen Sie die erste Option **Eigene Dateien beibehalten** ❸ mit einem Mausklick aus.

**ACHTUNG!**

Auch bei der Option **Eigene Dateien beibehalten** werden die von Ihnen zwischenzeitlich selbst auf dem Computer installierten Apps und alle Ihre Anpassungen, wie z. B. ein eigenes Hintergrundbild, nicht erhalten. Mit dem Zurücksetzen finden Sie also Windows 11 selbst in seinem Originalzustand vor.

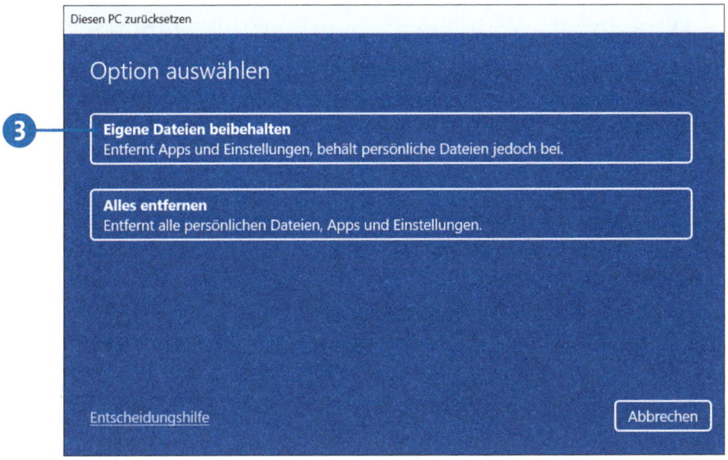


5. Windows 11 benötigt nun einen Moment, um alles vorzubereiten. An dieser Stelle können Sie das Zurücksetzen des Systems noch immer mit einem Klick auf **Abbrechen** beenden.

6. Die folgende Auswahl ermöglicht es Ihnen, Windows 11 entweder in der aktuellsten Version »fangfrisch« aus dem Internet zu installieren 4 oder auf die Wiederherstellungsversion zurückzugreifen, die auf Ihrer Festplatte auf dem Computer automatisch hinterlegt ist 5. Wenn Sie eine flotte Internetverbindung besitzen, wählen Sie mit einem linken Mausklick am besten den **Cloud-Download**, ansonsten die **Lokale Neuinstallation**.

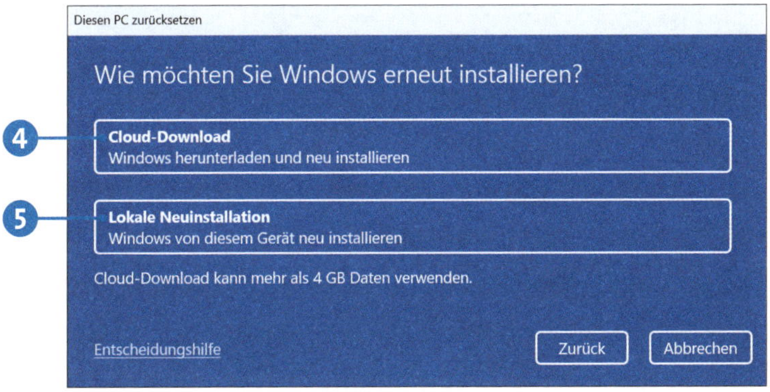

**7.** Danach folgt eine Zusammenfassung. Haben Sie ein Notebook oder Tablet, schließen Sie es bitte an die Stromversorgung an, denn es sollte während des Zurücksetzens nicht zu einer unerwünschten Unterbrechung kommen. Klicken Sie hier auf **Weiter**.

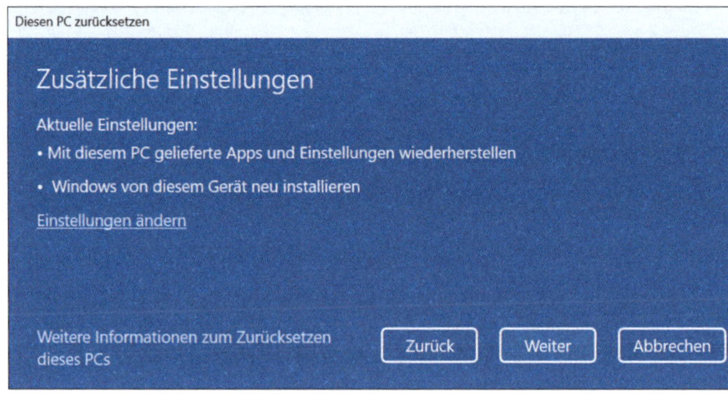

**8.** Hier klicken Sie schließlich auf **Zurücksetzen** ❻, um Windows 11 nun auf Ihrem PC neu zu installieren, dabei aber Ihre Dateien und Fotos zu behalten.

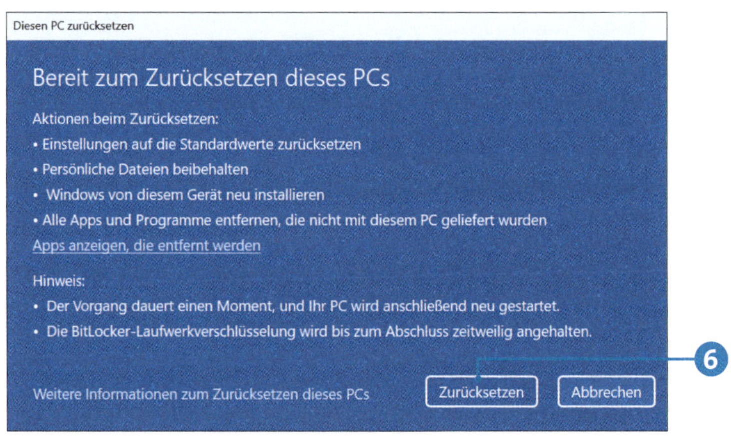


**ACHTUNG!**

Die hier folgend gezeigte Vorgehensweise löscht sämtliche Daten Ihres Computers. Bitte gehen Sie dabei exakt nach Anleitung vor! Lassen Sie sich im Zweifelsfall dabei helfen.

Je nach Computergeschwindigkeit kann dieser Vorgang schon eine Zeit lang dauern, mehrere automatische Neustarts inklusive. Danach steht Ihnen der Computer wieder voll leistungsfähig und mit all Ihren persönlichen Dateien und Benutzerkonten zur Verfügung.

## Mit allen Dateien und Windows 11 auf einen neuen Computer umziehen

Gerade haben wir gezeigt, wie Sie Ihren Computer auffrischen, also Windows 11 neu installieren, aber Ihre persönlichen Dateien und Benutzerkonten behalten.

Möchten Sie Ihren Computer weitergeben, vielleicht weil Sie sich ein neues Gerät gekauft haben, sollten Sie aber natürlich diese Daten vorab löschen. Praktischerweise gibt Windows 11 Ihnen ein Hilfsmittel an die Hand, das den Computer komplett zurücksetzt. Bei dieser Vorgehensweise werden aber wie gesagt **sämtliche** Daten gelöscht. Allerdings – idealerweise haben Sie alles mit OneDrive online gesichert (siehe Seite 337). Bei dieser Anleitung gilt: Wenn Sie sich an irgendeiner Stelle unsicher fühlen, lassen Sie sich von jemandem helfen, der sich gut mit Computern auskennt.

**MERKE**

Unser Tipp aus der Praxis: Wenn Sie die Daten auf Ihren neuen PC übertragen haben, warten Sie noch ein paar Tage mit dem Löschen Ihres alten Computers. Dann haben Sie noch eine »Gnadenfrist«, sollten Sie doch noch eine Datei vermissen.

Unser Tipp: Richten Sie zuerst Ihren neuen PC ein, ganz wie in Kapitel 2, »Den Computer mit Windows 11 starten«, beschrieben. Hier melden Sie sich dann aber natürlich mit Ihrem Microsoft-Konto an und erstellen kein neues. Schauen Sie sich dann in Windows und in den Ordnern für Bilder und Dokumente um – hier sollte alles schon vollautomatisch vorhanden sein. Es kann allerdings je nach Internetverbindung und Datenmenge einige Zeit dauern, bis alles übertragen wurde.

**MERKE**

Dank Microsoft-Konto landen Ihre persönlichen Dateien, Bilder und Dokumente ganz einfach auf einem neuen Computer.

Ihre Daten sind gut auf dem neuen Computer angekommen? Dann fahren wir damit fort, den alten Computer zu löschen:

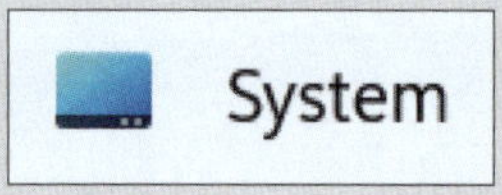

1. Öffnen Sie das Startmenü, und klicken Sie in der Schnellstartleiste links auf das Zahnradsymbol.

2. Scrollen Sie auf die Kategorie **System** auf **Wiederherstellung** 1. Klicken Sie darauf.

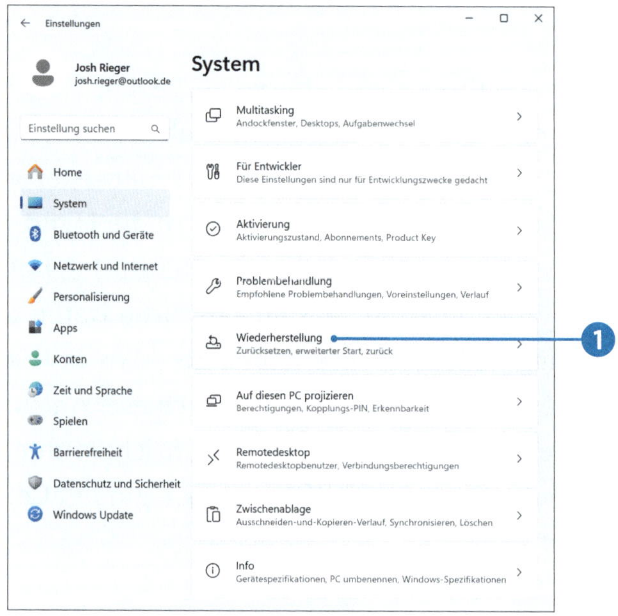


3. Im folgenden Fenster klicken Sie rechts unten bei **Diesen PC zurücksetzen** auf **PC zurücksetzen** 2.

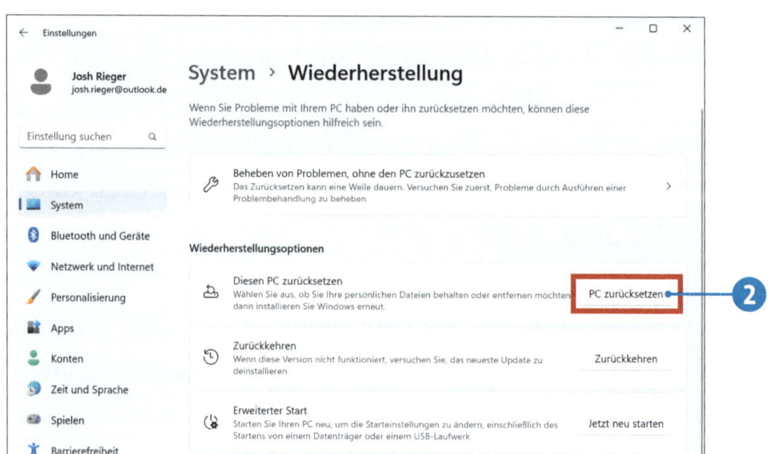

**4.** Im folgenden Auswahlfeld klicken Sie diesmal auf **Alles entfernen** ❸.

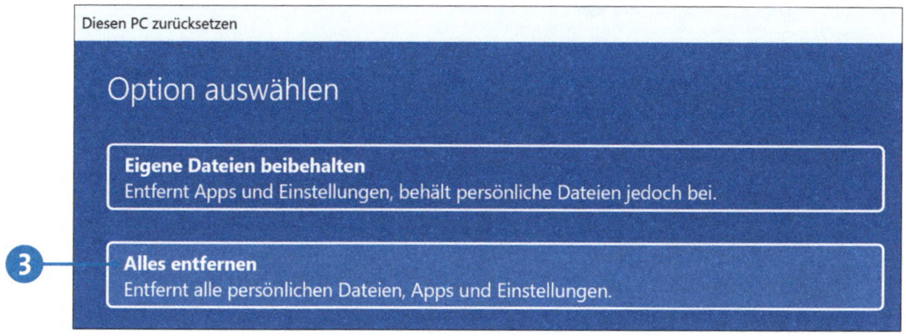


**5.** Die folgende Auswahl ermöglicht es Ihnen, Windows 11, wie schon im vorigen Abschnitt gezeigt, entweder in der aktuellsten Version direkt aus dem Internet zu installieren ❹ oder auf die Wiederherstellungsversion zurückzugreifen, die auf Ihrer lokalen Festplatte automatisch hinterlegt ist ❺. Wenn Sie über eine flotte Internetverbindung verfügen, wählen Sie mit einem linken Mausklick den **Cloud-Download**, ansonsten lieber die **Lokale Neuinstallation**.

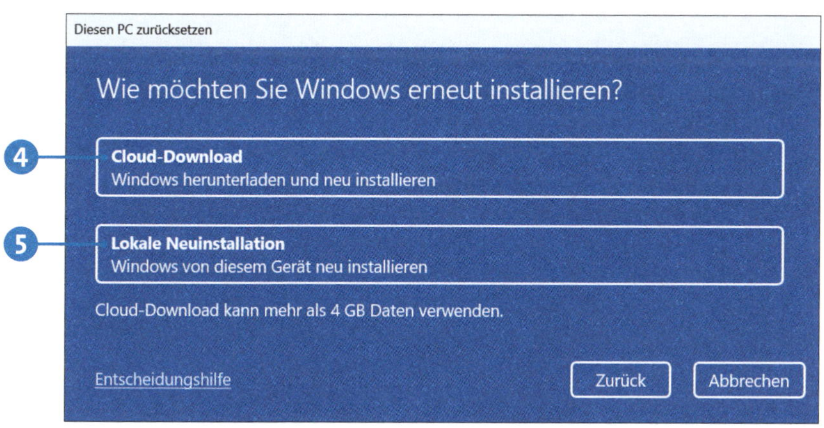


**6.** Anschließend erscheint eine Zusammenfassung. Standardmäßig wird zwar alles gelöscht, das ist aber nicht restlos sicher. Das bedeutet: Ein Experte könnte Ihre Daten

**WAS TUN?**

Sie haben es sich anders überlegt? Sie können bei den folgenden Abfragen über einen Klick auf **Abbrechen** jederzeit den Vorgang beenden.

**MERKE**

Je nachdem, ob Ihr Computer im Haushalt bleibt oder ob er verkauft wird, kann man die Datenlöschung noch sicherer machen.

gegebenenfalls wiederherstellen. Sollten Sie Ihren PC also an Fremde weitergeben wollen, klicken Sie lieber auf **Einstellungen ändern** 6.

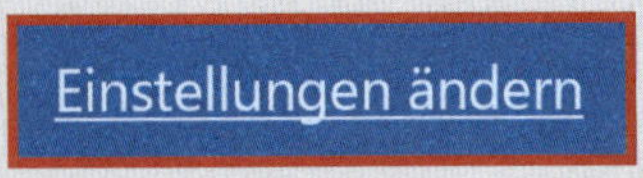


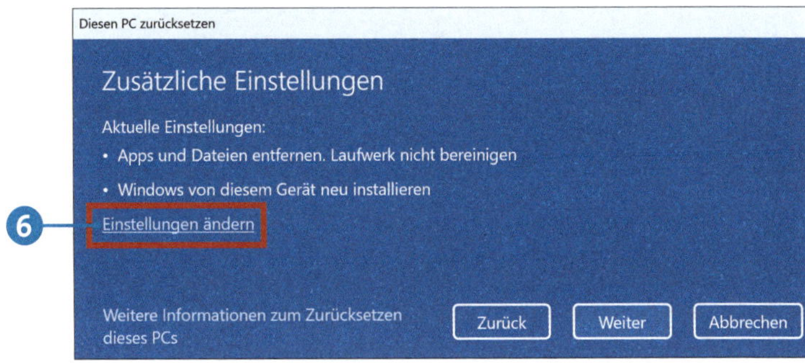


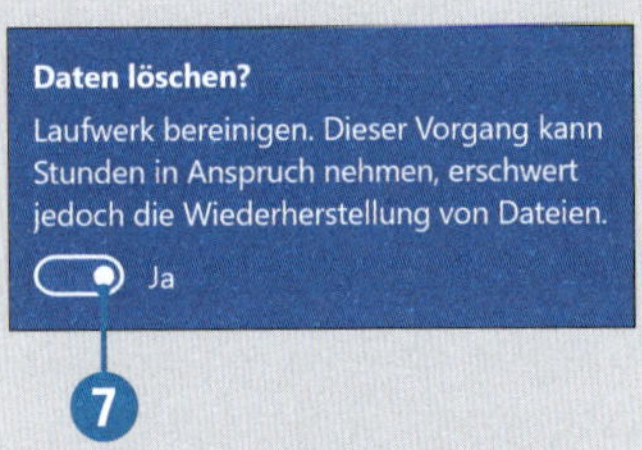


**7.** Unter **Daten löschen** ziehen Sie per Mausklick den Schieberegler auf **Ja** 7. Klicken Sie anschließend im selben Fenster auf **Bestätigen** 8.

**8.** Sie gelangen wieder zum Fenster aus Schritt 6 zurück. Klicken Sie auf **Weiter**.

**9.** Mit einem letzten Mausklick auf **Zurücksetzen** wird das »Gedächtnis« von Windows 11 gelöscht und das Betriebssystem komplett neu auf dem Computer installiert.

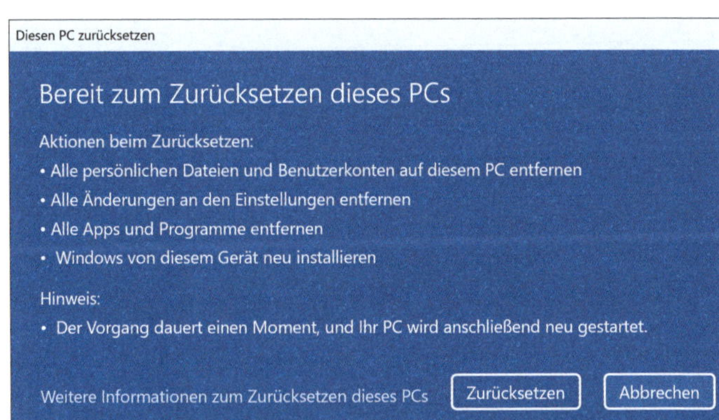


Nach diesem Vorgang können Sie Ihren alten Computer beruhigt in neue Hände geben.

# Stichwortverzeichnis

## C



## D

## E

## F



## G



## H



## I

## R



## S

## T

## U



## V



## W

## Y



## Z

# Texte schreiben, gestalten und drucken mit Word

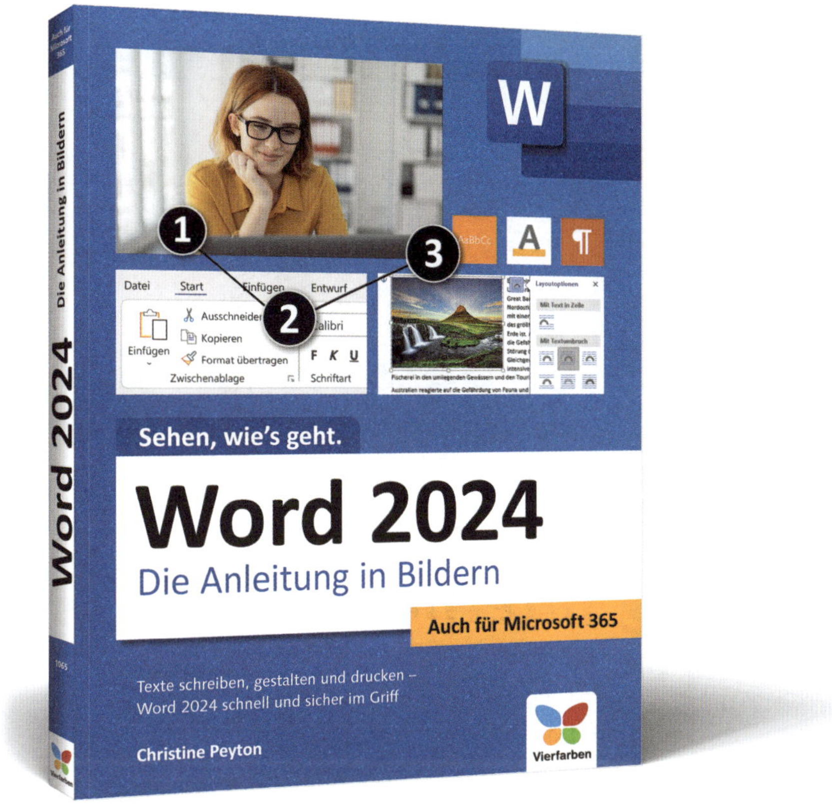